Ars Regnandi – Regierungsstabilität
und Herrschaftskrisen in Iberoamerika

Europäische Hochschulschriften
Publications Universitaires Européennes
European University Studies

Reihe II
Rechtswissenschaft

Série II Series II
Droit
Law

Bd./Vol. 3700

PETER LANG
Frankfurt am Main · Berlin · Bern · Bruxelles · New York · Oxford · Wien

Jaime Reyes Alvarez

Ars Regnandi – Regierungsstabilität und Herrschaftskrisen in Iberoamerika

Am Beispiel von Argentinien und Chile

PETER LANG
Europäischer Verlag der Wissenschaften

Bibliografische Information Der Deutschen Bibliothek
Die Deutsche Bibliothek verzeichnet diese Publikation in der Deutschen Nationalbibliografie; detaillierte bibliografische Daten sind im Internet über <http://dnb.ddb.de> abrufbar.

Zugl.: Frankfurt (Main), Univ., Diss., 2003

D 30
ISSN 0531-7312
ISBN 3-631-51092-6

www.peterlang.de

Für Michaela

"...Der Fall Argentinien ist eine lange Geschichte von Versagen und Hindernissen. Von Versagen des liberalen und des interventionistischen Staates, der Popularen und der Oligarchie, des Militärs und – warum sollte man es eigentlich nicht sagen – auch der Zivilregierungen: Versagen letztlich der Diktaturen *und* der Demokratie..." Dante Caputo, El poder militar en la Argentina (1976-1981), S.123.

"... Militarismus ist (daher) das prägnanteste Merkmal des politischen Lebens in Chile – wenn auch von ganz besonderer Art: Eine Intervention alle dreißig oder vierzig Jahre genügt, um das politische Leben der Nation in die gewünschten Bahnen fließen zu lassen...", Ignacio Sotelo, Die bewaffneten Technokraten, S.40f.

Vorwort

Viel hat sich getan seit der Entstehung des wissenschaftlichen Projektes, das in dieser Arbeit nun seinen Niederschlag gefunden hat; auch einige Persönlichkeiten – ich möchte sie meine biographischen Begleiter nennen – haben Anteil daran gehabt. Hier ist Gelegenheit zu einer bescheidenen Anerkennung:

An erster Stelle meiner Mutter, Doña Nancy, von der ich gelernt habe, die Herausforderungen des Lebens nicht zu fürchten; ebenso meinem Vater, Don Jaime, der mir durch sein stilles Beispiel gezeigt hat, wie man sich ihnen stellt.

Dr. Joaquín García-Huidobro Correa, von der *Universidad de Los Andes* hat mir als Studienfreund immer wieder die Vorteile, ja die Notwendigkeit eines postgraduierten Studiums im Ausland vor Augen gestellt, wenn auch noch immer, ja in wachsendem Maße eine solche Möglichkeit in einem Land wie *Chile* selten zu werden scheint.

Prof. Bernardino Bravo Lira, von der Rechtsfakultät und dem Institut für Politikwissenschaft der *Universidad de Chile* hat mir dort während unserer Zusammenarbeit das wissenschaftliche Interesse am Thema dieser Arbeit geweckt und den ersten Entwurf auf spanisch geprüft.

Herrn Prof. Dr. Dr. h.c. Michael Stolleis von der juristischen Fakultät der *Johann-Wolfgang-Goethe-Universität*, Frankfurt am Main, und Direktor des dortigen *Max-Planck-Instituts für europäische Rechtsgeschichte* danke ich für seine vertrauensvolle Einladung nach Deutschland zum postgraduierten Studium, das dann mit dieser Arbeit abgeschlossen wurde, und für seine sichere und geistreiche Führung.

Der *Hanns-Seidel-Stiftung* des Freistaates Bayern, insbesondere ihren Herrn Prof. Dr. Hans-Peter Niedermaier und Herrn Dr. Michael Czepalla gilt mein Dank, weil sie mir die notwendigen Mittel zu Verfügung stellten, mein Doktorandenstudium zu vollenden, und regen Anteil nahmen an meinen Projekt.

Meiner lieben verstorbenen Frau, Michaela Dlugosch, widme ich diese Arbeit. Sie war mir eine unentbehrliche Gesprächspartnerin auch in fachwissenschaftlichen Fragen in den wenigen Jahren an meiner Seite.

In den schweren Zeiten nach dem Tod meiner Frau stand mir Otmar Schwab als Freund verbunden zur Seite und gab mir sachkundige und von Erfahrung geprägte Ratschläge und menschliche Zuwendung während der Erstellung der deutschen Version des Textes.

Herr Dr. Thomas Simon vom *Max-Planck-Institut für europäische Rechtsgeschichte* hat meine endgültige deutsche Version revidiert und gab Ratschläge für die Schlussredaktion der Arbeit. Ich danke ihm für diesen Freundesdienst.

Schließlich gedenke ich Herrn Sergio Rillon Romaní als meines Lehrers, der mich ins wissenschaftliche Denken einführte.

Im übrigen darf man ruhig sagen, dass der Autor die geistige Verantwortung übernimmt für alles, was in den folgenden Zeilen niedergelegt ist.

Inhaltsübersicht

Inhaltverzeichnis

1. – Einleitung

Der Begriff der Regierungsstabilität spielt eine zentrale Rolle, wenn es darum geht, die politische Wirklichkeit in Iberoamerika zu erfassen. Er allein als deskriptives Kriterium erscheint jedoch unzureichend, zumindest wenn neben den unterschiedlichen Phasen politischer Stabilität auch der politische Stabilisierungsprozeß an sich beobachtet werden soll. Formale Indikatoren allein reichen dann als Erklärungsmodell nicht mehr aus. Sie treten notwendig in einen wechselseitigen Bezug mit dem Begriff der Legitimität, der zur rechtlichen Grundlage für die Konstruktion der Regierbarkeit eines Staates wird. Daß es sich dabei grundsätzlich um zwei unterschiedliche Erkenntnisebenen handelt[1], schließt die Reziprozität beider Begriffe nicht aus. Vielmehr ergänzen sich Stabilität und Legitimität dort, wo rechtliches Wirken für die Beurteilung von Stabilität nicht außer Acht gelassen werden kann. Denn ohne die Rekonstruktion der jeweiligen Faktoren für legitimes Handeln lassen sich auch Regierungskrisen und der Zusammenbruch des politischen Systems nicht erklären. Dies gilt um so mehr, als der Regierungsstabilität in den peripheren iberoamerikanischen Demokratien andere Legitimitätsmuster zugrunde liegen als denen, die man als Zentrum demokratischen Denkens bezeichnet. Gemeint sind vor allem die Staaten Westeuropas und Nordamerikas. Ihr wesentliches Merkmal sind unterschiedliche Voraussetzungen im Rationalisierungsprozeß beider Welten.

Die Prämissen für die Regierbarkeit in diesen Ländern sind mithin ebenfalls andere. Besonders bei der Umsetzung politischer Kriterien sind diese Unterschiede nicht folgenlos geblieben: Sie haben in den Staaten Iberoamerikas dazu geführt, daß es zu einer Überlappung von legal-formalistischen (Verfassungs-) Formen mit antikem politischen Denken gekommen ist, die bis heute in der Art, Politik zu gestalten, fortwirkt. Gerade für den iberoamerikanischen Kulturraum läßt sich feststellen, daß Regierungsstabilität und Legitimitätsmerkmale der westlichen Demokratien nicht selten voneinander abweichen, sich teilweise sogar ausschließen[2]. Dagegen kann beobachtet werden, daß in der Vergangenheit Stabilität erzeugt werden konnte, sofern historisch bedingte *Codes* einer bestimmten Art zu regieren befolgt wurden – trotz wirtschaftlicher Defizite und dem Fehlen eines politischen Konsenses. Garzón Valdes hat diese Systeme als

1 Hume (1956).
2 Garzón Valdés (1988:9ff.). Ders. (1977) [span. Ausgabe]; (1987) [deut. Ausgabe].

"Klasse par exellence" bezeichnet[3]. Er hat nachgewiesen, daß stabile, nach westlichem Verständnis aber illegitime politische Systeme, sogar die Form von Regierung sind, der man in der Geschichte der Staaten Iberoamerikas am häufigsten begegnet. Dabei handelt es sich um ein Phänomen, das nicht nur auf dem amerikanischen Kontinent zutage tritt. Überall dort, wo Demokratie (künstlich) implantiert wurde, ohne daß ein historischer Entwicklungsprozeß zugrunde liegt, werden bis heute ähnliche Erfahrungen gemacht[4].

Für die Konstruktion stabiler Machtverhältnisse war es daher stets von zentraler Bedeutung gewesen, daß Abweichungen des Rationalisierungsprozesses von der staatlichen Evolution zu berücksichtigen waren. Da die staatliche Verfassung der gesellschaftlichen Entwicklung teilweise voraus war, erfolgte der politische Anpassungsprozeß nachträglich, was nicht immer ohne Brüche im System erfolgte. Militärisches Einschreiten war daher auch die Konsequenz einer beschleunigten (staatlichen) Modernisierung, dem die Gesellschaft nur zögernd folgen konnte. Dies bedeutete gleichsam, daß der Staat es sich nicht leisten konnte, die alten Legitimationsmuster aufzugeben, da seine soziale Akzeptanz in Frage stand.

Die Analyse konzentriert sich im folgenden auf das Merkmal der Stabilität, sofern sie Eigenschaft des politischen Systems ist. Ergänzend sollen jedoch Legitimitätskriterien dort herangezogen werden, wo sie auf der gesellschaftlichen Ebene eine Rolle spielen, um Bedeutungszusammenhänge für den Stabilitätsprozeß sichtbar zu machen. Auch wenn sich der stabile Charakter eines politischen Systems nicht direkt beobachten läßt, weist dieses bestimmte Reaktionen auf, die seine Stabilität indizieren. Diese Reflexe, die in einem engen Zusammenhang mit den wesentlichen Elementen des Systems stehen, setzen stets eine spezifische Identität voraus[5]. Eine Identität, die sich jedoch nicht aus der Perspektive westlicher Demokratien bestimmen läßt. Es ist bezeichnend für den iberoamerikanischen Kontinent, daß die politischen Inhalte oftmals nichts mit einer rechtsstaatlichen Begrifflichkeit zu tun haben, wie sie im zentraleuropäischen Raum vorherrscht. Regierung wird damit zum politischen Kunstgriff. Äußerlich hat sie den Erwartungen eines globalen, zunehmend verbreiteten, westlichen Demokratiebegriffs zu genügen, dessen historische Voraussetzungen sich jedoch nicht mit der geschichtlichen Identität Iberoamerikas decken.

---

3 Garzón Valdés (1988:107).

4 Als weiteres Beispiel solcher Diskrepanzen, insbesondere zwischen der spezifischen Kausalität von ererbten Legitimitätsvorstellungen und dem Verfassungsmodell, können die jungen Demokratien Nordafrikas dienen. Siehe dazu etwa Le Roy (1994:43-54).

5 Garzón Valdés (1988:27).

Dies hat zur Folge, daß sich ein kulturelles Selbstverständnis entwickelt hat, das Regierung inhaltlich trägt, aber abseits der westlich geprägten Verfassungsform. Defizite treten folglich dort auf, wo die Form des Verfassungsstaates nicht ausreicht, weil das System sie nicht verinnerlicht hat. Historische Identität ist dem System immanent und bleibt Verhandlungsbasis des politischen Gleichgewichts. In Krisensituationen jedoch führen die Spannungen zwischen Form und Inhalten dazu, das System zu überfordern: Es verfügt nicht mehr über die Voraussetzungen, den politischen Konflikt friedlich zu bewältigen. Fehlende Kommunikation und Kooperationsbereitschaft der politischen Akteure bringt den Verfassungsstaat zu Fall.

Legitimität wird in diesem Zusammenhang nicht als normative Kategorie herangezogen, die nach moralischen Rechtfertigungen sucht, sondern als Bewußtsein der gesellschaftlichen Akteure, die sich über Regierungen befinden. Denn das Alternieren von Zivil- und Militärstaat in Iberoamerika geht nicht nur auf das Handeln von politischen Fraktionen zurück. Es wird ebenfalls von der Akzeptanz eines bedeutenden Sektors der Gesellschaft getragen[6]. Von daher versteht sich, wenn sich die Militärregierungen zu ihrer Rechtfertigung stets darauf berufen haben, namens und zum Schutz der Zivilbevölkerung einzuschreiten, sofern die Regierbarkeit nicht mehr gewährleistet zu sein schien. Nicht nur sein historisches Selbstverständnis, sondern auch die faktische, in Verfassungsgefüge und Gesellschaft gegenwärtige Machtposition des Militärs trug dazu bei, daß es seine Rolle als Schiedsrichter in Krisensituationen wie selbstverständlich behaupten konnte, oblag dem Heer doch bereits in der Vergangenheit die Aufgabe, für Ordnung im Staat zu sorgen. Seit der Unabhängigkeit von der spanischen Monarchie wurden ihm polizeiliche Aufgaben mit beachtlichen Machtbefugnissen verliehen, besonders in Staaten, die über Jahrhunderte als Kriegsgebiet galten. Hierauf läßt sich insbesondere die Rolle des Militärs in Chile zurückführen. Es sah seine Aufgabe als "Hüter der Verfassung" als historische Funktion, zu der es aufgrund der Verfassung verpflichtet war.

Seine Position innerhalb der politischen Auseinandersetzung konnte das Militär jedoch nur deshalb erhalten, weil auch seitens der politischen Akteure die Option zum Ruf nach dem Militär stets zu den legitimen Mitteln der Politik zählte. Andererseits war dies der Grund, warum es näher lag, die eigene Position im eskalierenden Konflikt mit dem Urteil einer scheinbar neutralen Macht durchzusetzen, als verbal auszutragen. Wie ernst das Militär seine Rolle nahm, wird daran deutlich, daß es oft erst nach jahrelanger Herrschaft gelang, wieder das Parteiensystem einzuführen. Paradoxerweise scheint militärisches Einschreiten notwendig, nicht nur um den politischen Konflikt zu entschärfen, sondern

6 Vgl. dazu Doris Lucke (1996:221-248).

speziell um die Voraussetzungen für die Wiederaufnahme demokratischer Verhandlungsbereitschaft erst zu schaffen. Insoweit hat das Militär eine besondere Dynamik im Stabilisierungsprozeß bewirkt. Bis heute verteidigt es seine Position in den meisten Ländern des Kontinents als fester Bestandteil des politischen Systems.

Unter diesen Prämissen hat sich der Verfassungsstaat in Krisenzeiten, verglichen mit dem Militärstaat, als weitaus zerbrechlicher erwiesen. Fast scheint es, als ob der Verfassungsstaat zur Disposition der politischen Akteure stünde: In der politischen Diskussion diente er in der Vergangenheit häufig als Argument, nicht aber als übergeordnete staatliche Norm oder gar höchstes Gut. Äußerlich in die Form des modernen Staates gekleidet, nimmt er in der politischen Lebenspraxis eine andere Gestalt an. Diese Diskrepanz zwischen Verfassungstext und seiner Wirklichkeit markiert einen grundlegenden Unterschied zwischen den Demokratien der westlichen Welt, die historisch gewachsen sind aus der Ideenwelt des politischen Liberalismus, und den iberoamerikanischen Staaten. Trotz dieser Schwierigkeiten gilt das westeuropäische Verfassungsmodell in Iberoamerika als Vorbild eines zunehmend globalen Konsenses, wie legitime Herrschaft auszusehen hat.

Nach der Unabhängigkeit von den Monarchien Spaniens und Portugals zu Beginn des 19. Jahrhunderts versprach die konstitutionelle Form eine moderne politische Regierung, die den Ansprüchen der iberoamerikanischen Staaten im internationalen Kontext gerecht werden sollte[7]. Zu Krisen kam es mitunter deshalb, weil es nicht immer gelungen war, in der Peripherie das politische Modell nach dem Vorbild des westlichen Zentrums zu kopieren. In tatsächlicher Hinsicht wurden noch weit bis ins 20. Jahrhundert hinein unter einer scheinbar demokratischen Form traditionelle Inhalte einer "guten Regierung" fortgeführt. Die legal-rationale Begründung des modernen Staates wurde angenommen, ohne die Frage zu stellen, ob diese Gedankenwelt überhaupt auf die dortigen Gesellschaften übertragbar ist[8]. Weiterhin spielten die ererbten Ausgangspositionen und historische Identität eine wichtige Rolle. Sie entschieden schließlich über Erfolg und Mißerfolg des politischen Anpassungsprozesses und damit auch über den Fortbestand der jeweiligen Gesellschaft[9]. Wie Luhmann in seiner Einführung zu "Verfassung und Positivität des Rechts in der peripheren Moderne" zutreffend formuliert: Einstellungen sind allemal stärker als Texte[10].

7 Vgl. dazu Bravo Lira (1992:5); Brauneder (1984).
8 Luhmann, Einführung zu Neves (1992).
9 Garzón Valdés (1988:50).
10 Luhmann, Einführung zu Neves (1992:4).

Auch die Verhandlungspraxis selbst deutet darauf hin, daß historische Identität den Verfassungsstaat in seine formalen Grenzen verweist. Bei näherer Betrachtung setzen sich politische Verhaltensformen fort, die den Aufstieg und Fall einer Regierung nach Kriterien beurteilen, die nur aus der Perspektive des westlichen Zentrums irrational erscheinen. In der Logik der iberoamerikanischen Gesellschaft sind solche, teils gegensätzlichen Argumente durchaus plausibel, da sie über die Gewichtung politischer Prioritäten entscheiden. So hängt der politische Erfolg einer Regierung hauptsächlich von den Person, die sie zusammensetzt ab. Ihre Autorität und Beziehungen zum gesellschaftlichen Sektor haben konkrete Auswirkungen auf die politische Einflußnahme, sowie die Steuerbarkeit politischer Entscheidungen. Verläßt man die semantische Ebene der Texte und blickt auf die Realität, ist das Handeln im Staat oftmals stärker von personalisierten Machtinteressen geprägt, als von Absichten, die dem Gemeinwohl des Landes dienlich wären. Solange ein Interessenausgleich möglich erscheint, ist auch die politische Stabilität nicht gefährdet.

Man könnte mit Hermann Heller von faktischen Machtsituationen sprechen, die

> "... zu einer relativ dauernden Machtlage (werden) und damit zu einer Verfassung in irgendeinem weiteren oder engeren Sinne nur dadurch, daß die "Entscheidungen" der Machthaber mindestens von einem und zwar von dem für die Machtstruktur ausschlaggebenden Teil der Machtunterworfenen neben anderen Motiven (Gewöhnung, Interessenförderung) auch deshalb befolgt werden, weil sie ihnen als gelten sollende, vorbildliche oder verbindliche Normen entgegentreten..."[11].

Annahmen, die darauf zielen, ein gesteigertes politisches Bewußtsein innerhalb der Bevölkerung bewirke, daß staatliche Defizite stärker wahrgenommen würden und dadurch in Legitimitätskrisen mündeten, halten der empirischen Analyse nicht Stand. Daß in Krisensituationen soziale Akzeptanz fehlt, steht in den wenigsten Fällen in einer direkten Verbindung zur politischen Meinungsbildung, da die gesellschaftliche Dynamik im politischen System an sich schwach ist. Meinung besteht nur gegenüber politischen Akteuren, die – sofern sie an Einfluß in der Gesellschaft verfügen – ein wesentlich stärkeres Machtpotential in der Hand haben als in den westlichen Demokratien und Gesellschaft mobilisiert werden können. Vertrauen besteht gegenüber der Person, nicht jedoch gegenüber einem Verfassungsstaat. Ihm gegenüber als abstraktem Gebilde fehlt schon die ideelle Verbundenheit. Jedenfalls aber eine Verbundenheit, die im sozialen Feld nur durch Personen und ihre vielfältigen, subtilen Beziehungsnetze erreicht werden kann. In *imaginären Gesellschaften* wie denen Iberoamerikas begründet erst

---

11 Heller (1971:17).

die persönliche Bindung Macht. Auch der Staat kann daher nur virtuell über den politischen Akteuren gedacht werden[12].

Staatliche Autorität muß sichtbar sein und in einer spezifischen Weise repräsentiert werden. Ansonsten wird sie nicht als solche wahrgenommen. Sofern demokratische Strukturen überleben wollen, können sie Stabilität nur dann beanspruchen, wenn sie die notwendige Autorität in Form von Personen verkörpern. Staat und politischer Führer werden somit identisch. Ein starker Staat hängt demnach nicht von der politischen Verfassung ab, sondern den persönlichen (Führungs-) Qualitäten seines Oberhaupts. Es ist daher kein Zufall, daß etwa die Demokratien Mittelamerikas häufig an das Charisma oder die Autorität einer einzelnen Person gebunden sind, Parteien nur zum Schein existieren, jedoch als solche faktisch weder politische noch gesellschaftliche Machtpositionen einnehmen. Ihre Rolle wird erst in Krisensituationen in Frage gestellt, wenn sie in personalisierte Machtkämpfe eintreten und den politischen Wettbewerb bis zum Zusammenbruch austragen.

Eine historisch geprägte Symbolik, die bestimmte Diskussionsstile oder Verhaltensmuster vorschreibt, spielt für die Anerkennung politischer Überlegenheit eine besondere Rolle: Sie stellt diejenigen Sinnzusammenhänge her, die Kommunikation und Wahrnehmung erst ermöglichen. Gleichzeitig bestimmt die Repräsentation, wie sich Autorität in dieser Welt zu erkennen gibt. Wer diese Regeln nicht beachtet, dessen Herrschaft scheint von vornherein zum Scheitern verurteilt. Der Fall Allendes in Chile zu Beginn der siebziger Jahre bietet dafür ein tragisches Beispiel. Legitimitätsdefizite handelte er sich -unabhängig von politischen Inhalten- insbesondere deshalb ein, weil er bestrebt war, allgemein anerkannte symbolische Formen politischen Auftretens nicht nur zu verweigern, sondern gar abzuschaffen.

Politische Stabilität wird damit zu einer Kategorie, deren Berechenbarkeit nicht ausschließlich mit Blick auf den Zustand von Wirtschaft und Politik rekonstruiert werden kann. Vielmehr kommt es darauf an, soziale Erwartungen – unabhängig von Demokratie und Diktatur –, zu verwalten. In der Regel konzentrieren sich diese auf den politischen Führer. Dies gilt auch unter der Zivilregierung. Der Verfassungstext, bzw. ideologische Argumente, sind nur die Form, sich politisch zu artikulieren und persönliche Machtkämpfe auszutragen. Verfassungsstaat und Politik werden damit zu einem Feld, wo ethische Argumente zurücktreten und keine immanenten Grenzen gesetzt werden, wenn es darum geht, den persönlichen Einflußbereich zu sichern und weiter auszudehnen[13]. Bezeichnend

---

12 Vgl. die Untersuchungen und Parallelen in den jungen Demokratien Nordafrikas, Lombard (1994:34); Bourricaud (1969:108 ff.).

13 Ycaza Tigerino (1950:152-154).

dafür ist, daß politische Bündnisse über ideologische Feindseligkeiten hinweg geschlossen werden, wenn sich daraus individuelle Vorteile erhoffen lassen. Jede Begünstigung trägt dazu bei, die persönliche Position im sozialen Gefüge und damit gleichzeitig in der Politik zu festigen.

Auch was die sozioökonomische Situation angeht, gewinnt Repräsentation an Bedeutung: Es kommt nicht darauf an, daß Probleme des wirtschaftlichen oder gesellschaftlichen Lebens tatsächlich gelöst werden. Vielmehr geht es darum, sich solcher Faktoren, die gewöhnlich Legitimität von Herrschaft einzuschränken pflegen, symbolisch zu bemächtigen. Hier sei vor allem an den politischen Diskurs gedacht: Mit dem Zerreden von gesellschaftlichen und wirtschaftlichen Problemen wird dem steigenden Modernisierungsdruck kurzfristig Abhilfe geschaffen und Zeit verwaltet. Handlungsbedarf wird damit ausgeblendet, ebenso wie fehlende Finanzierungsmöglichkeiten. Konkreten Lösungen wird mit Worten begegnet, denn politische Macht bleibt auch ohne konkrete Maßnahmen erhalten. Investiert wird in symbolisches Kapital, das machtpolitisch ebenso effektiv ist, wie ökonomisches.

Regieren versteht sich danach als Kunst über individualisierte Machtinteressen hinweg politisches Gleichgewicht zu erzeugen. Dabei ist nicht entscheidend, einen Konsens zwischen den politischen Parteien zu erzielen. Ausschlaggebend sind vielmehr zwei Bedingungen, die sich gegenseitig ergänzen: Einerseits kommt es darauf an, die persönliche Position durch einflußreiche Kontakte so zu gestalten, daß sich Machtinteressen durchsetzen lassen. Andererseits bedarf es einer Wortgewalt, d.h. einer Autorität, die mit Sprache erzeugt wird. Ob der Diskurs Anklang findet, hängt dabei nicht von formaler Logik ab. Die politischen Entscheidungsprozesse werden durch außerrechtliche Begründungen getragen. Sie gehen auf vorstaatliche Regeln zurück, die irrationale Komponenten wie Schönheit, Eleganz oder Emotionen aber auch durch Ehre bestimmt sind. Je eloquenter der Diskurs, um so besser ist sein Widerhall. Situatives Argumentieren erhält einen besonderen Stellenwert. Dabei gilt es stets historisch bedingte Vorstellungen zu berücksichtigen, um eine Art Basislegitimität (Popitz) zu schaffen[14]. Das Ungleichzeitige bleibt damit weiterhin gleichzeitig. Das Nebeneinander von modernen Verfassungstexten und einer traditionellen Herrschaftssymbolik ist ein sichtbares Zeichen dafür. Politik stellt sich damit als imaginäre Welt dar, wo die Grenzen zwischen Wirklichkeit und künstlicher Fiktion zu schwinden beginnen. Der Staat hat sich nie aus den Fängen der Gesellschaft befreit, um die Idee der Einheit oder ein nationales Selbstverständnis zu fördern.

Die Anerkennung von Herrschaft von seiten der Mitglieder einer bestimmten traditionellen Ordnung gründet hiernach auf einer Bewußtseinslage, die zwi-

14 Popitz (1992); Trotha (1994:69-90).

schen der inhaltlichen Bestimmtheit von Max Webers Typen der Legitimitätsgeltung und einer Folgebereitschaft liegt, die nicht rational begründet ist, sondern oftmals Emotionen, persönliche Interessen oder Gewohnheiten umfaßt. Solche Basislegitimität ist vergleichsweise unbestimmt und offen für konkrete Inhalte[15].

Das analytische Interesse ist im folgenden auf die Verhaltens- und Regierungsformen der politischen Parteien und ihrer Führer gerichtet, sofern sie Auswirkungen auf die Stabilität von Herrschaft in Iberoamerika zeigen. Den Schwerpunkt sollen Fallbeispiele aus *Argentinien* und *Chile* bilden. Dieser lokale Bezugsrahmen scheint für eine Deutung der Wechselwirkung von politischer Kommunikation und Regierungsstabilität besonders geeignet, da er typische Beispiele für atypische Regierungen in zwei Ländern bietet, die zu Beginn dieses Jahrhunderts zu den vielversprechendsten Demokratien Iberoamerikas gehörten. Politische Stabilität wird dabei nicht als Zustand begriffen, sondern als ständiger Prozeß, an dem die Parteien, aber auch Gesellschaft und Militär beteiligt sind und wobei es darum geht, ein Gleichgewicht zwischen allen Interessen auszuhandeln. Dafür gilt es zu beobachten, wie sich Herrschaftsautorität in den Ländern des iberoamerikanischen Kontinents konstituiert und in welchen Formen politische Kommunikation als Teil von Regierungsstabilität abläuft. Hier ist vor allem zu bedenken, daß Herrschaft, sofern sie an die Autorität der Person gebunden wird, dementsprechend sehr zerbrechlich ist. Dies bedingt, daß die ablaufenden politischen Prozesse in Krisenzeiten beschleunigt werden. Das enge Nebeneinander von Legitimation und Delegitimierung in diesen Momenten ist sicher einer der maßgeblichen Faktoren für das Alternieren zwischen Zivil- und Militärstaat.

Des weiteren ist zu beachten, daß der Realität bzw. der natürlichen Konzeption des Staates in Iberoamerika Ordnungsvorstellungen zugrundeliegen, die nicht einer einheitlichen sondern einer pluralen Logik und der Komplementarität der Unterschiede entsprechen. Es ist eine Ordnung, die von den gesellschaftlichen Beziehungsnetzen getragen wird und daher vom Zusammenwirken mehrerer Autoritäten abhängt, die aneinander funktional ergänzen, das Sichtbare mit dem Unsichtbaren verbinden und auf der Idee der Gemeinschaft gründen. Diese Loyalitäten sind als strategische Ressourcen der politischen Führer zu verstehen, mit der sie ihre Position zwischen Staat und Gesellschaft zu sichern vermögen. Andererseits haben die wechselseitigen Abhängigkeiten zur Folge, daß die Protagonisten in einem strategischen Machtspiel aneinander gebunden werden, in dem jeder die Position des anderen benutzt, um den Prozeß der Legitimation ihrer je eigenen Autorität zu konsolidieren. Staatliche Herrschaft organisiert sich

---

15 Vgl. dazu Trotha, Einleitung zu Möhlig (Hrsg.) (1994).

damit weitgehend rechtlich ungebunden. In dieser archetypischen Differenz ist mithin das Scheitern der liberalen westlichen Rechtsstaatsidee angelegt. Mehr noch ist zu vermuten, daß, solange der iberoamerikanische Diskurs über den Rechtsstaat vom okzidentalen Diskurs bestimmt ist, es keine Ende der politischen Unruhen in Iberoamerika geben wird, die mitunter sogar das Produkt dieses Diskurses sind.

Was auf den ersten Blick widersprüchlich erscheinen mag und oft als Faktor von Inkonsistenz gedeutet wird[16], zeigt durchaus Logik, wenn man bedenkt, daß Demokratisierung und rechtsstaatliche Bestrebungen nach dem Muster des westlichen Zentrums implantiert wurden, ohne daß man sich von alten Ordnungsschemata und den damit verbundenen Vorstellungen löste. So paradox es klingen mag, aber gerade diese Widersprüchlichkeiten bzw. das Fortwirken eines historisch geprägten Denkens ist es, was Regierungsstabilität vermittelt. Politische Kommunikation ist anders nicht denkbar. Es liegt nicht an der Unfähigkeit, demokratische Regeln umzusetzen[17], sondern das Problem besteht vorher: Sie können einfach nicht wahrgenommen werden, da ein anderes Verständnis von Regierungsführung zugrunde liegt, das auf eine bestimmte Ontologie von Ordnung zurückgeht. Man könnte insofern von *verkehrten Welten* sprechen, einen Begriff, den Giordano für Verhaltensmuster der Mittelmeergesellschaften geprägt hat[18]. Dies ist etwa der Fall, wenn sich der Staat einerseits verpflichtet, die Prinzipien der parlamentarischen Demokratie zu respektieren, andererseits aber oppositionelle Tätigkeit bekämpft, die traditionelle Inhalte in Frage stellen. Aus der Perspektive der politischen Akteure ist es durchaus sinnvoll, vom Aufbau eines demokratischen Systems zu sprechen und gleichzeitig ein oligarchisches System beizubehalten, welches Kazikentum fördert[19].

Die Überlagerung unterschiedlicher Rationalität im gleichen politischen System kann daher nicht ohne Konsequenzen für das Erklärungsmodell bleiben, gerade wenn Widersprüche, die Teil des Systems sind, mit erfaßt werden sollen. Aus diesem Grund folgen die anschließenden Ausführungen nicht einem spezifischen theoretischen Ansatz, um gerade die Komplexität des Regierungssystems in der iberoamerikanischen Welt zu erfassen. Neves etwa, der sich in einer umfassenden Studie mit der Verfassung und Verfassungswirklichkeit in Brasilien befaßt hat, zeigte in diesem Zusammenhang die Grenzen der Systemtheorie auf, deren Anwendbarkeit für die dortige Gedankenwelt er allgemein in Frage stellte. Scheinbar scheitern differenzierungstheoretische Ansätze an einer Rationalität,

16 Vgl. dazu etwa die Stabilitätstheorie von Garzón Valdés (1988:70 ff.).
17 Garzón Valdés (1988:71).
18 Giordano (1992).
19 Vgl. dazu Potter (1981:100).

die nur äußerlich formal-logischem Denken entspricht, innerlich jedoch eigensinnigen Gesetzesmäßigkeiten nachgeht.

Im folgenden soll auf der Grundlage des bisherigen Diskussionsstandes (2. Kapitel) eine Perspektive erarbeitet werden, die den Blick auf die historischen Fakten für die Interpretation schärft (3.Kapitel). Speziell wird aufgezeigt, worin maßgebliche Autoren der Fachliteratur bis dato den Schlüssel für die Instabilität in Iberoamerika sehen. Obwohl das Thema der Regierungsstabilität in zahlreichen Arbeiten aufgegriffen wurde, fehlen bislang Studien, die sich übergreifend den inneren Zusammenhängen zwischen dem Handeln der politischen Akteure, Verfassung und Gesellschaft widmen.

Die nachfolgende Analyse beansprucht jedoch keine Allgemeingültigkeit für die politische Entwicklung in den Ländern des Kontinents. Vielmehr soll das herangezogene Erklärungsmodell ein ergänzender Beitrag sein, der den Begriff der Regierungsstabilität als Prozeß betrachtet, näher beleuchtet und in diesem Zusammenhang auf die Konstitution von Regierbarkeit eingeht. Dafür wurde ein Vergleich der politischen Systeme in *Argentinien* und *Chile* gewählt, um anhand von Unterschieden und Gemeinsamkeiten Regierungsstabilität in konkreten historischen Momenten zu beurteilen, die exemplarisch die Entwicklung zur Krise und die Reaktion der Systeme auf die Krise zeigen. Hierbei wird insbesondere die Rolle der politischen Akteure und des Militärs in den zwanziger und sechziger Jahren des 20. Jahrhunderts beobachtet, in denen es zum wiederholten Wechsel von Zivil- und Militärregierungen kam (Kapitel 4 und 5).

In einem weiteren Schritt (6. Kapitel) werden die Konsolidierungsphasen vom Übergang eines Militärregimes zur Zivilregierung beleuchtet. Sie sollen rückblickend einer Bilanz der jüngsten historischen Erfahrungen in beiden Ländern dienen, um nachfolgend (Kapitel 7) Schlüsselprobleme in den postautoritären Zivilregierungen aufzugreifen, die direkten Einfluß auf die politische Stabilität nahmen. Abschließend wird das Thema der Vergangenheitsbewältigung in beiden Ländern aufgegriffen, das bis heute auf die politische Stabilität in beiden Ländern wirkt. Als Beispiel können insoweit die jüngsten Ereignisse nach der Festnahme des ehemaligen Staatschefs der Militärregierung (1973-1990) General Augusto Pinochet in London dienen, die zu heftigen Reaktionen in *Chile* führten und die Problematik des Übergangs zur Zivilregierung aufzeigen. Als Ausblick folgt eine Synthese des Themas mit methodologischen Konsequenzen.

II. – Stabilitätstheorien. Zum Diskussionsstand

Regierungsstabilität in Iberoamerika ist kein unbearbeitetes Thema. Sich der Diskussion in der Vergangenheit zu stellen heißt auch, sich mit den Antworten bis zur Gegenwart auseinanderzusetzen, die als Lösung des Problems vorgeschlagen wurden. Solange Entwicklungsdefizite bestehen, wird ein aktueller Bezug bleiben, der das Thema nicht zur Geschichte werden läßt. Diejenigen, die sich äußerten, bezogen Stellung in einem bestimmten historischen Moment, um die Berechenbarkeit oder Unberechenbarkeit des Phänomens zu bestimmen. Häufig nahmen sie dabei eine ideologische Position ein, die sich dem jeweiligen Entwicklungsstadium in den Ländern des Kontinents anpaßte. Es ging demnach in der Mehrzahl um konkrete Antworten einer konkreten Epoche. Den Stabilisierungsprozeß zu verstehen, bedeutet unumgänglich eine Aufarbeitung dieser Antworten. Sie spiegeln gleichzeitig den Konflikt unterschiedlicher gesellschaftlicher Kräfte, nationaler und internationaler Interessen wider und tragen zum Verständnis der Geschichte bei. Deshalb erschien es sinnvoll allgemeine, ideologische und analytische Positionen zur Regierungsstabilität einzubeziehen.

Erste Studien, die sich mit der Rolle des Militärs in der iberoamerikanischen Politik befassen, erscheinen in den sechziger Jahren des 20. Jahrhunderts. Dies ist nicht ungewöhnlich, auch wenn der Militarismus in der Geschichte des südlichen Kontinents eine lange Tradition hat. Mit der zunehmenden Globalisierung, insbesondere was die Wirtschaftsmärkte angeht, ist das Interesse an den iberoamerikanischen Staaten gestiegen. Im Zuge dieser Entwicklung wuchs gleichzeitig die Aufmerksamkeit für die politische Lage, insbesondere für die Regierungsstabilität. Autoren der ersten Ära und mittlerweile Klassiker sind Johnson und Lieuwen[1] mit ihren politikwissenschaftlichen Arbeiten. Sie konzentrieren sich auf eine allgemeine Darstellung zum Thema Militär und Regierungsstabilität in Iberoamerika. Beide Arbeiten sind exemplarisch für das Paradigma von zwei unterschiedlichen analytischen Positionen, die später von zahlreichen Autoren aufgegriffen werden. Während Johnson die Zerbrechlichkeit der Verfassungsorgane im Hinblick auf die Gesellschaft aufzeigt und sich auf eine deskriptive Darstellung ihrer Effekte beschränkt, bezieht Lieuwen eine idealistische Position. Er sieht die politische Entwicklung als notwendigen Prozeß mit dem Ziel, die Demokratie in den iberoamerikanischen Staaten einzuführen. In den siebzi-

1 Johnson (1962); Lieuwen (1965).

ger Jahren folgen Studien von bedeutenden Autoren wie Hyman[2] und Lowenthal[3]. Erstere widmet ihr Interesse der Verbreitung ideologischer Rechtfertigungen für militärisches Einschreiten, insbesondere der "Doktrin der nationalen Sicherheit" (*doctrina de la seguridad nacional*).

Wer nach Unterscheidungskriterien der Arbeiten zum Militarismus in Iberoamerika sucht, wird feststellen, daß es der Mehrzahl der Verfasser unentbehrlich erschien, unabhängig von ihrer spezifischen Themenwahl, auf den Zusammenhang von Politik, Wirtschaft und Gesellschaft einzugehen, um die wechselnden Regierungsphasen zu erklären, wenngleich unterschiedliche erkenntnistheoretische Perspektiven zugrunde liegen. Um aus der Fülle der Arbeiten eine Übersicht über die maßgeblichen methodischen und inhaltlichen Ansätze zu geben, wird in dieser Arbeit die anschließende Diskussion thematisch und in groben Zügen aufbereitet. Die Schwierigkeit besteht darin, homogene Ordnungskriterien zu finden, da das Spektrum der Arbeiten von globalen Theorien (Modernisierungstheorie, Abhängigkeitstheorie) über lokale und zeitspezifische Deutungen bis hin zu Fallstudien reicht[4], die einzelne Aspekte der Regierungsstabilität hervorheben und dafür unterschiedliche Erklärungsmodelle anführen. Die nachfolgende Aufbereitung erhebt nicht den Anspruch einer abschließenden Klassifikation der Autoren in ihrer Behandlung des Themas. Vielmehr sollen inhaltliche und methodische Schwerpunkte des Forschungsstandes der Orientierung dienen im Hinblick auf die eigene Stellungnahme im Anschluß.

1. – Verfassung: immanente und externe Faktoren

Eine Reihe von Autoren verorten die Ursachen für die Schwäche des politischen Systems verfassungsimmanent. Wirtschaft und Politik werden als wechselweise wirkende Faktoren gesehen, die unmittelbar auf Regierungsstabilität wirken. Cavarozzi etwa sieht in der Beschaffenheit der Verfassung den maßgeblichen Einfluß auf die politische und institutionelle Entwicklung. Die Dynamik und das Versagen dieser Staatsform hat für ihn eine bedeutende Rolle in den unterschiedlichen Regierungsetappen gespielt. Seiner Ansicht nach ist eine Entwicklung eingetreten, die den interventionistischen Staat zum Zentrum politischer und wirtschaftlicher Steuerung erhob, was er mit dem Begriff *"matriz estadocéntrica"* definiert[5]. Cavarozzi verweist in diesem Zusammenhang vor allem auf

2 Hyman (1972).
3 Lowenthal (1974).
4 Vgl. Fernández (1981:58).
5 Cavarozzi (1987).

die Wirtschaftspolitik. Hier sei die "*Importation*" durch ein Modell abgelöst worden, das sich den äußeren Einflüssen des internationalen Marktes verschloß und nach einer staatlichen Regulierung der inneren Marktbedingungen suchte. Während mit diesem Erklärungsmodell vor allem die Entwicklungspolitik seit den dreißiger Jahren bis in die sechziger Jahre angesprochen wird, befassen sich andere Autoren mit den Effekten wirtschaftlichen Erfolges. Ökonomischer Aufstieg wird als zentraler Faktor für eine gesteigerte Teilnahme und Mobilisierung der Gesellschaft gedeutet, insbesondere im mittelständischen Bereich. Traditionelle Strukturen ließen Klientelbeziehungen wachsen, ebenso wie den Zusammenschluß politischer Vereinigungen. Sie integrierten sich als neue Komponente in das politische System und hatten dadurch auch an seinem Wandel teil[6]. Mitunter wird vertreten, daß Regierbarkeit auf dem Zugeständnis gewisser Gefälligkeiten gegenüber dieser Klientel beruhte, die zur Bedingung von Regierbarkeit wurden, da sie auf die politische Entscheidung Einfluß nahmen. Dadurch konnten politische Mechanismen, wie sie die Verfassung vorsah, nicht zum Tragen kommen: Entscheidungsprozesse, die auf eine Aktualisierung oder Modifikation des bestehenden *status quo* gerichtet waren, stagnierten und führten zu einer Kumulation von ungelösten Konflikten.

Was die Konfliktlösung in Krisenmomenten angeht, wird von einigen Autoren auf das Verhalten der politischen Eliten innerhalb des Regierungsfeldes abgestellt. Eine fehlende rechtsstaatliche Mentalität wird als Grund für politische Instabilität gesehen, als nicht existente Rahmenbedingung für das Wirken der Öffentlichkeit in der Politik und für die Verwirklichung der Menschenrechte. Nach dieser Meinung sollen hierauf zurückzuführende tiefgreifende Defizite im sozialen System Auslöser politischer Krisen sein und militärisches Eingreifen begünstigen[7].

Einige sehen die fehlende Konsolidierung der Zivilregierungen im Verfassungsprozeß historisch begründet. Als Grund wird die spanische Rechtstradition der Eroberer des 16. Jahrhunderts angeführt, die immer noch nachhaltige Wirkung zeitige. Wiarda[8] zufolge sei daraus eine iberoamerikanische Rechtstradition mit korporativistischen Zügen entstanden. Andere historische Deutungen dagegen erklären die Wiederkehr der militärischen Interventionen zum Teil als *"schlechte Gewohnheit"* der Bürgerkriege des 19. Jahrhunderts. Die Krise der spanischen Monarchie habe dazu geführt, daß die Macht der nachfolgenden *"Führer"* und ihr Einfluß auf die Staatsstreiche bis heute andauere[9].

---

6 Reyes Alvarez (1991).
7 Vgl. dazu die Übersicht bei Morlino (1985:143 ff.).
8 Vgl. Wiarda (1973), Hamill (1965); Morse (1965).
9 Vgl. Rouquié (1982:14).

Als externer Faktor, der auf Regierungsstabilität in Iberoamerika wirkt, wird häufig das interventionistische Interesse der Vereinigten Staaten angeführt. Sie hätten auf dem südlichen Kontinent stets eine Vormachtstellung beansprucht und mittelbar auf das politische Gleichgewicht Einfluß genommen. Für den Anspruch, die politischen Verhältnisse in Iberoamerika zu ordnen, werden unter anderem die Aussagen einiger US-amerikanischen Präsidenten angeführt, wie die des Präsidenten T. Roosevelt, der 1904 ein Eingreifen der Vereinigten Staaten forderte. Er vertrat die Ansicht, daß die iberoamerikanischen Staaten nicht in der Lage seien, eine polizeiliche Ordnung durchzusetzen[10].

2. – Gesellschaft und Interventionismus

Daneben befassen sich zahlreiche sozialwissenschaftlich orientierte Arbeiten mit dem iberoamerikanischen Militarismus. Die Häufigkeit militärischer Eingriffe wird dabei mit gewissen Strukturen der wirtschaftlichen und/oder der politischen Ordnung identifiziert[11]. Solche Studien stellen die Konstanten des Militarismus seit den fünfziger Jahren in den Vordergrund ihres Interesses. Hervorgehoben wird vor allem der Zusammenhang von rückständigen gesellschaftlichen Strukturen und mangelnder Entwicklung als Bedingung für die institutionelle Bedeutung des Militärs. Es erfülle eine Ersatzfunktion für nationale Identität, Disziplin und Effizienz sowie das Aufrechterhalten von Ordnung.

In den sechziger Jahren entstand die *"prätorianische"* Theorie[12]. Sie wählt nicht bestimmte Variabeln aus, sondern sucht nach einer umfassenden Deutung der Instabilitätsfaktoren innerhalb eines Entwicklungsprozesses. Militärisches Einschreiten wird danach als pathologische Tendenz der politischen Führung bezeichnet. Sie bediene sich des Militärs, um ihre Projekte mit Gewalt durchzusetzen, was zum Zerfall der republikanischen Institutionen führe: In einem Machtvakuum als Ergebnis der *"Überpolitisierung des Regierungssystems"* schreite das Militär ein. Die Gründe für den Zusammenbruch des politischen Systems werden dabei vornehmlich in dem Druck und der steigenden Mobilisierung des sozialen Sektors gesehen, der wirtschaftliche Verbesserungen fordert. Dieses Erklärungsmodell diente zunächst einer Analyse des Militarismus der zwanziger Jahren und wurde später wieder aufgegriffen, um den Militarismus der siebziger Jahre zu deuten. Als hauptsächlicher Faktor wird eine starke Abhängigkeit des politischen Systems vom sozialen Sektor hervorgehoben. In der Auseinandersetzung gegen-

10 Vgl. dazu Kahle (1981:7).
11 Dean (1970); Wayman (1975).
12 Huntington (1968), Perlmutter (1969:382-404).

sätzlicher gesellschaftlicher Kräfte und Gruppen eskaliere der Konflikt in einem Ausmaß, das Konsens ausschließe und zu ihrer Regulierung auf das Militär zurückgreife.

Einige marxistische Tendenzen, die sich seit Mitte der sechziger Jahre abzeichneten, führten dagegen die Machtergreifung durch das Militär auf ein *"klassisches"* Erklärungsmodell zurück[13]. Danach wird das Heer als verlängerter, bewaffneter Arm der Bourgoisie verstanden, der zum Zuge kommt, wenn staatliche Herrschaft nicht mehr durch die gültige Rechtsordnung gewährleistet werden kann. Einer der hervorragendsten Vertreter dieser Linie drückt sich wie folgt aus:

"Das lateinamerikanische Heer (...) hat seinen Geist latenter Gewalt aufrechterhalten. Diese Konstante, (...) die immer wieder in den liberalen und Entwicklungsmomenten auftrat, als die Kräfte der politischen Linken als Bedrohung gesehen wurden. (...) Der lateinamerikanische Militarismus fügt sich in das herrschende institutionelle System ein und verteidigt, in der Mehrzahl der Fälle, antinationale Interessen in einer doppelten Rolle als bürokratische Einrichtung und als prätorianische Wache; diejenigen, die an der Spitze des Militärs stehen, sind Eliten, die mit übernationalen Institutionen gekoppelt sind. (...) Die lateinamerikanischen Heere richten sich nach einer kontinentalen Stellung aus, in Form von Vereinbarungen und internationalen Pakten, die von dem Land mit der Vormachtstellung im Norden des Kontinents gesteuert werden..."[14]

Ebenfalls marxistisch inspiriert war die These, daß das vorherrschende autoritäre Regierungskonzept sowohl für Stabilitätsdefizite als auch für den wiederkehrenden Militarismus verantwortlich sei. Sie wurde auf die autoritären Regime in Brasilien (1964) und Argentinien (1966) angewendet[15]. Später diente sie der Erklärung für die Regierungsumstürze in *Chile* und *Uruguay* (1973)[16]. In einer kritischen Auseinandersetzung mit den Faktoren von Unterentwicklung ging es darum nachzuweisen, daß die Überwindung von Unterentwicklung nicht notwendig zu einer stabileren Zivilregierung führte und folglich einer größeren politischen Stabilität, wie sie etwa in Ländern wie *Argentinien* und *Brasilien* angenommen wurde. Diese konnten in den gleichen Jahren einen höheren Grad an Industrialisierung verwirklichen, der das Gegenteil bewirkte. Der Blick wird speziell auf die Schwankungen zwischen sozialer Entwicklung und politischem

13 Kossock; Kubler; Zeuske (1983).

14 Albornoz (1972), zit. nach Sandoval (1976:9-10).

15 O'Donnell (1973). In dieser Arbeit wird eine Synthese von drei unterschiedlichen Linien hergestellt; Modernisierung, Abhängigkeit und Korporativismus. Er stellt die Hypothese auf, daß die Prozesse sozialer Mobilisierung Erscheinungen einer beschleunigten Modernisierung seien, die zwingend den Autoritarismus zur Folge haben. Vgl. dazu auch Huneeus (1981).

16 O'Donnell (1978).

Modell gerichtet, die auf Verschiebungen im Regierungssystem untersucht wurden. Vertreter dieser Thesen sehen die Fehlentwicklung darin, daß sich die Dynamik der Wirtschaft, die zwischen den dreißiger und sechziger Jahren auf Importe verzichtete, in einer fortgeschrittenen Phase erschöpfte, besonders in den Ländern des amerikanischen *Cono Sur*. Auf diese Weise sei der sogenannte *bürokratisch-autoritäre Staat* entstanden[17]. Dafür wurde folgende Gedanken zugrundegelegt: Die Forderung nach stärkerer gesellschaftlicher Beteiligung in der Politik habe die Volkskoalitionen der vierziger und fünfziger Jahre zum Zusammenbruch gebracht als Folge wirtschaftlicher Verschlechterung. Dies habe nach sich gezogen, daß die Bedürfnisse der Bevölkerung nicht mehr innerhalb des vorgegebenen institutionellen Rahmens, dem Reformismus, Nationalismus und Populismus, befriedigt werden konnten. Vielmehr seien neue Ordnungsmuster erst durch das Militär geschaffen worden, dessen verlängerter Arm eine technokratische, professionalisierte Bürokratie sei. Dieses Phänomen machte sich in seiner Epoche einen Ruf als *"autoritär-bürokratischer Staat"*[18]. Einige Sektoren der Bourgoisie, die von technokratischen Elementen (zivilen und militärischen) unterstützt wurden und die aus der Epoche wirtschaftlichen Wachstums stammten, hätten sich die Macht gesichert, weil das Militär gefügig war und sie es jederzeit zur politischen Unterstützung anrufen konnten.

Als Beginn dieser Staatsform wurde die Phase zwischen beiden Weltkriegen hervorgehoben, als – wie bereits zuvor erwähnt – die Industrialisierung durch eine Substitution des Imports stattfinden sollte. Das Wirtschaftswachstum, das auf diese Art erzeugt wurde, habe die Grundlage der populistischen Allianzen in den unterschiedlichen Gesellschaften gefördert und politische Partizipation und die Mobilisierung der unteren Volksschichten bewirkt.

Die Krise, die folgte, als sich diese Entwicklungsstrategie erschöpft hatte, war zum Teil eine Konsequenz des Imports von Konsumgütern. Darüber hinaus wirkte sich immer stärker die politische Mobilisierung aus, welche die Führungsklassen zunehmend mißmutig zur Kenntnis nahmen, da sie ihre privilegierte Situation gefährdet sahen. Später wurde festgestellt, daß nicht das Entwicklungsdefizit für sich der Grund für den Autoritarismus gewesen ist, sondern das Scheitern einer seiner Strategien. Die Reaktion dieser Sektoren sollte sich in

---

17 Das Konzept des *bürokratisch-autoritären Staates* setzt sich aus Elementen der Soziologie Max Webers zu Bürokratie und Politik zusammen, speziell, was die zugrunde liegenden Werte und Rollen angeht. Des Marxismus bedient sich O'Donnell, um einen historischen Materialismus zu begründen, um zu zeigen, wie sozioökonomische Faktoren die politische Entwicklung bestimmen. In der Beschreibung von Kontrollmechanismen der neuen Staatsgebilde verwendet der Autor korporativistische Thesen zur Begründung von Autorität.

18 Vgl. O'Donnell (1973).

dem Zusammenschluß zu einer neuen Allianz zeigen, die sich aus Vertretern einer international offenen und nationalen Bourgoisie, den militärischen Kräften und einem breiten Sektor der Mittelschicht zusammensetzte. Das neue System wurde wirtschaftlich von den Marktkriterien bestimmt, was jedoch breite Volksschichten ausschloß, während das Kapital und die Technologie gestärkt wurden. Zu den Hauptmerkmalen zählen die Bürokratisierung des Regierungsapparats und die Schaffung von Systemen des Ausschlusses des populären Sektors von der Regierungsbildung mit Hilfe von Unterdrückung und staatlicher Kontrolle. Diese Exklusion erfolgte eher aufgrund wirtschaftlicher Interessen, als aus rein politischen Erwägungen, indem die Verbesserungen den populären Sektoren zugute kommen sollten. Was diese Regierungsform charakterisierte, war das Zusammenspiel von Staat und Wirtschaft in einem tiefgründigen Kapitalisierungsprozeß, der die wirtschaftlichen Grenzen, die Kumulation von Kapital und das Einkommen der verschiedenen Länder in einem übernationalen kapitalistischen System erfaßte[19].

Wirtschaftliche und soziale Probleme sollten auf rein technische Fragen reduziert werden, die ausschließlich nach ökonomischen Kriterien beantwortet werden sollten: Nicht der menschliche Faktor stand an erster Stelle, sondern ein peripherer und abhängiger Kapitalismus[20].

Nohlen[21] hat diese Version pragmatisch erfaßt, indem er nachgewiesen hat, daß diese Regime die wirtschaftlichen Probleme zu lösen versuchen, wie sie durch die Zivilregierung zustande kamen. Man kontrolliert die Gesellschaft und wendet entsprechende Mittel an, um die Wirtschaft konjunkturell zu beleben. Darüber hinaus werden Maßnahmen gegen unterschwellig agierende Mächte ergriffen, die unkontrolliert in den Wirtschaftskreislauf eingreifen; die Verfechter sozialer Maßnahmen und die Opposition werden entmachtet und allgemein entpolitisiert. Andererseits werden die Regierungsmittel auf wirtschaftlichen Fortschritt ausgerichtet, hin zu einem kapitalistischen Entwicklungsmodell, das in der Mehrzahl der Fälle zu einer Eingliederung der nationalen Wirtschaft in den internationalen Markt führte.

Bei diesem Erklärungsmuster hat man in Frage gestellt, ob die Prozesse tatsächlich so kohärent abliefen, wie sie vorskizziert wurden, besonders im Hinblick auf das politische Wirtschaftsmodell und den lokalen Bezugsrahmen, speziell, was die Staaten des Cono Sur angeht, denen solche Bedingungen nachgesagt werden. Darüber hinaus wurde der Determinismus und die Gradlinigkeit des Vorgehens kritisiert, da die Situation sich wesentlich komplexer darstelle als

19 Vgl. Del Campo (1993:225).
20 Vgl. Johannes Paul II (1991).
21 Nohlen (1986:3-4).

vorgetragen wurde. Was etwa Brasilien angeht, fiel die Entwicklung des Kapitalismus in eine Phase, als sich der *bürokratisch-autoritäre Staat* noch nicht herausgebildet hatte[22].

3. – Militärische Ansichten

Unter den Autoren, die das Militär als Ausgangspunkt ihrer Analyse wählen, finden sich unterschiedliche Ansätze. Eine historisch orientierte Perspektive zeigt sich darum bemüht, die Institutionen des Militärs als Garanten oder Tutoren politischer und institutioneller Stabilität zu erklären. Sie werden als wesentlicher Ordnungsfaktor im staatlichen Entwicklungsprozeß gesehen. Diese Vision herrscht ebenfalls in bestimmten gesellschaftlichen Sektoren in *Chile* vor[23]. Vertreter dieser Richtung meinen, es sei allein den militärischen Kräften zu verdanken, daß in gewissen Krisenmomenten ein regierungsfähiger Zustand hergestellt werden konnte, da es an einem konsolidierten System fehlte. Als häufig angeführtes Beispiel für dieses Paradigma wird der Fall von Bolivien genannt. Sofern dieses Deutungsmodell auf Länder zutreffen mag, in denen das militärische Eingreifen die Regel ist, muß seine Anwendbarkeit jedoch zumindest für die Staaten zweifelhaft bleiben, in denen der militärische Eingriff die Ausnahme ist und eine gewisse Funktionsgarantie der Institutionen besteht.

Andere Autoren versuchen eine Erklärung im Hinblick auf die Professionalisierung des Militärs[24]. Beleuchtet wird die wechselseitige Wirkung auf den politischen Stabilisierungsprozeß zwischen dem militärischen Eingreifen einerseits und einer zunehmend professionellen Ausbildung andererseits[25]. Unterschieden wird dabei nach dem jeweiligen Entwicklungsgrad der Gesellschaft[26]. Besonderes Interesse gilt der Einflußnahme der Vereinigten Staaten auf die *"Professionalisierung des Militärs"*. Im Mittelpunkt stehen die Verhaltensmuster der Offiziere in Momenten politischer Instabilität, vor allem nach dem Zweiten Weltkrieg und später nach der Kubanischen Revolution. Die Schulung militärischer Führungskräfte in Iberoamerika war in dieser Zeit speziell darauf ausgerichtet, kommunistischen Einfluß zu bekämpfen. Gleichzeitig wird die ideologische Komponente der Ausbildung als Faktor gesehen, der in der Folgezeit die Unabhängigkeit des Militärs beeinflußte und zum Handeln in einer Weise veranlaßte,

---

22 Vgl. Del Campo (1993:251); O'Donnell (1978).
23 Vgl. die Arbeiten von Aldunate (1989); (1991); (1993); und Molina Johnson (1989).
24 Professionalisierung wird hier als Grad korporativer Autonomie des Militärs verstanden.
25 Arriagada (1981; Quiroga; Maldonado (1988); Nunn (1970).
26 Vgl. dazu Kapitel VII dieser Arbeit.

die den Interessen der Vereinigten Staaten entsprach[27]. Inwieweit nordamerikanische Vorgaben für die *"Professionalisierung"* und Wirtschaftshilfe militärisches Einschreiten in Iberoamerika begünstigten, konnte bisher nicht nachgewiesen werden. Daß finanzielle Unterstützung auch zu Zeiten von Zivilregierungen erfolgte, begründet eine solche Annahme noch nicht. Denn daraus wird allenfalls ersichtlich, daß ein unmittelbarer Zusammenhang mit dem Einschreiten des Militärs und der Finanzierung von Staatsstreichen nicht bestand. Zumindest fehlen Hinweise auf eine direkte Einwirkung auf die Entscheidung des Militärs. In diesem Sinn scheint die Beständigkeit des Verfassungsgefüges der iberoamerikanischen Staaten weit weniger von der Beeinflussung durch die Vereinigten Staaten abzuhängen, als teilweise angenommen wird. Hierfür spricht auch, daß nur in einigen Ländern der zunehmende Konflikt zwischen dem Militär und den Regierungsinstitutionen seit den sechziger Jahren von einer gesteigerten finanziellen Subvention des Militärs durch die Vereinigten Staaten begleitet war, während in anderen Staaten des Kontinents eine gegenteilige Entwicklung zu beobachten ist[28]. Dieser Eindruck wird noch verstärkt, wenn man berücksichtigt, daß von den sechs Ländern, deren Militär in der Zeit von 1962-1970 am stärksten finanziell von den Vereinigten Staaten unterstützt wurde, nur die Hälfte Militärregierungen hatten, ansonsten aber gemäßigte oder fortschrittlich orientierte Zivilregierungen[29]. Es erscheint daher wenig plausibel, wenn teilweise behauptet wird, daß der militärische Umsturz in Chile 1973 allein unter der Schirmherrschaft der Vereinigten Staaten zustande gekommen sei.

Neben Arbeiten, die sich mit Aspekten der Mentalitätsgeschichte befassen[30], untersuchen andere die Verhaltensmuster von Angehörigen des Militärs in Krisenzeiten aus einer soziologischen Perspektive. Marxistische Konzepte sollten sich in diesem Rahmen als führend erweisen. Die soziale Zusammensetzung des Heeres wird dabei als Faktor für bestimmte politische Situationen und Präferenzen herangezogen. Als konzeptuelle Kategorie dient das Klassenbewußtsein. Diese Interpretationsrichtung erwies sich als fruchtbar, um etwa den Militarismus der zwanziger Jahre im iberoamerikanischen Raum zu analysieren. Sie hat

---

27 Vgl. Quiroga; Maldonado (1988); Fernández (1981).

28 Vgl. Rouquié (1982:159), der sich mit seinen Thesen auf die Fonds des Military Assistance Programm (MAP) stützt und nur vereinzelt einen Orientierungswandel nach 1961 feststellt. In der Mehrzahl der iberoamerikanischen Länder sind keine wesentlichen Veränderungen in Beziehung auf Militär und Macht zwischen 1945-1961 und 1962-1970 zu beobachten.

29 Vgl. Kurth (1973:303).

30 Vgl. Silvert (1966:261), der von der Existenz eines *mediterranen Ethos* im Gegensatz zur Modernität spricht, der für die iberoamerikanischen Länder Hindernis auf dem Weg zu einer stabilen, pluralistischen Gesellschaft sei.

herausgearbeitet, daß die Notwendigkeit einer Mittelklasse in den verschiedenen Ländern in diesem Zeitraum mit militärischem Einschreiten zusammenfällt[31]. Der Staatsstreich diente in dieser Etappe als Medium des Mittelstandes unter der Führung junger Offiziere, wie sich in dem Fall von *Chile* zeigen sollte[32].

Entsprechend wurde versucht, auch für die sechziger Jahre die zunehmend technokratische Orientierung des Militärs innerhalb des politischen Feldes mit der Kategorie der *"Klasse"* zu erfassen[33]. In diesem Sinn wurden militärische Interessen mit denen der oberen gesellschaftlichen Schichten gleichgesetzt. Auch wirtschaftliche Veränderungen hätten in erster Linie dazu gedient, die Interessen der Bourgoisie zu befriedigen[34]. Bereits Autoren wie De Imaz[35] in den sechziger Jahren und später die detaillierte Studie von Potash[36] in den achtziger Jahren haben nachgewiesen, daß der Erklärungswert klassentheoretischer Ansätze jedoch begrenzt ist. Am Beispiel Argentiniens erweist sich, daß der politische Prozeß nicht ausschließlich auf die Abhängigkeit des Militärs von den oberen Bevölkerungsschichten zurückgeführt werden konnte. Gegen die Annahme klassenbezogener Motive spricht darüber hinaus, daß weder in *Argentinien* noch in *Chile* der staatliche Konsolidierungsprozeß in direktem Zusammenhang mit der Mittelklasse stand, der sozialen Schicht, der die Führungsspitzen des Militärs angehörten.

4. – Naturrecht

Im Unterschied zu den genannten Tendenzen, schlug Ycaza Tigerino zur Überwindung von Instabilität eine transzendentale Sichtweise vor, die man als soziologisch- christliche Perspektive bezeichnen könnte[37]. Ausgangspunkt sind sogenannte "Naturgesetze" (*leyes naturales*), die nach seiner Ansicht nicht nur im Wesen des Menschen begründet sind, sondern auch auf die Gesellschaft in Form von historischen Traditionen und konkreten gesellschaftlichen Bedürfnissen wirken. Sie seien die zentralen Faktoren, wenn man eine Antwort auf die Krise der politischen Institutionen des Kontinents finden wolle.

---

31 Vgl. Nunn (1970a).
32 Vgl. Kapitel IV dieser Arbeit.
33 Del Campo (1993:226); Stepan (1988); Rouquié (1981-2).
34 Vgl. Kapitel V (3.2.) dieser Arbeit.
35 De Imaz (1964).
36 Potash (1982).
37 Ycaza Tigerino (1950:152-154). Er bezieht eher eine rhetorische Position, die zu symbolischen und poetischen Figuren neigt, als ein wissenschaftliches Erklärungsmodell.

Dieser Ansatz entsprach einer allgemeinen Tendenz in den fünfziger Jahren, als nach einer übergeordneten *"Mission"* -im Menschensbild begründet- gesucht wurde, die das gemeinsame Schicksal der iberoamerikanischen Länder definieren sollte[38]. Erst wenn sich die Bevölkerung ihres übergeordneten Ziels bewußt sei, könne ein nationaler Ordnungsentwurf für die einzelnen Länder vorgesehen werden und darauf aufbauend eine supranationale Einheit. Auf diese Weise würde das politische Problem jedes einzelnen Landes zur Angelegenheit aller, woraus der Schluß gezogen wurde, daß in Hispanoamerika ein effizientes Regieren möglich sei. Es wurde die Entwicklung eines *"hispanoamerikanischen Regierungskonzepts"* gefordert, das gleichzeitig der konkreten sozialen Realität entspreche.

Nach dieser These ist die optimale Regierungsform nicht die liberale Demokratie, da sie nicht den sozialen Bedürfnissen der Völker entspreche und aus diesem Grund immer wieder zur Diktatur führe. Vielmehr seien neue politische Formen und originäre Entwürfe durch ein Studium der sozialen Wirklichkeit zu finden, um die Wurzeln des Konflikts auszulöschen und bessere Wege zu finden:

> "...Das fundamentale Problem von Hispanoamerika ist seine Bevölkerung (...) Ohne eine nationale Vervollständigung von Land und Volk können wir auf dem Weg der Geschichte keinen Schritt nach vorn machen. Unsere gesamte politische, wirtschaftliche und rechtliche Konstruktion muß notwendigerweise nur provisorisch sein, da wir nicht wissen, welche Probleme und Bedürfnisse uns an dem Tag erwarten, an dem sich unsere Bevölkerung vervollständigt. Unsere politische Verfassung und unsere gegenwärtigen Gesetze können daher nur Übergangscharakter haben, um der Tatsache Rechnung zu tragen, daß sie von einer unvollständigen Nation diktiert wurden (...) Ich möchte nicht behaupten, daß unsere Nationen keine Prinzipien oder kulturelle Traditonen besitzen (...) Aber es sind gerade diese Prinzipien und kulturellen Errungenschaften, die in unseren Gesetzen und Verfassungen vergessen wurden und die eine unveränderliche historische Radikalität garantieren. Andererseits wurde eine Serie von Postulaten aufgegriffen, die unserer historischen Substanz und unserer gesellschaftlichen Wirklichkeit völlig fremd sind (...) Unsere hispanoamerikanischen Länder brauchen keine Staatsdoktrin, sondern eine nationale Politik. Unser Nationalismus muß vor allem ein kultureller Nationalismus sein und kein staatlicher ..."[39]

---

38 Der Autor bezieht sich aus seiner Sicht auf historisch gewordene Formulierung von kulturelle und politische Grundlagen einer universellen christlichen Ordnung. Vgl. Ycaza Tigerino (1950:152-154).

39 Ycaza Tigerino (1950:154).

5. – Gremiale Erklärungen

Eine weitere Interpretationsrichtung bezieht ihre Thesen auf die partikularen Interessen des Militärs als politisches Gremium. Zwei Bereiche bilden den Gegenstand der Beobachtung: erstens, ein politisches Prinzip, das unter dem Namen *"Sicherheit"* oder *"nationales Interesse"* gerechtfertigt wird und seine Grundlage in der sogenannten *"Doktrin der nationalen Sicherheit"* findet. Letztere leitete einen ideologischen Prozeß im inneren Bereich dieser Länder in den sechziger und siebziger Jahren ein, mit dem das militärische Einschreiten in *Argentinien*, *Brasilien*, *Chile* und *Uruguay* gerechtfertigt wurde. Zum anderen wird der Blick auf den Staatshaushalt für die militärische Ausrüstung oder die Besoldungsverbesserung der Offiziere gerichtet. Im Mittelpunkt stehen die Zusammenhänge zwischen dem gesellschaftlichen Status der Angehörigen des Militärs und ihrem Einschreiten in Krisenmomenten. Entscheidend für einen Militärputsch seien nicht so sehr machtpolitische Gründe als vielmehr die Wiederherstellung ihrer Position in der Gesellschaft[40].

Kritisiert wird vor allem, daß man der Ideologisierung des Militärs übermäßige Bedeutung beimißt. Dabei unterstellt die Gegenseite, daß mit den Umstürzen als Motiv der Schutz des Verfassungssystems gesucht wurde. Fehlender Respekt gegenüber den politischen und sozialen Akteuren wird angemahnt. Rouquié beispielsweise, einer der hervorragendsten Autoren dieser Position, hebt als auffälligstes Merkmal des iberoamerikanischen Militarismus nicht den isolierten Staatsstreich hervor, sondern die allgemeine Beherrschung des Staats durch das Militär[41].

Eine gemäßigte Position schlägt dagegen ein *"eklektisches"* Verständnis des Militarismus vor und bezieht sich dabei speziell auf die Entwicklung in *Argentinien* in den sechziger Jahren. Der Zerfall von Regeln im politischen Leben bildet dabei den Ausgangspunkt. Die unterschiedlichen Akteure in der Gesellschaft würden weder die Rolle der politischen Parteien anerkennen, noch die der politischen Institutionen, so daß eine Konfliktlösung mit parlamentarischen Mitteln schon von vornherein ausgeschlossen sei[42]. Andere wiederum bezeichnen den Zerfall der politischen Institutionen als *"normale Art der Erneuerung der argentinischen Regierung"*[43]. Es entstünde die Situation eines *"militärisch-zivilen Pendels"*. Das Heer sei von der Zivilbevölkerung aufgerufen, sich in den politi-

---

40 Vgl. Joxé (1970), bestätigt durch Fernández (1981); Oliveri (1985); Van Klaveren (1986).

41 Rouquié (1982:18).

42 Vgl. O'Donnell (1973); Rouquié (1982).

43 Unterschieden wird dabei nach *"pathologischen"* und *"nicht-pathologischen"* Merkmalen.

schen Prozeß zu integrieren, um auf diese Weise eine Ordnungsfunktion zu erfüllen. Dieses Modell weist folgende Charakteristika auf:

> "...1.) alle wichtigen politischen Sektoren sind bestrebt, sich die Unterstützung des Militärs zu sichern. Allgemein ist das Militär sehr politisiert; 2.) das Heer ist politisch heterogen, aber es versucht gleichzeitig, eine gewissen Grad an institutioneller Homogenität zu erhalten; 3.) die Sektoren, welche die politische Debatte dominieren, gestehen militärischem Einschreiten unter bestimmten Bedingungen Legitimität zu, um lenkend in den politischen Prozeß einzugreifen und Präsidenten abzusetzen, ihre Befugnisse einzuschränken oder andere Maßnahmen ergreifen zu können, um zu verhindern, daß das ganze System zusammenbricht, besonders vor dem Hintergrund, daß neue Gruppen mobilisiert werden, die zuvor von der Beteiligung im politischen Prozeß ausgeschlossen waren; 4.) die Zustimmung, die durch die gesellschaftlichen Eliten erteilt wird, trägt dazu bei, daß eine heterogene militärische Institution und eine bestimmte Regierung koalieren. Die Ablehnung der Bevölkerung hingegen erschwert solche Koalitionen; 5.) zwischen den gesellschaftlichen Eliten und dem Offiziersrang ist der Glaube stark verbreitet, daß das Militär zwar legitim in den politischen Prozeß eingreifen könne, die Regierungsführung durch das Militär über lange Zeiträume hinaus illegitim ist(...); 6.) die allgemeine Übereinstimmung in den (Grund-) Werten entstand als Folge eines Sozialisierungsprozesses, der sowohl die Bevölkerung als auch die militärische Führung betrifft im Sinne einer bestimmten Erziehung. Das Eingreifen des Militärs bedeutet in diesem Zusammenhang einen Versuch, das politische System erneut ins Gleichgewicht zu bringen, da es keine anderen politischen oder gesellschaftlichen Kräfte gibt, die dazu in der Lage sind..."[44]

6. – Modernisierungsansätze

Andere Autoren haben die politische Stabilität in einen globalen Bezugsrahmen zu Wirtschaftswachstum und Unterentwicklung gesetzt. Der Modernisierungswandel der industrialisierten Nationen nach dem Zweiten Weltkrieg einerseits und zum anderen die verminderte Dynamik in den unterentwickelten Ländern, hat die Frage aufgeworfen, ob der stagnierende Entwicklungsprozeß Grund für die politische Instabilität sei. Insbesondere wurde nach der Wechselwirkung zwischen dem politischen Prozeß und dem Wirtschaftswachstum gefragt. Der Blick richtete sich dabei auf die Funktion von wirtschaftlichen Programmen im Verfassungsprozeß. Im Zentrum stand die Frage, inwiefern demokratische Konsolidierung von der Wirtschaft abhängig ist. Hier unterscheiden sich ein Modernisierungsmodell und ein zweiter Erklärungsansatz, der sich mit der wirtschaftlichen und politischen Abhängigkeit befaßt.

Die Vertreter der sogenannten *"Modernisierungstheorie"* stützen ihre Erklärung maßgeblich auf den sozialen Wandel nach dem Vorbild soziologischen

44 Del Campo (1993:257-258); vgl. Kvaternik (1987).

Denkens des 19. Jahrhunderts: Einerseits wird der Gegensatz Tradition-Modernität im Sinne von Max Weber hervorgehoben; zum anderen dient der evolutionstheoretische Ansatz von August Comte der Orientierung. Danach wird der gesellschaftliche Entwicklungsprozeß aus einer Perspektive heraus betrachtet, die Elemente wie Tradition, Religion und Militarismus zum Ausgangspunkt nimmt, um die unterschiedlichen Stadien des Übergangs zur modernen Industriegesellschaft zu bezeichnen. Hervorgehoben wird dabei, daß auf die kulturellen Charakteristika der Nationen abzustellen sei, um ihr Entwicklungspotential festzustellen, so daß ebenfalls auf die Fähigkeit zur politischen Stabilität geschlossen werden könne, da angeblich eine Disproportion zwischen wirtschaftlicher Entwicklung, institutioneller Bildung, gesellschaftlicher Mobilisierung und Partizipation gegeben sei. Stabilität wird auf diese Weise mit Modernität verbunden.

Repräsentativ für das, was als *"polo moderno"* (moderner Pol) bezeichnet wird, sollen die Charakteristika der modernen Welt sein. Dem liegt der Gedanke zu Grunde, daß der Wandel, wie ihn die Modernisierung mit sich bringt, aus der Perspektive der industrialisierten Länder als konzeptueller Rahmen für die Modernisierung in anderen Nationen dienen könne. Als Maßstab zog man die gesellschaftliche Entwicklung in Westeuropa und den Vereinigten Staaten heran. Zum Teil wurde Modernisierung auch aus dem Blickwinkel von Industrialisierung, Urbanisierung und Alphabetisierung gesehen, wo die zunehmende Kommunikation über die Medien ebenso eine Rolle spielte wie die politische Beteiligung. Modernisierung wurde danach als Konzept einer Mobilisierung der Massen aufgefaßt[45].

Einige Autoren der Entwicklungstheorie vertraten die Ansicht, daß zunehmender Fortschritt in Wirtschaft und Gesellschaft die Möglichkeit militärischen Einschreitens wesentlich verringern würde. Solche Prognosen scheinen jedoch zumindest vor dem Hintergrund bedenklich, daß zumindest in einigen iberoamerikanischen Staaten, unter ihnen *Argentinien*, *Chile* und *Uruguay*, unter diesem Gesichtspunkt angeblich nicht mit militärischen Eingriffen hätte gerechnet werden müssen. Dennoch erlitten auch sie fast gleichzeitig in den siebziger Jahren einen Militärputsch.

Zutreffender erscheinen Ansätze, die in einem Vergleich der gesellschaftlichen Wirklichkeit in den peripheren Ländern Iberoamerikas mit dem Zentrum westlichen Rechtsstaatsdenken (Europa, Vereinigten Staaten) Unterschiede in der Begründung (Rationalität) hervorheben und Erklärungszusammenhänge mit militärischem Einschreiten befürworten. Aus dieser Sicht werden traditionelle Verhaltens- und Denkmuster als Hindernis für die politische, wirtschaftliche und soziale Entwicklung gesehen. Soziale Faktoren, wie der ungebrochene Einfluß

45 Deutsch (1961); Lerner (1958).

der katholischen Religion, das Fortbestehen zahlreicher Stammesgemeinschaften und eine starke, feudal geprägte Aristokratie seien Ursachen für irrationales, widersprüchliches Handeln, die der Modernisierung entgegenwirkten. Der Schlüssel für beschleunigten Fortschritt und sozialen Wandel wird daher in der sogenannten "Rationalität der Führer" (*racionalidad de los líderes*) gesehen[46]. Gemeint ist damit die Fähigkeit gesellschaftlicher Eliten, den politischen und wirtschaftlichen Entscheidungen logisch-rationale Kriterien zugrunde zu legen, um eine Entwicklung wie in den Industriestaaten herbeizuführen. Einige machen die gesellschaftliche Verfassung einer traditionellen Gesellschaft für den Entwicklungsrückstand verantwortlich. Dahinter verbirgt sich vor allem die Idee der Innovation durch Abschaffung traditioneller Institutionen, um innerhalb dieser Eliten – denen die Innovationsrolle zugedacht war – neue Techniken, Werte und Organisationsschemata zu verbreiten[47].

Germani, der solche Thesen erstmals zu Beginn der siebziger Jahre verbreitete[48], stützte sich darauf, daß der (latein-)amerikanische Kontinent sich im Ubergang von einer traditionellen zu einer modernisierten Gesellschaft befinde. Er vertrat die Ansicht, daß die ungleiche weltweite Evolution zu dauerhaften Neuordnungsprozessen geführt haben. Das Streben nach Entwicklungsbeschleunigung in Iberoamerika löse dabei soziales Ungleichgewicht aus, das sich durch politische Krisen bemerkbar mache. Dies wurde etwa für die politische Instabilität in *Argentinien* zur Erklärung herangezogen.

Parsons erblickt darin einen beschleunigten Prozeß struktureller Differenzierung, der jedoch nicht dazu beigetragen habe, daß sich der Modernisierungsprozeß stabilisierte, sondern sich eher zum Nachteil der Länder der sogenannten Dritten Welt ausgewirkt habe. Diese unerwünschten Effekte überstürzten Fortschritts hätten in einigen Bereichen zu marginalen Positionen geführt, die im Zusammenhang mit dem Urbanisierungsprozeß stünden. Andere wiederum sehen die wirtschaftliche Unterentwicklung als Konsequenz eines unfähigen Unternehmertums[49]. Fehlende Umsetzung der organisatorischen Weisungen und mangelnde Planung sowie eine Schwäche für das unmittelbar Pragmatische und Materielle wurden dafür verantwortlich gemacht. Gleichzeitig glaubte man gewisse Mentalitäten und Erziehungsmodelle zu erkennen, die auf die spanische Feudalordnung zurückzuführen waren. Lipset faßte diese Gedanken wie folgt zusammen:

---

46 Vgl. Moore (1977:34-35). Rationalität wird als normative Erwartungshaltung verstanden, im Hinblick auf objektive Information und rationales Kalkül von Prozessen, die ein bestimmtes Ziel anstreben.

47 Vgl. Lipset; Solari (1967).

48 Vgl. Germani (1963); (1981).

49 Del Campo (1993:6).

"...der eindeutige Vergleich der verschiedenen Nationen Amerikas stützt sich auf die Verallgemeinerung kultureller Werte, die sich als wichtigste Faktoren auf die Kraft wirtschaftlicher Entwicklung auswirken..."[50]

Aus dieser Grundhaltung heraus entwickelten sich neue Ansätze, die zu der These führten, daß eine Veränderung des bestehenden Wertesystems die einzige Möglichkeit sei, um die Brüche zwischen den politischen Eliten zu überwinden. Denn sie verhinderten, daß die Strukturen des Kontinents in einer Weise funktionierten, daß soziale Integration zwischen den jeweiligen Interessengruppen möglich sei. Nur eine Moderniserung der Denkstrukturen könne langfristig zur Adaption der alten Strukturen führen oder Wege eröffnen. Während für einige mentaler Fortschritt in einem individuellen Wandlungsprozeß besteht, speziell in der Assimilation von Personen, die solche "*modernen Werte*"[51] verinnerlichten, besteht für andere die Integrationsfunktion in der Differenzierung von Institutionen und sozialen Aufgaben. Nach beiden Ansichten ist gesellschaftlicher Fortschritt jedoch als Konzept sozialer und politischer Mobilisierung zu begreifen.

Dieses Modernierungskonzept trat in seinen letzten Versionen in den siebziger Jahren auf[52]. Aus ihm entwickelte Rostow[53] eine Theorie der unterschiedlichen Etappen wirtschaftlichen Wachstums, wonach eine Lösung mit Hilfe der Erfahrungen der industrialisierten Länder gefunden werden sollte. Organisationsstrukturen wie ein kapitalistisches Modell, Investitionen und eine neue Wirtschaftsethik, waren ihm Vorbild für die Elite der unterentwickelten Länder. Auf diese Weise versprach man sich nicht nur neue Technik zu importieren, sondern auch effizient anzuwenden, was gleichzeitig Wohlstand fördern sollte.

Daß ein solcher Prozeß zwingend und nur einheitlich zu steuern sei, wurde bald ebenso bezweifelt, wie die Erfolgsaussichten von Methoden, die angeblich zu derselben Entwicklung wie in der westlichen Welt führten[54]. Gerade angesichts des Übergangs zu einer modernen Gesellschaft erscheint fraglich, ob Wirtschaftswachstum, Demokratie, Gleichheit und Stabilität kompatibel sind[55]. Hier stellt sich jedoch die Frage, ob eine Veränderung der bestehenden Werteordnung in Form sozialer Mobilisierung demokratisch umsetzbar ist. Denn Demokratie setzt eine gewisse soziale Stabilität voraus, die unter Modernisierungsdruck nicht

50 Vgl. Lipset; Rokkan (1967:30).
51 Zur Modernisierung als Entwicklung sozialer Differenzierung siehe Parsons (1966), (1971); als Repräsentation einer bestimmten Wertordnung siehe McClelland (1961), (1976); vgl. ebenso Portes (1976).
52 Vgl. Wiarda (1973).
53 Rostow (1973) beschreibt unterschiedliche (Entwicklungs-) Etappen, um ein traditionelle in eine moderne Gesellschaft umzuformen.
54 Moore (1977).
55 Vgl. Huntington (1968).

immer hergestellt werden kann. Die Kritik an diesem Modell beruht hauptsächlich auf seinem Einheits- und Bestimmtheitscharakter. Nicht alle präindustriellen Gesellschaften befinden sich in demselben Entwicklungsstadium und können daher nicht nach einheitlichen Kriterien beurteilt werden; sie ließen durchaus unterschiedliche Strukturen und Faktoren als entwicklungsfördernd oder -hemmend erkennen.

Eine jüngste Version der Modernisierungstheorie, die auch Kritik an der klassischen Theorie übt, ist eine Strömung von US-amerikanischen Autoren, die gemeinhin als *"neuer Korporativismus"* bezeichnet wird[56]. Sie zeigen eine Tradition auf, die angeblich aufgrund ihrer katholischen und thomistischen Werte die Modernisierung der wirtschaftlichen Eliten verhinderte und demokratische wie liberale Werte zurückwies. Dadurch sei es zu korporativen wirtschaftlichen Organisationen und einem autoritären politischen Modell gekommen. In diesem Kontext wird die traditionelle Gesellschaft beschrieben als

> "partikularistisch, diffus und mit affektiven Verhaltensmustern sowie einer multiplen, ausgeweiteten Freundschaftsstruktur und reduzierter sozialen Mobilität (...) Folgend ferner einem System von Unterscheidungsstrategien, einer auf Rohstoffe konzentrierten Wirtschaftsstruktur, einer Tendenz zur Autarkie und sozialer Vereinheitlichung, einer wenig differenzierten politischen Struktur mit Quellen traditioneller und hierarchischer Autorität..."[57]

Im Gegenteil dazu wird die moderne Gesellschaft charakterisiert durch

> "...Vorrang der Lösung von universellen, spezifischen und neutralen Orientations- und Führungsmodellen, einem Familienkern, der auf spezifische Aufgaben ausgerichtet ist, einem komplexen und hochdifferenziertem Beschäftigungssystem, hoher sozialer Beweglichkeit, Vorrang von sekundären wirtschaftlichen Aktivitäten und Austauschproduktion, der Institutionalisierung sozialen Wandels und eines selbsterhaltenden Wachstums und der Existenz von hoch differenzierten politischen Strukturen, wo Autorität ihre Legitimität aus rationalen und legalen Quellen schöpft..."[58]

Gleichzeitig wird jedoch betont, daß Iberoamerika nach seinen eigenen, genuinen Zügen gedeutet werden muß, ohne zu fragen, ob es geeignet oder unvermeidbar ist, den Wandel nach nordamerikanischer oder europäischer Art durchzuführen, da viele Länder in denen die Gesellschaft traditionell verfaßt ist, speziell solche mit einer latino-iberischen Komponente, eine bemerkenswerte Flexibilität und Assimilationsfähigkeit bewiesen haben, was die kulturelle Adaption

---

56 Vgl. Wiarda (1973); (1989).
57 Vgl. Valenzuela (1978: 537-538).
58 Valenzuela (1978:537-538).

von rationalen und modernen Elementen angeht. In jedem Fall wäre der Motor eines modernisierenden Wandels die Eingliederung von neuen exogenen Elementen in die iberoamerikanische Wirklichkeit.

Der *"neue Korporativismus"* versucht ein Entwicklungsmodell iberoamerikanischen Zuschnitts zu finden, um eine Vision der Wirklichkeit in ein politisches Projekt zu integrieren. Seine Vertreter weisen sowohl Liberalismus wie Marxismus zurück. Geboten wird eine kontrollierte Teilnahme mit einer Mobilisierung der politischen Gemeinschaft in Form von organischen Strukturen. In dieses Legitimationsmuster läßt sich die chilenische, so genannte "geschützte Demokratie" (*democracia protegida*) einfügen, die in der chilenischen Verfassung von 1980 ihren Ausdruck fand.

Nach Schmitter könnte dieser neue Korporativismus wie folgt definiert werden als

> "...das Repräsentationssystem von Interessen, dessen konstitutive Einheiten in einer begrenzten Zahl einzigartiger Kategorien verfaßt sind, verpflichtend, ohne Konkurrenz, die hierarchisch geordnet und funktional differenziert, anerkannt und zugelassen vom Staat sind, der ihnen ein Monopol der Repräsentation in den entsprechenden Kategorien gewährt unter der Bedingung, daß sie gewisse Kontrollen in der Wahl ihrer Führer anerkennen, sowie in den Entscheidungsprozessen..."[59]

Für die Kritiker dieser Theorie wäre dies eine Apologie des Faschismus, der versucht, künstlich die sozialen und politischen Spannungen zu mäßigen, die im Modernisierungsprozeß auftreten. Gleichzeitig wurde gesagt, daß die letzten beiden Theorieansätze weniger zum Verständnis des Umbruchs in diesen Ländern geeignet sind als die Modernisierungs- oder Abhängigkeitstheorie. Andere wiederum sehen in diesen Ideen eine Fortsetzung der Modernisierungstheorie, denn beide betonen die Bedeutung kultureller Werte im Rahmen der Faktoren, die auf den politischen Entscheidungsprozeß wirken.

Mit den Gründen des Entwicklungsprozesses in Iberoamerika befaßte sich darüber hinaus eine Studie der CEPAL[60], eine von der UNO abhängige Wirtschaftskommission für Lateinamerika. Im Zentrum der Analyse steht die Ungleichheit, bzw. ein gewisses Über- und Unterordnungsverhältnis im Austausch der Länder, die Rohstoffe exportieren und in ihrer Mehrzahl unterentwickelt sind, und solchen, die mit bereits verarbeiteten Waren Handel treiben. Fortschritt und Unterentwicklung wurden darin als originärer Prozeß einer Differenzierung des Welthandels betrachtet. Der Anknüpfungspunkt der lateinamerikanischen Länder bei seiner Eingliederung in diesen Prozeß sei ein Modell des Exports von

---

59 Schmitter (1973:93-94).

60 Comisión Económica para América Latina.

Rohstoffen gewesen. Dies wird als Entwicklung gesehen, die sich zu sehr am internationalen Kontext orientierte. Jene Länder, die Rohstoffe exportierten, importierten zugleich Technologie aus industrialisierten Staaten. Aus dieser Perspektive wird Wirtschaft in Lateinamerika als periphere Ökonomie gesehen, die sich zwischen einer *"Exartikulation"* und einem *"Dualismus"* befindet. Das erste Merkmal wird angenommen, da das Importieren von Technologie aus den industrialisierten Ländern zwingend sei; das zweite, weil aus der peripheren Wirtschaft ein Ungleichgewicht zwischen Export und wirtschaftlichem Überleben auftritt. Es existiere in der Peripherie ein präkapitalistischer Bereich von geringer Produktivität, der aus dem Handwerk hervorgehe und in dem niedrige Löhne die Regel sind. Dagegen würden die wirtschaftlichen Vorteile, die durch den Export gefördert werden, nicht dazu eingesetzt, nationale Entwicklung zu unterstützen, sondern sie verteilten sich unter den lokalen Interessengruppen der industrialisierten Länder, insbesondere im Bereich supranationaler Unternehmen, die wiederum den Kontakt zu entsprechenden Unternehmen in Lateinamerika halten.

Die Lösung des Problems der Unterentwicklung wird daher in einer Modifikation des Exportationsmodels auf dem Kontinent gesehen und in einer Förderung der Industrialisierung durch Beschränkung der Importe. Die Thesen der CEPAL-Gruppe stellen die bisherigen Theorien über den internationalen Handel in Frage, vor allem, was die internationale Arbeitsteilung angeht. Vorgeschlagen wird eine differenzierte Strategie zur Industrialisierung dieser Länder. Praktisch konnten die Bedingungen für eine solche Industrialisierung jedoch nie geschaffen werden. Alle Versuche seit den fünfziger Jahren scheiterten. Hindernis war vor allem die ausschließliche Ausrichtung auf eine beschleunigte Industrialisierung. Anstatt wirtschaftlichen Fortschritts sei dadurch nur noch eine schlechtere Verteilung des Einkommens eingetreten[61]. Die Aufmerksamkeit sei zu sehr auf die Verteilungsmechanismen gerichtet gewesen, die stärker berücksichtigt wurden als andere Bedingungen, wie etwa die ländliche Eigentumsordnung oder die Konsequenzen der Inflation. Die Ansätze schwanken zwischen einer Angleichung der externen Variabeln und den internen Grenzen von Entwicklung.

Aus der Sicht der Vertreter des Abhängigkeitsmodells – im Gegensatz zu den Befürwortern der Modernisierungstheorie – müßte daher der Nationalstaat als analytische Kategorie unberücksichtigt bleiben. Spezifisch lokale Charakteristika der abhängigen Länder allein ließen die ausbleibende Entwicklung nicht erklären, auch wenn ihnen zwangsläufig ein gewisses Gewicht beizumessen sei. Die Berücksichtigung von modernen wie traditionellen Kriterien zeige insoweit die Unterschiede zwischen den Gesellschaften auf, aber würde nicht dazu beitragen, diese in sich zu erklären, geschweige denn, die unterschiedlichen Stadien von

61 Vgl. Pinto (1965).

Modernität in einigen Gebieten und ihr Fehlen in anderen. Daher könne nationale Einheit nur so verstanden werden, daß man sie mit dem politischem System und dem internationalen wirtschaftlichen Geschehen verbinde, ähnlich dem Vorgehen in der europäischen Kolonisationszeit.

Entwicklung sei nur eine Etappe in einem Prozeß, der aus verschiedenen Komponenten bestehe, aber sich gerade durch seine Unterschiedlichkeit kennzeichnete. In diesem Kontext formulieren Sunkel und Paz:

> "...Entwicklung und Unterentwicklung sind Aspekte desselben Phänomens, beide verhalten sich historisch gesehen simultan, beide sind funktional ineinander verschränkt, und noch mehr, sie interagieren und bedingen sich wechselseitig. Dasselbe ergibt sich (...) aus der Teilung der Welt in industrialisierte, fortschrittliche oder zentrale (wirtschaftlich führende) Länder, und unterentwickelte, rückständige und periphere Länder..."[62]

Die Abhängigkeit – so wird hinzugefügt – bedinge die wirtschaftliche Lage einiger Länder durch die Entwicklung und Expansion anderer, was Situationen von Unterentwicklung und Ausbeutung hervorrufe. Zu ihrem Verständnis sei die Geschichte und die Gesamtheit der sozialen Beziehungen zu berücksichtigen, die sich in der Vergangenheit herausbildeten. Dabei wird der Beobachtungszeitraum bis zum 16. Jahrhundert zurückdatiert, wo die ungleiche Entwicklung ihren Ursprung hatte, in der Epoche, als sich eine kapitalistische Weltwirtschaft abzuzeichnen begann. Einige der Länder spezialisierten sich auf die industrielle Produktion des Handwerks, bedingt durch einen bestimmten Produktionsmodus, der an die Nationen der Peripherie weitergegeben wurde. Diese Unterschiede in der Arbeitsweise hätten Ungleichheit zur Folge gehabt und eine Entwicklung verhindert, die auf natürlichen Vergleichsvorteilen basiert zum Nachteil der Entwicklungsländer. Später seien inadäquate Methoden von einzelnen Akteuren dafür verantwortlich gewesen, daß es neben einem entsprechenden Unternehmerverhalten an einem institutionellen Gefüge mangelte, das in der Lage gewesen wäre, die Unterentwicklung umzukehren. Die peripheren Abhängigkeitsstrukturen hätten ihre eigene Dynamik entwickelt und Opportunitätsstrukturen geschaffen, die weder zu allgemeinem Wohlstand führten, noch zu einer gleichmäßigen Entwicklung der Gesellschaft.

Zum anderen wurde das Problem inadäquaten Verhaltens nicht in der fehlenden Rationalität angelegt, die in zahlreichen Gesellschaften vorherrscht, sondern in dem, was man als *"strukturelle Bedingungen einer Unternehmensinitiative"* bezeichnet, selbst wenn einem rationalen, lokal ausgerichteten Schema Rechnung getragen wird[63].

---

62 Sunkel;Paz (1981:6).
63 Cardoso (1973).

Die Vertreter dieser Abhängigkeitstheorie bezweckten weder ein Erklärungsmodell, das den Grund des Problems allein auf externe Faktoren zurückführt, noch geht es um eine einfache, quasi mechanische Reaktion innerer Faktoren, die insoweit von äußeren bedingt sind. Vielmehr wird das Zusammenspiel beider Elemente in ihrer Interaktion beobachtet[64]. In diesem Sinn verstehen Cardoso und Faletto eine abhängige Gesellschaft als Gesamtheit von Verbänden, in denen die externen Variabeln eine unterschiedliche Bedeutung erlangen können, insbesondere im Verhältnis zur Rolle der internen Variabeln. Dem liegt die These zugrunde, daß es im Laufe der Geschichte nicht gelungen ist, eine Entwicklungspolitik zu gestalten, die aus sich heraus – ohne Einflußnahmen von außen – funktioniert, ohne daß damit die Beziehungen zu den industrialisierten Ländern abgebrochen würden. So wurde etwa gefolgert, daß die Weltwirtschaftskrise zu Beginn der dreißiger Jahre und die beiden Weltkriege zu einem Bruch mit den Ländern, die Rohstoffe exportierten, geführt haben; nachdem die Nachfrage von außen verschwand, konnte man auch das Importvolumen nicht mehr aufrechterhalten. Dies habe den Staat dazu gezwungen, eine entsprechende Finanz- und Währungspolitik zu entwerfen, um dieses Ungleichgewicht im internen Markt zu beseitigen. Man förderte folglich eine industrielle Autarkie, um die Inlandsproduktion zu steigern. Diese Strategie wurde allgemein "Industrialisierung durch Importersatz" (*industrialización por sustitución de importaciones*) bezeichnet. Einer der beiden Fälle, in denen diese Wirtschaftspolitik zu zufriedenstellenden Ergebnissen führte, war *Chile*, der andere *Mexiko*. Die Produktionssteigerung hatte vor allem die Zustimmung der mittleren Bevölkerungsschichten zur Folge, die sich der neuen Entwicklung anpaßten, so daß Wirtschaft fast unabhängig von der staatlichen Führung existierte und das Bürgertum in den Städten stärkte. Gleichzeitig führte dies zu gesellschaftlicher und sozialer Stabilität. Del Campo verlieh dieser Situation wie folgt Ausdruck:

> "...diese Allianz hatte Erfolg in *Chile*, aufgrund der Bedeutung von Parteien der Mittelklasse, die in der letzten Phase der Entwicklungsperiode aufstiegen, und die frühere Verfestigung der Arbeiterbewegung, die in das System in der Dekade der zwanziger Jahre eingefügt wurde ..."[65]

In Argentinien, ebenso wie in Brasilien, war unter dem staatlichen Produktionssystem ein bedeutendes industrielles Wachstum zu verzeichnen. Die Exporteure von Agrarprodukten hatten bereits einen großen Teil ihrer Produktion auf den Inlandsmarkt umgestellt, so daß die neue Situation einer Exportkontrolle diese Tendenz nur verstärkte. Aufgrund der Abhängigkeit von ausländischem

---

64 Vgl. Cardoso; Faletto (1969:19).
65 Vgl. Del Campo (1993:15).

Kapital stieß diese Form der Industrialisierung jedoch schon bald an ihre inneren und äußeren Grenzen. Sie konnte nur dadurch aufrechterhalten werden, daß in der Zeit zwischen den beiden Weltkriegen Devisen akkumuliert worden waren, die abrufbar waren. In den fünfziger Jahren wurde die Auslandsverschuldung erweitert, was zu einer zunehmenden Abhängigkeit von ausländischem Kapital führte.

Aus der Perspektive der Abhängigkeitstheorie kam der Impuls, das Konzept einer autarken, nationalen Industrialisierung aufzulösen von Seiten der *"Industrienationen des Zentrums"* (Industrieländer). Sie wirkten darauf ein, daß einem transnationalen System der Weg bereitet wurde, mit multinationalen Korporationen, die neue Märkte und Produktionszentren zu niedrigeren Kosten aufbauten. Eine neue Konzeptualisierung der Wirtschaft förderte Investitionen von Korporationen, vor allem im Handwerk, die in der Peripherie produzierten und ihre Produkte absetzen konnten. Auf diese Weise sollte der interne Markt einen internationalen Bezug erhalten. Die Entnationalisierung der Industrien und eine neue internationale Arbeitsteilung, die Technologie und Kapital im Austausch gegen Rohstoffe bot, sollte Garant für eine funktionierende Exportwirtschaft sein, was die Situation von Abhängigkeit und Unterentwicklung jedoch nur verschlechtert habe.

Von diesem zentralen Gedanken ausgehend, versuchten einige Autoren[66] die autoritären Regime in den sechziger und siebziger Jahren zu deuten. Speziell sahen sie die Ursachen in den Schwierigkeiten des Industrialisierungsmodells. Die neue Situation habe zu einer Entwicklung geführt, die von dem Staat und den multinationalen Korporationen gesteuert worden sei und sich, im Hinblick auf den Reichtum des Bürgertums, auf die Schwerindustrie und die Kumulation von Kapital konzentriert habe. Trotzdem hätten sich auch in dieser neuen Phase die sogenannten Volksallianzen nicht behaupten können.

Die Kritik an den Theoretikern der Abhängigkeitsthese, ist hauptsächlich darauf gerichtet, daß interne Variabeln kaum berücksichtigt werden. Aus marxistischer Perspektive wird moniert, daß der Klassenkampf innerhalb der Gesellschaft wie ein Hindernis gewirkt habe, um die Früchte der Produktion zu verteilen. Den Vertretern der Abhängigkeitstheorie sei nicht gelungen, die Rolle des Staates näher zu definieren. Sein Bild würde im Rahmen von Entwicklung als modernisierende Kraft idealisiert, ohne daß seine Grenzen mitgedacht werden, insbesondere, was sein Einwirken auf dem Markt angeht. Gesellschaftliche Komponenten, wie Interessengruppen, sowie kulturelle und ideologische Elemente würden ausgeblendet. Gerade sie stünden in einem direkten Verhältnis zur Mobilisierung von Gesellschaft und Entwicklung; von einzelnen Fällen abgese-

66 Vgl. Borón (1977); Cardoso; Faletto (1977); Dos Santos (1969); O'Donnell (1973).

hen, neige diese Theorie zu einer Verallgemeinerung eines zu weit gefaßten *"Applikationsmodells"* (Anwendungsmodells). Auch andere Faktoren blieben unberücksichtigt, wie etwa die unterschiedlichen Entwicklungstypen, Alternativen zum Gegensatz Kapitalismus-Sozialismus oder das Verhältnis von Entwicklung im Inland zur Entwicklung im Ausland.

Erst kürzlich wurde die Abhängigkeitstheorie erneut aufgegriffen, um die Beziehungen zwischen der bürgerlichen Gesellschaft und dem Staat im Hinblick auf die Effekte wirtschaftlicher Entwicklung und supranationaler Machtstrukturen zu untersuchen[67]. Strukturelle Variabeln werden dabei mit einer politisch institutionellen Analyse in Beziehung gesetzt und integriert; man bewertet einerseits die Rolle der politischen Institutionen in Krisenphasen und auf der anderen Seite den konzeptuellen Kontext des Verhältnisses von Stabilität zu Instabilität. Auf diese Weise werden die historischen Etappen in Betracht gezogen sowie Kontinuitäten und Diskontinuitäten beobachtet, die gewisse politische und wirtschaftliche Strategien bevorzugen ließen.

7. – Eine neue Theorie politischer Stabilität?

Greift man die vorangehenen Reflexionen und Ansätze auf, dann könnte man über die Möglichkeit einer neuen Theorie zur politischen Instabilität in Iberoamerika, über ihre Voraussetzungen und Grenzen nachdenken. Befürworter eines solchen Unterfanges meinen, es sei nicht nur möglich, sondern sogar notwendig, die zuvor zitierten Thesen im einem harmonischen Kontext aufzugreifen und in Übereinstimmung zu bringen. Zur Begründung wird häufig angeführt, daß nur auf diese Weise eine Interpretationsebene erreicht werden könne, die über eine rein empirische Forschung hinausgehe.

Ein solches Unternehmen erscheint jedoch schwieriger, als der gut gemeinte Ansatz. Denn es würde bedeuten, daß ein Abstraktionsgrad erreicht werden müßte, der erlaubt, das Zusammenspiel von einzelnen Machtformen und politischer Instabilität in einer Weise zu beobachten, daß die Wertung des empirischen Befundes der komplexen, politischen Wirklichkeit in unterschiedlichen Epochen gerecht werde. Lokale und epochenspezifische Differenzen würden jedoch der Beobachtung entzogen. Trotz vielfältiger kultureller Gemeinsamkeitem lagen in den einzelnen iberoamerikanischen Länder unterschiedliche politische und gesellschaftliche Voraussetzungen in dem jeweiligen historischen Moment zugrunde, die eine Homogenisierung der Merkmale für Instabilität in Frage stellen. Andererseits erscheint es zweifelhaft, auf zukünftige Entwicklungen und

67 Del Campo (1993:23-24).

Lösungen durch eine Deutung der historischen Determinanten Einfluß zu nehmen. Die Fülle der wirtschaftlichen, sozialen, kulturellen und historischen Variabeln, die das politische Feld bedingen, scheinen zu komplex, um allgemeingültige Deutungen zu wagen. Es wäre andererseits verfehlt, den Militarismus des Kontinents als kulturelle Konstante oder historisches Schicksal aufzufassen.

Geeigneter erscheint daher ein Erklärungsmodell, das die einzelnen Faktoren des politischen Prozesses in ihrem jeweiligen historischen Moment erfaßt, ohne sozioökonomische Gesichtspunkte zu vernachlässigen. Letztere sollen jedoch nicht mit ideologischen Ansätzen vermischt werden, die das historische Bild wertend aus einer gegenwartsbezogenen, ideologischen Perspektive verbrämen. Gesellschaftlicher Wandel und wirtschaftliche Ordnungsprozesse sind in dem Gesamtbild der Entwicklung hin zu einem modernen Staat zu erfassen. Dies setzt voraus, militärisches Vorgehen nicht isoliert als Aktion zu begreifen, sondern als Reaktion auf historische Umbruchsmomente, in denen unterschiedliche Kräfte um eine Identität kämpfen, die teils historisch-kulturell bedingt, teils Ausdruck ihres sozialen Selbstverständnisses waren. Das Phänomen *"Militarismus"* oder Militärherrschaft läßt sich daher auch nicht verallgemeinernd erfassen. Jede seiner historischen Erscheinungen gibt eine Antwort auf eine ganz spezifische gesellschaftliche Konstellation, wenngleich sich Gemeinsamkeiten beobachten lassen. Sie sind der konkrete Ausdruck eines dynamischen Prozesses von gesellschaftlichem und politischem Wandel.

III. – Zivilstaat und Militärstaat: Ein Problem der Regierungsfähigkeit

Das 20. Jahrhundert zeigt in *Argentinien* und *Chile* ganz gegensätzliche Phänomene. Sie charakterisieren das Jahrhundert als eine Übergangszeit. Einerseits waren beide Staaten in sozialer Hinsicht noch durch eine weitgehend ständische Ordnung und Dominanz bestimmt. Andererseits formierten sich in seinem Verlauf ideelle und institutionelle Grundlagen der "*modernen Welt*": Verbesserung und Reform der überlieferten Lebensverhältnisse, Modernisierung des staatlichen Apparats, Etablierung eines Verfassungsmodells. Ein ambivalenter Befund, der die spezifische Dynamik dieses Jahrhundert ausmacht. Gleichzeitig ist es ein Zeitalter der Steigerung von militärischer Macht. Sie war im Kalkül beider Staaten enthalten. Die Regierungen besaßen damit ein gewichtiges politisches Druckmittel und waren in der Lage, schnell zu handeln. Das Militär wurde damit zum wichtigsten Instrument staatlicher Machtpolitik, diente also selbst einem bestimmten Zweck und war keinesfalls nur Selbstzweck, wie es oft den Anschein hatte. Der Zivilstaat mußte dem Militärstaat zur Disposition stehen, was ihm einen besonderern Stellenwert verschaffte und eine enge Verbindung von innen- und außenpolitischen Zielsetzungen zur Folge hatte.

1. – Verfassung und Regierungsfähigkeit

Für die Staaten Iberoamerikas war der Verfassungsstaat seit dem 19. Jahrhundert selbstverständlich. Dieses Selbstverständnis war geprägt durch das Vorbild Europas und Nordamerikas sowie von einer Rechtstradition, die auch nach der Unabhängigkeit von den Monarchien Spaniens und Portugals nachhaltige Wirkung zeitigte. Andererseits diente die Verfassung auch dazu, den Anspruch zu untermauern, ein modernes Staatswesen zu sein. Modernität und Rechtsstaatlichkeit waren die angestrebten Attribute, um nach außen einen Platz in der westlichen Staatengemeinschaft zu beanspruchen, zumindest aber deren Anerkennung als ebenbürtige geordnete Staatswesen zu sichern. Eine Verfassung zu erlassen war daher stets einfach gewesen. Hingegen fiel es den Regierungen häufig schwer, ihre Herrschaft allein mit dem verfassungsrechtlichem Instrumentarium zu bestreiten. Die Kluft zwischen legalen Institutionen und sozio-ökonomischer Realität, zwischen Anspruch und Verwirklichungsmöglichkeiten, entschied über das Schicksal der Verfassung.

Ob die Verfassung in einem bestimmten historischen Moment noch als gültige Norm und Maßstab für ein geordnetes Staatswesen akzeptabel war, hing nicht allein von der politischen Führung ab. Es kam auf ein geordnetes Zusammenwirken der politischen Institutionen an, was in der Praxis erhebliche Probleme bereitete. Wenngleich die Verfassung Aufgaben und Kompetenzen der staatlichen Organe definierte und ihnen die Verpflichtung einer Zusammenarbeit zum Gemeinwohl auferlegte, zeigte die Verfassungswirklichkeit in der Vergangenheit deutliche Defizite. Diese offenbarten sich häufig erst in der Krise, wenn die politischen Institutionen einer besonderen Belastungsprobe ausgesetzt waren. Die Belastungsprobe wurde zur Zerreißprobe, wenn kein Basiskonsens innerhalb des politischen Feldes herstellbar war. Krisen wurden daher auch stets zur Bewährungsprobe für die Verfassung und ihren Stellenwert für das politische Handeln.

Besonders in der Krise erwies sich, daß die Verfassungen Iberoamerikas scheinbar eine andere Funktion erfüllten, als ihren gemeinhin zugedacht wird. Das Verfassungsverständnis in dieser Weltregion charakterisiert sich dadurch, daß damit nicht unbedingt der Gedanke einer übergeordneten staatlichen Grundordnung verbunden wird, welche die Stellung des Menschen im Gemeinwesen klärt und staatliche Zugriffsmöglichkeiten auf das Individuum einschränkt. Selbst der Militärstaat regierte in der Regel unter derselben Verfassung, die auch schon der Zivilstaat anerkannt hatte. Verfassungen dienten vielmehr dazu, vor allem den Einfluß der jeweils Herrschenden auf die staatlichen Institutionen zu sichern, um Politik nach eigenen Vorstellungen gestalten zu können[1]. Sie wurden in der Regel als Mittel der Politik eingesetzt, um politische Positionen glaubhaft zu machen und mit rechtsstaatlichen Ansprüchen zu rechtfertigen.

Die symbolische Rechtsfunktion der Verfassung wurde in der Wirklichkeit bewußt zur Durchsetzung bestimmter Interessen instrumentalisiert. Institutionen, die die korrekte Anwendung der Verfassung kontrollierten und, wenn nötig, Politiker in ihre Schranken wiesen, haben in der Vergangenheit versagt, sofern es sie überhaupt gab. In *Chile* wurde erstmals 1981 bezeichnenderweise unter General Pinochet eine Verfassungsgerichtsbarkeit installiert; in *Argentinien* nimmt diese Aufgabe bis zur Gegenwart der Höchste Gerichtshof wahr, was aber nicht verhindern konnte, daß in beiden Ländern zahlreiche Verfassungsänderungen durchgesetzt wurden, wann immer eine bestimmte Regierung dies als notwendig erachtete.

Häufig wurde damit der Glaube verbunden, daß politische und gesellschaftliche Konflikte nur durch eine Verfassungsänderung oder gar eine neue Verfas-

---

1 Vgl. dazu den Artikel von Josef Oehrlein, Die Verfassung als Wundermittel, in: Frankfurter Allgemeine Zeitung vom 5.6.1999, S. 12.

sung bewältigt werden könnten. Diese Praxis hat dazu geführt, daß aus der Sicht der Gesellschaft häufig nicht mehr zwischen der Verfassung und anderen Gesetzen unterschieden werden kann. Von daher versteht sich auch die geringe Beteiligung der Bevölkerung an Volksbefragungen zu Verfassungsänderungen. Stimmenthaltungen bis zu 80% sind kein Einzelfall. Dennoch ist der Glaube der Regierungen an ihre Aufgabe, eine neue Verfassung zu erarbeiten, um Reformen zu verwirklichen, ungebrochen. Scheinbar ist dies die einzige Art neue Erwartungen in der Gesellschaft zu erzeugen. An ihre Umsetzung in der Wirklichkeit glauben indes die wenigsten.

Als Maßstab für politisches Handeln konnten die Verfassungen Iberoamerikas nur solange gültig sein, als die Regierungsfähigkeit gesichert war. Nicht die Verfassung bestimmte die Regierungsfähigkeit, sondern die Regierungsfähigkeit wurde zum Maßstab dafür, inwieweit die politischen Kompetenzen der Verfassung noch tragfähig und Änderungen notwendig waren. Im Hintergrund stand der Gedanke, daß die Verfassung im Zustand der Unregierbarkeit ohnehin bedeutungslos sei. Regierungsfähigkeit wurde somit zum höchsten Wert, den es in der Krise zu erhalten galt. Sie stand im Bewußtsein, nicht nur der Regierung, sondern auch der übrigen Institutionen, ganz im Vordergrund.

Besonders in wirtschaftlichen und sozialen Ausnahmezuständen gehörten Verfassungsänderungen zur Regel. Krisen wurden zur Bedrohung für jede Regierung, denn oftmals standen nicht die Mittel zur Verfügung, um effizient einen Ausgleich zu schaffen. Beschleunigte Maßnahmen waren aber geboten, um dem Handlungsbedarf nachzukommen und die Legitimität der Regierung zu wahren.

Nicht immer war es möglich, notwendige Maßnahmen mit der gebotenen Schnelligkeit im Wege der Verfassung durchzusetzen. Denn das Bewußtsein um die Bedrängnis der Regierung und ihr Angewiesen sein auf Lösungen bot formalen wie informalen Kräften, die an der politischen Macht beteiligt waren, Gelegenheit, ihre Position auszuhandeln. Der Machtzuwachs und der Einfluß anderer politischer Institutionen und Korporationen stiegen ebenso wie das Auftreten oppositioneller Gruppen.

Machtansprüche unter ihnen entschieden darüber, ob eine Harmonie zwischen den Regierungsinstitutionen noch herstellbar war oder Lösungen in Erwägung gezogen wurden, die sich außerhalb des vorgegebenen verfassungsrechtlichen Rahmens bewegten, was in der Regel zu einer Auflösung der politischen Institutionen führte. Es kam zu einer Verschiebung der politischen Kompetenzen, der die Verfassung als Ordnungsmodell nicht mehr gerecht werden konnte. Sie bot keinen Maßstab mehr für eine geregelte Konfliktlösung. Ihre Kapazitäten waren erschöpft. Krisen wurden somit auch zum Spielfeld für Forderungen und Ansprüche sowie die Einflußnahme von politischen Akteuren, die gewöhnlich im Hintergrund der Verfassung stehen und allenfalls eine unbedeutende Rolle für die politische Entscheidungsfindung spielen.

Es stellt sich somit die Frage, welche Mechanismen auf der staatlichen Ebene versagen und wann Regierungsfähigkeit innerhalb des bestehenden Verfassungssystems nicht mehr gewährleistet ist. Für den iberoamerikanischen Kontinent läßt sich zumindest ein Indikator hervorheben, der nicht nur grundlegend, sondern geradezu repräsentativ dafür war, um zu bestimmen, ob Regierung noch innerhalb des Verfassungssystems funktionierte: Das Fortbestehen des Parlaments, das durch sein reguläres Funktionieren und seine konstitutionelle Verankerung garantierte, daß Regierungsakte sowie die gemeinsame Gesetzgebung entsprechend den verfassungsrechtlichen Vorgaben umgesetzt wurden. In diesem Zusammenhang stellt sich die Frage, in welcher Beziehung die beiden grundlegenden Institutionen, Präsident und Parlament, auf der Regierungsebene zueinander stehen und welches Gewicht ihrer Harmonie im politischen Entscheidungsprozeß zukommt.

Daneben lassen sich innerhalb des politischen Feldes vielfältige Faktoren beobachten, die *de facto* Einfluß auf die Regierung nehmen. Ihr Wirken wird von der Verfassung nicht erfaßt, sondern bringt uns zur Verfassungswirklichkeit. Sofern die Verfassung keinen Maßstab mehr für politisches Handeln bot, entstand ein Zwiespalt zwischen dem Verfassungstext und der Wirklichkeit. Aus diesem Grund ist es legitim danach zu fragen, nach welchen Kriterien sich beurteilen lässt, ob sich eine Regierung noch verfassungskonform verhält, bzw. wann sie bereits außerhalb der konstitutionellen Prämissen handelt. In der Regel bedeutete die zunehmende Distanz zu der normierten staatlichen Ordnung den Anfang eines Destabilisierungsprozesses, an dessen Ende in der Regel militärisches Eingreifen stand. Das Konzept des Militarismus wird in diesem Zusammenhang als Herrschaftsausübung durch das Militär verstanden, nicht als Militarisierung des gesellschaftlichen Bereichs durch das Oktroyieren von militärischen Werten und Handlungsweisen.

Um das Fortbestehen des Verfassungsstaats zu sichern, war es notwendig, diejenigen Bedingungen zu erzeugen, die Raum schafften für Beschlüsse und Konsens. Dafür sind grundsätzlich innerhalb des parlamentarischen Systems die politischen Parteien verantwortlich, die um die Regierung konkurrieren. Sie setzen damit die Prämissen für die Ausgewogenheit des politischen Systems. Diese werden in einer Reihe von internen Verhaltensformen reflektiert (Praktiken, Umgangsformen auf dem politischen Sektor, Mentalitäten), die zum entscheidenden Faktor für eine dauerhafte Regierung werden und speziell das Zusammenleben zwischen Präsident und Parlament gestalten.

Die Art und Weise, wie diese Praktiken in entscheidenden Momenten umgesetzt wurden, bestimmte das Arrangement der politischen Parteien untereinander und damit auch, ob die Regierung in Krisenmomenten noch Entscheidungen treffen konnten. Die politischen Parteien nahmen daher eine tatsächliche Position ein, wenn es darum ging, ein funktionales Regierungssystem zu repräsentieren. Sie waren insbesondere in Krisenmomenten dazu berufen, das politische Gleichgewicht wiederherzustellen und damit die Weichen für eine ausgewogene Regierungsführung zu stellen.

Eine Analyse der politischen Parteien, ihr Verhältnis zur Institution des Präsidenten sowie ihr Zusammenwirken im Parlament läßt die Faktoren erkennen, die in der Verfassungswirklichkeit die Konsolidierungsfrage maßgeblich bestimmten und den Prozeß der politischen Evolution dieser Ländern in verschiedenen Phasen begleiteten. Betrachtet man die Art und Weise, wie diese Elemente im politischen System funktionieren sowie das angestrebte Regierungsideal in einem bestimmten Moment, dann läßt sich nicht nur das Versagen der politischen Ordnungen erklären, sondern man kann auch Schlüsse daraus ziehen, warum es zu Stabilitätskrisen im staatlichen Gefüge gekommen ist. Ob Regierungsfähigkeit noch gewährleistet war, hing im wesentlich davon ab, ob das politische System über ausreichende Kapazitäten verfügte, staatliche Defizite effizient zu bewältigen. Das Verhalten der Parteien ist dabei jene Variable, die erlaubt, aufzuzeigen, warum es wiederholt zu Regierungsumstürzen kam. Als repräsentative Indikatoren für den Grad der Regierungsfähigkeit in bestimmten historischen Momenten werden insoweit die Fähigkeit und der Wille der Parteien angesehen, eine Regelung auf der institutionellen Ebene herbeizuführen.

In diesem Zusammenhang stellt sich die Frage, ob die Schwierigkeiten der Parteien, eine Konfliktlösung mittels Verhandlungen herbeizuführen, auf die Krise zurückzuführen sind oder ob nicht vielmehr ein allgemeines Defizit besteht, mittels der Diskussion im Parlament, Konflikte zu verhandeln und Lösungen zu entwerfen. Geht man von letzterer Prämisse aus, würde dies die Handlungsfähigkeit der Regierung erheblich einschränken, da sie zur Durchsetzung von Maßnahmen der Zustimmung des Parlaments bedarf und dadurch eine Kumulation ungelöster Probleme und aufgeschobener Entscheidungen bewirkt würde, die unabhängig von der Krise bestehen und zu ihrem Ausbruch beitragen.

1.1. – Die verstrickten Institutionen: Präsident, Parlament, politische Parteien, militärische Kräfte

Seit ihrer Entstehung in der Mitte des 19. Jahrhunderts war den politischen Parteien in *Argentinien* und *Chile* die Aufgabe zugewiesen, zur Regierungsfähigkeit beizutragen, ohne die Gültigkeit der Verfassungsinstitutionen anzutasten. Betrachtet man die Parteien im historischen Verfassungsprozeß, ihren Ursprung,

Natur und ihr Verhalten untereinander, so wird deutlich, daß sie sich in beiden Ländern grundsätzlich fähig zeigten, um die Herrschaft zu konkurrieren, sie auszuüben und Wahlen zu ermöglichen. Sowohl in *Argentinien*, als auch in *Chile* kam es zu einer beständigen Regierungsbildung zwischen der Mitte des 19. Jahrhunderts bis zu den zwanziger Jahren dieses Jahrhunderts, in *Chile* darüber hinaus zwischen 1933 und 1973.

Es stellt sich jedoch die Frage, ob es eine verfassungskonforme Praxis war, welche die Parteien als Stabilitätsfaktor innerhalb des politischen Feldes wirken ließ oder ob solche Stabilität nicht gerade dadurch herbeigeführt wurde, daß die Parteien ihre verfassungsmäßig verankerten Kompetenzen nur in dem Maß in Anspruch nahmen, in dem Regierungsfähigkeit jedenfalls noch garantiert war. Die Erfahrung mit der Geschichte zeigt, daß verfassungskonforme Regierungspraktiken in der Regel versagten, sobald die Anforderungen an die Konsensbildung und die Konfliktbewältigung im Parlament stiegen. In diesen Momenten bedingte das Verhalten der politischen Akteure in besonderem Maße die Funktionstüchtigkeit des Parlaments. Entscheidend war, ob sie sich bereit zeigten, zur Konfliktlösung beizutragen oder die (Krisen-) Debatte als Mittel der Politisierung nutzten.

Während in Momenten politischer Stabilität Entscheidungen durch die Diskussion ersetzt werden konnten, waren Maßnahmen in der Krise unentbehrlich. Damit trat eine Situation ein, die sich in Momenten politischer Stabilität nicht stellte. Dem Parlament wurde eine Rolle zugewiesen, die es zu Entscheidungen zwang. Gleichzeitig wurde es jedoch mit einer Aufgabe konfrontiert, die seine Kapazitäten überforderte. Denn als funktionierendes, politisches Medium hatte sich das Parlament in der Vergangenheit vor allem deshalb erwiesen, weil sein politisches Gewicht bis zur Gegenwart weitgehend symbolisch geblieben ist. Bis zur Gegenwart erwies es sich als Institution unfähig, ein Gegengewicht zur Präsidentialgewalt zu bilden. Aber gerade seine formale Stellung bedingte, daß es zu Unsicherheiten im Regierungsgefüge kam, sofern das Parlament eine Rolle einnahm, die unberechenbar wurde. Eine Funktion als Medium der politischen Diskussion und Entscheidungsfindung gewährte ihm selbst die Verfassung nur in Maßen, was vor allem die Übermacht des Präsidentenamtes zum Ausdruck bringt.

Die symbolische Funktion des Parlaments bedingte, daß Verhaltensformen erhalten blieben, die sich nicht entsprechend der verfassungsrechtlichen Kompetenzen entwickelten, sondern auf einem Standpunkt beharrten, der eigene Machtinteressen einer gemeinsamen Konfliktlösung vorzog. Zugeständnisse wurden als politische Schwäche empfunden. Autorität konnte nur der beanspruchen, der seine Position gegen andere durchzusetzen wußte. Dies bedingte jedoch auch, daß eine baldige Entscheidungsfindung im Wege der politischen

Diskussion ausschied und schnelles Handeln nicht möglich war. Die Erfahrung solcher Verhaltensformen bewegte die Regierungen nicht selten dazu, eine schnelle Konfliktlösung durch das Militär herbeizuführen, bevor der Konflikt eskalierte. Ausgehandelte Lösungen kamen nicht mehr in Betracht, wenn die unterschiedlichen Positionen zu sehr auf sich fixiert waren, um sich gegenseitig wahrzunehmen.

Wo das Parlament keinen Verhandlungsraum mehr bieten konnte, entwikkelten sich außerparlamentarische Mechanismen, um politische Positionen durchzusetzen. War Konsens innerhalb des vorgegebenen normativen Rahmens nicht mehr möglich, gingen die politischen Akteure dazu über, ihre Interessen auf andere Weise geltend zu machen. Denn in einem Punkt waren sich alle politischen Akteure einig: Bot die Verfassung nicht mehr das Instrumentarium zur Konfliktlösung, sahen sie sich berechtigt andere Mittel einzusetzen, die einen Ausweg und die Wiederherstellung von Regierungsfähigkeit versprachen. Die politische Lebensdauer eines Parlaments nahm daher einen eher zufälligen Lauf. Seine Stabilität und Krise sowie sein Niedergang prägten das Schicksal der Zivilregierungen. Versagte das Parlament, blieb Raum für den Militarismus. Sein Defizit bestand einerseits darin, daß der verfassungsrechtlich verankerte Kompetenzbereich in der politischen Wirklichkeit nicht umgesetzt wurde. Zum anderen bestand, bedingt durch die politische Ohnmacht, die Tendenz zur Korruption. Beide Faktoren trugen dazu bei, daß das Parlament in Regierungskrisen weder ein Gegengewicht zur Präsidentialgewalt bildete, noch als Verhandlungsmedium ernst genommen wurde.

Die Position des Parlaments wurde außerdem dadurch geschwächt, daß dem Präsidenten in Krisenzeiten im Wege von Gesetzesreformen umfangreiche Befugnisse eingeräumt wurden. Speziell betraf dies wirtschaftslenkende Normen. In einigen Epochen gingen die gesetzgeberischen Kompetenzen des Präsidenten, gerade im Hinblick auf wichtige politische Entscheidungen weit über seine verfassungsrechtlichen Kompetenzen hinaus. Legislative Befugnisse, die ursprünglich dem Parlament zugewiesen waren, wurden ausschließlich durch den Präsidenten zur Entscheidung gebracht. Der Zustimmung des Parlaments bedurfte es nicht mehr. Teilweise hatte das Parlament selbst dem Präsidenten die alleinige Entscheidungsgewalt zugestanden und somit freiwillig auf sein Votum verzichtet. Diese Praxis ist kein Einzelfall. Bis heute gibt es vielfältige Beispiele für eine Selbstentmachtung des Parlaments.

Die Verfassung sah einen solchen Verzicht des Parlaments nicht vor. Er bedeutete auch nicht, daß sich die politischen Akteure aus dem Kampffeld zurückzogen und sich ihrer Stimme enthielten. Nur das Parlament als Organ der Verfassung wurde entmachtet, nicht aber die politischen Akteure. Machtkämpfe wurden nur hinter die Kulissen der Verfassung verlagert, wo sie nicht mehr offensichtlich waren und effektiver ausgetragen werden konnten. Es trat nur eine Verlagerung ein, die sich außerhalb des formalen, sichtbaren Feldes bewegte. Daß in Iberoamerika die Funktion des Parlaments außer Kraft gesetzt wurde, war für die Regierungsfähigkeit dieser Länder paradoxerweise nie ein Hindernis gewesen. Im Gegenteil: Das Parlament wurde in der Regel zum Instabilitätsfaktor, wenn es auf seinen verfassungsrechtlichen Kompetenzen bestand. Denn im Parlament vertreten zu sein, bedeutete für die politischen Akteure nicht, zu einem Basiskonsens beizutragen, der politische Entscheidungen zum Gemeinwohl zuläßt, sondern vor allem, die eigenen Interessen und Programme durchzusetzen. Coppedge beschrieb diese Situation anschaulich in der Art, daß "die traditionellen Auswirkungen eines regierungsunfähigen Zustandes in Lateinamerika nichts anderes seien, als ein Ungleichgewicht in den Machtbeziehungen zwischen den Gruppen und Institutionen"[2].

Daß Konsensbildung nur selten möglich war, hat nicht notwendig etwas mit undemokratischen Praktiken oder einer fehlenden demokratischen Mentalität zu tun, sondern vielmehr von einer unterschiedlichen Wahrnehmung des politischen Geschehens. Historisch geprägte Denkstrukturen ließen politische Wahrheiten nicht einfach relativieren, sondern nahmen Absolutheit in Anspruch. Gerade diese Rationalität, die Kompromisse nicht zuläßt, führte dazu, daß die Bereitschaft zur Konsensbildung nur dann vorhanden gewesen ist, wenn bestimmte Interessen dies zuließen, nicht aber, weil die politische Diskussion zur Annäherung oder Überzeugung beigetragen hätte.

Für die Regierungsfähigkeit wird durch den Ausfall des Parlaments ein doppelter Instabilitätseffekt herbeigeführt: Zum einen erfährt der Präsident einen Machtzuwachs, der nur auf den ersten Blick stabil zu wirken scheint. Denn dies bedeutet gleichzeitig, daß seine Entscheidungen nicht mehr von der Volksvertretung mitgetragen wurden, wodurch es zu Legitimitätsverlusten kam. Zum anderen suchten die politischen Parteien andere Machtträger, um ihre Interessen durchzusetzen. Es kam zu einer Politisierung von sozialen und wirtschaftlichen Problemen, die auf die Gesellschaftsebene verlagert wurden und nur noch schwer kontrollierbar waren. Eine Konfliktlösung innerhalb des Verfassungsrahmens war damit ausgeschlossen.

Stellt man die politischen Institutionen *Argentiniens* und *Chiles* in einem historischen Rückblick gegenüber, zeigen sich deutliche Unterschiede, was die Regierungsfähigkeit angeht, aber auch Gemeinsamkeiten in Bezug auf Mechanismen außerhalb der Verfassung. Während sich in *Chile* ein relativ stabiles parlamentarisches System seit dem 19. Jahrhundert bis in die Gegenwart behaupten konnte, kannte das argentinische Parlament allenfalls in der zweiten

---

2 Coppedge (1993:39-40).

Hälfte des 19. Jahrhunderts bessere Epochen. Die unterschiedliche politische Entwicklung beider Länder zeigt, daß Konflikte und Lösungen an der konkreten politischen Wirklichkeit zu messen sind.

1.2. – Politische Evolution und gesellschaftliche Emanzipation

Das latente Ungleichgewicht der Regierungsinstitutionen beruht jedoch nicht nur auf Verhaltensmustern im politischen System, die den verfassungsrechtlichen Ansprüchen nicht gewachsen waren. Daß die Regierungsfähigkeit der iberoamerikanischen Staaten insbesondere seit den dreißiger Jahren gefährdet war, ist entscheidend darauf zurückzuführen, daß der gesellschaftliche Einfluß auf die staatlichen Institution anstieg, in dem Maße, in dem die Gesellschaft sich von einem noch bis Anfang des 20. Jahrhunderts vorherrschenden oligarchisch geprägten Parteiensystem emanzipierte.

Seit der allgemeinen Wahlberechtigung, die im ersten Drittel des 20. Jahrhunderts in den Staaten Iberoamerikas eingeführt wurde, war das politische System und das Funktionieren seiner Institutionen von dem Verhalten der Wähler abhängig, um die verschiedenen Elemente zu koordinieren. Zu den politischen Spielregeln, die die Regierung bis dahin bestimmten, trat nunmehr eine Wechselbeziehung zwischen den übergeordneten politischen Akteuren und der Wählerschaft ein, auf die sich das politische System, vor allem seine traditionellen Elemente, erst einstellen mußte. Die Fähigkeit der politischen Führer, eine funktionierende Wirtschaft und Gesellschaft unter den gültigen institutionellen Formen zu schaffen, beeinflußte die Regierungsfähigkeit in der Folgezeit entscheidend. Sowohl in *Chile* (1964) als auch in *Argentinien* (1912, 1943) kam es nach den Wahlen zu einem Regierungswechsel, der im Militarismus endete.

Die Beteiligung aller gesellschaftichen Schichten an der politischen Meinungsbildung zeitigte nachhaltige Wirkung auf die Stabilität des Regierungsgefüges. Hatten die politischen Akteure bis dahin noch die Akzeptanz einer sozialen Elite gesucht, waren sie im Verlauf des Jahrhunderts zunehmend dazu gezwungen, sich auf ein breiteres Publikum einzustellen. Dadurch rückten auch die vielfachen sozialen Notstände in das politische Bewußtsein, die erst mit der uneingeschränkten Wahlberechtigung Eingang in die Verfassungssysteme fanden. Sie boten Raum für neue Diskussionsinhalte, die nicht unbedingt im Interesse der bisherigen Herrschaftseliten standen. Andererseits stärkten diese neuen Inhalte das Bewußtsein in den unteren Bevölkerungsschichten, daß sich Möglichkeiten zur Durchsetzung ihrer Interessen boten, die einen sozialen Wandlungs- und Emanzipationsprozeß auslösten, der spätestens Ende der sechziger Jahre zum Ausbruch kam.

Gesellschaftliche und wirtschaftliche Unterschiede, soziale Ungerechtigkeit und das aufsteigende Bewußtsein der Bevölkerung griffen in das staatliche Geschehen ein und wirkten auf die Legitimität der Regierungen. Mit dem zunehmenden sozialen Wandel vermehrten sich die Forderungen nach einer gesamtgesellschaftlichen Interessenvertretung. Andererseits verhinderte eine Politisierung der Mißstände eine Annäherung der Positionen. Nicht selten trat dadurch eine Polarisierung ein, die keinen Raum für verhandelte Lösungen mehr ließ.

Während die politische Tradition in ihren Anfängen die Mehrheit der Bevölkerung vom politischen Geschehen ausschloß, überdauerten traditionelle Regierungsstrukturen, ohne daß die gesellschaftlichen Mißstände das Gleichgewicht des politischen Systems zum Schwanken brachten. Erst mit der allgemeinen Wahlberechtigung verlagerte sich die politische Mehrheit auf Parteien, die nicht selten Interessen vertraten, die den traditionellen Gruppierungen entgegengesetzt waren und einen Konsens im politischen System verhinderten. Oftmals endete dies in einer Krise, die die Regierung gefährdete und militärische Eingriffe begünstigte. In Argentinien und Chile waren es nicht zufällig die aufgeschobenen wirtschaftlichen und sozialen Lösungen, die letztlich für den Sturz der Verfassungssysteme in den dreißiger und sechziger Jahre des 20. Jahrhunderts mitverantwortlich waren.

Regierungsfähigkeit wurde daher auch als Kampf widerstreitender gesellschaftlicher Kräfte der, die im Bewußtsein ihrer politischen Möglichkeiten soziale und wirtschaftliche Defizite zur Bedingung von Regierungsfähigkeit machten. Vereinzelt wurde daraus der Schluß gezogen, daß ein Verfassungssystem eines gewissen Wohlstandes bedürfe, um ausgewogene Regierungsverhältnisse zu erzielen. Selten würde eine konstitutionelle Regierung in der Lage sein, günstigen Voraussetzungen für das wirtschaftliche Wachstum erst zu schaffen.

2. – Phasen der Regierungsfähigkeit: Im Übergang zwischen Zivilstaat und Militärstaat

Wenn man davon ausgeht, daß eine Verbindung zwischen dem effizienten Funktionieren des politischen Systems und seiner Regierungsfähigkeit besteht, dann existiert ebenso eine Kausalität zwischen den Krisenmomenten, wo diese Effizienz nicht hergestellt werden kann, und dem Eingreifen der militärischen Kräfte. Die Prozeduren und Regierungspraktiken, auf die dann bevorzugt zurückgegriffen wird, stellen jene Konstellation her, die eine Analyse ermöglichen, und erhellen, warum gerade jene Verhaltensschemata bevorzugt werden. Die Krise der Regierungsfähigkeit kann insoweit als Prozeß verstanden werden, in dessen Verlauf die politischen Akteure das Vertrauen in die bestehende Regierung verlieren und nicht mehr an eine ausgehandelte Konfliktlösung glauben. Das Fortbestehen einer Regierung und die Möglichkeit der Konfliktschlichtung ist daher durch das Verhalten der Parteien eingeschränkt[3].

Stabilitätskrisen hatte jedoch nicht nur der Zivilstaat zu verzeichnen. Vielmehr läßt sich der wiederholte Wechsel von Zivil- und Militärstaat als Zyklus begreifen, der dann zum Umbruch führte, wenn die staatlichen Maßnahmen zunehmend Legitimitätsdefizite aufwiesen. Im Rahmen dieser Dynamik waren es nicht selten die strukturellen sozioökonomischen Probleme, die dazu beitragen, daß einer Regierung das Vertrauen entzogen wurde. Dies gilt uneingeschränkt für den Militärstaat, der sich bei Lösungen der gesellschaftlichen und wirtschaftlichen Mißstände ebenso schwer tat, wie der Zivilstaat. Ein Vorteil blieb ihm jedoch erhalten: Er war auf ausgehandelte Lösungen nicht angewiesen, sondern konnte sie diktieren.

Paradoxerweise führt daher gerade die undemokratische Regierungsform dazu, daß ein gewisser Grad an Stabilität erreicht werden konnte und auf diese Art grundlegende Voraussetzungen für die Übergabe der Herrschaft an eine Zivilregierung entstanden. Zwar hing der Erfolg wirtschaftlicher und sozialer Maßnahmen aufgrund der Abhängigkeit von den Industrienationen stets auch von vielfältigen innen- und außenpolitischen Rahmenbedingungen ab. Maßnahmen als solche konnten jedoch durchgesetzt werden. Sie waren auf die Zustimmung formaler Institutionen und das parlamentarische Kräftespiel nicht angewiesen, was die Steuerungsmöglichkeiten in Krisensituationen erhöhte und auf letztere schneller reagieren ließ.

Wenngleich der Militärstaat sich stets als Übergangslösung zu einem gefestigteren Zivilstaat verstand, vergingen oft Jahre, bis die Herrschaft wieder einer zivilen Regierung übergeben wurde. Daß sich der Militärstaat über lange Zeiträume behaupten konnte und wiederholt im Kalkül der Politiker als letztes Mittel der Krisenbewältigung gegenwärtig und selbstverständlich war, lag nicht nur an repressiven Maßnahmen und politischem Terror gegenüber Andersgesinnten, sondern einer großen Akzeptanz in weiten Teilen der Gesellschaft. Militärisches Einschreiten wurde mit gesellschaftlichen Forderungen nach einer geordneten Herrschaft und effizienten Maßnahmen verbunden, die Korruption und Regierungskrisen beendeten.

Der Transformationsprozeß und die Rückkehr zu einer Zivilregierung wurden dann eingeleitet, wenn die Mindestvoraussetzungen für die Regierungsfähigkeit gegeben waren. In der Regel war dies der Fall, wenn ein gewisses Maß an wirtschaftlicher und sozialer Stabilität erreicht werden konnte. Dieses war

3 Linz (1987).

notwendig, damit sich das wiederkehrende parlamentarische System auf ein gewisses Vertrauenspotential stützen konnte.

Der politische Übergang kann insoweit als *Polyarchie* bezeichnet werden. Er ist geprägt von vielschichtigen Verhandlungen, die die Bedingungen für die Rückkehr zum Zivilstaat setzen und von den politischen Akteuren verbindlich angenommen werden müssen. Sowohl auf dem zivilen als auch auf dem militärischen Sektor werden dadurch verschiedene Prozesse in einer konkreten Periode ausgelöst, die über Regierungsfähigkeit und Übergabe der Herrschaft an den Zivilstaat entscheiden. Dieser Mechanismus wird dabei durch eine Serie von bereits akzeptierten politischen Spielregeln ausgelöst[4]. Der Transitionsprozeß ist dann abgeschlossen, wenn neue politische Regeln formuliert wurden, die von der Mehrheit akzeptiert werden.

Die Analyse der verschiedenen Epochen des politischen Übergangs zum Zivilstaat hin läßt den Charakter des Militärregimes begreifen: sein Zusammenbrechen, Krisen und die Strategien, einen politischen Wechsel zu bewirken. Nach dem selber Modell kann der Charakter der Zivilregierungen beobachtet werden, die nach jedem Zusammenbruch erneut eingeführt wurden. Hierbei ist der Transformationsprozeß stark durch das Verhalten der politischen Parteien und ihre Verbindungen zum militärischen Sektor geprägt. Sofern die Aufmerksamkeit stärker auf die politischen Elemente als Bestimmungsfaktoren für die Rückkehr des Zivilstaates gerichtet wird, als auf die strukturelle Ordnung (Wirtschaft, internationaler Kontext), hat dies für die Analyse den Vorteil, daß sie sich auf diejenigen Strategien konzentrieren kann, die dem Regierungswechsel unmittelbar vorangehen. Sie verweisen auf die Vorstellungen, die aus der Perspektive der politischen Akteure dazu geführt haben, Allianzen mit den militärischen Kräften einzugehen bzw. die rechtlichen Konzeptionen, die von ihnen gebilligt wurden.

Die Erfahrung und die Ergebnisse, die auf einer interdisziplinären Ebene mit dem Militär erzielt werden konnten, waren gewichtige Faktoren. Sie spielten in der Übergangszeit des Transformationsprozesses eine besondere Rolle. Es war jedoch nicht ausreichend, daß allein die Verhandlungen zwischen dem Militär und den politischen Akteure erfolgreich waren. Es kam vielmehr darauf an, daß auch der Zivilstaat intern die Bedingungen zur Verfügung stellte, die Regierungsfähigkeit gewährleisteten.

Morlino führt drei grundlegende Elemente an, die Regierungsfähigkeit voraussetzt und die sich wechselseitig bedingen[5]. Erstens, die Legitimität des politischen Systems, die von der Akzeptanz der existenten Regierungsinstitutionen abhängt. Zweitens, die Effizienz derselben, um den politischen Konflikt auf ein

4 Alcántara (1994:193).

5 Morlino (1986:48).

Minimum zu reduzieren, den wirtschaftlichen Reichtum aufzuteilen und sein Wachstum zu fördern, und schließlich die operative Fähigkeit der Regierung, so zu regieren, daß sich die politischen Determinanten nicht überschlagen und ein Programm zu entwickeln, das disfunktionale Elemente ausschließt. Als viertes Element kann die Professionalisierung der militärischen Kräfte hinzugefügt werden. Sofern diese Bedingungen bereits während der Transition nicht hergestellt werden konnte, fehlte es dem System an einer soliden Basis.

Die Analyse versucht den Niedergang des Zivilstaates, speziell das Ende der Regierungsfähigkeit aus einer Perspektive zu erfassen, die den Blick speziell auf das Verhalten der Regierungsinstitutionen und ihrer Agenten, der politischen Akteure und Parteien, richtet. Mehr als nach den historischen Ereignissen wird danach gefragt, wie es zum Wechsel von Zivil- und Militärregierung kam. Dabei soll vermieden werden, die hohe Komplexität in Krisenmomenten nur auf einen einzigen Faktor zu reduzieren, was eine Gesamtwertung der Ereignisse verschließen würde. Vielmehr gilt es die unterschiedlichen Phasen von Zivilstaat und Militärstaat als Zyklus und Prozeß zu begreifen, der geprägt ist durch wirtschaftliche Ereignisse und soziale Umbrüche, aber auch durch politische Verhaltensformen, die militärischem Einschreiten bereits den Weg bereiteten.

Nicht immer waren es wirtschaftliche Notstände, die das Verfassungssystem entgleisen ließen. Regierungsumstürze erfolgten auch zu Momenten, in denen ein Wirtschaftswachstum zu verzeichnen war. So konnte Argentinien etwa im Vergleich zu den Nachbarn des Kontinents stets eine überlegene wirtschaftliche Verfassung aufweisen und dennoch mußte der Zivilstaat dem Militärstaat weichen, während diese positiven wirtschaftlichen Faktoren in Chile nicht gegeben waren und über lange Jahre eine stabile Regierung gewährleistet werden konnte. Regierungsstabilität ist daher stets auch als Ausübung konkreter Macht zu begreifen, die die formelle Verfassung der Regierungen überwinden[6].

Die Fallbeispiele von *Argentinien* und *Chile* sollen dazu dienen, die Vielschichtigkeit des Phänomens eines wiederkehrenden Zyklus von Zivil- und Militärstaat aufzuzeigen. Beide Länder verbinden ähnliche Ereignisse in einer bestimmten Epoche, jedoch auch unterschiedliche Voraussetzungen. Als historische Bezugspunkte wurden dafür die Krisen in *Chile* zwischen 1924 und 1932 sowie im *Argentinien* der dreißiger Jahre analysiert, die erstmals die Regierungsfähigkeit einer damals noch weitgehend oligarchisch geprägten Regierung in Frage stellten. Als Kontrast in einem anderen historischen Moment wurden die Interventionen der Jahre 1973 in *Chile* und 1976 in *Argentinien* aufgegriffen.

Innerhalb dieses Schemas wird die Perspektive auf die Rolle der politischen Institutionen in der Gesellschaft gerichtet. Ihr dynamischer Charakter erlaubt, die

---

6 Coppedge (1993).

Wirklichkeit in einem bestimmten Moment festzuhalten, in dem sich das Funktionieren der zivilen und militärischen Institutionen besser verstehen läßt, wie es zu den Etappen der Krisen gekommen ist. Daneben wird auch auf verschiedene soziale Gruppierungen eingegangen, die sich zwischen den politischen Fronten befinden und im Hintergrund durch die Teilnahme am Geschehen diese Wirklichkeit beeinflußen.

Was das Verhalten der militärischen Kräfte betrifft, soll die Analyse Aufschluß darüber geben, inwiefern diese Institution darum bemüht war, einen stabilen Regierungszustand herzustellen und wie damit parallel dazu der Versuch gemacht wurde, professionelle Strukturen des Militärs durchzusetzen. Beide Strategien waren paradoxerweise darauf gerichtet, den Zivilstaat wiederherzustellen. Sofern sich die militärischen Kräfte als Institutionen zur Verteidigung der Länder verstehen, gilt zu erklären wie sich eine professionelle Entwicklung im Laufe der Zeit abzeichnet, in der sich Doktrinen, Traditionen und Verhaltensmuster herausbilden, die ihr Eingreifen in den Verfassungsprozeß prägen sollen.

Im Rahmen der Beziehungen zwischen den zivilen und den militärischen Akteuren stehen die Fähigkeit zu einem politischen Basiskonsens und die Professionalisierung des Militärs in einem wechselseitigen Bezug. Dies ist vor allem auf die faktische Bedeutung des Militärs als Teil des politischen Systems und seinen Einfluß in Krisenmomenten zurückzuführen. Je umfassender ein politischer Basiskonsens hergestellt werden kann und professionelle Strukturen innerhalb des Heeres durchgesetzt werden können, desto größer ist die Wahrscheinlichkeit, daß sich der Zivilstaat halten kann. Umkehrte Vorzeichen eines fehlenden oder schwachen Konsenses der Parteien untereinander bzw. die Polarisierung der politischen Fronten gehen großenteils mit einer Politisierung des Militärs einher.

2.1. – Legitimität und Effizienz im Verfassungsstaat

Die Beständigkeit der Verfassungsinstitutionen ist an die Handlungen in einem bestimmten räumlichen und zeitlichen Kontext gebunden. Diese können eine Gesellschaft gestalten, stärken oder aber schwächen und in ihren Eliten die Überzeugung verbreiten, daß die Regierung ihre Interessen schützt sowie die Lebengrundlage befriedigt. Diesen grundlegenden Bedingungen der Gesellschaft kann eine Regierung in gewissen Krisensituationen nicht mehr nachkommen, so daß dadurch ein Problem der Effizienz bzw. der Legitimität des Staates auftritt.

Mit großer Zustimmung hat Linz[7] die Konzepte der Effizienz und der Legitimität des Staates definiert. Ersteres wird als die Fähigkeit der Regierung bezeichnet, um für grundlegende Probleme, die das politische System konfrontieren, Lösungen zu finden, die von der Mehrheit der Gesellschaft als akzeptabel angenommen werden. Das Zweite, die Legitimität einer Regierung, hängt davon ab, ob in der Gesellschaft der Glaube daran erzeugt werden kann, daß die bestehenden Regierungsinstitutionen besser sind, als andere, die zur Alternative stehen, was wiederum soziale Akzeptanz erzeugt[8]. Dies erscheint besonders wichtig, wenn es darum geht, die politischen Ereignisse zu werten.

Einige gehen davon aus, daß Effizienz und Legitimität zwei autonome Konzepte sind, andere befürworten die gegenseitige Verbindung beider Elemente in der Weise, daß ein politisches Gleichgewicht konzipiert wird. Daher kann das Akzeptieren der gültigen politischen Spielregeln in einem bestimmten Moment sowohl die Zustimmung der Eliten als auch der Wählerschaft stärken oder schwächen, sofern die Regierungspolitik davon betroffen ist. Dies soll jedoch nicht ausschließen, daß andere Faktoren innerhalb des politischen Spektrums, wie Mentalitäten und Traditionen nicht wirken, bzw. andere äußere Einflüsse, die im gegenbenen Moment die politischen Konstanten verändern können[9].

7 Linz (1987:46).
8 Ebd., S.38.
9 Vgl. Sartori (1976); Huneeus (1981).

IV. – Verfassung und Militär in *Argentinien* und *Chile*: Der Bruch mit dem liberalen Staat – ein Prozeß politischer Transformation und sozialer Mobilität

Das Schicksal des Verfassungsstaates in *Argentinien* und *Chile* im ersten Drittel des 20. Jahrhunderts ist von einem tiefgreifenden sozialen Wandel geprägt, der nicht nur Wirtschaft und Politik, sondern auch die Strukturen des Heeres erfaßte. Unter dem Einfluß aufklärerischen Gedankenguts wurde in beiden Ländern bereits im Verlauf des 19. Jahrhunderts ein Säkularisierungsprozeß eingeleitet. Er fand seinen Niederschlag zunehmend in einer formalen Trennung von Kirche und Staat, die sich in den Verfassungen beider Länder zu Beginn des Jahrhunderts konkretisierte[1]. Die säkulare Entwicklung förderte das Selbstbewußtsein der mittleren und unteren Bevölkerungsschichten. Neue gesellschaftliche Gruppen bildeten sich heraus und setzten sich für die Rechte des Einzelnen ein. Forderungen nach sozialer Gerechtigkeit wurden in der Öffentlichkeit laut[2]. Ein Prozeß gesellschaftlicher Emanzipation begann. Er wurde nicht unwesentlich durch die günstigen wirtschaftlichen Bedingungen gefördert, die beide Länder auszeichneten und die materiellen Voraussetzungen für sozialen Aufstieg schufen. Während in *Chile* zu Beginn des Jahrhunderts Salpetervorkommen den Handel mit Europa verstärkten und Wohlstand verbreiteten, erlebte *Argentinien* den Höhepunkt seines Exports von Agrarprodukten. Im Rahmen des wirtschaftlichen Fortschritts strebten die breiten Massen nach einer vollkomeneren Gesellschaftsordnung und einem grundlegenden Strukturwandel.

Im politischen Bereich bedeutete soziale Emanzipation das Recht, an der politischen Willensbildung mitzuwirken. Die aufsteigenden Mittelklassen forderten ihre Mündigkeit, unabhängig von sozialem Status. Vor allem ging es ihnen darum, in die nationale Gemeinschaft integriert zu werden. Diese Entwicklung überforderte das bestehende Ordnungssystem, welches seit dem Erlaß der Verfassungen von einer oligarchischen Führungselite getragen worden war. Es erwies sich als zu starr und unflexibel, um den sozialen Veränderungen Rechnung zu tragen. Hatte es sich doch seit dem Bestehen der Verfassungen in beiden Ländern als funktionierend bewährt und war historisch durch die tragenden gesellschaftlichen Schichten legitimiert. Es widersprach den Interessen der Oligarchie, die Volksmassen an der politischen Willensbildung zu beteiligen. Sie fürchteten Machteinbußen und den Verlust des privilegierten sozialen Ranges.

1 Vgl. dazu Sotelo (1975:618).
2 Vgl. für Chile, Prieur Koelling (1971:541).

Dieser Umstand bedingte auch innerhalb der Oberschicht eine Transformation. Um die alten Privilegien zu verteidigen, neigten ihre Vertreter stärker denn je dazu, partikularistische Interessen bewußt auf verfassungswidrige Art und Weise durchzusetzen. Korruption und Bestechung wurden aus ihrer Perpektive als legitime Mittel angesehen, um den *status quo* aufrechtzuerhalten[3].

Verfassung und Wirklichkeit standen zu Beginn des 20. Jahrhunderts in einem wechselseitigen Konflikt: Zum einen entsprachen die Voraussetzungen der Verfassung nicht mehr der gesellschaftlichen Entwicklung; zum anderen identifizierte sich ein Großteil der Bevölkerung nicht mit den hergebrachten Inhalten. Auf diese Weise entstanden Legitimitätsdefizite, die auf Veränderungen im politischen System drängten. Die gesellschaftliche und wirtschaftliche Entwicklung hatte die politische Verfassung überholt.

In diesem Spannungsfeld nahm das Militär eine zwiespältige Position ein: Obgleich es sich als Institution über der Verfassung zum *„Normhüter"*[4] berufen sah[5], blieb es von dem gesellschaftlichen Emanzipationsprozeß nicht unberührt. Insbesondere das Eindringen von Personal aus den aufsteigenden Mittelschichten in den Offiziersrang und die direkte Konfrontation mit den gesellschaftlichen Mißständen ließ es nicht mehr bedingungslos auf Seiten der Oligarchie stehen, solange reformistische Forderungen den Verfassungsstaat als solchen nicht gefährdeten. Bezeichnend dafür ist die weitgehende Akzeptanz der sozialen Reformbewegung seitens des Militärs in beiden Ländern während der zwanziger Jahre. Die Streitkräfte bekämpften weder den Radikalismus in *Argentinien* noch sozialistische Tendenzen in *Chile*. Mit der Unterstützung des Militärs wurde in *Chile* 1932 sogar für 12 Tage eine *"Sozialistische Republik"* ausgerufen[6].

Innerhalb des Militärs gaben allgemeine gesellschaftliche Reformforderungen Anlaß dazu, auch über die eigenen Strukturen und Mißstände nachzudenken. Die Identifikation mit sozialem Wandel als eigenem Interesse machte die Streitkräfte zeitweise zum Träger und Garanten von Reformmaßnahmen gegen die alte Oligarchie. Sie stand dem Wandlungsprozeß grundsätzlich nicht entgegen. Reformen, unabhängig von einer bestimmten Partei, waren akzeptabel, solange die verfassungsmäßige Ordnung nicht gefährdet war und das Heer sich mit seiner Position identifizierte. Damit war die letzte, unantastbare Bedingung formuliert. Aus der Sicht des Militärs hieß dies vor allem, die eigene Position im institutionellen Gefüge zu wahren. Gab doch bereits die Verfassung dem Heer das Recht, über die staatliche Ordnung zu wachen. Von daher versteht sich, wenn

---

3 Vgl. dazu für Argentinien, Waldmann (1974:37); Weil (1944:35 ff.; 58 ff.).
4 Zum Begriff *"Hüter der Verfassung"*, vgl. Schmitt (1973:63 ff.).
5 Vgl. Blumenwitz (1981:642 ff.).
6 Sotelo (1975:40).

das Heer eingriff, sofern ein regierungsunfähiger Zustand erreicht worden war. Die Verfassung hingegen behielt ihre Gültigkeit, auch wenn das Zusammenspiel der zivilen Institutionen nicht mehr gewährleistet war.

Nur auf den ersten Blick erscheint es widersprüchlich, daß die Armee selbst sich die Kompetenz anmaßte, nicht nur einen regierungsfähigen Zustand wiederherzustellen, sondern auch den Maßstab für Verfassungsmäßigkeit zu bestimmen. Aus ihrer Perspektive handelte es sich jedoch um einen Teilaspekt ihrer Identität. Bezeichnenderweise werden in beiden Ländern Verfassungsgerichte erst im letzten Drittel des 20. Jahrhunderts eingerichtet. Dies bedeutet nicht, daß vorher keine gerichtliche Kontrolle der Verfassungsorgane stattfand. Sie gehörte zu den Kompetenzen des Obersten Gerichtshofes (*Corte Suprema*), jedoch nur solange die staatliche Ordnung funktionierte. Im Moment des Verfassungskonflikts hingegen trat der Ausnahmezustand ein: das Militär wurde in den politischen Entscheidungsprozeß direkt integriert und übernahm im Verfassungskonflikt richterliche Kompetenzen.

Daß die politischen Fraktionen sich diese Stellung des Militärs zu nutzen machten, um ihre Interessen durchzusetzen, verwundert wenig. Ein wirkungsvolleres Instrumentarium wäre kaum denkbar gewesen. Faktische Macht und verfassungsmäßige Kompetenz schufen Legitimität. Die Integration des Militärs in das institutionelle Gefüge und seine rechtliche Verankerung bürgte für verfassungskonformes Handeln. Zwar hatte die Professionalisierung des Militärs zu einem Bruch zwischen Armeehierarchie und Agrararistokratie geführt[7], eine Entpolitisierung war damit jedoch noch nicht erreicht. Die Armee blieb Wächter über den Institutionen. Ihre zunehmend professionelle Ausbildung förderte ein elitäres Selbstverständnis sowie die Identifikation mit der Rolle eines Schiedsrichters zwischen den einzelnen gesellschaftlichen Gruppen[8].

Paradoxerweise galt sein Einschreiten nicht nur aus der Sicht des Militärs als legitime politische Handlung. Parteien und Bevölkerung unterstützten militärische Maßnahmen, indem sie selbst die Armee wiederholt in Regierungskonflikte hineinzogen und Verbindungen zu politischen Führern herstellten. Eingriffe der Streitkräfte waren daher nicht willkürlich, sondern wurden von breiten politischen und gesellschaftlichen kräften getragen. Aus diesem Grund kam es zu einer dichten Verflechtung und Überlagerung von Politik, Militär und Gesellschaft. Angehörige aus dem Offiziersrang wurden im Wege demokratischer Wahlen zum Präsidenten gewählt und konnten ebenso unter dem Druck sozialer Gruppen oder Parteien durch das Militär gestürzt werden, vor allem, wenn sich die wirtschaftliche Lage dramatisch verschlechterte. Es war daher auch für den

7 Ebd., S.32.
8 Ebd., S.33.

gewählten *Caudillo* oberste Kontrollinstanz. Insofern können die Streitkräfte als Stabilitätsfaktor gesehen werden, da sie erst die politischen Voraussetzungen für den sozialen Umbruch schufen. Ihr Wächteramt garantierte die Steuerungsfähigkeit des politischen Systems in Krisen. Die Konturen von Zivilstaat und Militärstaat können daher nicht getrennt voneinander gezeichnet werden, da sie fließend ineinander übergehen und nur einen Regierungswechsel, nicht aber einen Verfassungsbruch bedeuten. Beide standen grundsätzlich nicht mit dem Verfassungsstaat im Widerspruch. Dies zeigt, daß auch unter der Herrschaft des Militärs die Verfassungen beider Länder nicht außer Kraft gesetzt worden sind.

Erst als das gesamte Ordnungsgefüge zusammenzubrechen drohte, führten die sich überstürzenden Ereignisse in *Chile* 1924 und in *Argentinien* 1930 zu Staatsstreichen. Trotz ähnlicher Bedingungen nahm die nachfolgende Entwicklung in beiden Ländern einen unterschiedlichen Lauf, der zwar punktuell Gemeinsamkeiten aufweist, allerdings stärker von den historischen und gesellschaftlichen Voraussetzungen abhing, die *Argentinien* und *Chile* voneinander unterschieden. Sie entspricht einer unterschiedlichen Entwicklung beider Länder nach der Unabhängigkeit von der spanischen Monarchie. Gesellschaft und Militär weisen eine besondere Eigendynamik auf, die für das politische Geschehen und den Verfassungsstaat nachhaltige Wirkung zeitigen sollte.

Markantestes Merkmal der argentinischen Entwicklung im 19. Jahrhundert war das beharrliche Fortbestehen lokaler Machtzentren, die – jedes für sich – militärisch abgesichert waren. Dies hatte einerseits zur Folge, daß die Armee bis zum Ende dieses Jahrhunderts nicht zentral gesteuert wurde, sondern vielmehr kleine Einheiten bestanden, die individualistische Interessen verteidigten. Andererseits bedingte ein erst spät, nämlich Ende des 19. Jahrhunderts, einsetzender Einigungs- und Professionalisierungsprozeß im argentinischen Heer, daß es für Politisierung entsprechend der politischen Interessenlage anfällig blieb. In *Chile* hingegen wirkte eine sofort nach der Unabhängigkeit konstituierte, politische Oligarchie einem Machtzerfall entgegen. Auf die Entwicklung des Heeres wirkte dies positiv: *Chiles* Heer konnte bereits in seiner Frühphase nicht als *Caudillismo* bezeichnet werden, da es bemerkenswert früh moderne Züge nach dem Vorbild Preußens aufwies und als selbstbewußte Einheit auftrat. Trotz aller Professionalisierungsbestrebungen, welche bis zum Beginn des 20. Jahrhunderts beide Ländern kennzeichnen, blieb die politische Bindung und der verfassungsrechtliche Status des Militärs als Ordnungshüter unangetastet.

Historisches Selbstbewußtsein und institutioneller Verfassungsrang verlieh der Armee jene starke Rolle, die sie während des 20. Jahrhunderts in beiden Staaten spielen sollte, sei es, weil traditionelle Denkschemata der Verarbeitung sozialen Wandels nicht gewachsen waren oder man den Glauben an eine Besserung wirtschaftlicher und gesellschaftlicher Defizite durch liberale, parlamentarische Regierungsformen verloren hatte. Beides trug dazu bei, daß das Heer im Zweifel für die alte Ordnung optierte, zumindest dann, wenn die Illusion aufgegeben worden war, daß es allein von nationaler Planung abhing, ob Reformen Erfolg haben würden.

1. – *Argentinien*: Sozialer Wandel und politisches System

Die politische Situation in *Argentinien* zu Beginn des 20. Jahrhunderts ist das Ergebnis eines sozialen Wandels, der nicht unerheblich durch die Emigrationswelle aus Europa begünstigt worden war, die Ende des 19. Jahrhunderts einsetzte und sich zu Beginn des 20. Jahrhunderts verstärkte[9]. Sie war fester Bestandteil einer liberalen Entwicklungs- und Expansionspolitik nach 1880. Mit einer wachsenden Bevölkerung wollte man vor allem wirtschaftlichen Fortschritt in den rückständigen Provinzen fördern[10]. Die veränderten innergesellschaftlichen Strukturen schufen gleichzeitig neue Ausgangsbedingungen für das politische System. Die große Zahl europäischer Einwanderer brachte liberales Gedankengut und aktuelle ideologische Strömungen nach *Argentinien*, die vor allem die aufsteigenden Mittelschichten begeisterten. Das Spektrum reichte von sozialistischen bis zu anarchistischen Ideen[11]. Sie trugen dazu bei, daß die soziale Frage in der Öffentlichkeit zum Brennpunkt wurde. Der Ruf der Volksmassen nach Beteiligung an der politischen Willensbildung wurde laut. Er stellte damit ein Ordnungssystem in Frage, das seit der Unabhängigkeit festgefügt das politische Leben bestimmte und oligarchisch regiert wurde.

In dieser Situation stand das Militär nicht abseits des sozialen Geschehens. Sein Personal war als Teil der Gesellschaft in den Emanzipationsprozeß integriert. Diese intermediäre Stellung des Heeres zwischen Politik und Gesellschaft führte dazu, daß es nicht mehr in der Lage war, eine neutrale Ordnungsfunktion aufrechtzuerhalten, sondern zwischen die politischen Fronten geriet, sei es, daß Teile der Gesellschaft es anriefen oder Teile des Militärs sich mit sozialen Ansprüchen identifizierten. Geprägt von der Tradition des *Caudillismo* im 19. Jahrhundert, konnten auch Professionalisierungsbestrebungen seinem gesellschaftlichen und politischen Engagement nicht vorbeugen. Das Heer fühlte sich geradezu berufen, als Ordnungshüter die ihm anvertrauten politischen Forderungen im Interesse der Nation durchzusetzen. Wiederholt kam es zur Abspaltung von klei-

---

9 Evers (1972:22); Waldmann (1974:35); Cornblit (1965:25 ff.).

10 Vgl. das Kapitel *"La inmigración masiva y su papel en la modernización del país"*, in: Germani (1968: 239-288).

11 Waldmann (1974:34); Jitrik (1968:47,67 ff.).

nen militärischen Einheiten, die für die Forderungen einer bestimmten politischen Gruppe eintraten. Dies findet seinen unmittelbaren Ausdruck in mißlungenen Putschen 1890 und 1905, die sich gegen die oligarchische Republik richteten[12].

Trotz dieser Warnungen reagierte das politische System nicht. Dies lag weniger daran, daß man die sozialen Spannungen ignorierte, als an festgefügten Machtstrukturen, die Veränderungen nur mit Gewalt zuließen. Mit einer Modernisierung des Heeres sowie der Ankündigung rechtlicher und sozialer Reformen wurde unter der zweiten Präsidentschaft von Julio A. Roca (1898-1904) versucht, die prekäre Lage zu beherrschen. Ansatzweise wurde etwa das damalige Bildungssystem verbessert; im zivilrechtlichen Bereich strebte man eine Modernisierung der teilweise noch gültigen religiösen Gesetzgebung durch eine weltliche an, etwa durch Reformen des Eherechts. Bemerkenswert in wirtschaftlicher Hinsicht ist ein Entwicklungskonzept der liberalen Oligarchie, das um die Jahrhundertwende im Zuge der Expansionspolitik aufkam. Dahinter stand der Gedanke, der sozialen Entwicklung durch wirtschaftliche Erneuerung Herr zu werden und die aufsteigenden Mittelschichten in die Produktion zu integrieren. Die Grundidee bestand darin, sich im Zuge der internationalen Arbeitsteilung auf die Produktion bestimmter Rohstoffe (Fleisch, Weizen, Wolle) zu spezialisieren[13]. *Argentinien* sollte auf der Grundlage seiner Landwirtschaft zu einem hochentwickelten Staat nach dem Vorbild der Industrienationen werden[14]. Reformansätze waren jedoch nicht ausreichend, um den gesellschaftlichen Konflikt beizulegen, solange die politischen Strukturen unverändert blieben und nur eine kleine Elite an Wahlen teilnehmen durfte.

1.1. – Zwischen Tradition und Reformen: alte und neue Parteien

Bis zur Mitte des 19. Jahrhunderts existierten weder in *Argentinien* noch in *Chile* keine politischen Parteien. Es handelte sich vielmehr um Fraktionen oder Cliquen, die sich gelegentlich bei Wahlen gebildet hatten, aber keine feste Organisation, Führung oder Programme besaßen. Ein großer Teil dieser Gruppierungen war lokal verankert und vertrat spezifische regionale Interessen der Oberschichten. Auf nationaler Ebene in Argentinien unterschieden sich bis zur Mitte des 19. Jahrhunderts im wesentlichen zwei Fraktionen: Eine konservative und eine liberal orientierte, die wechselseitig nach einem internen Übereinkommen

12 Sotelo (1975:41).
13 Evers (1972:32).
14 Waldmann (1974:33).

regierten und sich auf diese Weise im Gleichgewicht hielten. Dieses Verfahren unter den Fraktionen der Oligarchie vollzog sich nach bestimmten Gesetzesmäßigkeiten und garantierte auf diese Weise die Stabilität der Herrschaftsstrukturen[15].

Mit den Säkularisierungsbestrebungen seit der Mitte des 19. Jahrhunderts und den Forderungen nach sozialer Gleichberechtigung drängten zunehmend Anhänger aus den Mittelklassen in die liberale Fraktion. Als aus einer Abspaltung liberaler Gruppierungen im Verlauf des 19. Jahrhunderts eine neue Partei, die *Unión Cívica Radical* (Radikale Bürgerunion), hervorging und für soziale Reformen, vor allem aber ein allgemeines Wahlrecht einstand, nahm sie durch die Unterstützung der aufstrebenden Mittelschichten einen großen Aufschwung und wurde zur Partei der Volksmassen[16]. Ihre Entstehung kündigte das Ende der alten Parteien an, die seit der ersten Verfassung von 1853[17] das parlamentarische System mit oligarchischer Partizipation beherrschten[18].

In seiner ersten Etappe stellte sich der „*Radikalismus*“, wie die Bewegung der *Unión Cívica Radical* genannt wurde, als populäre Strömung mit einem reformatorischen Charakter dar. Insbesondere jene Gruppierungen der Mittelschicht, die bisher eine Außenseiterrolle am politischen Geschehen spielten und sich den sozialen Mißständen machtlos gegenüber sahen, wurden während der parlamentarischen Epoche zu Sympathisanten der radikalen Bewegung. Konservative bezeichneten ihre Anhänger abwertend als "tausende von kleinen und mittelgroßen Grundbesitzern und Jugendlichen der Arbeiterviertel"[19].

Nur verfälschte Wahlen konnten bewirken, daß sich die alte Ordnung noch aufrecht erhielt und Vertreter der reformistischen Partei von der Regierung ausgeschlossen wurden. Bemerkenswert ist, daß ein beachtlicher Teil der Armee mit den Zielen der *Unión Cívica Radical* sympathisierte und 1905 sogar versuchte, ihren Aufstieg zu erzwingen[20]. Erst nachdem sich anarchistisch-terroristische Gruppen gebildet hatten[21], welche die ohnehin bestehenden sozialen Unruhen steigerten, gab die Regierung nach. Dies war jedoch weniger aufgeklärten Einsichten aus den traditionellen Herrschaftskreisen zu verdanken als vielmehr dem zunehmenden sozialen Druck, dem die Oligarchie letztlich nicht mehr standhal-

15 Vgl. dazu Evers (1972:22).
16 Del Mazo (1957).
17 Vgl. dazu Ramella (1969:590 ff.).
18 Die *Partido Autonomista Nacional* und eine ganze Reihe von anderen kleinere, so wie die *Partido Autonomista Provincial*, *Conservador*, *Constitucional*, *Demócrata*, *Liberal*.
19 Pellet Lastra (1979:101).
20 Sotelo (1975: 41).
21 Vgl. Belloni (1960); Abad de Santillán (1971).

ten konnte. Als der amtierende Präsident Roque Sáenz Peña 1912 ein allgemeines Wahlrecht für alle männlichen Staatsbürger unterschrieb, war der Bruch mit dem alten System eingeleitet. Bereits 1912 erfolgten Wahlsiege der reformistischen Partei in dem wichtigsten Wahlbezirk, Buenos Aires, sowie der Provinz Santa Fe; in anderen konnte sich der konservative Sektor behaupten. Bei den nächsten Wahlen 1916 wurde der Führer der Radikalen Bürgerpartei, Hipólito Yrigoyen, Präsident der Republik, dessen Herrschaft von 1916 bis 1922 und in einer zweiten Präsidentschaft von 1926 bis 1928 dauerte.

1.2. – Politischer Fortschritt ohne Wandlung: Das Fortwirken des alten status quo

Trotz des überragenden Sieges der Mittelklassen bei den Wahlen blieben die erwarteten Veränderungen im sozialen und gesellschaftlichen Bereich aus. Zwar wurde die traditionelle Elite von der politischen Macht verdrängt; die wirtschaftliche und soziale Vormachtstellung der alten Familien war davon jedoch nicht betroffen. Ihr Einfluß existierte *de facto* weiter. Über gesellschaftlichen Aufstieg und Status entschied weiterhin die Oberschicht[22]. Die politische Bezeichnung als "*Radikalismus*", wie sich die *Unión Cívica Radical* selbst bezeichnete, um sich eindeutig von konservativem Denken abzugrenzen, wird nur vor dem Hintergrund eines traditionell geprägten politischen Systems verständlich. Veränderungen, wie eine umfassende Volksbeteiligung an Wahlen, waren aus der Sicht eines elitären Selbstverständnisses undenkbar und galten daher bereits als "*radikal*". Daß damit keine revolutionären Absichten verbunden waren, zeigen bereits ihre Forderungen, die sich im wesentlichen auf ein allgemeines Wahlrecht beschränkten.

Wenngleich die Einführung des Wahlrechts eine große politische Errungenschaft war, gingen ihre Verdienste nicht wesentlich weiter: Reformen wurden allenfalls zaghaft durchgeführt; die vorhandenen sozio-ökonomischen Strukturen blieben weitestgehend erhalten. Selbst Linksliberalen lag es zur damaligen Zeit fern, einen Bruch mit den bestehenden Wirtschaftsstrukturen herbeizuführen[23]. Diese fehlende Dynamik auf der politischen Ebene spiegelt sich in der Gesellschaft wieder. Trotz aller Bestrebungen sozialen Aufstiegs orientierte sich die Mittelschicht immer noch stark an den Eliten: Man fügte sich ihren Anforderungen und zog es vor, ihre Kriterien zu respektieren. Anstatt die bestehende Gesellschaftsordnung zu verändern oder die soziale Position der Oberschichten in Fra-

---

22 Vgl. Waldmann (1974:38).
23 Sotelo (1975:43).

ge zu stellen, ging es hauptsächlich darum, in den vorgegebenen Strukturen aufzusteigen. Um derartige Ansprüche zu erheben, fehlte der Mittelschicht eine geschlossene Organisation[24].

Auch Veränderungen im Rechtssystem ließen sich nur auf lange Sicht bewirken oder bedurften zumindest der Zustimmung konservativer Sektoren, sofern sie nicht revolutionär durchgesetzt werden sollten. Solche Absichten bestanden jedoch selbst bei der reformistischen Partei nicht. Eine angekündigte Verfassungsreform, die mehr soziale Gleichberechtigung schaffen sollte, scheiterte. Im Ergebnis brachte der politische Wechsel, der 1916 einsetzte, bis in die zwanziger Jahre keine grundlegenden sozialen oder wirtschaftlichen Veränderungen. Enttäuschte Erwartungen in der Gesellschaft führten dazu, daß sich der soziale Konflikt in den zwanziger Jahren noch verschärfte.

Den Wahlsieg der Radikalen als politische Revolution[25] zu bezeichnen, erscheint daher zu weit gegriffen. Sie entspricht eher einer Reformbewegung. Auch wenn die Machtstrukturen zugunsten einer Partei verändert wurden, die nicht nur eine soziale Elite, sondern der Bevölkerungsmehrheit gewählt hatte, setzte sich auch mit dem Präsidenten Hipólito Yrigoyen eine sehr personalistische Politik fort, die sich gleichfalls auf einen kleinen, von ihm selbst auserwählten Kreis beschränkte. Sein Einsatz für ein allgemeines politisches Mitspracherecht war keinesfalls selbstlos und ausschließlich im Interesse des Gemeinwohls. Der Kampf der Radikalen für eine Teilnahme aller Bevölkerungsschichten war zu guten Teilen von partikularen Machtbestrebungen getragen, obwohl demokratische Ideale als Vorbild angeführt wurden[26]. Als Beleg dafür dient die Handlungsweise der Partei, auch nach der Machtübernahme zu versuchen, ihren politischen Einfluß zu vergrößern.

1.3. – Umbruch und Krise: Von der Oligarchie zur populistischen Herrschaft Yrigoyens (1916-1930)

Die Einführung des allgemeinen Wahlrechts veränderte die Strukturen des politischen Systems von der Partizipation einer oligarchischen Minderheit zur breiten Beteiligung aller Schichten an der politischen Willensbildung. Durch den Sieg der Radikalen Partei entstand eine Kluft zwischen Oligarchie und der Regierung, die zu einer Polarisierung der gegensätzlichen Positionen führte. Hinzu kam, daß Yrigoyen die Wahlen zwar dazu nutzte, um mit einem legalen Verfah-

24 Waldmann (1974:38,45).
25 Sotelo (1975:42).
26 Waldmann (1974:39).

ren einen Regierungswechsel herbeizuführen. Demokratische Bestrebungen beschränkten sich jedoch auf diese Rahmenbedingung. Sein Regierungsstil entsprach einem elitistischen, traditionellen Denken, das nur die oligarchische Legitimation durch eine demokratische ersetzte. *De facto* beanspruchte auch Yrigoyen die Alleinherrschaft. An einer parlamentarischen Regierung, welche die alten Parteien eingeschlossen hätte, zeigte er kein Interesse. Mehr noch verortete er seine persönliche Position über den Parteien.

Unter Yrigoyen setzte sich somit eine Regierungspraxis fort, die nicht Kommunikation, sondern den Ausschluß der Opposition suchte. Es gab keine Gewohnheit, politische Entscheidungen im Wege der parlamentarischen Diskussion zu finden, und sie sollte auch in der Folgezeit nicht entwickelt werden. Die Parteien erfüllten somit auch nach dem Übergang zu einer demokratischen Regierung nicht die Funktion politischer Meinungsbildung und Regierungskontrolle[27]. In der gleichen Weise wie die alten Herrscher, verteidigte Yrigoyen seine Position durch außerparlamentarische Methoden. Insbesondere in den Provinzen nutzt er seine Präsidialmacht, um Wahlen zu manipulieren und seine Macht unabhängig von der Entscheidung des Volkes zu sichern, obwohl ihn breite Bevölkerungsteile unterstützten. Aus der Sicht eines traditionellen politischen Denkens beruhte Regierungsstabilität nicht allein auf verfassungskonformen Handeln. Der demokratische Wahlakt bedingte nicht gleichzeitig eine demokratische Regierung, sondern war Legitimation zur Machtübernahme.

Die Rolle des Militärs blieb unverändert. Nach wie vor wurde sie als größter Stabilitätsfaktor gesehen und blieb fester Bestandteil des politischen Systems. Nach seiner Wahl war Yrigoyen darum bestrebt, seine Kontakte zum Militär zu stärken und Führungspositionen mit Personal zu besetzen, das ihm persönlich verpflichtet war. Seine Anhänger unterstützten nach 1930 Putschversuche, um auf diese Weise zu erreichen, was ihnen auf legalem Wege versagt geblieben war[28]. In den dreißiger Jahren, als sich nochmals die alte Oligarchie etablierte, hielten seine Anhänger die Verbindungen zum militärischen Sektor aufrecht und bildeten vielfach militärische Allianzen mit zivilem Charakter. Das war eine Form, die Kontakte zu den politisch einflußreichen Institutionen zu erhalten und sich parlamentarischen und gleichzeitig außerparlamentarischen Einfluß zu sichern. So wurde etwa ein Putschversuch der Radikalen vom 28. und 29. Dezember 1933 niedergeschlagen. Die Mehrheit radikaler Anhänger endete im Gefängnis. Erst als sich die Aussichten, auf militärischem Weg die Macht zu erlangen, verschlechterten, stellte sich die Radikale Bürgerpartei 1935 öffentlichen Wahlen.

---

27 Waldmann (1974:60); Ciria (1969:86).

28 Potash (1982a:35 ff.), zitiert nach Pellet (1979:181).

Der Regierungsstil Yrigoyens entsprach dem eines typischen *Caudillo*, der aber im Unterschied zu den Herrschern des 19. Jahrhunderts vom Volk legitimiert war, seine Herrschaft jedoch entscheidend durch die Streitkräfte stärkte. Der Bruch im politischen System erfaßte nur die Form der Legitimation, die eine Partizipation aller Bevölkerungsschichten einschloß und somit die Stabilitätsbedingungen unberechenbarer machte. Diese Defizite wurden jedoch durch eine Integration der Armee in das politische Geschehen kompensiert. Der Regierungsstil blieb elitistisch. Yrigoyen manifestierte ein autoritäres Herrschaftsideal, das nur wenig Raum für parlamentarisches Zusammenwirken ließ. Vielmehr trat eine Polarisierung ein. Wahlen wurden sowohl von der Radikalen Bürgerparteien als auch von den Vertretern der traditionellen Oligarchie als Kampfmittel genutzt, um den politischen Gegner auszuschalten.

Der fehlende Widerstand von Seiten der Bevölkerung läßt darauf schließen, daß solche Methoden zumindest nicht als illegitim angesehen wurden. Volksbeteiligung hieß nicht, daß das Volk demokratisch dachte, nur weil es an der Herrschaftsbildung beteiligt wurde. Legitim handelte, wer die faktische Macht hinter sich vereinte. Ein demokratischer Regierungsstil war mit Autorität nicht vereinbar. Wahlmanipulationen sind daher Ausdruck einer Mentalität, welcher die Rousseau`sche Idee der Volkssouveranität fremd ist, da Wahrheit aus dieser Sicht nicht relativierbar ist. In gewisser Weise wird das elitistische Herrschaftsdenken vom Volk getragen. Politik bleibt daher subjektiv, an Personen und Institutionen gebunden, ohne daß sie objektiviert werden kann. Trotz einer Demokratisierung spielen nicht die Parteien, sondern Personen die entscheidende Rolle. Auf die Vorgaben der Verfassung kam es nicht an. Denn sie waren das Abbild der europäischen und nordamerikanischen Gesellschaften, nicht aber der kulturellen und gesellschaftlichen Voraussetzungen Argentiniens.

Daß Yrigoyen die bestehenden sozioökonomischen Strukturen nicht antastete, lag einerseits daran, daß die Träger der Wirtschaft nicht zu seinem Wählerpotential gehörten und ihm die faktische Macht fehlte, solche Veränderungen umzusetzen[29]. Andererseits mußte er seine neu gewonnene Herrschaft noch festigen. Radikale Veränderungen hätten gleichfalls seine eigene Herrschaft destabilisiert. Jeder Bruch mit den alten Strukturen wäre ein zusätzlicher Instabilitätsfaktor gewesen. Zu wachsenden gesellschaftlichen Spannungen führte speziell die Tatsache, daß Yrigoyen trotz der breiten Unterstützung der Mittelschichten keine wesentlichen Veränderungen vornahm. Von ihm hatte man mehr erwartet, da er selbst aus der Mittelschicht hervorgeganen war und Reformen versprochen hatte. Vielmehr wurden soziale Unruhen noch dadurch gefördert, daß man mit Manifestationen und Streiks toleranter umging. Trotz einer breiten Partizipation

29 Vgl. Waldmann (1974:38).

des Volkes, geriet das neue politische System zunehmend in Konflikt mit den gesellschaftlichen Forderungen und mußte Legitimitätsdefizite hinnehmen. Es erwies sich als zu schwach, um der sozialen Frage standzuhalten, da es nicht in der Lage war, eine Auflösung und Vermischung von Oberschicht und Mittelklasse zu bewirken. Nicht nur, daß die Oberschicht sich verschloß. Auch von Seiten der Mittelschicht bestand das Bestreben, in die Oberschicht aufgenommen zu werden, wodurch auch von den Mittelschichten im Prinzip die traditionelle Gesellschaftsordnung bestätigt wurde.

Für das politische System bedeutete der Wahlsieg Irigoyens einen Wandel im Hinblick auf die Regierungsbedingungen. Seine Herrschaft unterbrach das Zusammenspiel der Parteien und verhinderte somit den Interessenausgleich, der zuvor durch die wechselnde Herrschaft von Konservativen und Liberalen im Gleichgewicht geblieben war. Mit dem Wahlsieg der Radikalen wurde somit ein Transformationsprozeß eingeleitet, der nicht ohne politische Konsequenzen bleiben sollte. Traditionellen Regierungspraktiken, die sich in der ersten Verfassungsepoche des 19. Jahrhunderts ausgeprägt hatten und im Rahmen der Oligarchie funktionierten, wurde nun ihre Grundlage entzogen. Es kam zu einer Überlagerung der herkömmlichen Praktiken mit Modernisierungstendenzen, die diese neue Konstellation nicht verkrafteten. Das Aufsteigen der Radikalen Bürgerpartei sowie später, in den vierziger Jahren, des Peronismus steht daher im Mittelpunkt eines Reifeprozesses, der das politische Bewußtsein der Mittelschicht zu Beginn des 20. Jahrhunderts aufwertete und die Volksmassen mobilisierte. Von daher versteht sich, wenn der argentinische Kongress zunehmend von Vertretern der unteren Volksschichten besetzt wurde.

Der Regierungssturz durch das Militär 1930 beendete ein bis dahin scheinbar stabiles politisches System. Zumindest konnte es eine institutionelle Stabilität wahren. Von vielen Argentiniern wurde der Zeitraum von 1880 bis 1930 daher als Goldenes Zeitalter (*l'age d'or)* angesehen. Institutionelle Stabilität, die sich an der Verfassung und ihren Institutionen orientierte, war jedoch nicht zwingend ein Beleg dafür, daß auch das politische System bis zu diesem Zeitpunkt stabil gewesen wäre. Sie bezeichnete nur den formale Rahmen des politischen Systems, der jedoch im wesentlichen auch nach dem Militärputsch von 1930 unangetastet blieb. Diesem widersprüchlichen Befund wird man erst dann gerecht, wenn man ihn an den gesellschaftlichen Ereignissen mißt. Denn beide Systeme operierten nicht unabhängig voneinander, sondern waren eng miteinander verknüpft. Berücksichtigt man die gesellschaftlichen Voraussetzungen, so wurde bereits mit der Beteiligung aller Bevölkerungsschichten an den Wahlen und den unveränderten sozialen Defiziten ein Destabilisierungsprozeß in Gang gesetzt, an dessen Ende militärisches Einschreiten stand. Denn obwohl die Mittelklasse an politischem Einfluß gewonnen hatte, vereinigten die Konservativen in ihrer

Hand nach wie vor das wirtschaftliche Potential. Zu revolutionären Gesetzen entschloß sich auch Yrigoyen nicht. Seine Reformpolitik basierte auf dem alten System. Für eine effiziente Lösung der sozialen Frage fehlte ihm jedoch die Steuerungskapazität. Die nun nicht mehr unterdrückten Streiks und Demonstrationen für mehr soziale Gerechtigkeit förderten den Ausbruch des gesellschaftlichen Konflikts.

1.4. – Die politische und gesellschaftliche Integration der Volksmassen: die Herrschaft Peróns (1946-1955)

Während Yrigoyen grundlegende Veränderungen des politischen Systems im ersten Drittel des 20. Jahrhunderts bewirkt hatte, prägte in der Folgezeit niemand stärker die argentinische Politik als Juan Domingo Perón (1897-1974), der 1943 an die Macht kam und 1946 mit absoluter Mehrheit zum Präsidenten gewählt wurde. Sein Einfluß währte bis zu seinem Tod. Obwohl seine Herrschaftsmethoden bis heute umstritten sind, hatte er auf legalem Wege erreicht, die Volksmehrheit hinter sich zu vereinigen und konnte bis 1955 ununterbrochen regieren. Mit Yrigoyen hatte Perón gemeinsam, daß er die Regierung der Oberschichten erneut von der Macht verdrängte und damit den Interessen der mittleren und unteren Bevölkerungsschichten Geltung in die Politik verschaffte. Auch er übernahm faktisch die Position eines *Caudillo*. Im Unterschied zu Yrigoyen wurde er jedoch nicht nur vom Militär unterstützt, sondern kam aus dessen Reihen.

Die Machtübernahme durch Perón und seine breite Unterstützung durch das Volk war eine Reaktion auf die Regierungsjahre zwischen 1930 und 1943. Die traditionelle Oligarchie hatte es geschafft, ihre Herrschaft durch den Militärputsch von 1930 nochmals zu restaurieren. Wirtschaftskrise und offenkundige Korruptionsaffairen führten jedoch dazu, daß keine Mehrheiten zustande kommen konnten und die politischen Verhältnisse instabil blieben.

Obwohl das allgemeine Wahlrecht nicht abgeschafft wurde, bedeutete die Rückkehr der traditionellen Oligarchie den Ausschluß des Großteils der Bevölkerung vom politischen Geschehen[30]. Durch Wahlfälschungen wurden nicht nur den Wählern die Möglichkeit genommen, politisch zu wirken. Auch oppositionelle Gruppen wurden ausgeschaltet. Dies vollzog sich zum einen in der Weise, daß die Wahlkandidaten von der Regierung bestimmt wurden, indem man gegnerische Kandidaten von der Wahlliste strich. Zum anderen ermöglichte die Kontrolle der Wahlvorbereitungen und des Wahlaktes durch die traditionelle

30 Germani (1962:218); Waldmann (1974:55).

Oligarchie eine Manipulation der Wahlen, die ihren Interessen entsprach[31]. Die nachdrängenden sozialen Gruppen wurden entweder vom politischen und gesellschaftlichen Entscheidungsprozeß ausgeschlossen oder man überließ ihnen faktische Rechte, deren Durchsetzung jedoch am Widerstand der Oberschichten scheiterte[32].

Stabilität wurde künstlich durch den tatsächlichen Ausschluß der Volksmassen von der politischen Willensbildung erreicht; formal wahrte man den demokratischen Schein. Dies bedeutete gleichzeitig, daß im politischen Entscheidungsprozeß den Interessen der wirtschaftlich dominierenden Oberschichten der Vorrang eingeräumt wurde. Die mittleren und unteren Bevölkerungsschichten fanden für ihre Situation kein Gehör. Teilweise lag dies auch daran, daß die Parteien, mit denen sie sich identifizierten, in der politischen Diskussion Prioritäten setzten, die ihrer eigenen Profilierung, nicht aber der Verbesserung des Lebensstandards der unteren Schichten dienten. So diskutierte etwa die Sozialistische Partei in den Jahren nach 1930 Gesetzesvorlagen über die Scheidung, die politische Emanzipation der Frau, bekämpfte den Wahlbetrug und verlangte eine bessere Kontrolle der Steuerschulden von Kirche und Militär. Teilweise kritisierten ihre Mitglieder Formulierung und Anwendung des Sozialrechts[33]. Ein Konzept zur Verbesserung des Lebensstandards der Arbeiterschicht stand jedoch nicht im Mittelpunkt ihrer parlamentarischen Tätigkeit.

Als Perón die Herrschaft übernahm, fehlte somit einerseits die Identifikation großer Bevölkerungskreise nicht nur mit dem politischen System, sondern auch mit den Parteien, die scheinbar ihre Interessen vertraten. Die politische Stabilität, die nur künstlich durch ein stark eingeschränktes Partizipationssystem gewährleistet wurde, konnte keine Legitimität mehr beschaffen. In wirtschaftlicher Hinsicht waren durch die Weltwirtschaftskrise und die Neutralität Argentiniens im Zweiten Weltkrieg wichtige Investoren und Abnehmer vor allem aus dem Ausland weggefallen und damit die Voraussetzungen für den bis dahin dominierenden Agrarexport.

Dem Aufstieg Peróns und der Herausbildung des Peronismus als politische, alle Schichten umfassende Bewegung liegt eine Neuordnung in Wirtschaft, Gesellschaft und Politik zugrunde, die Perón nach seiner Machtübernahme anstrebte. Es ging darum, eine Staats- und Gesellschaftsverfassung zu verwirklichen, die sich den spezifischen Voraussetzungen Argentiniens anpaßte. Neben einer offenen und flexibleren politischen Struktur strebte Perón an, den Staat von gesellschaftlichen Machtfaktoren zu lösen, was für ihn bedeutete, diese zu kon-

---

31 Ciria (1969:66); Ramos (1965:376 ff.).
32 Waldmann (1974:58).
33 Ciria (1969:71).

trollieren und in die gesellschaftliche Organisation zu integrieren[34]. Stabilität gewährleistete er einerseits durch seine vielfältigen Verbindungen zu einflußreichen sozialen Gruppen, Gewerkschaften und letztlich durch das Militär.

Mit dem Aufstieg Peróns erhielt das argentinische Militär eine Schlüsselrolle in der Politik. Noch während der Regierung Farrell (1941-1944), als Perón noch im Offiziersrang stand, begannen sich innerhalb des argentinischen Heeres Fraktionen zu bilden, die ihre Beteiligung an der Regierungspolitik suchten. Insbesondere das Personal in hohen Positionen nützte seinen Rang in der Militärhierarchie, und damit deren Autorität, um an politischem Einfluß zu gewinnen. Der Aufstieg Peróns gilt als bestes Beispiel für diese Art von Machtzugewinn.

Die schlechten sozioökonomischen Bedingungen dienten Perón als Vorwand, seine machtpolitischen Beziehungen auch auf einer institutionellen Ebene auszuweiten. Noch während seiner Amtszeit im Arbeitsministerium begann er enge Beziehungen zu den Führern der Syndikate zu knüpfen, indem er ihnen für ihre Loyalität politische Begünstigungen verschaffte. Eine ähnliche Strategie verfolgte Perón bei seinem Amt im Kriegsministerium. Er sicherte sich damit die Loyalität der Führungsspitzen innerhalb der wichtigsten Institutionen auf einer außerparlamentarischen staatlichen Ebene. Während seiner Amtszeit besetzte er in beiden Ministerien alle Schlüsselpositionen mit Personal, das ihm treu ergeben war, um im Vorfeld des geplanten politischen Umsturzes den Widerstand möglichst gering zu halten. Auf diese Weise wurde eine Konstellation geschaffen, die politische Hindernisse weitestgehend ausschloß. Über seine guten Beziehungen zum militärischen Sektor sicherte er Stabilität im innerstaatlichen Herrschaftsbereich, die er über die Unterstützung durch die Mehrheit der Wahlberechtigten legal rechtfertigte[35]. Sie waren gleichzeitig die Instrumente, mit denen Perón seinen zivilen und militärischen Gegnern begegnete.

Die Loyalität der Gewerkschaften diente ihm nach seiner Machtergreifung dazu, wichtige politische Interessen mit Hilfe des Drucks der Syndikate durchzusetzen. Insoweit stützten diese Klientelismen die politische Herrschaft mehr, als dies ideologische Motivationen vermocht hätten. Perón selbst definierte die Ziele im Programm seiner Bewegung nur in einer allgemeinen Form, die einer Konkretisierung genügend Spielraum entsprechend den machtpolitischen Präferenzen verschaffte. Danach sollte Argentinien eine Nation werden, die "Gerechtigkeit auf einer sozialen Ebene schaffe, den freien Handel unterstütze und politische Souveränität in Anspruch nehme".

34 Vgl. dazu Waldmann (1974:77).
35 Vgl. zu den sozialen Rahmenbedingungen der Wahlkämpfe von 1945 und 1951, Potash (1982a).

Zu Beginn seiner Amtszeit als Präsident *Argentiniens* sicherte er sich ebenfalls die politische Ergebenheit der Judikatur. Mit politischen Verfahren vor dem Obersten Gerichtshof (*Corte Suprema*) prüfte Perón die politische Treue seiner Mitglieder, indem er sie unter dem Vorwand, nicht verfassungsmäßig zu urteilen und ihre Pflichten zu verletzen, durch das Parlament ihres Amtes entheben ließ. Er nutzte damit die formelle Kraft der Verfassung zu politischen Zwecken, obwohl er sie in ihrem Wesensgehalt verletzte.

Mit Reformabsichten ließ Perón mit der *"Convención Nacional Reformadora"* vom 11.3.1949 eine Reihe von sozialen Rechten verabschieden, die damit dem Parteiprogramm angepaßt wurden. Solche sozialen Verbesserungen dienten Perón dazu, sich die Mehrheit im Senat bzw. in der Abgeordnetenkammer zu sichern, was zur Folge hatte, daß sich seiner Herrschaft nur eine Minderheit von 44 Abgeordneten des argentinischen Parlaments widersetzte, die von der Radikalen Bürgerpartei angeführt wurden. Auf diese Weise gewann Perón sämtliche Wahlen zwischen 1945 und 1955. Tatsächlich jedoch endete mit seiner Herrschaft der parteipolitische Pluralismus, der streng genommen stets nur die Machtverhältnisse zwischen zwei Parteien definiert hatte.

Obwohl der Peronismus in den kommenden vier Jahrzehnten die argentinische Politik dominieren sollte[36], war er nicht in der Lage gewesen, eine stabile Regierungsform zu installieren. So unternahmen weder Perón noch diejenigen, die sich ihm politisch widersetzten, irgendwelche Anstrengungen mit dem Ziel, die angekündigten politischen Absichten zu verwirklichen bzw. eine Politik durchzusetzen, die darauf gerichtet gewesen wäre, mit dem parlamentarischen Instrumentarium das Zusammenwirken zwischen den politischen Sektoren und Parteien auf eine funktionale Weise zu steuern. Das sichtbare Zeichen dafür war die Verfassungsreform von 1949, die allein auf die Wiederwahl von Perón ausgerichtet war[37]. Unter seiner Vorherrschaft blieb ein geregeltes Arrangement aus, das zwischen den politischen Akteuren, den Machtfaktoren und den Institutionen auf der Regierungsebene vermittelnd gewirkt hätte. Trotz einer scheinbaren Legitimation, die künstlich durch die Manipulation der Wahlen erzeugt wurde, bewirkte dies, daß in der Regierungspraxis legitimatorische Defizite entstanden. Indem er den Wirkungsbereich sämtlicher Regierungsinstitutionen soweit reduzierte, daß sie allein seinen Machtbefugnissen untergeordnet waren, stieß er hier trotz aller legalen Tarnungen auf inneren Widerstand[38], der sich primär gegen seinen machtpolitischen Mißbrauch richtete. Diese Umstände führten dazu, daß

36 Eine vergleichende Analyse der Wahlergebnisse während der Herrschaft Peróns findet sich in Cantón (1971).

37 Vgl. hierzu Potash (1982a).

38 Der Radicalism, die Unternehmensgremien, die katholische Kirche, außer der liberalen Sektoren der Streitkräfte.

die Oposition die Gelegenheit ergriff, im Wege der Verschwörung einen Regierungswechsel herbeizuführen.

Paradoxerweise blieb die charismatische Führerschaft Peróns auch in den sechziger und siebziger Jahren erhalten, indem er nach seinem politischen Rückzug als Schiedsrichter das politische Gleichgewicht bzw. Ungleichgewicht auf einer übergeordneten Ebene beeinflußte und damit die politische Entwicklung *Argentiniens*, die Wahlen, Regierungsbeschlüsse und Regierungsinstitutionen nicht unwesentlich erschwerte. Obwohl er seine Herrschaft innenpolitisch nicht behaupten konnte, war seine Autorität als Führer bereits so gesichert bzw. festgefügt, daß er sich auch nach seiner Amtszeit Geltung verschaffte.

Dies wird besonders deutlich an der Rolle, die Perón während der Regierungskrise 1973 spielte, als er nochmals für neun Monate die Präsidentschaft übernahm. Und bezeichnenderweise lebten mit seinem Tod am 1. Juli 1974, die parteipolitschen und militärischen Gegensätze wieder auf. Erschwerend kam hinzu, daß nun auch Guerilla-Organisationen an der politischen Meinungsbildung mitwirkten, wie etwa die ERP (*Ejército Revolucionario del Pueblo*) und die *„Montoneros"*, was die Diskrepanz innerhalb des Parteienspektrums weiter förderte. Die Situation spitzte sich insbesondere dadurch dramatisch zu, daß seine Witwe und Vizepräsidentin María Estela Martínez die politische Führung übernahm und zu radikalen politischen Maßnahmen aufrief. Die unerträgliche Wirtschaftslage *Argentiniens*, speziell die steigende Inflation, terroristische Anschläge sowie extremistische Bewegungen schufen eine Situation, die der Kontrolle der Regierung zunehmend entglitt, so daß der Staatsstreich 1976 von der Bevölkerung geradezu willkommen geheißen wurde.

1.5. – Zwischen Zivilstaat und Militärstaat: Die politische Rolle des Caudillo

Seit der Unabhängigkeit waren es stets einzelne politische Führer gewesen, welche die argentinische Politik konkurrenzlos wie eine historische Konstante bestimmten. Dies gilt auch für die erste Verfassungsepoche. Hinter der Oligarchie stand ein Bund unabhängiger lokaler Herrscher, die sich gegenseitig aufgrund ihrer sozialen Ebenbürtigkeit anerkannten und als nationale Elite, nicht jedoch als politische Einheit auftraten. Hingegen repräsentierten die verfassungsrechtlichen Institutionen nie dieselbe Autorität, wie sie einzelne Persönlichkeiten des politischen Lebens vorweisen konnten. Von daher verstehen sich allgemeine Bemühungen der Institutionen, politische Bewegungen hinter der Vaterfigur des

Caudillo[39] zu institutionalisieren, um diese innerhalb der gültigen gesellschaftlichen Vorstellungen bzw. den historisch geprägten Normen zu definieren.

Die Rolle des *Caudillo* nahm in der argentinischen Politik eine Schlüsselposition ein: sein Status wirkte aufgrund einer hohen gesellschaftlichen Vernetzung parteiübergreifend und verkörperte auf diese Weise eine nationale Einheit. Er steuerte das Zusammenspiel der Machtfaktoren, die im politischen Feld wirkten, indem auch informelle Entscheidungsträger einbezogen wurden. Unter Yrigoyen, wie auch schon zuvor, etwa unter der Herrschaft von Rosas, hat diese Regierungsform dazu beigetragen, daß eine Konstellation geschaffen wurde, die politische Stabilität in einer verfassungsrechtlichen Konzeption begünstigte und die lokale Zersplitterung zu einer staatlichen Einheit zusammenfasste[40]. Aufgrund der überragenden poltischen Bedeutung neigten Regierungen unter einem *Caudillo* dazu, die Verfassungsinstitutionen auf eine formale Funktion zu beschränken und die Alleinherrschaft im Staat anzustreben, wie dies etwa am Beispiel Peróns deutlich wird, der die Umstrukturierung zu einer totalitären Staats- und Gesellschaftsordnung beabsichtigte.

Die soziale Akzeptanz dieses Regierungsstils zeigt sich daran, daß ihre Vertreter von der Bevölkerung in Wahlen befürwortet wurden. Aus einer gesellschaftlichen Perspektive billigte man größtenteils die Machtergreifung durch einen politischen Führer, um die tiefgreifende ideologische Spaltung der verschiedenen politischen Lager zu überwinden. Aus diesem Blickwinkel ließ sich der Aufstieg von Yrigoyen und später von Perón rechtfertigen. Extreme politische Positionen, die die Bevölkerung spalteten, wurden auf diese Weise neutralisiert. Die Führerrolle erhielt dadurch eine spezifisch nationalistische Prägung.

Auch nach seinem politischen Umsturz wirkte Perón weiterhin faktisch in einer Position über der politischen Verfassung, indem er auch im Exil die Beziehungen zu der politischen Führung, den Parteien und militärischen Kräften aufrechterhielt und über seine Person steuerte. Mit der Drohung, er werde zurückkehren, erreichte er gleichzeitig, dass die damalige Militärregierung keine offenen Wahlen ausrufen ließ.

1.6. – Das argentinische Militär. Identität und Verhältnis zur politischen Führung

Während der parlamentarischen Epoche (1880-1930) galten die Streitkräfte in *Argentinien* als professionelle, hierarchisierte Institution, die am Rande des poli-

39 Goldberg (1978:27).
40 Vgl. dazu Zorraquín Becú (1949:168).

tischen Geschehens stand. Zu guten Teilen wird dies an der politischen Stabilität dieser Jahre gelegen haben, der Alleinherrschaft eines einheitlich, konservativ geprägten Parteiensystems. In den ersten Dekaden dieses Jahrhunderts investierte der argentinische Staat viel in die materielle Ausrüstung und Ausbildung des Militärs. Diese Modernisierungstendenzen werteten das Selbstbewußtsein des militärischen Personals sowie ihr soziales Ansehen auf. Auf diese Weise wurde gleichzeitig ein politisches Bewußtsein erzeugt[41]. Dies hieß jedoch nichts anderes, als daß die politischen Akteure in Krisenmomenten mit der Disposition des Militärs rechnen konnten, wenn das Geltungsbedürfnis des miltärischen Personals zuvor gesichert wurde. Die politischen Aktivitäten von Mitgliedern des Militärs außerhalb ihres spezifischen Bereichs stiegen daher an.

Der besondere Stellenwert des Militärs wurde insbesondere dadurch hervorgehoben, daß man sich speziell mit dem Beginn des Kalten Krieges um eine Professionalisierung der Militärischen Streitkräfte nach dem Vorbild der USA bemühte, die parallel zur Politisierung des argentinischen Heeres einherging. Dies war der Moment, in dem man systematisch das Konzept der *„nationalen Sicherheit"* einführte. Danach wurde der militärische Eingriffsbereich bis auf den innerstaatlichen Bereich ausgeweitet. Diese neue Konzeption der militärischen Kompetenzen sollte zum wichtigsten Faktor im Kontext der Eingriffe des argentinischen Heeres in den sechziger und siebziger Jahren werden. Gleichzeitig sprechen die Ereignisse dafür, daß militärische und politische Interessen ineinander übergingen[42].

In dem Moment, in dem der politische Konflikt eine parlamentarische Krise auslöste, blieben die militärischen Kräfte nicht unbeteiligt am politischen Geschehen. Vielmehr spiegelte sich die gesellschaftliche Instabilität im innermilitärischen Bereich wider. Dies führte stets dazu, daß die politische Auseinandersetzung noch gesteigert wurde, indem die militärischen Führer eine schiedsrichterähnliche Funktion übernahmen. Militärische und innerstaatliche, machtpolitische Interessen gingen hier ineinander über, indem die Partei, die mit der Unterstützung des Heeres rechnete, auch darüber verfügen konnte, den Parteienkonflikt notfalls mit Gewalt zu lösen.

Gleichzeitig beruhte auch das Eingreifen der militärischen Führer auf machtpolitischen Motiven. Sie suchten ihre Rolle im politischen Konflikt, was die interne Auseinandersetzung unter den verschiedenen parlamentarischen Gruppierungen noch steigerte und die Situation außer Kontrolle geraten ließ: Denn war das Militär erst einmal beteiligt, mußten nicht nur neue politische Prämissen aufgestellt werden, sondern auch eine Konstellation, die den Forderungen von Sei-

41 Potash (1982a).
42 Sandoval (1976:10).

ten der militärischen Führung entsprach. Um erneut einen regierungsfähigen Kompromiß zu erzielen, waren daher die Interessen des Militärs, insbesondere seine aktive Rolle am politischen Geschehen zu berücksichtigen. Die militärischen Kräfte übernahmen daher in der Vergangenheit eine Funktion als Hüter der politischen Verfassung Argentiniens, die ein Einschreiten des Heeres rechtfertigte, sobald kein parlamentarischer Konsens mehr hergestellt werden konnte. Sie verfügten insofern über ein ungeschriebenes Veto-Recht und eine polizeiähnliche Stellung, die über die staatlichen Institutionen wachte.

Die politische Orientierung der militärischen Kräfte variierte in den verschiedenen Epochen und läßt sich nicht darauf festlegen, die Zivilregierungen zu beseitigen[43]. Es geht vielmehr darum, einen regierungsfähigen Zustand und damit einen handlungsfähigen Staat wiederherzustellen. Daher erscheint der Ansatz, daß das Einschreiten der militärischen Kräfte auf einer antidemokratischen Haltung beruhe, wie sie dem Vorbild der europäischen Militärdoktrinen zu Beginn des 20. Jahrhunderts entsprochen hätten, nicht vertretbar. Es waren stets Motive, die in erster Linie auf die soziopolitische Krise gerichtet waren, unabhängig von den parteipolitischen Zielsetzungen.

1.7. – Gesellschaftlicher und politischer Wandel zwischen autoritären Fronten

Erstaunlicherweise wurden historische Strukturen trotz sozialen Wandels nicht aufgegeben; sondern Tradition, gesellschaftliche Entwicklung und neue ideologische Strömungen überlagern sich in der Figur des vom Volk gewählten *Caudillo*, der vom Militär getragen wird. Sowohl Yrigoyen als auch Perón sind Beispiele namhafter Führungspersönlichkeiten. Ihre absolute Herrschaft wird durch ein Verfassungsmodell unterstützt, das dem Präsidentenamt weiteste Herrschaftskompetenzen zur Verfügung stellt und in seinen Strukturen der zentralistischen Monarchie gleicht. Die starke Stellung des Präsidenten in der liberalrepublikanischen Verfassung entspricht der ehemaligen Position des Monarchen, um lokalen, privatistischen Interessen entgegenzuwirken. Modernisierung besteht darin, daß nicht kreolische Eliten, sondern ein vom Volk legitimierter *Caudillo* regiert. Die Figur des *Caudillo* entspricht insoweit der eigenen politischen Tradition und den herrschenden sozio-ökonomischen Strukturen.

Diese Herrschaftsberechtigung wird getragen von einer Mentalität, die Legitimität mit faktischer Macht und Autorität verbindet.

Daß die Legitimation des Präsidenten vom Volk kam, bedeutete jedoch nicht, daß damit eine Demokratisierung des politischen Systems eingetreten wäre. Die

---

43 Arriagada (1981).

politische Entwicklung ist die Kehrseite des gesellschaftlichen Wandels, ohne daß sich im Volk jedoch die politische Denkweise geändert hätte. Auch das mündige Volk verlangt nach einem starken Führer, der die bestehenden Mißstände beseitigt. Aufgrund der starken Präsidentialgewalt wurden die politischen Systeme Iberoamerikas daher teilweise als *"legale Diktaturen"* bezeichnet[44].

Sowohl das Herausbilden von neuen Parteien der Mittelschicht als auch der Peronismus führten dazu, daß sich Verhaltensschemata unter den Parteien und politischen Institutionen etablierten, die parlamentarische Praktiken, die von der Verfassung vorgesehen waren, immer stärker zurückgedrängten[45]. Als 1930 der militärische Umsturz erfolgte, war die Krisensituation bereits so weit vorangeschritten, daß sich außerverfassungsrechtliche Regierungs- und Normpraktiken immer stärker über die formal normierten Verfassungsgarantien schoben. Auch wenn zu diesem Zeitpunkt formell verfassungsrechtlich politische Rechte sowie reguläre Wahlen gesichert waren, blieb die Anrufung der militärischen Kräfte die bevorzugte Option, um den politischen Konflikt zu bewältigen und der wirtschaftlichen und gesellschaftlichen Krise entgegenzuwirken. Die extreme Polarisierung der politischen Gruppierungen sollte in den kommenden Dekaden die Bildung eines regierungsfähigen Zivilstaates verhindern. Darüber hinaus spielte die zunehmende Politisierung des argentinischen Heeres eine nicht unwesentliche Rolle. Bedingt durch das Herausbilden von entgegengesetzten politischen Lagern, wurde eine antiparlamentarische Haltung verstärkt.

In diesem Zusammenhang ist besonders das aufstrebende politische Bewußtsein der Bevölkerung zu erwähnen, das sich in der Organisation von Gewerkschaften ausdrückte und parallel zum politischen Prozeß gelagert war. Ein bedeutender Anteil der Mitglieder, die politischen Gruppierungen angehörten, ging zu den Gewerkschaften über. Dies hatte zur Konsequenz, daß der größte Anteil der Gewerkschaftsmitglieder sich Perón anschloß. Eine solche Entwicklung wirkte sich vor allem auf die Wahlen aus, indem alle Präsidentschafts- und Parlamentswahlen zwischen 1945 und 1955 von der peronistichen Partei gewonnen wurden. Auf diese Weise konnte eine legale Machtausübung vorgewiesen werden. Selbst noch im Exil erfüllten die Gewerkschaften eine duale Funktion: Während sie einerseits als Vertreter der Arbeiterschaft wirkten, vertraten sie andererseits weiterhin die politischen Interessen der Anhänger Peróns. Die Gleichzeitigkeit von politischer Führung und organisierten Syndikaten als Teil der politischen Herrschaft erfüllte eine aktive Rolle, die den Peronismus unterstützte und der politischen Herrschaft einen Charakter *sui generis* verlieh, der sich im außerparlamentarischen Bereich manifestierte.

---

44 Koelling (1971:540).
45 Potash (1982a).

2. – *Chile*: Sozialer Wandel und politisches System. Die Streitkräfte als Garanten der Reform

Im Unterschied zu *Argentinien* war *Chile* am Ende des 19. Jahrhunderts von einer starken konservativen Oligarchie geprägt, die den Kongreß beherrschte und das Heer nahezu bedingungslos auf ihrer Seite hatte. Parlament und Heer konstituierten sich als solide Verfassungsinstitutionen. Eine frühe Verfestigung der Zivilregierung in *Chile* nach der ersten Verfassung von 1833 garantierte die institutionelle Stabilität über personalistische Tendenzen hinweg[46]. Die politische Elite, die sich aus Konservativen und Liberalen der Oberschicht des Landes zusammensetzte, war durch grundsätzlichen Konsens hinsichtlich der staatlichen Ordnung verbunden, so daß beide Gruppen von einer Spaltung unberührt blieben.

Aufgrund der frühen Professionalisierung des chilenischen Heeres gab es keine Fraktionen, die einzelnen lokalen Herrschern verpflichtet waren, wie dies die Situation Argentiniens im 19. Jahrhundert kennzeichnete. Vielmehr war *Chile* politisch seit der Unabhängigkeit ein zentralistisch organisierter Staat, dem eine streng hierarchische Ordnung in Heer und Gesellschaft entsprach[47]. Politische Einheit in Staat und Heer bürgte für die Stabilität des oligarchischen Systems. Diese fest verankerten Strukturen machten die einmalige Stärke und Professionalisierung des chilenischen Heeres aus, das im 19. Jahrhundert den besten Ruf in Iberoamerika hatte und nach preußischem Vorbild ausgebildet war[48]. Da sich die führenden Offiziersränge aus der Oberschicht rekrutierten, kam das militärische Personal weniger mit der sozialen Frage in Berührung. Es verstand sich als Garant der bestehenden Ordnung und zeigte sich bis zu den zwanziger Jahren der oligarchischen Regierung treu ergeben.

Anders als die argentinische Gesellschaft, die wesentlich stärker von äußeren Einflüssen (Einwanderer, neue ideologische Strömungen, etc.) durchdrungen wurde, zeigte sich sozialer Wandel in Chile als kontinuierlicher Prozeß innerhalb der gesellschaftlichen Schichten. Die Gründung von Vereinigungen der Mittelschicht, wie der Gesellschaft der Gleichheit, der „*Sociedad de la Igualdad*", förderte ein bürgerliches Bewußtsein. Liberale begannen aus intellektuellen Zirkeln herauszutreten. Mit einer florierenden Wirtschaft im Rohstoffabbau bildeten sich neben der alten Oligarchie neue Eliten des Bergbaus und des Handels heraus

46 Vgl. dazu Urzúa Valenzuela (1968:23-33).

47 Nohlen (1973:37).

48 Vgl. Sotelo (1975:34).

sowie andere akademische Berufe[49]. Das Bürgertum wuchs. Seine Vertreter fanden über die Liberale Partei Eingang in das Parlament.

Gesellschaftliche Mobilität war jedoch auf einen Wandel zwischen Mittel- und Oberschicht begrenzt. Zwar rückte die soziale Frage auch hier zu Beginn des Jahrhunderts stärker in das öffentliche Bewußtsein. Aufstieg wurde jedoch nur bestimmten Kreisen gewährt, während die unteren Schichten davon bis zu Beginn des 20. Jahrhunderts ausgeschlossen blieben. Die organisierten Heeresstrukturen erlaubten eine strenge Kontrolle aller öffentlichen Manifestationen gegen das bestehende System. Dies belegt vor allem die Bereitschaft der Armee, Arbeiterstreiks von 1912 und 1919 mit Gewalt niederzuschlagen.

Weiteren Unsicherheiten im politischen System konnten dadurch vorgebeugt werden, daß die Mittel- und Unterschichten bis 1949 von Wahlen ausgeschlossen blieben. Im Jahr 1920 hatten nur 9,9 % der Bevölkerung das allgemeine Wahlrecht, wovon nur etwa die Hälfte Gebrauch machte[50]. Durch ihren Ausschluß von der politischen Willensbildung auf der Verfassungsebene fand eine Verlagerung der Interessenvertretung auf korporative Gremien statt, die seit Beginn des 20. Jahrhunderts an Bedeutung gewannen. Insbesondere die Gewerkschaften fanden großen Zuspruch. Ihre Schwäche resultierte jedoch daraus, daß sie von den tragenden Parteien keine Unterstützung erhielten. Dem Abgeordneten Luis Emilio Recabarren wurde sein Mandat im Abgeordnetenhaus nach drei Jahren aberkannt, nachdem er eine Arbeitergewerkschaft (*Federación Obrera de Chile*) gegründet hatte[51]. Nur zaghaft gewährte die Oberschicht zu Beginn des Jahrhunderts soziale Zugeständnisse an die Arbeiterschaft. Ihr lag es fern, die privilegierte Position in Wirtschaft und Gesellschaft aufzugeben. Vielmehr versuchte sie, den Druck auf das politische System immer wieder zu regulieren, so daß revolutionäre Bestrebungen zu diesem Zeitpunkt ausblieben. Erste Arbeitergesetze gewährten Arbeiterwohnungen, Sonntagsruhe, Unfallversicherung, sowie verbesserte Arbeitsbedingungen.

2.1. – Der Verfassungskonflikt von 1891: Die Entscheidung zugunsten des parlamentarischen Systems

Während in den ersten Jahren der Verfassung von 1833 dem Präsidenten eine eindeutige Präponderanz zufiel, nahmen die Parteien im Verlauf des 19. Jahrhunderts immer stärker ihre verfassungsrechtlichen Kompetenzen im Parlament

49 Nohlen (1973:40).
50 Ebd., S.44.
51 Ebd., S.43.

in Anspruch, die sich beim Erlaß der Verfassung auf eine ausschließlich formale Position beschränkten. Ihnen kam entgegen, daß die Entscheidung für ein Präsidialsystem den Kongreß verfassungrechtlich durchaus als Gegengewicht zum Präsidenten konzipiert hatte[52]. Konnte er in einer ersten Verfassungsphase noch autokratisch die Regierungsfunktionen bestimmen, emanzipierten sich die Parteien immer stärker zu eigendynamischen Faktoren des politischen Lebens innerhalb des Parlaments. Es fand ein Übergang von einer Autokratie zu einer liberalen Republik statt. Er wurde begleitet von zahlreichen gesetzlichen Maßnahmen, die darauf zielen, die Allmacht des Präsidenten zu mäßigen. So wurde etwa 1870 die Möglichkeit einer Wiederwahl des Präsidenten aufgehoben; Inkompatibilitätsvorschriften (1880, 1888) verboten eine Doppelbesetzung der Ämter innerhalb der staatlichen Gewalten.

Die Stärke der Parteien beruhte auf der verfassungsrechtlichen Kompetenzverteilung, die dem Kongreß eine umfassende Kontrolle sowie ein Mitspracherecht an den Entscheidungen des Präsidenten einräumte. Eigeninitiativen waren daher ausgeschlossen. Sie bedurften der Zustimmung des Kongresses. Die strenge Gewaltenteilung zwischen Parlament und Präsident räumte speziell der dominierenden Oligarchie eine starke Vertretung ihrer Interessen im politischen Entscheidungsprozeß ein. Reformmaßnahmen gegen den Widerstand des Kongresses waren nur schwer durchsetzbar. Aufgrund der zunehmenden Bedeutung des Parlaments für den politischen Entscheidungsprozeß kam es bereits nach der Verkündung der ersten Verfassung wiederholt zu Konflikten zwischen beiden Verfassungsinstitutionen.

Diese Situation kumulierte im Verfassungskonflikt 1891, als der damalige Präsident José Manuel Balmaceda (1886-1891) soziale und wirtschaftliche Reformen gegen den Widerstand des Kongresses gesetzlich verankern wollte[53]. Als Balmaceda daraufhin den Kongreß verfassungswidrig auflöste, setzte letzterer den Präsidenten ab und es kam zum Ausbruch des Bürgerkrieges. Obwohl die Volksarmee auf Seiten Balmacedas (*bando presidencialista*) zahlenmäßig überlegen war, schlug die Berufsarmee der Oligarchie (*bando parlamentarista*), der fast ausnahmslos alle Berufsoffiziere angehörten, den Aufstand nieder und stellte die oligarchische Republik wieder her. Bemerkenswert ist, daß sich ein Teil der Streitkräfte in dieser Situation auf die Seite der parlamentarischen Oligarchie stellte und nicht bedingungslos hinter dem Präsidenten stand. Im Kampf um die Unterstützung der Streitkräfte behielt nicht das Staatsoberhaupt, sondern das Parlament die Oberhand, was deutlich sein politisches Gewicht zum Ausdruck brachte.

---

52 Vgl. Sotelo (1975:35); Nohlen (1973:38).
53 Bañados Espinosa (1891); (1921).

Der Verfassungskonflikt von 1891 stellt sich einerseits als Machtkampf zwischen den Institutionen um die politische Vorherrschaft dar, in dem die Oligarchie den wichtigsten Teil der Streitkräfte noch für seine Interessen verpflichten konnte. Mit der Behauptung des Parlaments wurde jedoch gleichzeitig eine verfassungsrechtliche Entscheidung von größter Tragweite getroffen, die zunächst nur nebensächlich erscheint, sich aber für die Entwicklung des politischen Systems stabilisierend erweisen sollte. Im institutionellen Gefüge kommt es trotz einschlägiger Bestrebungen nicht zu einer Kompetenzverlagerung gesetzlicher Befugnisse zugunsten des Präsidenten, sondern der Kongreß bleibt gleichberechtigt innerhalb des gültigen politischen Systems und kann sich einer Kompetenzverschiebung zugunsten des Präsidenten erwehren. Aufgrund des Widerstands des Parlaments konnte das Gleichgewicht der Institutionen erhalten bleiben. Eine Alleinherrschaft des Präsidenten war in *Chile* nicht gelungen. Diese Konstellation schuf die Voraussetzungen für die spätere sogenannte "Regierungsachse" (*eje de gobernabilidad*), dem ausgeglichenen Zusammenspiel von Präsident und Parlament bei der politischen Entscheidungsfindung.

Der erste Bruch mit dem Verfassungsstaat von 1871 zeigt, daß individualistische Herrschaftsinteressen die Mentalität der politischen Organe prägten und partikulare Machtinteressen über das Gemeinwohl stellten. Das Verhalten Balmacedas entsprach einer Herrschaftsmentalität, die es ablehnte, gewaltenteilig zu regieren. Seinem traditionellen Regierungsdenken entsprach es, daß er keine Bedenken hatte, den Kongreß aufzulösen, sofern dies zur Durchsetzung politischer Entscheidungen notwendig war. Es kam zum Verfassungskonflikt zwischen Exekutive und Legislative[54]. Auch die Entwicklung in den Folgejahren des Bürgerkrieges von 1891, in denen die Oligarchie das Regierungssystem als reinen Parlamentarismus ausgestaltete, um die eigene Herrschaft zu behaupten und die Kontrolle über das institutionelle Gefüge zu behalten, belegt eine grundsätzlich antiparlamentarische Mentalität. Aufgrund des Sieges des Kongresses kamm es zu einer Stärkung des parlamentarischen Systems. Elemente wie Ministerverantwortlichkeit gegenüber dem Kongreß und das Verbot eines Auflösungsrecht des Präsidenten wurden integriert, nicht als Ausdruck demokratischen Handelns, sondern im Interesse von Einfluß auf die Regierung seitens der Oligarchie.

2.2. – Alte und neue Parteien im Systemwandel

Die Entwicklung des Parteienspektrums in *Chile* im Verlauf des 19. und 20. Jahrhunderts ist in vieler Hinsicht bemerkenswert. Neuen, aufsteigenden Partei-

54 Zelinsky (1978:81).

en, wie der Radikale Bürgerpartei (*Unión Cívica Radical*, 1853) und den Demokraten (1887)[55], stand zunächst die überwältigende Mehrheit von Konservativen und Liberalen gegenüber[56]. Ihr Einfluß blieb, trotz der zunehmenden Integration der Arbeiterschaft in die Gesellschaft bis zum 20. Jahrhundert von den großen traditionellen Parteien kontrolliert. Sie konnten längst nicht den Druck auf die Oligarchie ausüben wie die gleichnamigen Parteien in *Argentinien.*

Dennoch gelang es der Radikalen Bürgerpartei bereits 1918, zweitstärkste Partei des Landes zu werden und ihren reformistischen Einfluß auszubauen, obwohl erst 1949 ein allgemeines Wahlrecht eingeführt wurde. Neuen Parteien war es daher nicht verwehrt, an politischem Einfluß zu gewinnen. Sie wurden in die vorgegebenen politischen Bahnen integriert und waren in ihrem politischen Status als Träger politischer Meinungsbildung gleichwertig anerkannt. Daß eine solche Anerkennung reibungslos erfolgen konnte, ist wesentlich auf die Herkunft ihrer Vertreter zurückzuführen, die den oberen gesellschaftlichen Schichten entstammten.

Die Soziale Bewegung gegen Ende des 19. Jahrhunderts förderte zunehmend ein Umdenken in den politischen Strukturen, ohne daß es dafür eines Bruchs mit dem herkömmlichen System bedurfte. Neue Parteien wurden in das Regierungssystem integriert und konnten sich als gleichwertige Partner etablieren, auch wenn die oligarchische Elite Entscheidungen des Parlaments bis zum Beginn des 20. Jahrhunderts noch weitgehend allein bestimmen konnte. Das parlamentarische Zusammenspiel funktionierte weiterhin auf dem Prinzip der Konsensbildung, wenngleich es elitistisch geprägt blieb. Zu der Erstarkung der Radikalen Bürgerunion trug wesentlich bei, daß ihre Vertreter letztlich der alten Elite angehörten. Die politische Komplexität wird nicht zusätzlich durch Vertreter der unteren Volksschichten gesteigert, sondern reduziert sich auf die parlamentarische Abwicklung, die sich autonom innerhalb des Systems vollzieht. Ein neues Drei-Parteien-System bildete sich heraus, das sich als gefestigte politische Konstellation in unterschiedlicher Zusammensetzung bis 1973 erhalten sollte.

Der Ausschluß der Volksmassen wurde durch soziale Zugeständnisse und ihre Vertretung durch die neuen Parteien kompensiert. Bei den Wahlen 1921 kamen Radikale und Demokraten bereits auf 34,2 %[57]. Auch wenn die alte liberalkonservative Koalition nach wie vor die Mehrheit im Kongreß bildete, konnte die liberale Allianz unter der Radikalen Bürgerunion und den Demokraten einen Kandidaten stellen, der die Präsidentschaft gewinnen sollte: Arturo Alessandri.

---

55 Vgl. Nohlen (1973:75).

56 Ebd., S.72 ff.

57 Urzúa Valenzuela (1968:80).

Soziale und politische Veränderungen verliefen somit innerhalb der vorgegebenen Strukturen. Ein Bruch mit der alten Ordnung fand nicht statt. Diese Konstellation erleichterte die Steuerungsfähigkeit des politischen Systems und wirkte stabilisierend auf Politik und Gesellschaft. Es kam zu einer gemäßigten Umstrukturierung und Erweiterung des Parteienspektrums. Diese Voraussetzungen trugen dazu bei, daß selbst nach 1949, als sich mit der Einführung des allgemeinen, aktiven Wahlrechts das Parteienspektrum veränderte, die Konstante des Drei-Parteien-Systems erhalten und das Verhältnis Parlament-Präsident gefestigt blieb.

2.3. – Politische Ansprüche und Selbstverständnis der Streitkräfte

Mit der Erfahrung des Bürgerkrieges von 1891 wurde eine Entwicklung eingeleitet, die das bis dahin relativ apolitische Heer zunehmend in das politische System einband und zum Verbündeten der Regierungsinstitutionen machte. Dies äußerte sich erstmals in einer Restrukturierung des chilenischen Heeres zugunsten des parlamentarischen Regierungssystems nach dem Bürgerkrieg von 1891. Die Regierungsinstitutionen erkannten die Bedeutung des Militärs für die Durchsetzung machtpolitischer Interessen nach innen, mit der Folge, daß die Klientelbeziehungen, die allgemein den soziopolitischen Bereich durchdrangen, auf den militärischen Sektor ausgeweitet wurden[58]. Dies äußerte sich in einer gezielten Besetzung der Offiziersposten entsprechend den politischen Präferenzen. Innerhalb der Heeresstrukturen wurde das Bewußtsein wach, daß politische Sympathien trotz eines niederen Ranges die persönliche Situation innerhalb des Heeres verbessern konnte. Gegenseitiges Entgegenkommen stärkte die persönliche Situation einzelner.

Klientele Tendenzen traten bereits 1906 bei Reformbestrebungen zur Modernisierung des Heeres auf. Sie betrafen im wesentlichen Hierarchie und Befehlskompetenzen. Die neue Strukturierung bewirkte unter dem Einfluß der persönlichen Abhängigkeitsverhältnisse eine Konzeption, die militärischen Aufstieg vom Wohlwollen des Kriegsministeriums abhängen ließ. Dies hieß gleichzeitig, daß willkürlich und wie es nach den politischen Notwendigkeiten günstiger erschien, über Beförderungen entschieden werden konnte.

---

58 Vial (1981,T II:815).

2.4. – Zerfall und Neuordnung: der Putsch 1924 und der Machterhalt Alessandris

In der Epoche nach dem Sturz des Präsidenten von 1891 kamm es zu unterschiedlichen Verschiebungen der politischen Verhältnisse.

Innerhalb des Regierungsgefüges bildete sich ein deutliches Übergewicht des Parlaments gegenüber dem Präsidenten[59]. Dieser allgemeine Machtzuwachs und der damit verbundene Einfluß auf Regierungsgeschäfte bedingte zunehmende Interessengegensätze der Parteien untereinander. Mangelnde Konsensfähigkeit führte zu einem Stillstand sozialen Fortschritts, zumal die alte Oligarchie ihren Vorsitz im Parlament weiterhin behaupten konnte. Bis 1924 wechselten 121 Regierungen, die aus insgesamt 550 verschiedenen Ministern bestanden[60]. Das Zusammenspiel der Institutionen funktionierte nicht mehr. Der Einfluß des Präsidenten war zu gering, um die internen Machtkämpfe der Parteien zu neutralisieren. Innerhalb des parlamentarischen Regierungssystems erhielten sich weiterhin autoritäre Denkmuster, die parlamentarische Regierungspraktiken und die Konsensbildung der Parteien in Frage stellten.

Während das politische Feld bis zu den zwanziger Jahren des 20. Jahrhunderts aufgrund interner Machtkämpfe nahezu statisch bleibt, erfuhren Gesellschaft und Militär eine gesteigerte Mobilität, die sich auf die politischen Verhältnisse auswirken sollte. Aufgrund ihres Ausschlusses von den Wahlen, organisierten sich die mittleren und unteren Bevölkerungsschichten zunehmend in Verbänden und Gewerkschaften, die informell Druck auf den politischen Sektor ausübten und Reformen forderten. Davon wurde auch das Militär erfaßt, das trotz seines elitären Bewußtseins nicht länger gewillt war, das Streben der Bevölkerung nach Gleichberechtigung niederzuschlagen. Die Verschiebung des Offizierskorps von der Oligarchie zur Mittelschicht trug dazu bei, daß sich das Heer zunehmend mit den sozialen Forderungen identifizierte und sich auf die Seite von Reformbestrebungen stellte.

Als bei den Wahlen 1920 mit einer Stimme Mehrheit der Kandidat der Liberalen Allianz (*Alianza liberal*), Arturo Allessandri zum Präsidenten gewählt wurde und bei der Durchsetzung seiner Reformen erneut auf den Widerstand des Parlaments stieß, griffen die Streitkräfte 1924 in diesem Verfassungskonflikt zugunsten des Präsidenten ein, der 1925 eine neue Verfassung zugunsten eines Präsidialsystems ausrief.

Eine verfassungsrechtliche Wende wurde mit der Änderung der chilenischen Verfassung von 1925 eingeleitet. Die Konstellation zwischen dem Kongreß und

59 Prieur Koelling (1971:53).
60 Vgl. Heise González (1978:124-127).

dem Präsidenten wurde entscheidend zugunsten des Präsidenten ausgeweitet. Damit hatte der Präsident weitgehende Befugnisse, die ihn ermächtigten, auch gegen die Stimmen des Kongresses Gesetzesentwürfe durchzusetzen. Er ernannte neben den Ministern und den Staatssekretären auch die Intendanten der Provinzen und Gouverneure der Departements, die Bürgermeister der wichtigsten Städte und erhielt vielfache Rechte bei der Besetzung von Richterämtern[61]. Die Verfassungsänderung von 1925 war eine Reaktion auf die jüngsten Konflikte zwischen Präsident und Kongreß, wenn es darum ging, effektiv zu regieren. Sie richtete sich hauptsächlich gegen die Obstruktionspolitik des Parlaments[62]. Sowohl im Fall von Balmaceda als auch unter Alessandri hatte die Blockade des Parlaments Pläne der Präsidenten, die auf umfassendere Reformen gerichtet waren, vernichtet. Die Verfassungsänderung stand daher im Zeichen einer effizienten Entscheidungsfindung[63].

Bemerkenswert ist, daß mit der Verfassungsänderung von 1925 eine politische Entwicklung begann, die das Präsidentenamt in der Folgezeit kontinuierlich stärken sollte. Verfassungsänderungen von 1943 und 1970 übertrugen dem Präsidenten das ganze System der Löhne und Gehälter im öffentlichen Dienst (Pensionsansprüche, Mindestlöhne) sowie die Sätze der Sozialfürsorge und Steuer[64]. Von größter Bedeutung war die traditionelle Delegation von Gesetzgebungskompetenzen des Kongresses an den Präsidenten, die zwar verfassungsrechtlich nicht zulässig war, in der Praxis für die Regierungsfähigkeit aber unumgänglich war und regelmäßig in Form der sogenannten Gesetzesdekrete (*decretos con fuerza de ley*) erfolgte, sofern dies Wirtschaft oder staatliche Verwaltung erforderlich machten[65].

Ein Bewußtseinswandel innerhalb des Heeres zeichnete sich erst ab, nachdem es zunehmend von der Oligarchie gegen die aufstrebenden Schichten instrumentalisiert und zu brutalen Einsätzen bei Streiks und Arbeiterdemonstrationen gezwungen worden war. So wurden etwa Streiks in den Städten Santiago, Antofagasta und Iquique in der ersten Dekade des 20. Jahrhunderts blutig niedergeschlagen[66]. Das Eindringen von Offizieren aus den Mittelschichten begünstigte eine Entwicklung, die das Militär in den sozialen Wandel integrierte. Während Putschversuche 1912 und 1919 noch niedergeschlagen werden konnten, akzeptierte die Oligarchie bereits 1920 unter dem politischen und sozialen Druck einen Präsidenten, dessen Name in der chilenischen Politik eine große Rolle

61 Vgl. Nohlen (1973:48).
62 Ebd., S.43.
63 Ebd., S.47.
64 Ebd., S.48.
65 Evans (1970:109-156).
66 Vgl. Nohlen (1973:43).

spielen sollte: den schon erwähnten Arturo Alessandri. Der Kongreß wurde unter dem Druck des Militärs gezwungen, das Reformprogramm Alessandris zu akzeptieren und eine erste Sozialgesetzgebung zur Kranken- und Unfallversicherung zu erlassen. Als die Streitkräfte 1924 eingriffen, geschah dies im Interesse des Präsidenten zur Durchsetzung von sozialen Reformen – gegen den konservativen Kongreß[67].

Soziale Reformen, politischer Wandel und Militär befanden sich in einem gegenseitigen Abhängigkeitsverhältnis und durchbrachen die bis dahin "unpolitische" Position des Militärs: Es wurde in das politische Geschehen hineingezogen und stellte eigene Forderungen, insbesondere was die Besetzung von Regierungsämtern betraf. So wurde etwa der Oberstleutnant Ibáñez zunächst noch unter Alessandri 1925 zum Kriegsminister und später 1927 mit 98% aller Stimmen zum Präsidenten der Republik gewählt. Mit einer Politik eines vermittelnden Kompromisses gewährleistete das Militär die verfassungsrechtliche Grundordnung, die extreme Positionen wie den Erhalt der traditionellen Oligarchie und ihrer Herrschaftsverhältnisse einerseits und der Arbeiterbewegung andererseits vermied. Vielmehr kam es zu einer Nivellierung der Forderungen aller Schichten, welche die sozialen Ansprüche und politischen Interessen der Schichten im Gleichgewicht hielt.

Daß Ibáñez mit einer überwältigenden Stimmenmehrheit an die Macht gelangte, zeigt deutlich die Tendenz in der Gesellschaft, geordneten Reformen den Vorrang vor der polarisierten politischen Diskussion einzuräumen. Die Tatsache, daß Ibáñez nicht durch einen Putsch die Regierung übernahm, sondern durch Wahlen, verweist auf seine Legitimation aus dem Volk. Sie zeigt ebenfalls, daß die Übergriffe der Arbeiterschaft nicht gegen das politische System als solches gerichtet waren, sondern gegen die Ohnmacht, Interessen politisch durchsetzen zu können. Die vermittelnde Position eines Mannes, der wegen seiner Herkunft aus dem Heer Ordnung und Effizienz mitbrachte und sich politisch aufgeschlossen gegenüber sozialen Reformen zeigte, sicherte Ibáñez den Zuspruch der Bevölkerung. Trotz seiner Reformbereitschaft garantierte er auch der Oberschicht ihre soziale Stellung.

67 Vgl. Sotelo (1985:38).

3. – Verfassung zwischen den Regierungsinstitutionen in *Chile*: Die Ausgewogenheit zwischen Präsident und Parlament

Im Unterschied zu dem, was sich in *Argentinien* ereignete, war es eine Situation der Erschöpfung, die dazu führte, daß die Machtverhältnisse in *Chile* auf neue Sektoren übergingen.

Die Regierungsdefizite, die zu Beginn des Jahrhunderts mit der sozialen Frage aufkamen, erklären das Aufsteigen eines neuen Führers, der nicht nur in der Gesellschaft hohes Ansehen genoß, sondern auch auf dem militärischen Sektor: Arturo Alessandri, der 1920 an die Macht gewählt wurde, verkörperte modernen Regierungsstil, der auch die Oligarchie überzeugen konnte. Seine charismatische Wirkung verhalf ihm dazu, die Mehrheit der politischen Gruppierungen gegen jene konservative Oligarchie zu vereinigen, die seit dem letzten Jahrhundert vorherrschte.

Obwohl Alessandri die Wählerschaft für sich gewinnen konnte, war dies nicht ausreichend, um an politischem Einfluß zuzunehmen. Dies lag an den parlamentarischen Strukturen, die eine Beteiligung der gesamten Gesellschaft an der politischen Willensbildung möglichst gering hielt, um die konservative Regierungsstabilität nicht zu gefährden. Aus diesem Grund suchte Alessandri die Hilfe der militärischen Kräfte, um sich seinen politischen Aufstieg zu bahnen.

Ein ähnliches Verfahren verfolgte Ibáñez, der 1927 aus den militärischen Reihen zum Präsidenten des Landes gewählt wurde, auch wenn die Bedingungen entgegengesetzt waren: Er nutzte seine guten Verbindungen zum militärischen Sektor, um an politischen Einfluß im Kabinett zu gewinnen. Erst als dies gelang, bemühte er sich um die soziale Anerkennung durch die Wählerschaft.

Beide politischen Führer riefen die militärischen Kräfte an, um ihre eigenen Machtpositionen zu festigen bzw. auszubauen. Sie nutzten ihre Verbindungen, auch wenn sie unter verschiedenen Voraussetzungen operierten. Der parlamentarische Rahmen bzw. die Verfassung blieben dabei gleich, was gleichzeitig ihre Ohnmacht signalisierte, jedenfalls hinsichtlich der Verfassungswirklichkeit. Der politische Spielraum wurde ohne Bezug zu den Garantien der Verfassung dann erweitert, wenn sich politische Freiräume ergaben, die auf die Legitimationsdefizite der Regierungsinstitutionen zurückzuführen waren. Daher verschob sich in Krisenmomenten das Zentrum der Regierung von den Parteien auf einzelne Führer, die diese politischen Freiräume nutzten, um ihren Machtbereich auszubauen. Dies geschah in der Regel dadurch, daß indem die Streitkräfte als Schiedsrichter eingriffen. Der frühere Rücktritt von Alessandri gab Ibáñez die Möglichkeit die bereits vorhandenden Verbindungen zum militärischen Sektor für seine politischen Zwecke weiter zu nutzen.

Diese Einbindung des Militärs in die politischen Zielsetzungen zu Beginn des 20. Jahrhunderts, setzte sich bis 1932 fort[68].

3.1. – Alte Parteien und neue Parteien. Vom Parlamentarismus zu außerparlamentarischen Regierungspraktiken

In der Periode von 1924 bis 1973 ergingen in *Chile* grundlegende Veränderungen des Wahlrechts, die darauf zielten, die übrigen Bevölkerungsschichten an der politischen Meinungsbildung zu beteiligen[69]. Zur gleichen Zeit wurden in verschiedenen staatlichen Bereichen Wahlen durchgeführt, etwa auf der regionalen und parlamentarischen Ebene[70]. Im Vergleich zur chilenischen Situation, wurde das argentinische Wahlsystem vergleichsweise früh mit den sozialen Umwälzungen konfrontiert, was – bedingt durch die weite Volksbeteiligung – auf eine massivere Art, jedoch weniger kontinuierlich als in *Chile* erfolgte. Während das Wahlrecht in *Chile* demnach als Prozeß zu begreifen ist, der die sozialen Forderungen langsam in das Gesellschaftssystem aufnahm und daher ermöglichte, daß sich die politische Ordnung den neuen Umständen anpassen konnte, ereignete sich der Wechsel von elitären zu allgemeinen Wahlen in *Argentinien* schlagartig, was jede Anpassungsmöglichkeit verhinderte.

Dennoch kam es in *Chile* durch die neuen Freiheiten in der Nachfolgezeit zu Regierungswechseln mit sehr unterschiedlichen politischen Konzepten: So regierte von 1938 bis 1952 die Radikale Partei in einer linksgerichteten Koalition, von 1952 bis 1958 die populistische Bewegung unter Carlos Ibáñez, von 1958 bis 1964 eine liberaldemokratische Regierung unter Jorge Alessandri, von 1964 bis 1970 eine christdemokratische Regierung und von 1970 bis 1973 eine sozialistische Regierung.

Diese Modifikationen entsprachen nicht mehr den gewohnten parlamentarischen Vorgaben, so daß auch die Parteien auf solche Veränderungen, welche die Mehrheit der Bevölkerung miteinschlossen, nicht vorbereitet waren. Die gesellschaftlich tiefgreifenden Modernisierungen im Prozeß der politischen Willensbildung führten zu Gleichgewichtsstörungen innerhalb der alten politischen Ordnung, die auf die Harmonie der traditionellen, konservativen Regierungsparteien eingestellt war. Daraus resultierte, daß sich die mündige Wählerschaft nicht

---

68 Im Fortbestand Peróns findet sich ein Schlussel politischen Kompromiss argentinischen Militärs.

69 Reyes Alvarez (1990-91:527 ff.).

70 Mit Regelmäßigkeit fanden parlamentarischen Wahlen in 1932, 1937, 1941, 1945, 1949, 1953, 1957, 1961, 1965, 1969 und 1973 statt. Präsidentialen Wahlen gab es im 1932, 1938, 1942, 1946, 1952, 1958, 1964 und 1970.

mehr für die alten Parteien entschied, sondern sich den neuen politischen Strömungen anschloß, die in den dreißiger Jahren gegründet wurden[71].

An den wechselnden Regierungen läßt sich die mangelnde Stabilität innerhalb der Parteien aufzeigen, die kein festes Wählerpotential erkämpfen konnten, sondern auf die Stimmung der Wähler angewiesen waren. Darüber hinaus erzeugte die Parteienvielfalt den Effekt, daß die einzelnen Parteien oftmals keine repräsentativen Stimmenanteile erreichen konnten[72].

Bis zu den fünfziger Jahren dominierten im Wahlspektrum die Konservative Partei, die Liberale Partei und die Radikale Bürgerpartei. Bis 1973 bildeten sich aus den traditionellen Gruppierungen neue Parteien heraus: die Kommunistische Partei, die Christdemokatische Partei und die Sozialistische Partei. Seit 1966 kam die Nationale Partei hinzu, die aus einer konservativ-liberalen Fusion entstand[73].

Nach allgemeinem Verständnis gilt der Parteienpluralismus als wichtigster Faktor eines allgemeinen freien Wahlrechts im Rahmen der politischen Willensbildung. Auch *Chile* machte in dieser Hinsicht keine Ausnahme.

Dennoch lehrt die Vergangenheit, daß die Parteienvielfalt noch keine stabile Regierung herstellt, bzw. diese oftmals viel stärker von der sozialen Verfassung eines Landes abhängt als von den ideologischen Unterschieden. Die ideologische Komponente spielte innerhalb der Gesellschaft eine untergeordnete Rolle. Maßgeblich war, ob eine Partei überzeugend auftreten und Reformen glaubhaft machen konnte. Dafür konzentrierten sich die Parteien darauf, an ihre Spitze starke Persönlichkeiten bzw. Führer zu stellen, die repräsentativ in der Gesellschaft wirkten. Die ideologischen Programme kamen dabei kaum zur Geltung. Dies zeigt sich einerseits daran, daß die Stimmenanteile der Parteien stark schwankten bzw. unberechenbar blieben und zum anderen an den Allianzen unter den Gruppierungen auf einer besonderen Ebene.

Ein neues, allgemeines Wahlrecht brachte zu Beginn dieses Jahrhunderts erstmals alle Volksschichten, die bis dahin nur durch eine kleine privilegierte Elite vertreten gewesen war, politisch zur Geltung, in einem Spektrum, das solchen tiefgreifenden Veränderungen nicht gewachsen war und die damalige Regierungsachse in eine schwere Krise stürzte. Die Unzufriedenheit und laute Forderungen nach besseren wirtschaftlichen Zuständen fanden in den Wahlent-

---

71 Es handelt sich um die *Socialistas*, die *Socialistas Auténticos*, die *Radical Democráticos*, die *Socialistas Populares*, die *Agrarios*, die *Falangistas* (später bekannter als *Demócratacristianos*). Die kommunisten waren schon seit 1912 organisiert. Gegen Anfang der siebzigen Jahren bildeten eine Koalition mit den Sozialisten zusammen: die sogenannten *Unidad Popular*.

72 *Conservadores*, *Liberales* und vor allem- *Radicales*.

73 Reyes Alvarez (1990-91:574); Urzúa Valenzuela (1986:5 ff.).

scheidungen ihren Ausdruck. Sie waren die maßgeblichen Faktoren, die eine bis dahin stabile konservative Regierung entmachteten.

Dieser Wandlungsprozeß, in dem ein altes, gefestigtes Parteiensystem den neuen politischen Strömungen und gesellschaftlichen Entwicklungen ausgesetzt wurde, zeigt seine Dynamik besonders dadurch, daß der maßgebliche Stimmenanteil sich auf die neuen politischen Gruppen verlagerte. Diese bewirkte veränderte Mehrheitsverhältnisse nicht etwa deshalb, weil das alte Parteiensystem an Wählern verloren hätte. Vielmehr stand nun bei den Wahlen der privilegierten Wählerschaft die Mehrheit der Bevölkerung gegenüber, und diese gab ihre Stimme denjenigen, die ihnen versprachen, Reformen durchzuführen. Die traditionelle politische Ordnung konnte den Forderungen nach sozialer Gleichberechtigung nicht mehr standhalten.

Gewöhnlich wurde ein stabiler politischer Zustand über ein Abkommen zwischen dem Präsidenten und den konservativen Mehrheitsparteien hergestellt. Dies garantierte, daß sich die militärischen Kräfte außerhalb des politischen Geschehens hielten. Das Parlament, das 1933 wiedereröffnet wurde, diente der Debatte von Regierungsangelegenheiten, auch wenn es später diesen Charakter verlor. Die Rolle des Präsidenten wurde gestärkt. Ihm wurde ein Veto-Recht eingeräumt, sofern kein Konsens unter den Parteien hergestellt werden konnte.

Dieses harmonische Zusammenspiel zwischen dem Präsidenten und den Parteien wurde als "Achse der Regierungsfähigkeit" (*Eje de gobernabilidad*) bezeichnet. Zeigten sie Zusammenarbeit im politischen Wirken, bedeutete das eine stabile Regierung. Schon als die Radikale Bürgerpartei in der Regierungsachse beteiligt war, konnte aber dieser Zustand nicht mehr gehalten werden. Das Eindringen neuer politischer Strömungen, und die politische Mobilisierung der Gesellschaft ließ die Regierung handlungsunfähig zurück. Als die Streitkräfte zu Beginn der sechziger Jahre eingriffen, blieb von der stabilen Regierungsachse nur noch wenig übrig.

Das Parteiensystem modifizierte das traditionelle Funktionieren und die ursprüngliche Funktion der Regierungsachse, auch was das Zusammenwirken mit dem Präsidenten anbetraf. Die neuen politischen Gruppierungen überlagerten die althergebrachten Strukturen und Regierungspraktiken. Dies hatte zur Folge, daß die Exekutive in der neuen Regierungsphase noch sehr viel abhängiger von der Koordinierung der Parteien war als in der vorangehenden Epoche, da noch relative Einigkeit herrschte, was die politischen Ziele anging. Obwohl die neuen politischen Gruppierungen sich auf demokratische Ziele beriefen, zeigten ihre Verfahrensformen nicht selten wenig demokratisches Engagement. Um eine innere Transformation des Landes zu bewirken, scheuten die neuen Parteien manchmal nicht vor Aufrufen zur Gewalt zürück. Gleichzeitig breitete sich unter ihren Mitgliedern die Überzeugung aus, daß friedliche Mittel keine durchgreifenden Veränderungen bewirken könnten.

Mit den revolutionären Tendenzen in der Politik veränderten sich gleichzeitig die Funktionsbereiche der Verfassungsinstitutionen, daneben auch der militärischen Kräfte. Dies war einer der Gründe, warum das Heer nicht bereits 1973 einschritt, sondern erst als von den oppositionellen Parteien auf einer zivilen Ebene ein Übereinkommen verabschiedet wurde, das sich an die Streitkräfte wandte, um die Herrschaft von Allende mit Gewalt zu beenden.

Wenn man auch erwarten könnte, ein Wahlrecht, das alle Volksschichten erfaßt, werde stabilere Regierungsverhältnisse herstellen, so läßt sich für *Chile* das Gegenteil beweisen: Die Perfektionierung des Wahlrechts bewirkte das Ende einer langen Tradition des Zivilstaates. Dennoch wird dieses Scheitern nicht am Wahlrecht an sich gelegen haben, sondern vielmehr an den politischen und gesellschaftlichen Rahmenbedingungen, zu denen die Forderung nach allgemeinem und gleichem Wahlrecht im Zuge eines aufsteigenden sozialen Bewußtseins der unteren Bevölkerungsschichten gehörte. Daß das Potential des konservativen Parteiensektors dadurch nicht mehr gesichert werden konnte, war zu erwarten. Aber auch die neuen politischen Gruppierungen[74] konnten den sozialen Erwartungen nicht nachkommen: Der Zivilstaat mußte dem Militärstaat 1973 unter einer gleichzeitig liberalen und sozialistischen Regierung weichen, da die wirtschaftliche Entwicklung zwischen 1933 und 1973 zunehmend im Gegensatz zu dem traditionellen, kapitalistisch orientierten Gesellschafts- und Wirtschaftsmodell stand.

3.2. – Die Radikale Partei und ihr Einfluß bei der Umbildung der Regierungform

Als 1925 die chilenische Verfassung verkündet wurde, gestaltete man die staatlichen Institutionen in Form einer Präsidentialregierung[75]. Diese neue Regierungsform etablierte sich acht Jahre später entsprechend den Rahmenbedingungen der Verfassung.

Die stabile politische Lage nach 1933 ging größtenteils auf die Vorherrschaft von drei politischen Vereinigungen zurück: der Konservativen, der Liberalen und der Radikalen, welche die Mehrheit der Stimmen im Parlament vereinigten. Diese Parteien gingen auf die erste Verfassungsepoche zurück, so daß unter ihnen bereits traditionell ein gewisser Basiskonsens herrschte, der die Praxis der

74 Lechner (1969).
75 Reyes Alvarez (1989).

Regierung erleichterte. Diese Verhaltensmuster der Parteien untereinander dienten nicht nur dem gegenseitigen Verständnis. Insbesondere in der Epoche revolutionärer politischer Tendenzen (1938-1952) galten sie auch als bewährtes Mittel, die Gewalt des Präsidenten einzuschränken, sofern ein Konflikt zwischen diesem und der Regierungspartei bzw. -koalition entbrannte. Nicht selten kam es daher zu machtpolitischen Kämpfen zwischen beiden Regierungsinstitutionen, wenn es darum ging, das eine oder das andere politische Extrem durchzusetzen. Als besonders dramatische Momente kann hier etwa der Niedergang der christdemokratischen Regierung (1964-1970) hervorgehoben werden, und der Zusammenbruch der "Volkseinheit" (*Unidad Popular*) (1970-1973).

In den dreißiger Jahren führte die Radikale Partei das Spektrum der politischen Kräfte an. Sie konnte die Mehrheit der Wähler auf sich vereinigen. Dennoch herrschte in ihrer Führungsspitze die Überzeugung vor, daß nur in Allianz mit den aufstrebenden Parteien der politischen Linken die Macht gesichert sein könnte und eine Vorherrschaftsrolle gesichert sei, auch wenn man andere ideologische Vorgaben verfolgte. Während die Radikale Partei im Zusammenspiel mit den konservativen Kräften auf einer gleichberechtigten Basis verhandelte, strebte sie in Verhandlung mit den Parteien der Linken eine übergeordnete Position an. Auf einer weiten, transaktionellen Ebene vereinigte man sich daher zu der größtmöglichen Koalition unter dem Prädominium der Radikalen Partei, unabhängig von den ideologischen Positionen. Dies hatte zur Konsequenz, daß alle Minister zwischen 1938 und 1952 aus dieser Regierungskoalition hervorgingen. Auf eine solche Weise versuchte man, die Regierungsverhältnisse zu stabilisieren.

Bereits zu Beginn der neuen Herrschaftskonzeption übten die Streitkräfte jene Oberaufsicht aus, die sie bereits ein Jahrhundert zuvor auf lokaler Ebene praktiziert hatten und die sie wie selbstverständlich übernahmen. Es war daher völlig "*normal*", daß die Regierungskoalition in den kritischen Momenten an diese appellierte, mit der Absicht, den Zivilstaat zu retten. Sie übernahmen daher gewissermaßen eine Garantenstellung, die sie in den folgenden Jahren noch ausbauen sollten. Die Regierungspraktiken paßten sich den neuen Umständen an. So bewirkte die ständige Auseinandersetzung zwischen dem Präsidenten, der Regierungskoalition (*coalición de gobierno)* und dem Staatsoberhaupt (*Jefe de Estado)*, daß sich sogenannte Verwaltungskabinette (*gabinetes de administración*) herausbildeten. Bezeichnenderweise waren diese mit parteilich unabhängigem sowie neutralem militärischen Personal besetzt. Ihre Anzahl und Häufigkeit in dieser Epoche ist ein Zeichen für das zerbrechliche politische Gleichgewicht: Während das neue Kabinett verhandelte, sicherte man über eine unparteiische Verwaltungseinheit einen regierungsfähigen Zustand im Land. Gleichzeitig zeigt dies die wachsende Tendenz, das Militär über eine angeblich neutrale Position immer stärker in politische Funktionen zu verflechten.

3.3. – Die Christdemokratische Partei und ihr Einfluß bei der Umbildung der Regierungform

Die Christdemokaten bildeten eine der Nachfolgeparteien der Regierungsachse (*Eje de gobernabilidad*). Anlaß für die Parteibildung war die soziale Frage gewesen, die in den dreißiger Jahren das politische Spektrum bewegte[76]. Sie nannte sich 1933 noch *Falange Nacional*. Ein Jahr später konnte sie sich bereits im Parlament etablieren[77] und einen Minister in der Regierung von Arturo Alessandri stellen. Dennoch bedurfte es einer längeren Zeit, bis diese Partei nach den ersten Erfolgen die Akzeptanz in der Wählerschaft ausweiten konnte. Von Anfang an würdigte man ihre große Verhandlungsbereitschaft, die zeitgemäße politische Lösungen ermöglichte. Dennoch erreichte diese Partei erst in der Mitte der fünfziger Jahre einen Stimmenzuwachs, als sie ihre politische Doktrin veränderte. Dieser Wechsel resultierte aus dem Ergebnis der Präsidentschaftswahlen von 1952, in denen der konservative Kandidat, den die damalige Falange stellte, abgelehnt wurde. Nach den Parlamentswahlen, ein Jahr später, war die Partei nur noch durch drei Abgeordnete vertreten.

Ein Wandel trat erst 1956 ein, als die *Falange* bekanntgab, daß sie die Präsidentschaft anstrebte. Bei den Präsidentschaftswahlen 1958 erhielt die Partei etwa 20 % der Stimmen, was ihren Zielen zwar nicht entsprach, sie aber andererseits nicht daran hinderte, ihren Einfluß darauf zu richten, die Syndikate, die Universitäten und die Gremienverbände zu durchdringen. Der Erfolg blieb nicht aus: In weniger als sechs Jahren stieg die Christdemokratische Partei von der letzten zur ersten Partei des Landes auf. Gleichzeitig, an der Wende zu den sechziger Jahren, konnten auch die Kommunistische und die Sozialistische Partei ihr Wählerkontingent bedeutend erweitern. Die ehemals führenden Parteien, Konservativ, Liberal und Radikal, verloren zunehmend an Stimmen und damit ihren Einfluß im Parteienspektrum.

In ihrem weiteren Aufstieg errang die Christdemokratische Partei die Alleinherrschaft im chilenischen Parlament: Bereits bei den Lokalwahlen 1963 wuchs ihr Stimmenanteil auf 22, 7 % an. Als sich bei den Präsidentschaftswahlen Eduardo Frei präsentierte, konnte er den Triumph mit 56,09% der Stimmen sichern. Bei den Parlamentswahlen 1965 erzielte die Christdemokratische Partei

76 Larson (1967).
77 Sieben Abgeordneten.

die Kontrolle über die Abgeordnetenkammer, in der sie 82 Sitze errang und allein außerdem 13 Senatoren stellte. Damit eröffnete sich der Partei die Möglichkeit im Alleingang ihr Programm durchzusetzen. Zum ersten Mal gelang es einer einzigen Partei, allein über die Regierung des Landes zu verfügen. Damit endete in Chile gleichzeitig faktisch der Parteienpluralismus, der erst wieder 1990 eingeführt wurde.

Mit dem zunehmenden Einfluß der Christdemokratischen Partei spielt auch ihr Gedankengut bei der Regierungsumbildung (*transformación del régimen*) eine große Rolle. Ihre Linie war nicht immer einheitlich, auch wenn die Absicht, mit dem Alten zu brechen und Modernisierungstendenzen zu fördern, stets bewahrt wurde, die sie von den übrigen Parteien des Parlaments, insbesondere von der Radikalen Partei abhob.

Bereits zu Beginn der fünfziger Jahre durchdrang ein übergreifender ideologischer Wandel den Bereich des politischen Nachwuchses der *Falange*, der die Orientierung der Partei und die späteren Regierungspläne der christdemokratischen Nachfolgepartei, wesentlich beeinflußte. Es ging darum, eine gemeinschaftsbezogene sozialistische Politik durchzusetzen (*socialismo comunitario*)[78], die zum Maßstab der Regierung zwischen 1964 und 1970 werden sollte. Dieser Wandel setzte als Ergebnis eines internen selbstkritischen Prozesses ein, wozu die Mißerfolge der Falange den Anlaß gegeben hatten. Das Bekenntnis zu einem neuen Parteiprogramm erfolgte 1953 auf dem IV. Nationalen Kongreß.

Ein neuer Ideologe, Jaime Castillo Velasco, regte in den ausgehenden fünfziger Jahren als richtungsweisende Neuerung innerhalb des Kollektivs die These von der „*Partido de Vanguardia*" an. Danach sollte eine Partei einen Sonderstatus einnehmen, um die Regierungsfähigkeit zu sichern. Es war vorgesehen, die „*Falange*" zu einer „*minoría de choque*", einer Führungselite umzufunktionieren, die befugt werden sollte, alle notwendigen revolutionären Änderungen allein durchzuführen.

Im Jahr 1959 definierte man eine Strategie für die nachfolgenden Jahre. Eine Linie der Partei, die sogenannten "*Puristen*", forderte, unabhängig von einem Sieg oder einer Niederlage bei den Wahlen, daß weiterhin vorangeschritten werden sollte, die kollektiven Konzeptionen des ideologischen, sozialistisch inspirierten Programms zu verwirklichen[79]. Dieser puristische Zweig war der Vorläufer einer politischen Ausrichtung, die seit 1960 die Regierung durch eine einzige Partei forderte, die Christdemokratische Partei. Als die Partei sich 1966 bereits

---

78 In 1951 zwei *Falangisten*, Jacques Conchol und Julio Silva Solar, veröffentlichten ihren Werk "*Hacia un mundo comunitario*", in dem die Abschaffung des Kapitalismus und seinen dringenden Ersatz von einer "socialcristianismo revolucionario" vorschlagen, durch den einer "*orden comunitario*" eingeführt werden sollte.

79 Castillo Velasco (1973:24).

fest etabliert hatte, ließen ihre Führer keinen Zweifel daran, daß die Regierung nur als Instrument gedacht war, um ihre Ziele im politischen Prozeß durchzusetzen: die Gestaltung einer neuen Gesellschaft, die allein von der Christdemokratische Partei bestimmt sein sollte[80].

Im Unterschied zu dem, was die Radikale Partei propagierte, war die Epoche der Christdemokraten von zwei Faktoren beeinflußt, die für die Übernahme der Herrschaft wesentlich waren: die Unterstützung durch die Wählerschaft, die eine Legitimation bedeutete und ein völlig durchstrukturiertes Parteiprogramm, das nicht bloß reformistische Absichten hatte, sondern schlechthin die Möglichkeit verschloß, daß andere Parteien an der Regierungsbildung mitwirken konnten und damit stark diktatorische Züge trug. Dies löste eine Dynamik in der Beziehung zwischen Präsident und Parlament aus, die eine politische Verhandlungsbasis verhinderte und den Konflikt bis zum Extrem steigerte.

4. – Die Streitkräfte in *Chile.* Identität und Verhältnis zur Regierung

Um die Identität der Streitkräfte und ihre Verbindungen zur Regierung zu erhellen, lassen sich zunächst drei Phasen der militärischen Entwicklung aufzeigen.

Die Streitkräfte traten politisch erstmals 1891 in Erscheinung, als sie in den Bürgerkrieg eingriffen. Bereits dort wurden Tendenzen deutlich, die später in größerem Rahmen zum Tragen kamen: die politische Verflechtung des chilenischen Heeres. Bereits damals schlugen sich die Sympathien von Teilen des Militärs für die politischen Ereignisse nieder, die sich in der Unterstützung der Führer der beiden sich bekämpfenden Lager äußerte, der präsidentialistischen (*bando presidencialista*) bzw. der parlamentarischen (*bando parlamentarista*). Sie trugen den zivilen Konflikt auf einer militärischen Ebene aus. Der Ausgang des Krieges zum Vorteil desjenigen Lagers, das vom Heer unterstützt wurde, wiederholte sich gleichermaßen innerhalb der militärischen Institutionen in der Form einer organischen und funktionalen Restrukturierung des chilenischen Heeres. Auf diese Weise sollte eine homogene und lineare Struktur erzeugt werden, die dem parlamentarischen Regierungssystem entgegenkam.

Der Zusammenbruch des parlamentarischen Regierungssystems 1920 markierte den Beginn einer zweiten Phase des chilenischen Militärs. Die Transformation, die die Offiziersschicht in jenen Jahren erfuhr[81], sollte das politische System stark prägen.

---

80 Politische Erklärungen von Patricio Aylwin zur "*El Mercurio*", 22. August 1966, S.31.

81 Hanson (1967).

Es gab einen politischen Aspekt *stricto sensu* und einen gremialen Einfluß, die eine politische Orientierung des Militärs förderten. Die Streitkräfte in *Chile* erfuhren einen Prozeß der Professionalisierung aber gleichzeitig der institutionellen Isolierung. Es wird daher von manchen Autoren vertreten, diese Entwicklung habe dazu geführt, daß sich unter Angehörigen des Militärs Werte herausbildeten, die nicht immer mit den gesellschaftlichen Idealen übereinstimmten[82]. Diese Phase könnte daher als apolitisch bezeichnet werden, da das Militär die sozialen Wertvorstellungen der Gesellschaft nicht teilte und sich damit den Vorstellungen der Parteien entzog. Es übernahm lediglich eine Schutzfunktion als Hüter der Verfassungsinstitutionen. Daher spricht einiges dafür, daß dieses Selbstverständnis des Militärs eine gewisse politische Immunität bewirkte, wenn man auf die revolutionären Umwälzungen in *Chile* in den sechziger Jahren blickt. Gerade deshalb überwog gegenüber der eigentümlichen Mentalität des chilenischen Heeres stets das Bewußtsein, die legale Macht zu unterstützen, mehr, als ideologischen Sympathien nachzugehen[83].

4.1. – Generelle Strukturen als innerpolitische Faktoren

Auch wenn die militärischen Interventionen in Chile nicht das Ausmaß angenommen haben wie in anderen Ländern des Kontinents, blieb die Verbindung der Politik zu den Streitkräften eine Konstante, die sich in zwei verschiedenen Formen äußerte: eine gremiale und eine rein politische. Dabei treten diese Varianten zum Teil simultan oder miteinander kombiniert auf.

Die Lehre, die die politischen Akteure aus dem Bürgerkrieg von 1891 zogen, geriet nicht in Vergessenheit: Weil damals das Militär dazu benutzt wurde, um den Sieg des parlamentarischen Lagers herbeizuführen, erkannte man in der Folgezeit seine Bedeutung.

Seit den dreißiger Jahren des 20. Jahrhunderts und mit der Stabilisierung der Zivilregierung blieben die Streitkräfte weitgehend am Rande des polititischen Konflikts. Diese Postition war teilweise auch durch innere Auseinandersetzungen bedingt gewesen. Ihre Rolle konzentrierte sich auf die Funktion, die gültigen legalen Rahmenbedingungen der Verfassung, insbesondere eine Rechtsordnung zu garantieren. Gleichzeitig schritten die Professionalisierungsbestrebungen voran. Dies äußerte sich insbesondere im Einschreiten gegen die Regierung Allende 1973, als das Militär seinen institutionellen Charakter bewies und geschlossen auftrat.

---

82 Cavalla Rojas (1978:60-65). Zit. Rouquié (1984:257).

83 Rouquié (1984:257,258).

Im Rahmen der Verfassungskrisen kann man das Verhalten der Streitkräfte als entscheidenden Faktor betrachten, wenn es darum ging, Konflikte auf den zivilen Regierungsbereichen auszutragen. Im Vergleich zu ihren argentinischen Nachbarn, dessen Verhalten den politischen Konflikt steigerte und Stabilität verhinderte, festigte das Militär in *Chile* die Regierungsverhältnisse unter normalen Zuständen wie auch in Krisenmomenten.

Sowohl die erste Präsidentschaft von Ibáñez (1927 bis 1931) als auch die zweite von Alessandri (1932 bis 1938) führten eine Konstellation herbei, die die politischen Aktivitäten der Streitkräfte bis zu den sechziger Jahren auf eine marginale politische Position drängten, auch wenn sie nicht unbeachtet blieben: Während Ibáñez eine strenge Disziplin im Heer einführte, duldete Alessandri die "republikanischen Milizen" (*Milicias Republicanas*), gebildet von bewaffneten Zivilisten. Politisch versuchte man Einigungen auf dem Verhandlungsweg zu erzielen. So bemühte sich Alessandri in seinem letzten Mandat um direkte Verhandlungen mit den Vertretern der politischen Parteien, um einen Konsens über die politischen Inhalte herbeizuführen, was er zu Beginn seiner Amtszeit vermieden hatte.

Wie nach dem Sturz von Ibáñez, im Juni 1931 und der zweiten Wahl von Alessandri im Dezember 1932, zu sehen ist, lebte das Land in dieser Zeit in einem Herrschaftsvakuum, das heißt, es fanden in kürzester Zeit auf unberechenbare Weise zahlreiche Regierungswechsel statt, sowohl von ziviler als auch von militärischer Seite.

Die Ereignisse zwischen 1932 und 1970 sprechen eher gegen eine Politisierung des Militärs in diesen Jahren. Unter anderem wäre eine solche Wertung verfehlt, da die Zwischenfälle sich nicht auf dem politischen Sektor auswirkten. Auch die Wahlen zwischen 1933 und 1973 verliefen regulär. Die wichtigsten Putschversuche galten direkt der Person des General Ibáñez und seinen Ansprüchen auf die Präsidentschaft. Auf gewisse Weise wiederholten sich damals Verhaltensmuster, die bereits während seiner ersten Amtzeit in den zwanziger Jahren auftraten und dazu führten, daß sich Ibáñez stets gegen die Parteien der stabilen Regierungsachse behaupten mußte sowie gegen die Opposition von Alessandri, der später, in seiner zweiten Regierungszeit darum bemüht war, die politischen Ziele von Ibáñez zu neutralisieren. Dies behauptete er insbesondere in den Wahlen 1942 und 1946.

Die militärische Bewegung, wie sie sich in den späten sechziger Jahren darstellt, insbesondere der "*Tacnazo*", einer der bekanntesten militärischen Aufstände, reflektierte die schlechte innere Verfassung des chilenischen Militärs sowie die Ohnmacht, selbstständig die materiellen Mängel zu beseitigen. Damit begann die wachsende Verflechtung des Militärs in die politischen Ereignisse, die mit dem Sturz der Zivilregierung 1973 endete.

5. – Zwei Führer und verschiedene Parteien. Die Randposition der Streitkräfte

Vergleicht man die machtpolitischen Verhältnisse in *Argentinien* und *Chile*, so wird deutlich, daß in beiden Ländern die Realität wenig mit dem Verfassungstext gemein hat, auch wenn die Ereignisse teilweise durch unterschiedliche lokal und zeitlich gebundene Konstellationen bedingt waren. Dennoch existieren Verhaltensschemata und Faktoren, die in beiden Ländern Verfassung und Verfassungswirklichkeit auseinanderfallen lassen und die oft unsichtbar in den politischen Entscheidungen wirkten, was nicht selten ausschlaggebend für das Schicksal der Regierungen gewesen ist.

Die politische Krise von 1891 führte zu einem Bruch in der damaligen Herrschaft der chilenischen Führungselite. Anlass war ein fehlender Konsens zwischen den Parteien, die im Parlament vertreten waren, und dem Präsidenten Balmaceda. Die nachfolgende militärische Intervention entschied den Konflikt zugunsten der Oligarchie, die in den folgenden dreißig Jahren herrschen sollte.

Der soziologische Faktor spielte eine wichtige Rolle bei dieser Verflechtung der soziopolitischen Interessen. Die Sympathien der Führungsspitze des militärischen Sektors für die Opposition sowie gegenseitige persönliche Abhängigkeitsverhältnisse bewirkten, daß sich das Offizierscorps des Heeres und der Marine auf die Seite des Parlaments schlug, das sein Mitspracherecht an den Entscheidungen des Präsidenten verteidigte. Diese Rolle des Militärs, mit der sich seine Führer fortan identifizierten, trug dazu bei, daß man neben der "*Mesokratisierung*"[84] des Heeres auf eine Reorganisation in den eigenen Reihen zielte, die also die Herrschaft der mittleren Offiziersränge, einer professionellen Struktur beabsichtigte. Dies stärkte das Heer insbesondere gegenüber der Marine. Gleichzeitig bewirkten die Vorgänge eine Art innerer Überempfindlichkeit, die sich später gegen jeden Herrschaftsanspruch demokratischer Art während der Vorherrschaft der parlamentarischen Epoche wendete.

Die negativen Erfahrungen aus dem militärischen Eingreifen von 1891 trugen dazu bei, daß sich das Militär von den politischen Ereignissen fernhielt. Noch 1920 setzten die mittleren Offiziersränge große Hoffnungen darauf, daß Arturo Alessandri zum Präsidenten der Republik gewählt werde. Sie sahen in ihm ein Staatsoberhaupt, das nicht nur der Politik Aufmerksamkeit widmete,

84 Aber keine Mittelmäßigkeit.

sondern auch gewissen Bestrebungen (Lohnansprüche) in den eigenen Reihen, die in diesem Moment wieder sich zu Wort meldeten[85]. Trotz einiger wirtschaftlicher und materieller Fortschritte, die unter dem Einfluß des preußischen Offiziers Emil Körner erzielt werden konnten[86], war die Situation innerhalb des Militärs alles andere als zufriedenstellend. Besonders die jungen Offiziere bemängelten die immer noch schlechte soziale Lage der mittleren und unteren Ränge des Heeres. Diese Unzufriedenheit in den Reihen der Uniformierten nutzte Alessandri, um das Parlament unter Druck zu setzen und seine politischen Bestrebungen durchzusetzen. Gleichzeitig stellte er sich unter die Schirmherrschaft des Militärs: Alle Schlüsselpositionen wurden mit Offizieren besetzt, die sich mit dem glorreichen Sieg von 1891 nicht identifizierten und Alessandri treu ergeben waren. Er nutzte die Spaltung von Parlament und Präsident für seine Regierungspolitik, indem er sich die Gunst des Militärs verschaffte.

Die schlechte wirtschaftliche Verfassung des Militärs – ein Reflex der allgemeinen Krisensituation – spitzte sich 1924 noch zu. Dies hatte zur Folge, daß die Verbindungen des Militärs zum zivilen Parteiensektor sich noch intensivierten, sowohl was das Parlament als auch was den Präsidenten anging. Die Beziehungen zwischen beiden Organen wurden insbesondere dadurch belastet, daß die Verkündung von wichtigen Gesetzesprojekten durch den Präsidenten verhindert wurde. Einigungen konnten nicht mehr erzielt werden. Das staatliche Funktionieren wurde lahmgelegt[87]. Ein neues Regierungskabinett, das dringend notwendig war, konnte nicht mehr zustande kommen. Gleichzeitig gerieten andere staatliche Bereiche außer Kontrolle: Die dramatische wirtschaftliche Situation führte dazu, daß Einstellungen und Beförderungen innerhalb der Streitkräfte nicht mehr regulär erfolgen konnten und wichtige Posten immer stärker an persönliche Abhängigkeitsverhältnisse gebunden wurden. Als trotz der schlechten Situation die parlamentarischen Diäten erhöht wurden, eskalierte der Konflikt, der letztlich für den Sturz der Regierung verantwortlich war, und mit dem berühmten "Säbelkrach" (*Ruido de sables)* im chilenischen Kongreß begann. Damit fing eine Reihe von militärischen Eingriffen an, die sich bis 1932 fortsetzten. Dennoch darf man nicht davon ausgehen, daß es sich um ein generelles Einschreiten des Heeres handelte. Vielmehr fühlten sich die Offiziere aus persönlichen Motiven zum Handeln berufen. Hier ist speziell das Verhalten der Unteroffiziere zu nennen, die unabhängig von den offiziellen Anweisungen eigene Aktivitäten unternahmen. Die Auflehnung der unteren militärischen Ränge gegen die sozialen Mißstände zeigt eine volksnahe Position des Heeres, dem es nicht in erster Linie um

85 Nunn (1976:10).
86 Quiroga; Maldonado (1988).
87 Aldunate Hermann (1989:79-80); Zit. von Vial (1981,T.III:317).

die Zugehörigkeit zu einer bestimmten politischen Richtung ging, sondern schlechthin um Verbesserungen in wirtschaftlicher Hinsicht[88]. Diese Bewegungen, die sich zunächst auf den Unteroffiziersrang beschränkten, weiteten sich von dort auch auf die übrigen militärischen Einrichtungen aus. Obwohl die Militärjunta bewirken konnte, daß die beabsichtigten Gesetzesprojekte ausgefertigt wurden, begnügten sich ihre Anführer damit nicht und verlangten, daß in allen staatlichen Bereichen politische Säuberungsverfahren durchgeführt wurden. Die Entwicklung deutet auf den politischen Mißerfolg von Alessandri hin, der einerseits darum bemüht gewesen war, das Militär für seine Zwecke zu gewinnen und zum anderen, daß sich der militärische Einfluß in seinen politischen Plänen in einem kontrollierbaren Rahmen hielt.

Die Verzögerung der parlamentarischen Gesetzgebung unter Alessandri, die erst durch den Militärputsch in Kraft gesetzt wurde, machte deutlich, daß sich die einzelnen staatlichen Bereiche in Krisenmomenten nicht voneinander trennen lassen. Es kam zu Überlagerungen, die durch die sozialen Mißstände verursacht waren. Die politischen Spannungen, die zum Stillstand der Regierung führten, griffen auf den militärischen Bereich über, wo der Konflikt eskalierte.

Als anschauliches Zeugnis der militärischen Unruhen kann insoweit der „*Pliego del Club Militar*" dienen, als sich gremiale mit politischen Interessen vereinten, die vor allem auf die sozialen Notwendigkeiten hinweisen. So wurde erneut eine Gesetzesreform des Heeres gefordert sowie staatliche Zuwendungen auf der gesellschaftlichen Ebene, was die Arbeitslosigkeit und die mißliche soziale Situation anging. Solche Bestrebungen, die auf ein professionelles Heer zielten, wurden von Alessandri selbst in das genannte "*Pliego*" eingefügt.

Ursprünglich sah die Bewegung weder den Regierungssturz noch durchgreifende Veränderungen in der institutionellen staatlichen Struktur vor. Als es nach der militärischen Machtergreifung galt, die Gesetzesprojekte umzusetzen, erfolgte dies ohne Eingriffe in die formalen Abstimmungsergebnisse des Parlaments. Dennoch ließen diese mangelnde Bereitschaft erkennen, den status quo und die Bestrebungen der Oligarchie uneingeschränkt durchzusetzen.

Nicht nur Alessandri, sondern auch die Opposition nahm in dieser Regierungskrise Kontakte zum Militär auf. Sowohl bei der Marine als auch unter hohen Offiziersrängen des Heeres gab es Vereinbarungen, die Absichten der Opposition notfalls mit militärischer Unterstützung zu verhindern. Die sogenannte „*Acta de Destitución*" war eines der sichtbaren Zeichen dafür.

Nachdem sich eine *Junta* aus den Befehlshabern von Marine und Heer gebildet hatte, änderte sich die politische Richtung der militärischen Bewegung. Ihre

88 Unter anderem das Lohngesetz der Streitkräfte.

Interessen waren nun nicht mehr mit den Ideen vereinbar, die Alessandri repräsentierte[89].

Die Diskrepanz der Interessen hatte andere Dimensionen. Einer der Punkte, der die Meinungen spaltete, galt der Verfassung. Während die „*Junta Militar*" politische Neuerungen durch eine Verfassungsänderung beabsichtigte, hielt die konservative „*Junta de Gobierno*" am *status quo* fest, sah sich jedoch nur als transitorisches Element in der Regierung an.

Inmitten der politischen Bewegungen des Jahres 1924 begann der Aufstieg eines anderen, der Führungsansprüche erhob: der Oberst Carlos Ibáñez. Alessandri nutzte seinen Ministerposten insoweit, als er dem angehenden General seine persönlichen Verbindungen zum militärischen Sektor dienstbar machte, so daß dieser 1924 die Reformbestrebungen für sich nutzen konnte, neben der sicheren Unterstützung durch das Heer. Gleichzeitig hieß dies, daß die verfassungsrechtlichen Vorgaben einer Lösung durch das Parlament völlig außer Acht blieben.

Hatte das chilenische Militär zunächst durch sein passives Verhalten die Machtergreifung ermöglicht, durfte es andererseits nicht zur Gefahr für die neue Regierung werden: Ibáñez erkannte, daß die militärischen Kräfte, die sich in einem ersten Moment für ihn entschieden hatten, auch jederzeit gegen ihn wenden konnten, sofern er ihren Reformansprüchen nicht nachkam. Um dem vorzubeugen, ließ er gleich nach seinem Wahlsieg 1927, dessen Ergebnisse er über die Regierung manipuliert hatte, Maßnahmen ergreifen, die eine strenge Disziplinierung des Heeres und seiner Führungsschichten verfolgten. Um eine legitime Herrschaft bemühte er sich dadurch, daß er die wirtschaftlichen und sozialen Reformen, die unter Alessandri begonnen wurden, fortsetzte. Mit einer autoritären Regierung gelang es ihm einerseits, dem Parlament seinen Willen aufzuzwingen, andererseits, das Heer durch strenge Disziplin zur Treue zu verpflichten[90]. Dies führte dazu, daß das Parlament zwar formal noch existierte, jedoch keine politische Funktion mehr ausübte. Auch wichtige Staatsposten ließ Ibáñez mit regierungstreuem Personal besetzen. Erst mit der Weltwirtschaftskrise 1929, die *Chile* in eine schwere sozioökonomische Lage stürzte, konnte er sein Regierungskonzept nicht mehr rechtfertigen und legte sein Amt Mitte 1931 nieder, um Putschversuchen zu entgehen.

Der wirtschaftliche Niedergang stellte gleichzeitig das liberale, kapitalistisch orientierte Wirtschaftsmodell in Frage und löste eine tiefgreifende nationale Depression aus.

Nach dem Rückzug von Ibáñez bildeten sich durch die pessimistische Stimmung im Land zahlreiche neue politische Gruppierungen heraus.

---

89 Aldunate Hermann (1989:125). Zit. Vial (1981, T.III:72).
90 Quiroga; Maldonado (1988:129).

Was die Orientierung innerhalb des Militärs betraf, sah man bereits 1924 die Lösung der gesellschaftlichen Mißstände darin, das kapitalistische Wirtschaftsmodell mit Hilfe einer neuen Sozialgesetzgebung zu überwinden. Die Voraussetzungen für eine politische Stabilität waren daher schlecht; der politische Neuanfang nach der Herrschaft von Ibáñez war bereits im Vorfeld zum Scheitern verurteilt.

Juan Esteban Montero, der 1931 zum ersten Präsidenten der Radikalen Partei gewählt wurde, begann seine Amtszeit nicht nur unter der Last einer schweren wirtschaftlichen Krise, sondern auch mit einem mißtrauischen Kongress, dessen Haltung auf die Regierung Ibáñez zurückging. Daneben erschwerte ein blutiger Arbeiteraufstand im Norden des Landes seine Regierungssituation, die bereits zu Beginn seiner Herrschaft Stabilitätsschwankungen zeigte. Daneben suchten die immer noch führenden politischen Gruppierungen, die Alessandristen und Ibañisten, die Macht wiederzugewinnen und waren zu jeder Verschwörung bereit. Insbesondere die Anhänger von Ibáñez verfügten über zahlreiche wichtige Kontakte zu den militärischen Führungsschichten[91].

Aber nicht nur der konservative Sektor war um ein politisches Mitspracherecht bemüht. Auch aus den sozialistischen Reihen ging eine neue Gruppierung hervor, die die Macht im Staat anstrebte: die sogenannte Neue Öffentliche Bewegung (*Nueva Acción Pública*; NAP), die sich mit anderen sozialistisch orientierten Parteien, wie etwa dem „*Comité Revolucionario*", zu einem Block zusammenschloß.

Gemeinsam mit den Sympathien der Gruppen um Alessandri und Ibáñez, die einen großen Teil des Militärs für die revolutionäre Bewegung gewinnen konnten, gelang den sozialistischen Kräften 1932 der Staatsstreich, mit dem die Sozialistische Republik Chile (*República Socialista de Chile*) entstand. Daß hier die Person von Arturo Alessandri, unter dessen Schirmherrschaft sich die Verschwörer stellten, eine besondere Rolle spielte, steht außer Frage[92]. Erst seine Verbindungen zum militärischen Sektor konnten die Revolution durchsetzen. Auch der Führer der Radikalen Partei und spätere Präsident Chiles, Juan Antonio Rios[93], gab sein Einverständis, so daß die politischen Absichten bereits im Vorfeld abgesichert wurden, auch wenn das Vorhandensein eines günstigen Moments nicht zu verkennen ist: Nicht zufällig setzte die revolutionäre Bewegung zu einem Zeitpunkt ein, als die gesellschaftliche Verfassung an einem solchen Tiefpunkt angekommen war, daß jede Bewegung, die eine Besserung versprach,

91 Unter denen die "*Escuela de Infantería*", die der Oberst Pedro Lagos leitete.
92 Casanueva; Fernández (1973:82).
93 Sosa (1981:137).

willkommen geheißen wurde[94]. Die Sozialisten nutzten daher die Gelegenheit in einem Krisenmoment, in dem sie mit einem gesellschaftlichen Widerstand nicht rechnen mußten[95]. Ganz im Gegenteil: Nicht nur von der Gesellschaft, sondern auch von einigen konservativen Regierungskreisen wurden das neue Gesellschaftsprogramm im ersten Moment begrüßt. So sprachen Arturo Alessandri und Carlos Dávila sowie einige bedeutende Persönlichkeiten aus hohen Offiziersrängen der neuen Regierung ihre Sympathien aus, die sogar in das Sprachohr der Radikalen Partei, die „*Asamblea Radical*", aufgenommen wurden.

Trotz anscheinend positiver Ausgangsbedingungen begannen die Ereignisse sich zu überschlagen. Nachdem Carlos Dávila, der die Präsidentschaft für nur 100 Tage ausgeübt hatte, die Zustände im Land aber nicht verbessern konnte, fand der erste Militärputsch statt, der aber nicht der einzige bleiben sollte. Die Militärherrschaft, die zunächst unter der Führung des General Bartolomé Blanche übernommen wurde, mußte schon nach wenigen Tagen dem Kommando eines anderen Generals, Pedro Vignola, weichen. Nachdem dann im Oktober 1932 eine provisorische Regierung unter dem Vorsitz des Parlamentspräsidenten gegründet worden war, rief man bereits am Ende desselben Monats neue Wahlen aus, die zugunsten von Arturo Alessandri ausgingen, der damit nochmals die Herrschaft übernehmen konnte.

Da ihm der mangelnde Gehorsam der militärischen Führung als Instabilitätsfaktor bestens bekannt war, ergriff er gleich nach seinem Regierungsantritt Sicherheitsmaßnahmen: Die sogenannten „*Milicias Republicanas*", eine bewaffnete Miliz von Zivilisten, die Alessandri 1932 geduldet hatte, sollten seine Regierung vor militärischen Übergriffen schützen. Die Führung dieser Milizen oblag den Spitzen der Parteien, die Alessandri unterstützten, demnach eine Mischung aus sozialistischen, konservativen, liberalen und republikanischen Vertretern.

Die Ereignisse während der Sozialistischen Republik zeigen besonders deutlich das Auseinanderfallen von Verfassung und Verfassungswirklichkeit, wenn die machtpolitischen Interessen andere Entscheidungen verlangen: Um eine neue Regierung zu installieren und die alte Regierungsachse abzulösen, einigten sich die zivilen und militärischen Akteure über die ideologischen Unterschiede hinaus auf einen revolutionären Umsturz[96]. Verfassungsrechtliche Vorgaben spielten dabei ebensowenig eine Rolle wie ein bis dahin gültiges liberales Wirtschaftsmodell. Die schwache sozioökonomische Situation des Landes begünstigte eine nahezu widerstandslose Akzeptanz dem politischen Wechsel.

---

94 Sosa (1981:137).
95 Casanueva; Fernández (1973:83).
96 Urzúa Valenzuela (1986:93,94).

6. – Schlusswort

Als ausschlaggebender Faktor, der entscheidende Veränderungen im Regierungssystem erzwungen hatte, ist hier die Erweiterung des allgemeinen Wahlrechts in verschiedenen Epochen zu nennen. Diese neuen Entwicklungen führten häufig zu Regierungswechseln mit neuen politischen Führern und Parteien, deren ungewohnte Verhaltensformen die konservativ geprägten parlamentarischen Rahmenbedingungen verschoben, was sich eher als Nachteil denn als Nutzen der parlamentarischen Stabilität erwies. Eine so erzeugte gesteigerte Komplexität innerhalb des parlamentarischen Spektrums, die für das alte politische System nicht mehr tragbar war, endete meistens damit, daß die zivilen Akteure der Parteien zur Gewalt aufriefen, um sich dem jeweiligen politischem Feind gegenüber durchzusetzen. Für welche politische Gruppierung die militärischen Kräfte optierten, war nicht immer berechenbar. Diese Frage hing nicht unwesentlich mit dem historischen Selbstverständnis der militärischen Kräfte und ihrer Interessenlage zusammen.

Das Schicksal, das die politischen Regierungssysteme zwischen den militärischen Wechseln und Übergängen zu einem Verfassungsstaat genommen haben, wies weder allgemeingültige Gemeinsamkeiten auf, noch hatten die Systemwechsel zu wesentlichen politischen oder rechtlichen Neuerungen geführt. Teilweise wurde dafür optiert, das alte politische System durch Wahlen wiederherzustellen; andererseits entschied man sich dafür, in einer vorbereitenden Etappe politische Stabilität durch die Einführung eines neuen Wirtschaftsmodells bzw. durch eine Verfassungsänderung zu erzielen, ohne daß eine Beteiligung an der politischen Willensbildung zugestanden wurde.

Der Erfolg der politischen Übergänge hing dabei stets mehr von dem politischen Gleichgewicht bzw. dem parlamentarischen Ungleichgewicht ab, als von der Initiative des Militärs. Während die Streitkräfte maßgeblich daran beteiligt waren, die Unruhezustände unter Verfassungsbedingungen zu verursachen, war es stets die Aufgabe des politischen Spektrums gewesen, diese Ausgangssituation regierungsfähig auszugestalten und Stabilität herzustellen. Es sind die zivilen politischen Akteure, die dann zum Handeln aufgerufen waren. Insoweit ist es ein bestimmtes Bekenntnis zur staatlichen Verfassung, das zum wesentlichen Faktor dafür wird, daß vorzugsweise an die militärischen Kräfte appelliert wird, anstatt den Konflikt durch einen Regierungskonsens zu entschärfen.

Auch wenn man anerkennt, daß gewissen Sektoren der militärischen Kräfte auch ein Interesse bekunden, politisch zu wirken, wurde ihr Eingreifen jedoch stets von der Annahme getragen, daß solche Maßnahmen den Rückenhalt in sozialer Akzeptanz finden. Eine solche Vermutung wird dadurch gestützt, daß sich die Bevölkerung gegenüber den militärischen Übergriffen gleichgültig verhielt, diese teilweise sogar als erleichternd empfand, wo ein parlamentarisches Aushandeln keinen regierungsfähigen Zustand mehr herstellen konnte.

Regierungsstabilität in *Argentinien* und *Chile* zu beurteilen ist ein schwieriges Unterfangen. Klassifizierungen mit den Kategorien *"stabil/instabil"* müssen zumindest dort in Frage gestellt werden, wo die gleichen Komponenten des politischen Systems sowohl Stabilität herstellen können als auch die Instabilität des politischen Systems bedingen können, namentlich das Militär. Die unterschiedlichen gesellschaftlichen und politischen Bedingungen, die beide Länder seit dem 19. Jahrhundert kennzeichnen, haben deren Geschichte und somit das Schicksal von Zivilstaat und Militärstaat geprägt.

Zwei wesentliche Unterschiede sind jedoch erkennbar: *Chile* konnte sein politisches System bereits im 19. Jahrhundert durch eine einheitlich handelnde Oligarchie festigen. Diese trug dazu bei, daß die institutionelle Verankerung des Kongresses gegenüber dem Präsidenten stark blieb. Damit behauptete sich das Parlament über personalistische Tendenzen hinweg als Kontrollorgan im Sinne einer Gewaltenteilung mit einem erheblichen politischen Gewicht. Diktaturen konnten bis 1973 bis auf wenige Ausnahmen (Ibáñez, 1927 bis 1931) nur als gemäßigte entstehen, wobei die Funktion des Parlaments auch in diesen Epochen nicht außer Kraft gesetzt wurde. Aufgrund des Machtkämpfe zwischen Präsident und Parlament entwickelt sich ein ausgeglichenes politisches System, das als *Regierungsachse* stabilisierend wirkte und die Alleinherrschaft einzelner Führer ausschloß. Selbst die Entscheidung für ein Präsidialsystem mit der Verfassung von 1925, das die Kompetenzen des Präsidenten erweiterte, erhielt dem Parlament das Recht der Amtsenthebung gegenüber dem Präsidenten und den Ministern[97], was in der Folgezeit zur wichtigsten Waffe des Parlaments werden sollte und in dem tragischen Sturz Allendes 1973 zur Anwendung kam. Absolute Machtansprüche waren daher zum Scheitern verurteilt, ebenso wie revolutionäre Konzepte.

Durch die faktische Macht des Parlaments bildete sich nach dem Bürgerkrieg 1891 ein Drei-Parteien-System heraus, das als Gegengewicht zum Präsidenten wirkte und sich positiv auf das Regierungssystem auswirkte. Zum einen bedingte die Konstellation dreier etwa gleich starker Parteien, daß eine Polarisierung, wie dies im Fall *Argentiniens* durch die Herrschaft zweier Parteien entstand, vermieden wurde. Stabilisierend wirkte vor allem, daß Militärputschen durch diese Machtverteilung bis auf die Ausnahme 1973 entgegengewirkt wurde. Aufgrund der Verhinderung absoluter Machtverhältnisse barg es für die Parteien bzw. ihre Mitglieder wesentlich größere Schwierigkeiten, das Militär für politische Zwekke zu gewinnen. In *Argentinien* hingegen steigerte der häufige Präsidentenwech-

97 Zelinsky (1978:81).

sel[98], die Auflösungen und Wiedereröffunungen des Parlaments[99] sowie militärische Eingriffe[100] die Komplexität der Verfassungswirklichkeit in dem Maße, daß auf einer institutionellen Ebene keine Einigung mehr erzielt werden konnte.

Daß sich dieses Drei-Parteien-System in *Chile* bis in die siebziger Jahre behaupten konnte, ist wesentlich auf die Verzögerung eines allgemeinen Wahlrechts bis 1949 zurückzuführen. Durch die kontinuierliche Beteiligung aller Bevölkerungsschichten bis 1970, die mit dem allgemeinen Wahlrecht 1949 begann, wurde die politische Komplexität nicht zusätzlich gesteigert, sondern hielt sich in einem Rahmen, den das System verarbeiten konnte. Speziell die Akzeptanz neuer Parteien auf einer gleichgeordneten Ebene schuf einen integrierten Interessenausgleich, der soziale Spannungen abbaute. Es kam nicht zu einer Polarisierung politischer Macht. Während in *Argentinien* die frühe und schlagartige Einführung des Wahlrechts 1912 eine doppelte Dynamik bewirkte, nämlich das Eindringen einer neuen Partei, der Radikalen Bürgerpartei, in das alte Regierungsspiel, auf die sich die Volksmassen konzentrierten und die liberal-konservative Oligarchie abgelöst wurde, wodurch die Tendenz zur Alleinherrschaft eines *„Caudillo"* (starker Präsident, nur mit formaler Mitwirkung des Parlaments) mit militärischer Unterstützung gefördert wurde, kam es in *Chile* nicht zum Kollaps des alten Systems, sondern zu einem weichen Übergang mit einer neuen Regierungsform: dem Drei-Parteien-System. Das alte System erschöpfte sich nicht, sondern integrierte neue Elemente, wie die aufsteigenden Reformparteien, die intern zu einem parlamentarischen Gleichgewicht fanden. Weder die chilenische Verfassung von 1925 noch spätere Verfassungsänderungen stellten die Kompetenz des Parlaments, den Präsidenten abzusetzen, in Frage. Seine Position als Kontrollorgan des Präsidenten blieb unangetastet. In *Argentinien* hingegen nahm die Präsidialmacht überhand gegenüber einem Parlament, das während langer Strecken seiner Geschichte auf eine formale Funktion beschränkt war und sich vor der Übermacht des Präsidenten nicht behaupten konnte. Teilweise wurde sogar nachgewiesen, daß die tatsächlichen Kompetenzen des argentinischen Präsidenten weit über seine verfassungsrechtlichen Befugnisse hinausgingen[101].

Totalitäre Tendenzen, wie sie sich unter Perón abzeichneten, kamen daher in *Chile*, zumindest solange die Regierungsachse sich als funktionierend erwies, in Form einer Alleinherrschaft nicht in Betracht. Dies endete während der Herrschaft Freis und Allendes.

---

98 27 zwischen 1930 und 1995; ausgewählten nur Dreizehn.

99 Sechs in jedem Fall.

100 Vier. Im 1943;1955;1966;1976.

101 Ramella (1969:610); Pritchett (1965:10).

Der Militärputsch von 1973 ist jedoch auch als Reaktion auf einen tiefgreifenden Verfassungskonflikt zu begreifen, in dem sich die Mehrheit des Kongresses mit dem Vorgehen gegen Allende identifizierte, wenngleich dies nicht für die gesamte Ära Pinochets gelten kann, dessen Herrschaft 17 Jahre anhielt.

V. – Der argentinische und chilenische Militarismus in den siebziger Jahren

Der Militarismus auf dem amerikanischen Kontinent hat seine eigenen Charakteristika, seine eigenen Modalitäten, in denen er sich ausdrückt. Kahle[1] hat darauf hingewiesen, daß er nicht nur einfach darin besteht, die Vorherrschaft der Militärs im bürgerlichen Lager zu sichern. Es handele sich gleichzeitig auch um eine Politisierung der Streitkräfte, wenn sie sich anschickten, die Regierung während einer „*Krise der Hegemonie*" in ihre Gewalt zu bringen, weil die Unfähigkeit der bürgerlichen Politiker, die Regierbarkeit des Landes zu wahren, offen zutage liegt.

Anfangs der sechziger Jahre waren zwar in *Argentinien* und ausgeprägter noch in *Chile* mehr oder weniger stabile politische Verhältnisse anzutreffen, die sich seit den dreißiger Jahren allmählich etabliert hatten, aber beide Staaten erfuhren in diesem Zeitraum nichtsdestoweniger einen sichtbaren Niedergang ihrer Institutionen und im wirtschaftlich-sozialen Bereich wurden gravierende Defizite sichtbar. Die soziale Frage, die sich zu Beginn des Jahrhunderts dramatisch verschärft hatte, schien nicht ansatzweise gelöst; ein Viertel der Bevölkerung lebte damals in extremer Armut. Die bis dahin verfolgte wirtschaftliche Entwicklungsstrategie, die Industrialisierung der beiden Länder durch interventionistische Drosselung der Importe von Fertigprodukten zu forcieren, erwies sich in vielen Punkten als ausgeschöpft und zeigte nicht mehr die damit intendierten Effekte. Vor allem die Agrarverfassung erschien dringend reformbedürftig; nur eine Neuordnung der Bodenverhältnisse konnte die Hindernisse bei der wirtschaftlichen Entwicklung des ländlichen Raumes beseitigen und zu einem Abbau des gewaltigen sozialen Konfliktpotentials führen, das hier lagerte und die politischen Systeme in zunehmendem Maße in Gefahr brachte[2]. Das Modell der liberalen Demokratie wurde in diesem Kontext von vielen Seiten grundlegend in Frage gestellt. Seitens der Linken wurde es als bourgeois und „*formal*" abqualifiziert und vor allem auch seine Untauglichkeit angeprangert, die gravierenden ökonomischen und sozialen Mängel zu beseitigen, die die große Mehrheit der Bevölkerung Lateinamerikas bedrückten[3]. Aber auch konservative Kreise be-

1 Kahle (1981).

2 Auch Kolumbien, Kuba, Ecuador, Perú und Venezuela versuchten sich in den sechziger und siebziger Jahren mit Agrarreformen.

3 Vgl. Moss (1974); Benavente; Jaraquemada (1990).

gannen das Vertrauen in die Tragfähigkeit demokratischer Konzeptionen zu verlieren, indem sie die Wahlmechanismen in einer ihnen unvertretbar erscheinenden Weise instrumentalisiert sahen.

Die Notwendigkeit tiefgreifender Reformen und struktureller Veränderungen in Südamerika lag jedenfalls offenbar vor Augen; sie wurden auch von der UN-Wirtschaftskommision für Lateinamerika (CEPAL) mit Nachdruck eingefordert, weil man den sozialen Konfliktstoff fürchtete, der sich mit diesen ungelösten politischen Problemen verband. Im Zeitalter des globalen kalten Krieges galt dies um so mehr, weil die sich ausbreitende kommunistische Guerrillabewegung augenscheinlich von den extremen sozialen Spannungen und Gegensätzen profitierte, die ihnen in handgreiflichster Weise die Rechtfertigung für ihren bewaffneten Kampf gaben. Die CEPAL hat die Notwendigkeit von Reformen nicht zuletzt auch deshalb so sehr betont, um damit die Voraussetzungen für die Eindämmung der Guerrillabewegung zu schaffen. Die kommunistische Guerrilla war vor allem am Beispiel der kubanischen Revolution zu Beginn der sechziger Jahre orientiert[4]; ihre bewaffneten Aktionen begannen das Gewaltmonopol der südamerikanischen Staaten in empfindlicher Weise in Frage zu stellen, denn deren Wehrlosigkeit gegen die interne Subversion lag mancherorts offen zu tage.

Gegenüber dem Versuch eines revolutionären bewaffneten Umsturzes standen in *Argentinien* Anfang der sechziger Jahre im wesentlich drei politische Reformalternativen im Raum: Eine davon in Gestalt des reformerischen Entwicklungsprogramms vom Präsident Frondizi. Für Frondizi gehen Armut und bewaffnete Subversion Hand in Hand. Der Kampf gegen die revolutionäre Gewalt war deshalb für ihn in erster Linie als Kampf gegen die Armut zu führen; eine Formel, die schon Kennedy mit seiner *„Allianz für den Fortschritt“* populär gemacht hat. Fundamentaler war in *Chile* damals der Reformansatz vom Präsident Frei, der sich dezidiert für eine nichtkapitalistische politische Alternative einsetzte. Freis Entwurf war zwar auch als Alternative gegen den Marxismus gewendet, wie jener strebte er aber einen grundlegenden Umbau der herrschenden ökonomischen und sozialen Verhältnisse an, ohne damit allerdings das demokratische System aufs Spiel setzen zu wollen. An dritter Stelle wäre schließlich noch der Peronismus zu nennen, der in *Argentinien* als neue, zunächst außer-

4 La Habana war jahrelang das Zentrum ideologischer Ausbildung und militärischen *Trainings* wie auch die finanzielle Quelle potentieller Revolutionäre des Kontinent gewesen. Dort wurde auch die sogenannte *„Focustheorie“* entwickelt, die Guevaristische Variante der Revolution, die sich von Kuba aus auf viele Länder der Region verbreitet hat; vgl. Corradi; Kenworthy; Wipfler (1976); Díaz (1985); Faillant de Villemarest (1980); Gott (1971); Gillespie (1987); Lambert (1971); Lasswell; Lerner (Hg.) (1965); Villegas (1962); Waldman (1978).

parlamentarische, sehr stark gewerkschaftlich orientierte Partei in Erscheinung tritt.

Das Verhältnis der Streitkräfte zu den Zivilregierungen unterlag in jener Zeit wachsenden Belastungen;[5] die Truppenkörper fühlten sich hinsichtlich der Budgetierung und ihrer Besoldung von den jeweiligen Regierungen vernachlässigt. Hinzu kam eine wachsende Empfindlichkeit der Streitkräfte gegen jede tiefgreifendere Form politischer Veränderungen[6] – ein Affekt, der in der traditionell antisozialistischen Position der Militärs wurzelte[7], wie sie in der Zeit des preußischen Einflusses in der letzten Dekade des 19. und der ersten Hälfte des 20. Jahrhundert[8] im Zusammenhang mit einer entsprechenden fachlichen Professionalisierung des Militärs übernommen und weitergeführt worden war.

Seit den sechziger Jahren ist die Mehrzahl der Militärregierungen mit dem ehrgeizigen Ziel angetreten, das politische System und die wirtschaftlichen und sozialen Strukturen auf der Gundlage umfassender „*Globalplanung*"[9] zu modernisieren. Es war ein Militarismus neuer Prägung, der sich auf Dauer in der Regierung zu etablieren suchte, um Staat und Gesellschaft reformieren zu können; ideologischer Hintergrund war dabei die Doktrin der „*Nationale Sicherheit*",[10] die „den Militärs die Zuständigkeit für die Lösung aller nationalen Probleme anvertraute, in denen der Feind aktiv war"[11]. Der Staat wird hier als infizierter Organismus betrachtet, gegen dessen Krankheitsbild man ankämpfen mußte. Das bedeutet in der Regel den Ausschluß der Parteien und Gewerkschaften aus der Politik sowie die rigorose Unterdrückung der oppositionellen Linken und der

---

5 Vgl. Fontaine ; Zegers (1974).

6 Vgl. Ackley (1972); Barber; Ronning (1966); Leiuwen (1964); Rattenbach (1973).

7 Man sollte unterscheiden zwischen einem Staatssozialismus im Sinne eines Lassalle oder Letelier, der bis zum Ende des 19 Jh. in den Entwürfen nichtkonservativer politischer Kreise vorherrschend war, einerseits und einem revolutionären, von neuen Parteien wie Kommunisten und Sozialisten getragenen Sozialismus andererseits, der sich seit den zwanziger Jahren des 20. Jh. schrittweise nach vorn drängte. Gegen diesen letztgenannten Sozialismus entwickelte sich eine Gegenbewegung der Streitkräfte.

8 Arraigada (1981:21-22) und Quiroga; Maldonado (1988) möchten am Beispiel der chilenischen Streitkräfte zeigen, daß die Phase des preußischen Einflusses und die geopolitischen Doctrinen, die auf den Militärakademien gelehrt wurden, die Neigung der Militärs zum Putsch und ihre Verachtung für den liberalen Verfassungsstaat befördert haben. Die Modernisierung des militärischen Apparates und die Entstehung eines spezifischen Standesbewußtseins stellen für Rouquié (1982:120) die Hauptursachen des neuen Militarismus dar.

9 Góngora (1981).

10 Nohlen (1986:4).

11 Nolte (1994:24); speziell für Brasilien vgl. Castello Branco (1967); Castro Camargo (1977); Skidmore (1969). Für den chilenischen Fall, vgl. Arriagada; Garretón (1978); Lane (1979).

Guerrilleros. Die ökonomischen Probleme der vorangegangenen Zivilregierungen suchen die Militärregierungen in der Regel mit der Belebung liberaler Wirtschaftsmodelle zu lösen; sie bedienen sich dabei in der Regel eines Stabes volkswirtschaftlicher Technokraten[12].

Die Absichten der Militärs, ihre Teilnahme an der Politik auf Dauer zu institutionalisieren, sind allerdings regelmäßig gescheitert. Vielmehr blieb es bei dem überkommenen zyklischen Wechsel zwischen militärischer Intervention und gewählten Zivilregierungen. In der ständigen Wiederholung militärischer Interventionen manifestieren sich gleichzeitig auch die Hindernisse, die einer dauerhaften Entmilitarisierung des öffentliche Leben entgegenstehen[13]; Militär- und Zivilregierungen erweisen sich als kurzlebig und brüchig. Versuche in die Richtung – man denke etwa an den korporativistischen Plan Onganías (1966-70) in *Argentinien* – waren ohne Unterschied zum Scheitern verurteilt.

Fragt man nach den Motiven für die militärischen Staatsstreiche, so kommt man auf ein ganzes Bündel möglicher Beweggründe. Das Eingreifen der Militärs stellt sich zunächst als Reaktion auf bestimmte Entwicklungen in Politik und Gesellschaft dar. Es erscheint nicht ohne Rückhalt zumindest bei einem Teil der politischen Elite, durchaus aber auch bei einem nicht geringen Teil der Bevölkerung[14]. Ökonomisches Chaos, politische Polarisierung und Lähmungserscheinungen bei der Regierung wurden von den Militärs in dieser Epoche als Gefahren für die nationale Sicherheit aufgefaßt und heizten die Bereitschaft zu Intervention an. Daneben werden immer auch die ureigensten Interessen des Militärs selbst berücksichtigt: Deren Ansprüche auf bessere Gehälter und Bewaffnung mögen beim Griff nach der politischen Macht ihre eigene Rolle gespielt haben. Wichtig ist hier vor allem auch, die Distanz zwischen ziviler und militärischer Welt zu sehen, wie sie für viele Staaten Lateinamerikas typisch war. Sie machte die Steuerung der Streitkräfte für die Zwecke und Interessen der Politik überaus schwierig, wenn nicht unmöglich. Das drückt sich nicht zuletzt in dem „*apolitischen*" oder „*suprapolitischen*" Zug aus, der den Militärs auch dann noch eigen blieb, als sie in den verschiedenen Ländern des Kontinents in den sechziger und siebziger Jahren an die Macht kamen.

---

12 Bekannt wurden hier vor allem die „*Chicago-boys*", chilenische Wirtschaftsprüfer, die die 1973 an die Macht gekommene Militärregierung unterstützten; vgl. Bitar (1979).

13 Rouquié (1982:65).

14 Vgl. Fontaine; Zegers (1974).

1. – Die Aufeinanderfolge der Regierungskrisen *Argentiniens*

Im folgenden soll im einzelnen gezeigt werden, wie sich Wechsel von einer krisenhaften Militärregierung zu einer Zivilregierung gestaltet: Letztere erreicht während eines kurzen Zeitraums ein gewisses Maß an Regierungsfähigkeit, vermag sich aber nicht fest zu etablieren. Sie erzeugt dadurch eine neue Krise und verfällt infolgedessen selbst in den Versuch einer militärischen Lösung. Wir werden sodann zeigen, worin die charakteristischen Krisenmerkmale der nun folgenden Militärregierung im einzelnen bestanden und wie sie den Übergang auf eine neue Zivilregierung zeitigten. Wir werden uns sodann mit den Mechanismen dieser Zivilregierung auseinanderzusetzen haben, die bald neuerdings in eine kritische Phase gerät, so daß schließlich wiederum eine militärische Intervention an ihrem Ende steht.

1.1. – Die Präsidentschaft Juan D. Peróns

Im Jahr 1973, mitten im Streit um die Besetzung aller möglichen Positionen, ohne die Unterstützung durch das Volk und in einem Klima der sozialen Konfrontation und Gewalt, wie sie auch für andere Teile des Kontinents üblich waren, entschied sich das Militärregime „*der Argentinischen Revolution*", das 1966 durch einen Putsch an die Macht gekommen war, Wahlen anzusetzen[15]. Es entschloß sich dabei auch, die peronistische „Gerechtigkeitspartei" (*Partido Justicialista*) zuzulassen, die auch am nun folgenden Wahlkampf teilnehmen durfte.

Auf Seiten der Bürgerlichen war es eine überparteiliche Koalition unter dem Namen „*Die Stunde des Volkes*", die sich für den Übergang zu einer Zivilregierung einsetzte. Für einen begrenzten Zeitraum konnte damit die überkommene Dichotomie von Pro/und Antiperonismus überwunden werden, die mit der „*Revolution der Befreiung*" von 1955 begonnen hatte. In dieser Koalition sammelten sich Gruppen unterschiedlichster Art, die nur der Vorsatz einte, das Militärregime zu beenden. Sie wurde zu einem politischen Rückhalt Peróns, dessen Führerschaft immer noch ein solches Gewicht besaß, daß seine Übernahme der Präsidentschaft schließlich für die große Mehrheit als einzige Möglichkeit einer Regierung für *Argentinien* angesehen wurde[16]. Angesichts der unguten Erfahrungen aus der Zeit seiner ersten Herrschaft vor 1955, mußte er allerdings zusichern, die Rechte der oppositionellen Minderheitsparteien respektieren zu wol-

15 Vgl. Evers (1972).

16 Vgl. Cámpora (1973); Di Tella (1983); Maceyra (1983); Miguens; Turner (Hg.) (1983); Page (1983); Sobel (1975); Terragno (1981).

len. Dafür war das Militär im Gegenzug bereit, auf Vetos, die seine Regierung behindern könnten, und seine erneute Verbannung zu verzichten. Die für März 1973 vorgesehenen Wahlen sollten außerdem ohne gezielte Störungen ablaufen.

Besonders während des Exils des *Caudillo* hatten sich in *Argentinien* politische Fraktionen mit verschiedenen Tendenzen gebildet, die alle den Anspruch erhoben, mit ihrer Programmatik die authentische Interpretation seiner Ideologie repräsentieren. Perón selbst förderte das noch mit gezielten Zweideutigkeiten, um sich in den peronistischen Flügelkämpfen die Rolle eines überlegenen Schiedsrichters bewahren zu können. Innerhalb der als *„traditionalistisch"* bezeichneten Richtung des Peronismus suchte man Reformen im Rahmen der bisherigen Ordnung zu verwirklichen. Eine andere, von revolutionären Gruppen gebildete Strömung, die sich aber gleichfalls auf Perón berief, tendierte demgegenüber zu einem umfassenden wirtschaftlichen und sozialen Wandel in Richtung Sozialismus[17]. Die extreme Fraktionierung des Peronismus, dessen unterschiedliche Strömungen und Richtungen untereinander auf das äußerste verfeindet waren, kam in den dramatischen Ereignissen bei der Ankunft Peróns aus dem Exil zum Ausdruck: Was ein Fest werden sollte, entartete zu einer Feldschlacht zwischen seinen Anhängern; es gab Tote und Verletzte. Bewaffnete *„Montoneros"* trafen dabei auf *„Verticalistas"*, die Anhänger der Parteihierarchie, inmitten einer Mehrheit von einfachen Menschen, die lediglich gekommen waren, den *Caudillo* zu sehen.

Perón hat dann die Präsidentenwahlen von 23. September 1973 mit 62% der abgegebenen Stimmen gewonnen. Nach den Wahlen gab es eine allerdings nur kurze Periode der Verständigung zwischen den Führern der beiden großen Parteien. Ricardo Balbín, der Führer der *Unión Cívica Radical*, trat dabei für eine loyale Unterstützung der Regierung ein. Perón war aber von einer Gruppe radikaler Politiker umgeben, die willens waren, eine Destabilisierung der Institutionen herbeizuführen. Sie repräsentierten eine engagierte, sozialistisch orientierte Generation junger Peronisten[18], die schon die Protagonisten der institutionellen Krise nach dem Präsidentschaftswahlsieg von Héctor Cámpora Anfang 1973 gewesen waren. Schon damals hatten sie für Perón gekämpft, der sich aber auch als einziger Politiker in der Lage zeigte, sie unter seiner Führung zu bändigen. Das konfliktreiche Klima innerhalb der verschiedenen Teilbereiche des Peronismus beeinträchtigte freilich bald in massiver Weise die Ausübung der Regierung und auf längere Sicht sogar ihre Überlebensmöglichkeit.

Die Regierung Peróns stützte sich in dieser zweiten Amtszeit auf zwei Fundamente: Zum einen auf eine verbindliche Vereinbarung der im Parlament ver-

---

17 Vgl. Gillespie (1987).

18 S. Kap.IV.

tretenen Mehrheitsparteien und zum anderen auf einen Sozialpakt („*Pacto Social*") zwischen den Arbeiterorganisationen und den Unternehmern, der in eine konzertierte soziale Aktion („*Concertación Social*") verschiedener Parteien und Interessengruppen eingebettet war. Dieser Sozialpakt und die wirtschaftlichen Maßnahmen, die er zur Folge hatte, brachten in der ersten Zeit der peronistischen Regierung einen relativen Wohlstand mit positiven gesamtwirtschaftlichen Bilanzen hervor; sie konnten daher auch einem relativen sozialen Konsens herbeiführen. Beides war aber nicht von langer Dauer. Die bedrohlichen Anzeichen einer wirtschaftlichen Krise wirkten sich bald auch auf die institutionelle Stabilität des Landes aus[19]. Die Arbeiterorganisationen, die für die Dauer des verbindlichen Sozialpakts ihre Sonderinteressen zurückgestellt hatten, bestanden nun nachdrücklich auf bestimmten sozialpolitischen Forderungen. Die plötzliche Ächtung der extremistischen Gruppen unter den Peronisten und die daraus folgende Zurückweisung ihrer Forderungen, aber auch die Unterstützung, die sie zuvor für lange Zeit von Seiten Peróns für ihre Aktivitäten erhalten hatten, führten – als der passende Moment gekommen war – dazu, daß das politische System selbst davon betroffen wurde. Diese Sachlage spitzte sich dermaßen zu, daß auch die klare Mehrheit von 62% der Stimmen, die Perón 1973 ins höchste Amt gebracht hatten, nicht mehr ausreichend schien, ihn an der Macht zu halten. Die Opposition gegen ihn verschaffte sich Rückhalt bei den Unternehmern und der Militärhierarchie und wurde auf diese Weise wieder zu einem gewichtigen Machtfaktor. Peróns Vision von einer neuen politischen Ordnung wurde angesichts der wachsenden Gewalttätigkeit immer unglaubwürdiger.

Nach seinem Tod wurde seine Politik der sozialen Verständigung und Versöhnung von seinen Nachfolgern denn auch sehr rasch aufgegeben. Denn diese Politik war auf das engste mit der charismatischen Persönlichkeit des *Caudillo* verbunden und verfügte nicht über die erforderliche Basis bei der Führungselite und den Parteien[20].

1.1.1. – Die Beziehung zwischen Caudillo und Parteien unter Perón

Die Präsidentschaft Peróns bedeutete zugleich die Vorherrschaft des ihm ganz ergebenen Parteiflügels der orthodoxen Vertikalisten (*verticalista ortodoxo*), der auch den Vorschlag einbrachte, seine Frau María Estela Martínez, bekannt unter dem Spitzname „*Isabel*", zur Vizepräsidentin zu machen. Ihre Nominierung war das Ergebnis einer internen Abrechnung unter verschiedenen Parteiflügeln des Peronismus. Es gab nämlich keine andere Führungspersönlichkeit im Lande, die

19 Vgl. Canitrot (1978).
20 Vgl. Godio (1986).

über einen vergleichbaren Rückhalt in der peronistischen Bewegung verfügte, wie Perón selbst, und so gab es auch niemand, der Perón bei der Regierung des Landes unbestritten zur Seite treten konnte. Italo Lúder führte den sogenannten „*historischen*" Sektor an, während Héctor Cámpora an der Spitze der jungen und neu gebildeten radikalen Gruppen stand. Nach dem Tode Peróns wurde anfänglich über eine Regierungskoalition zwischen der UCR (*Unión Cívica Radical*) und der *Partido Justicialista*, also über eine Art „*Große Koalition*" nach deutschem Muster, spekuliert. Dieser Plan ist allerdings nur bis zu einer Vereinbarung über einzelne Fragen zwischen den Führern der beiden Mehrheitsparteien gediehen.

Konservative und radikale Peronisten ließen sich nur zu Lebzeiten des *Caudillo* in so etwas wie eine einheitliche politische Bewegung einbinden. Diese Einbindung vollzog sich auch nicht nach unpersönlichen, vorher festgelegten Regeln, die dann von allen am politischen Spiel Beteiligten respektiert werden. Wie nicht anders zu erwarten, löste sie sich denn auch sofort auf, als „*Isabelita*" nach dem Tod ihres Mannes die Macht übernahm[21]. Die interne Leitung des Peronismus ging damals auf eine kleine Gruppe unter Führung des Ministers José López Rega über[22]. Diese Leitungsstruktur zerstörte die Beziehungen zwischen den verschiedenen Gruppen der Partei. Sie zerstörte auch die Beziehungen zwischen der „*Partido Justicialista*" und der UCR, welche letztere die Regierung jetzt nicht mehr unterstützen wollte. Ihr Führer Balbín gab wegen der unzulänglichen Ergebnisse der Regierung insbesondere im wirtschaftlichen Bereich auf, weil die Radikalen dafür nicht mitverantwortlich gemacht werden wollten.

Zur selbstherrlichen Machtausübung der Regierung kam die Eskalation der Gewalt seitens der *Guerrilla*[23] und der Beginn einer Verschlechterung der wirtschaftlichen Lage, bedingt durch die Wirtschaftspolitik des Machtzirkels um die Präsidentin[24]. Der Zerfall der peronistischen Regierung führte dazu, daß ein Teil der Führungselite, und zwar der sogenannte Cámpora–Flügel, der von der Präsidentin entmachtet worden war, die neue Partei der sog. „Autentischen" („*Auténtico*") gründete. Dieser Neugründung schlossen sich die jungen Peronisten und die *Montoneros* an, letztere freilich durch ihren Terrorismus kompromittiert. Die Partei wurde daher Ende 1975 wegen ihrer Verwicklung in terroristische Gewalt geächtet.

---

21 Itzcovitz (1985).

22 Cruz (1984).

23 Die Gruppe der *Montoneros*, die einflußreichste unter den verschiedenen *Guerrillero*-Organisationen, die begonnen hatten, sich im Land breitzumachen, ging in den Untergrund. S. Kap. VIII 3.-3.1.

24 Vgl. Deheza (1983).

Die Kabinettskrise, die zum Amtsverzicht José López Regas führte, wurde von der Machtclique um die Präsidentin mit der Durchsetzung einer neuen Kabinettsmannschaft beigelegt. Das neue Kabinett wurde durch den zuvor beiseitegeschobenen Italo Lúder, dem Chef der schon genannten Fraktion des „Historischen Sektor" („*Sector Histórico*") geführt. Diese Fraktion präsentierte zwei Vorschläge: Entweder Ablösung der Präsidentin durch Lúder wegen ihrer offensichtlichen Unfähigkeit[25] oder die Bildung eines sogenannten Rates der Notabeln („*Consejo de Notables*") unter der Führung des „*Historischen Sektor*". Der Rat sollte sich um die Verständigung unter den verschiedenen Gruppen der peronistischen Bewegung und um deren Glaubwürdigkeit vor der Öffentlichkeit bemühen. Die Opposition gegen die Präsidentin weitete sich schließlich auf den gewerkschaftlichen Sektor der Partei aus; dessen Führer war Lorenzo Miguel, der Vorsitzende der „62 peronistischen Organisationen" (*62 Organizaciones Peronistas*).

Die Krise innerhalb des Peronismus, eine Frucht seiner internen Spaltungen, bewirkte dann 1975 den Verlust der Parlamentsmehrheit. Im Jahre 1976 versuchte eine sog. „Arbeitsgruppe" („*Grupo de Trabajo*") peronistischer Abgeordneter ein politisches Verfahren gegen die Präsidentin in die Wege zu leiten, um sie als amtsunfähig erklären zu lassen. Dieser Versuch scheiterte. Massenweise Parteiaustritte infolge der Unzufriedenheit mit der Regierung führten im März 1976 zur Einberufung eines Parteikongresses mit dem Ziel, einen neuen Vorstand zu wählen. Die beiden führenden Richtungen des Peronismus, die „*Verticalistas*" und die „*Históricos*", standen dort kompromißlos gegeneinander. Die ersteren setzten sich wiederum durch und wählten María Estela Martínez ein weiteres Mal zur Parteivorsitzenden. Sie sollte dann auch im Amt bleiben bis zu ihrem Sturz.

1.1.2. – Die Krise der Regierungsfähigkeit (1974-1976)

Beim Tod des *Caudillo* gab seine Nachfolgerin, die Witwe María Estela Martínez, die bis dahin prägende Politik des Konsenses auf. Die Macht wurde fortan von einem kleinen Kreis von Beratern und bestimmten peronistischen Gewerkschaftsführern verwaltet. Ausgeschlossen waren vor allem die Radikalen und alle diejenigen, die an dem bislang tragenden „*interpartidistischen*" Konsens beteiligt waren. Im neuen Kabinett waren diejenigen Repräsentanten der peronistischen Bewegung, die große Teile der Wählerschaft gebunden hatten, nicht mehr vertreten. Sie wurden ersetzt durch direkte Berater der Präsidentin. Damit war

25 Das war verfassungsmäßig, weil der Minister auch Senatspräsident war.

die Beziehung zur *Unión Cívica Radical* im Grunde abgebrochen; sie war an der Regierung nicht mehr beteiligt.

Auch zu den radikalen Gruppen, die die Regierung bisher unterstützt hatten, riß die Verbindung praktisch ab. Diese Gruppen sahen fortan keine Möglichkeit mehr, sich mit der Regierung zu identifizieren und sie drückten ihre Enttäuschung durch die Ankündigung aus, wieder auf den bewaffneten Kampf zurückzugreifen, diesmal aber gegen „*Isabel*“ Perón. Die *Montoneros* spielten in diesem Zusammenhang die wichtigste Rolle. Damit begann eine weitaus blutigere Phase der Gewalt. Gleichzeitig erwuchs der Terrorismus der extremen Rechten, bekannt unter der Bezeichnung „*Triple A*“[26], die von keinem Geringeren als dem Minister López Rega geführt und bewaffnet wurde[27]. Die politischen Parteien dagegen wurden durch diese bewaffneten Gruppen, die das Land verwüsteten, *de facto* von allen Einflußmöglichkeiten verdrängt[28].

In kurzer Zeit war Argentinien Schauplatz einer ganzen Serie von Morden und Attentaten, deren Opfer aus den Reihen der Gewerkschaftsführer, Unternehmer und politischen Führer stammten, und die begleitet waren von einer weitgehenden Lähmung der Regierung –Lähmung nicht nur gegenüber der Gewalt, sondern auch in anderen Bereichen. Die Präsidentin hatte danach getrachtet, die Zustimmung bestimmter sozialer und wirtschaftlicher Schichten zu gewinnen, indem sie durch Förderung ausländischer Kapitalanlagen ein marktwirtschaftliches System zu installieren suchte. Außerdem wollte sie durch Ausschaltung der Gewerkschaftsbewegung die Arbeitsdisziplin in der Industrie wieder anheben. Irgendwelche Ergebnisse wurden aber nicht sichtbar. Im Gegenteil: Die Inflation spitzte sich dramatisch zu, die industrielle Produktion sank und die Arbeitslosigkeit wuchs.

1.1.3. – Die Beziehung zwischen der Regierung und den Streitkräften

Während der kurzen Regierungszeit Héctor Cámporas hatte es in der politischen Kommandozentrale Argentiniens eine erkennbar antiperonistische Führung gegeben. Diese suchte die Position des Heeres nach der Rückkehr zur Zivilregierung an die neuen Verhältnisse anzupassen. Dennoch setzte Perón, als er Präsident geworden war, den Oberkommandierenden Jorge Carcagno ab und bestimmte an seiner Stelle einen scheinbar Unpolitischen als Oberbefehlshaber der Armee.

---

26 Alianza Anticomunista Argentina.
27 Vgl. Vicens (?).
28 Vgl. Mercier Vega (1975).

Hinter der Indienstnahme der *Triple A* durch die Regierung dürfte der Versuch der Präsidentin María Estela Martínez gestanden haben, sich des Vertrauens der Streitkräfte zu versichern und deren direktes Engagement bei der Bekämpfung der Gewalt zu erreichen. Seit der Entlassung des Generals Carcagno war die Armee gegenüber dem politischen Geschehen weitgehend neutral geblieben. Nachdem die Gewalt aber solche Ausmaße erreicht hatte und insbesondere auch Offiziere deren Opfer wurden, gaben die Militärs ihre Neutralität auf[29]. Sie begannen, die Regierung im Kampf gegen die Subversion taktisch zu unterstützen, und nahmen dann nach ihrer Machtergreifung alles selbst in die Hand.

Was die Regierung praktizierte, war, auf den Punkt gebracht, eine Art institutionalisierte Erpressung gegenüber den Gewerkschaftszentralen, der Unternehmerschaft, den Guerrillaorganisationen und den Streitkräften. Dies geschah im Kontext einer sich ständig verschärfenden wirtschaftlichen Krise und sozialer Erschütterungen, die den Fortbestand der Institutionen permanent bedrohten.

1.1.4. – Der Wechsel. Von der Gewalt zum Militarismus

Als Perón 1973 in *Argentinien* an die Macht gekommen war, gab es zwei hochmobilisierte systemfeindliche (*antisistémicas*) Organisationen: das revolutionäre Volksheer (*Ejército Revolucionario del Pueblo*, ERP), das auch nach den Wahlen seine subversive Strategie behielt, und die *Montoneros*, die diese Strategie vorläufig ausgesetzt hatten, unter der Bedingung, daß die Regierung sich an ihre Zusagen halten würde.

Die Gewalt, die von den Guerrillerogruppen mit Mord und Entführungen ausgeübt wurde, sollte deren Forderungen gegenüber der Staatsgewalt erzwingen, wobei sie den Anspruch erhoben, im Namen der Arbeiter zu handeln. Dies jedoch rief ähnliche Gewaltaktionen rechter paramilitärischer Gruppen gegen Gewerkschaftsführer hervor. Die Aktivität der Guerrilla erreicht Mitte 1975 ihren Höhepunkt. Zu den Entführungen, Bombenanschlägen und Morden von Seiten der ERP und der *Montoneros* traten damals noch weitergreifende Aktionen hinzu, die jetzt gegen militärische Objekte gerichtet waren mit dem Ziel, eine Konfrontation mit den Streitkräften zu provozieren, die jene erschüttern und sodann eine Revolution in die Wege leiten sollte. In der Bevölkerung wuchs die Angst; sie verlangte demgemäß das Ende der Regierung. Trotzdem kam die Militärintervention erst mehr als ein Jahr später, als nämlich die Zersetzung der bürgerlichen Ordnung und des Rechtsstaats den Weiterbestand der Zivilregierung unmöglich gemacht hatten[30].

---

29 Vgl. Lazara (1988).
30 Collier; Collier (1991).

Anders, als man auf den ersten Blick annehmen könnte waren die Militärchefs an einer Intervention zunächst nicht interessiert. Das Ausmaß der Krise und die offensichtliche Schwierigkeit, sie zu bewältigen, ließ ihnen eine Machtübernahme nicht attraktiv erscheinen. Sie warteten mit ihrem Eingreifen solange, bis die Regierung auf Grund der schweren wirtschaftlichen Krise alle Unterstützung verloren hatte. Sie hatten dabei eine Machtübernahme auf lange Sicht ohne zeitliche Begrenzung vor, freilich mit durchaus unklaren politischen Zielen.

1.2. – Der „Proceso de Reorganización Nacional", 1976-1983

Im Januar 1976 fand der letzte Kabinettswechsel statt[31]. Zum neuen Kabinett zählten auch einige Minister, die zuvor nicht dem Lager des Peronismus angehört hatten, viele davon waren ohne politische Erfahrung. Andere waren frühere Oppositionelle oder sie waren zuvor von der Regierung gar geächtet worden. Von einem Teil dieser Ausgeschlossenen wurde eine Initiative für eine Verfassungsklage gegen die Präsidentin mit dem Vorwurf der Korruption lanciert. Auch diese Initiative scheiterte jedoch, aber sie hinterließ, insbesondere in den Augen des Militärs, den Eindruck weitgehender politischer Isolierung der Regierung.

Während der letzten Phase der Regierung versuchten die Radikalen eine alternative Rolle als Opposition zu spielen, in der sie sich mit einer Strategie der Verherrlichung und Verteidigung der verfassungsmäßigen Institutionen politisch zu profilieren suchten. Dabei wurde auch die Bildung eine Regierung unter Ausschluß der Präsidentin vorgeschlagen; auch dies fand aber keinen Rückhalt. Als die militärische Intervention unmittelbar drohte, machten Gewerkschaftler und peronistische Politiker einen vergeblichen Versuch, die Regierung zu stützen. Um zu vermeiden, was nun unmittelbar drohte, versuchte die Präsidentin, wirtschaftliche Maßnahmen in die Wege zu leiten, die ihrer Vorstellung nach den Forderungen der Streitkräfte entsprachen. Aber diese Maßnahmen hatten lediglich eine Streikwelle zur Folge. Inmitten dieser neuen Krise stürzten die Militärs die Regierung, ohne auf Widerstand zu stoßen.

---

31 Villar Araujo (1976).

1.2.1. – Die Militärintervention

Nach dem Sturz der „*Isabel*" Perón bildete sich die Regierung als *Junta* der drei Oberkommandierenden, die sich die Macht paritärisch teilten[32]. Der Chef des Heeres, General Jorge Rafael Videla, wurde als Präsident eingesetzt.

In ihren ersten Verlautbarungen gaben die Streitkräfte eine Diagnose der politischen Lage des Landes, in der sie ihre Sicht der Krise und die Möglichkeit zum Ausdruck brachten, die Regierungsfähigkeit des Landes auf neuer Grundlage wiederherzustellen. Sie setzten dafür keinen bestimmten Zeitpunkt fest, sondern fixierten lediglich ein ganz globales Ziel:

> „...Dieser Prozeß der nationalen Reorganisation wird Zeit und Anstrengung erfordern (...); er wird von jedem einzelnen seinen persönlichen Anteil an Opferbereitschaft verlangen und es wird dabei auf das aufrichtige und wirksame Vertrauen der Argentinier ankommen. Das Vertrauen des Volkes zu erwerben, stellt unter allen die schwierigste Aufgabe dar, die wir uns auferlegt haben. Während vieler Jahre sind so viele Versprechen gebrochen, so viele Pläne und Projekte gescheitert; so tief saß die Enttäuschung der ganzen Nation, daß viele unserer Mitbürger es aufgegeben haben, an die Worte ihrer Regierung zu glauben, ja daß sie sogar zur Überzeugung kamen, daß die öffentlichen Ämter nicht dazu da waren, zu dienen, sondern sich ihrer zu bedienen, daß es in Argentinien keine Gerechtigkeit mehr gebe. Wir werden also beginnen, eine gerechte Ordnung zu etablieren in der es sich lohnt zu arbeiten und Opfer zu bringen (...) Nur so kann es gelingen, das Vertrauen und den Glauben in diejenigen zu gewinnen, die regieren (...)"[33].

In dem „*Estatuto del proceso de reorganización nacional*" wurde eine Bevormundung der höchsten Staatsmacht durch das Militär festgelegt. Die *Junta* behielt sich das Recht vor, den amtierenden Präsidenten abzusetzen und gleichzeitig den Nachfolger zu nominieren. Aus höheren Offizieren der drei Waffengattungen wurde eine „*Comisión de Asesoramiento Legislativo*" gebildet, deren Zweck darin bestand, dem Präsidenten die politischen Vorstellungen der Militärs und deren Auffassung zu den Ereignissen von Bedeutung für das Land zu übermitteln und sogar in die Formulierung der Gesetze einzugreifen.

1.2.2. – Die Beziehungen der Streitkräfte zu den politische Parteien

Ein bezeichnendes Merkmal des „*Proceso de Reorganización Nacional*" war eine in dieser Form noch nie dagewesene politische Repression, die den sich zuspitzenden Extremismus vernichten sollte. Im eigentlich politischen Bereich

32 Klimmeck (1991); Troncoso (1984).

33 Rede vom General Videla, Mitglied der Militärjunta, nach seiner Machtübernahme. La Prensa 31.03.1976. Zit. Von Spitta (1982:197). Vgl. S/A (1977).

wurde ein Mechanismus etabliert, der die Präsidentennachfolge unter den militärischen Institutionen regulieren sollte. Es wurde also keine politische Perspektive mit freien Wahlen als Fluchtpunkt entwickelt, sondern – was zu denken gab – unverblümt zu erkennen gegeben, daß die Macht auf absehbare Zeit nicht wieder in zivile Hände zurückkehren würde. Es gab unter den militärischen Autoritäten keine Absicht, die eigene Macht in irgendeiner Form zu begrenzen, etwa durch Verabschiedung einer Verfassung oder eine Minimalgarantie für individuelle Rechte. In Widerspruch hierzu definierte sich die Regierung in ihren Erklärungen vor der Öffentlichkeit dennoch als provisorisch.[34].

Die Umstände, unter denen sich diese neue Militärregierung etablierte, können zusammengefaßt als Machtvakuum bezeichnet werden: Es entstand durch den allmählichen Zerfall der peronistischen Regierung, das wirtschaftliche Chaos und die weitgehend ungebändigte politische Gewalt, die das Eingreifen der Militärs aus der Sicht der Bevölkerungsmehrheit in der Tat als unvermeidbar erscheinen lassen mußte. Die *Guerrilla* in ihren beiden Erscheinungsformen[35] hatte bereits mit dem begonnen, was sie Volkskrieg (*guerra popular*) nannte; zu ihren Zielen zählte schließlich die Vernichtung der Streitkräfte selbst. Die Zahl der Verbrechen und Attentate, die in dieser Epoche begangen worden sind, vermag die operative Fähigkeit der *Guerrilla* deutlich zu zeigen und erklärt zugleich die militarische Reaktion. Diese ging allerdings im Ausmaß der Repression weiter, als man sich überhaupt vorstellen konnte und zwar in einer Dynamik, wie sie sich einstellt, wenn die Kontrollen des Rechtsstaates aufgehört haben zu funktionieren. Die Vernichtungskampagne gegen vermeintliche Sympathisanten des Terrorismus kostete etwa 30.000 Menschen das Leben. Die monströse Dimension dieser Kampagne läßt sich nur mit der Überzeugung des Militärs erklären, die das Land in der Lage einer allgemeinen und allumfassenden Subversion befanden, welche sie eben nicht nur auf die *Guerrilla* begrenzt, sondern in der sie den Ausdruck eines echten gesellschaftlichen Wandels sahen, der das Land in ihren Augen in Richtung Gewalt und Bürgerkrieg treiben ließ und gleichzeitig ein Beweis des Scheiterns dessen war, was sich „soziales Kontrollverfahren der populistischen Ära" („*procedimientos de control social de la era populista*")[36] genannt hat – eine politische Strategie, die man zuvor für fähig erachtet hatte, die verschiedenen gesellschaftlichen Interessengruppen und deren Forderungen auf eine mehr oder weniger pazifistische Art steuern und kanalisieren zu können.

---

34 Vgl. Palazzo; Schinelli (1976).

35 Die *Montoneros* hatten marxistisch – peronistische Orientierung; der ERP, marxistisch – leninistisch. Siehe Kap.VIII 3.

36 Rouquié (1982:74).

Die Quasi-Institutionalisierung anhaltender militärischer Machtausübung, wie sie sich in der Zeit nach 1977 ergab, gründete vermutlich in der Angst der Militärs, die Regierungsgewalt zurückzugeben und sich dann unter Umständen einem möglichen Gerichtsverfahren seitens einer Zivilregierung wegen der Menschenrechtsverletzungen im „schmutzigen Krieg“ („*guerra sucia*“) ausgesetzt zu sehen. Dennoch deutete sich in der Phase des Übergangs der Regierungsgewalt von Videla auf den Oberkommandierenden des Heeres Roberto Viola eine Öffnung des Militärregimes gegenüber den Parteien an. Auch ein Richtungswechsel zugunsten der Wirtschaftspolitik der vergangenen vier Jahre ließ sich erkennen. Gleichzeitig kämpften jedoch auch, wie es im Land schon Tradition zu sein schien, verschiedene politische und sozioökonomische Gruppierungen um die Gunst des Militärs.

In der Formulierung der grundsätzlichen Zukunftspläne, wie sie in den Basisdokumenten der argentinischen Militärjunta von 1976 erkennbar sind, wurde die Wiederherstellung einer „*stabilen Demokratie*“ als endgültiges politisches Ziel proklamiert. Die „*stabile Demokratie*“ wurde dabei als Gegenkonzept zur liberalen Demokratie verstanden, die als rein formal und ständig unter „*korrupten demagogischen Einflüssen*“[37] stehend dargestellt wurde. Um dieses Ziel zu erreichen, bedurfte es einer „*tiefen moralischen Sanierung der Republik*“[38]. Im öffentlichen Sektor sollten die Korruption und die Ineffizienz bekämpft werden, in der Privat-wirtschaft hingegen die „*Spekulation*“ und die „*Unproduktivität*“[39]. Die Absetzung der Präsidentin María Estela Martínez wurde mit der offensichtlichen Unfähigkeit des Peronismus insbesondere zur Bekämpfung der Subversion begründet, was schließlich die Überlebensmöglichkeit des Staates bedroht hätte; das Land sei dadurch in ein tiefes politisches und wirtschaftliches Chaos geraten. In der „*Akte über Vorschläge und grundlegende Zielvorstellungen für den Prozeß der nationalen Organisation*“, mit der die Militärregierung ihre Prinzipien dokumentierte, wurden folgende Ziele anvisiert:

> „Wiederherstellung der wesentlichen Werte, die als Fundament für die umfassende Führung des Staates dienen, unter Besserung von Moral, Ehrlichkeit und Effizienz als den unentbehrlichen Maßstäben für die Wiederherstellung und Förderung der wirtschaftlichen Entwicklung des nationalen Lebens auf der Grundlage des Ausgleichs und der verantwortlichen Teilhabe an den verschiedenen Sektoren mit dem Ziel, die spätere Wiederherstellung einer republikanischen Demokratie sicherzustellen, sowie eine angemessene Repräsentation und Bundesstaatlichkeit, die an die Wirklichkeit und die Forderungen des argentinischen Volkes angepaßt sind“[40].

---

37 Vgl. "*Acta del Proceso de Reorganización Nacional*". Vgl. S/A (1977).
38 Zit. Spitta (1982:78).
39 Vgl. Peralta Ramos (1987:39-67).
40 Boletín Oficial, 29.3.1976. Zit. Spitta (1982:79).

Trotzdem hatte die Junta auch fünf Jahre nach ihrer Regierungsübernahme, als die Militärregierung ihrerseits in einer Krisis kam, keinen Termin für die Durchführung von Wahlen festgelegt, ja noch nicht einmal die Möglichkeit von Wahlen ins Auge gefaßt. Es fehlte jeder Plan, wie ein Wechsel zu einer neuen Zivilregierung in die Wege zu leiten wäre. Gravierender noch: Die Regierung schlug damals unversehens eine politische Richtung ein, die die Lage nur noch verschlimmerte.Die Gesetzgebung begann sich mit der Zeit von ihrer ursprünglichen Zielsetzung, dem Kampf gegen den Terrorismus, zu lösen und erwies sich mehr und mehr als bloßes Mittel zur Ausschaltung der Opposition.

So bestimmte das Gesetz Nr. 21.260 vom 24.März 1976, ursprünglich nur bis zum 31. Dezember des gleichen Jahres gültig, daß jeder Beamte „der auf irgendeine Art in subversive oder abweichende (*sic!*) Aktivitäten verwickelt ist“, aus seinem Amt ohne Abfindung entlassen werden kann. Das traf auch diejenigen Beamten die solche Aktivitäten lediglich „*materiell unterstützten*“[41]. Mit Dekret Nr.6 der Militärjunta wurde jegliche „politische Aktivität allgemein wie auch diejenige der politischen Parteien im besonderen auf nationaler, provinzieller und kommunaler Ebene während des Prozesses der staatlichen Genesung“ mit dem Ziel untersagt, „den inneren Frieden und die nationale Einheit zu sichern“[42]. Es wurde niemals klargestellt, wann diese Restriktionen aufhören sollten. Dazu gab es lediglich ganz widersprüchliche Erklärungen der Regierungsfunktionäre. Anfänglich wurden die genannten Beschränkungen streng durchgesetzt, später aber einige politische Versammlungen, freilich in eher willkürlicher Weise, toleriert.

Die Gesetze Nr.21.261 und 21.400 schließlich suspendierten vorläufig das Streikrecht mit der Begründung, daß „die dramatische wirtschaftliche Situation des Landes“ es erfordere, „alle möglichen Maßnahmen zu ihrer Überwindung zu ergreifen, um eine wirkungsvolle Steigerung der Produktion zu erreichen“. Diese Maßnahmen erfaßten alle Arbeitnehmer und Arbeitgeber sowie deren Organisationen[43].

---

41 Gesetze Nr. 21.260 “Betr. Beamte –Ermächtigung zur Entlassung von Personal, das in Aktivitäten subversiver oder abweichender Art verstrickt ist, aus Sicherheitsgründen“. Art. 1. *Boletín Oficial*, 26.3.1976.

42 Vgl. Palazzo; Schinelli (1976).

43 Ley Nr.21.261 “Vorübergehende Aussetzung des Streikrechts und jeder anderen Gewaltmaßnahme, die die Produktivität beeinträchtigen kann“, Offizielles Bulletin (*Boletín Oficial*) vom 26.3.1976. Spitta (1982:82-83).

Absicht des Regimes war es, eine Wirtschaftsordnung, die als „*spekulativ*" definiert wurde, in eine „*produktive*" umzustellen – als erster Schritt und unerläßliche Bedingung für die Normalisierung des politischen Lebens im Lande. Die Regierung suchte Korruption und Spekulation zu bekämpfen und im übrigen marktwirtschaftliche Prinzipien durchzusetzen, für die sie die argentinische Wirtschaft erneuern und konkurrenzfähig machen wollte. Anfangs schienen sich Erfolge einzustellen: Die ausländischen Kredite erlaubten es, einen halbwegs stabilen Wechselkurs des Peso zum Dollar zu halten, so daß das Tempo der Peso-Abwertung deutlich niedriger war als die interne Inflationsrate. Obwohl die Reduzierung der Inflationsrate in den wirtschaftspolitischen Verlautbarungen der Regierung an vorderster Stelle rangierte, kam es ausgerechnet unter ihrer Ägide zur größten Aufblähung der Geldmenge. Durch die Eröffnung von Anlagemöglichkeiten mit garantierten Rückzahlungsfristen und hohen, steuerfrei gestellten Zinsraten[44], die höher lagen als die Inflationsrate, versuchte man, Kapital anzuziehen und das Sparen zu fördern. Das künstliche Niedrighalten der Entwertungsrate brachte aber nur den Zufluß kurzfristig angelegter Dollarmilliarden zuwege, die bei den ersten Krisensymptomen 1980 sofort wieder verschwanden, und leistete im übrigen der Spekulation Vorschub. Der Finanzsektor schoß bei dieser Wirtschaftspolitik mächtig ins Kraut, dies aber mit Schaden für Industrie und Landwirtschaft. Die außerordentlich hohen Kreditkosten und die starke Überbewertung des Pesos ließ Industrie und Landwirtschaft zuerst die auswärtigen Märkte verlieren; angesichts des Zuflusses ausländischer Waren zu niedrigen Preisen brach dann aber auch der Binnenmarkt zusammen. Das führte zu Verschuldung und Zusammenbruch vieler Unternehmen, auch im Bankensektor. Die Arbeitslosenquote verdreifachte sich innerhalb weniger Monate. Im Wirtschaftsleben verbreiteten sich barbarische Praktiken wie etwa die mehr oder weniger gewaltsame Schuldeneintreibung durch Private unter Umgehung der Justiz.

Die Militärregierung hat sich gegenüber dieser dramatischen Krise zunächst darauf beschränkt, einfach deren Existenz zu bestreiten oder zumindest deren Bedeutung herunterzuspielen. Sie zeigte sich auf ganzer Linie passiv und unternahm kaum einen Versuch, auch nur die minimalen politischen Vorbedingungen zu schaffen, die eine Modifizierung der bestehenden Zustände hätten bewirken können. Erst als eine wahre Hyperinflation ausbrach, die eine breit angelegte feindselige Stimmung gegen die Regierung aufkommen ließ, gestand der damalige Industrieminister Alsogaray im September 1981 eine Wirtschaftskrise ein, die er als die schlimmste des Jahrhunderts, wenn nicht die schlimmste in der ar-

44 Zwischen 100 und 300% real pro Jahr.

gentinische Geschichte überhaupt bezeichnete[45]. Aber dies vermochte naturgemäß nichts daran zu ändern, daß die „volle Gültigkeit der sozialen und juristischen Normen", die durchzusetzen die Militärregierung angetreten war, durch deren Wirtschaftssteuerung nicht ansatzweise erreicht wurde, was um so mehr enttäuschte, als die Hoffnungen der Bevölkerung gerade hier besonders groß gewesen waren.

Ein besonders sensibler Aspekt war ohne Zweifel die Redlichkeit der Machthaber. Im Moment der Machtübernahme war das Problem der Korruption allgegenwärtig – ein Umstand, der allerdings einen geläufigen Charakterzug vieler Zivilregierungen in Iberoamerika darstellt und einen der wesentlichen Gründe ihres Ansehensverlustes ausmacht. Deswegen verband sich mit der Machtübernahme der Militärs auch die Hoffnung, daß die Streitkräfte mit der Korruption konsequent Schluß machen würden. In der Tat bildete das Militärregime zu diesem Zweck ein Sondergericht, den „Nationalrat für Vermögensverantwortung" („*Consejo Nacional de Responsabilidad Patrimonial*", CONAREPA), um die Vermögensverhältnisse der Beamten zu untersuchen, die der gestürzten peronistischen Regierung gedient hatten. Dieser „*Nationalrat*" hat seinen Zweck allerdings schon deshalb verfehlt, weil die Untersuchungen dazu ausgenutzt wurden, auch solche Personen zu enteignen, die die „Rechtmäßigkeit" ihrer Erwerbung nicht belegen konnten[46].

Korruption gab es in zwei Varianten: einer direkten in Form von Bestechung und einer mit Hilfe legaler Tricks bemäntelten indirekten Variante durch Bezug doppelter und dreifacher Gehälter seitens der Offiziere, die öffentliche Posten besetzten. Auch bei der Bekämpfung der Korruption verlor die Regierung ihre Glaubwürdigkeit bei der Bevölkerung, die die Erfahrung machen mußte, daß die Korruption keineswegs nur ein typisches Laster der Parteien darstellte sondern in vollem Umfang auch mit „*militärischer Strenge*" vereinbar war.

Was die Modernisierung von Staates und Wirtschaft angeht, suchte die Militärregierung eine Verminderung der Verwaltungsbeamten und eine Verbesserung der Dienstleistungen zu erreichen – beides ohne sichtbaren Erfolg. Eine Rationalisierung der öffentlichen Verwaltung konnte nicht erreicht werden; die „Gesetze über die Entbehrlichkeit" („*leyes de prescindibilidad*") von 1976, erlassen zur Reduzierung des öffentlichen Personals, blieben wirkungslos, weil sie im wesentlichen nur dazu benutzt wurden, vermeintliche Oppositionelle auf ihren Posten durch Anhänger der Regierung zu ersetzen.

Daß der Vorsatz, die Wirtschaft zu modernisieren, Rhetorik blieb, wird einem letztlich unentschieden gebliebenen Kampf zugeschrieben, der zwischen

45 *Diario La Prensa*, 8.9.1981.
46 Den Beweis der Rechtmäßigkeit seines Besitzes mußte der Angeklagte führen.

dem liberal-marktwirtschaftlich ausgerichteten Wirtschaftsministerium und den Nationalisten aus den Reihen der Streitkräfte ausgetragen wurde: Während das Wirtschaftsministerium eine Reduzierung des Staates im Wege der Privatisierung befürwortete, wollten Teile der Armee nicht auf den Staatssektor im wirtschaftlich-industriellen Bereich verzichten, weil sie glaubten, auf dessen strategische Bedeutung angewiesen zu sein. Dieser ungelöste Antagonismus spiegelte sich in einer schwankenden und widersprüchlichen Wirtschaftspolitik wieder, die nicht in der Lage war, die im Grunde unentbehrlichen Maßnahmen zur Sanierung der Wirtschaft in Angriff zu nehmen. In einigen Fällen endeten die Reformen überdies damit, daß für die Bevölkerung lebensnotwendige Dienstleistungen wie der Gesundheitsdienst und der Eisenbahnverkehr, in ruinöser Weise reduziert oder gar ganz eingestellt wurde [47].

1.4. – Krise des „Proceso de Reorganización Nacional"

Immerhin zog das Militärregime noch während seiner Tätigkeit so etwas wie eine Bilanz seiner Leistungen; sie war auf ganzer Linie ernüchternd, ja niederschmetternd. Daß die im Jahre 1976 groß angekündigten Reformen nahezu völlig gescheitert waren, mußte der damalige Oberkommandierende des Heeres, General Leopoldo Galtieri, 1981 rückhaltlos eingestehen:

> „...Ich weiß, daß die Zeit der großen Worte und Versprechungen zu Ende ist. Ich weiß ebenfalls, daß die Worte ihre Kraft und ihre Faszination verloren haben. (...) Wir können von der Zivilbevölkerung kein Vertrauen und keine Zustimmung erwarten, weil Vertrauen und Zustimmung nur durch gutes Beispiel sowie kohärentes und effizientes Handeln der Regierung gewonnen werden. (...) Es wäre illusorisch zu bestreiten, daß uns eine gewisse Lähmung befallen hat, Apathie von uns Besitz ergriffen hat, die uns unglaubwürdig macht. (...) Ich weiß, daß der für unsere Aufgabe unentbehrliche Rückhalt in der Bevölkerung nicht allein deshalb zu bekommen sein wird, weil wir den Krieg gegen die Subversion gewonnen haben. (...) Der bisher zurückgelegte Weg ist hart gewesen und groß war die erlittene Abnutzung. All das erlaubt es uns nicht, was noch vor uns liegt, einfach unbewältigt zu lassen. Ich verlange daher strenge Disziplin und sorgfältigen Umgang mit dem Staatsschatz. Der Staatsschatz ist nicht dazu da, die überzogenen Bedürfnisse eines gigantischen Verwaltungswesens zu befriedigen, das nicht mehr dem Land dient und daher unbedingt reduziert werden muß (...)"[48]

Im Jahre 1980 war die argentinische Wirtschaft in einem desolaten Zustand. Das Bruttosozialprodukt pro Kopf war niedriger als 1974. Dasselbe galt für die

---

47 Spitta (1982:84).
48 Diario "*La Voz del Interior*", 24.12.1981.

Industrieproduktion; sie lag im Jahr 1980 zwei Prozent unter dem Wert von 1976, dem ersten Jahr der Militärregierung. 600.000 Personen waren nach Regierungsangaben von der Arbeitslosigkeit betroffen; nach Angaben der *Unión Industrial Argentina* wären es sogar mehr als 1.500.000 gewesen, zählte man nicht nur die Arbeitslosen, sondern auch die Teilbeschäftigten. Das bedeutete eine Quote von 13% der wirtschaftlich aktiven Bevölkerung.

Im Bereich der Einkommensverteilung war die Rezession zwischen 1976 und 1981 von einer außerordentlich starken Konzentration des Kapitals und der Einkommen begleitet. Die Gehälter der Arbeitnehmer in der Industrie fielen von 150 Pesos im Jahr 1975 auf 77 Pesos 1978, also um fast 50 %. Ähnliches gilt, wenn man die Verteilung des Einkommens betrachtet: 1975 hatte die Arbeiterschaft einen Anteil von 50 %, 1978 hingegen nur noch von 30,8 %[49]. Angesichts dessen zog der ehemalige Wirtschaftsminister Alvaro Alsogaray folgende wirtschaftspolitische Bilanz:

> „Argentinien macht heute die schlimmste Krise der letzten 50 Jahre durch. In diesem Zeitraum haben wir ohne Zweifel schmerzhafte und dramatische Situationen erlebt (Totalitarismus, Guerrillas, militärische Auseinandersetzungen, Staatsstreiche). Aber es waren dies überwiegend politische Phänomene. Ein wirtschaftliches Chaos wie das gegenwärtige, das bereits tief in den sozialen und moralischen Bereich überschlägt, mit dermaßen abartigen Verhaltensweisen in allen Schichten der Gemeinschaft, gab es im Lande seit 1930 nicht mehr“[50].

Neben der Furcht der Militärs vor der Rache der Zivilisten war es die tiefe ökonomische Krise, die das wichtigste Hindernis für eine freiwillige Rückkehr zur Zivilregierung darstellte. Admiral Emilio Massera, eines der Mitglieder der *Junta* von 1976, drückte das im Oktober 1981 folgendermaßen aus:

> „Als alter Vorkämpfer für den *„Proceso“* kennt mein Verdruß keine Grenzen, wenn ich sehe, daß wir nach mehr als fünf Jahren, die doch eine wichtige Etappe in der Geschichte sein sollten, außer dem Waffensieg über den Terrorismus (...) keines unserer Ziele erreicht haben. Inzwischen sind Millionen von Bürgern in Armut gebracht worden, eine kleine Elite von Gewinnlern hat ihren Reichtum durch Spekulation und zum Ruin der Produktion ohne die geringste Scham vermehrt. Es lohnt sich eigentlich schon nicht mehr, darüber zu sprechen, denn ich glaube nicht, daß es einen einzigen Argentinier gibt, der dies nicht weiß und der nicht an seiner berechtigten Empörung zu kauen hat.(...) Diese fünf Jahre sind eine verlorene Zeit – so viele Tage, so viele Stunde, so viele Tränen, so viele Anstrengungen! Es ist ein sehr hoher Preis, den die Frauen und Männer dieses Landes dafür bezahlt haben, daß wir jetzt übereinstimmend sagen müssen: Dieses Experiment ist mißlungen. Ja, es ist mißlungen! Man muß nur in der Republik unterwegs sein, wie ich

---

49 Caputo (1982:125).
50 *La Prensa*, 10.9.1981. Zit. Caputo (1982:128).

das tue, um von einer Ecke zur anderen von den Bürgern bestätigt zu bekommen, daß es mißlungen ist ! (...)“[51].

2. – *Chile* und der Zusammenbruch einer dauerhaften Regierungsfähigkeit

Diese Periode wird analysiert durch die Krise der Regierungsfähigkeit in ihrer historischen Form; die Militärintervention und die Übergangszeit. Dabei werden als wesentliche Aspekte berücksichtigt, das Funktionieren des Regimes; die Leistungsfähigkeit der Wirtschaftspolitik im Zusammenhang und die Leistungen der beiden Bereiche und ihre gesellschaftliche Beurteilung.

2.1. – Die „Democracia Cristiana“. Ihr Einfluß im Wandlungsprozeß des politischen Regimes

Die *Democracia Cristiana* trat in *Chile* an die Stelle der politischen Bewegung des sog. „*Radikalismus*“; sie bildete das Rückgrat der dauerhaften Regierungsfähigkeit Chiles. Es war in erster Linie die soziale Frage gewesen, die das Aufkommen dieser Partei in den dreißiger Jahren begünstigt hatte[52]. Im Jahr 1933 wurde sie gegründet; damals noch unter dem Namen „*Falange Nacional*“. Ein Jahr nach ihrer Gründung war sie bereits im Parlament vertreten[53] und stellte einen Minister in der Regierung von Arturo Alessandri. Zunächst mußte sich die neue Partei mit einem eher bescheidenen Widerhall bei den Wählern begnügen. Ihr Verhalten bei den Wahlen erwies sich von Anfang an ausgesprochen wechselhaft, indem sie je nach Opportunität schwankte. So weigerte sie sich bei den Präsidentschaftswahlen von 1938, den konservativen Kandidaten zu unterstützen, was zum Zwist mit den Konservativen führte. Ein Jahr lang arbeitete die *Falange* mit der Volksfront-Regierung (1938-42) zusammen, stützte dann aber nur wenig später eine konservative Senatskandidatur. Bei den Wahlen von 1942 trat sie auf die Seite der Radikalen und profitierte von Sieg Juan Antonio Ríos. Zwischen 1943 und 1945 stand sie wieder in der Opposition, um sich dann ein Jahr später endgültig von den Radikalen zu trennen und eine unabhängige Position einzunehmen; damals begann sie, Kontakte mit sozialistischen Gruppierungen aufzunehmen. Bei den Präsidentenwahlen 1946 unterstützte sie den konser-

---

51 Rede von Almirante Massera, Mitglied der Militärjunta 1976-78, gehalten am 2.Oktober 1981. In „*Cambio*“ Jg. I, Nr.9 v.7.10.1981, S.11.

52 Zur Erläuterung über die Auswirkung des genannten Problems in der konservativen Partei und den Ursprung der *Falange Nacional*, Larson (1967).

53 Sieben Abgeordnete.

vativen Kandidaten Cruz Coke, der mit seiner Kandidatur aber schließlich scheiterte. Unmittelbar danach trennte sich die *Falange* von ihrem konservativen Wegbegleiter und suchte die Zusammenarbeit mit der neuen radikalen Regierung. Das dauerte aber nur bis 1948, als sie wiederum umschwenkte und in die Opposition ging. Viermal also favorisierte die Falange zwischen 1938 und 1948 die Radikalen und ebenso oft stand sie in Opposition zu ihnen. Im Jahr 1950 schwenkte die *Falange* wieder um zur Unterstützung der Regierung González Videla, was ihr mit der Berufung zweier Falangisten in das Kabinett der sog. *„sozialen Sensibilität"* honoriert wurde. Das brachte der *Falange* freilich noch keine größeren Stimmengewinne. Erst als sie Mitte der fünfziger Jahre auch einen programmatischen Schwenk vollzog, begann ihr allmählicher Aufwärtstrend in der Gunst der Wähler.

Der Richtungswechsel wurde vor allem durch das Ergebnis der Präsidentschaftswahlen von 1952 ausgelöst, in denen der von der *Falange* unterstützte konservative Kandidat unterlag. In den Parlamentswahlen des folgenden Jahres brachte sie dementsprechend nur drei Abgeordnete durch. Trotz ihres Mißerfolgs bei den Wahlen kündigte die Leitung der *Falange* im Jahr 1956 an, mit einem eigenen Kandidaten an den Präsidentschaftwahlen teilnehmen zu wollen. Sie präsentierten Eduardo Frei für die Parlamentswahlen 1957 und den Senatorensitz von Santiago, um ihn für die kommende Präsidentschaftswahl aufzubauen. Gegen Ende der Regierung Ibáñez zwischen den Jahren 1956 und 1957 hatte die seitdem genannten *Democracia Cristiana* ihr Wählerpotential dann merklich vergrößert und kam schließlich auf 9,4 % der Stimmen und 17 Parlamentarier; es war ihr bis zu einem gewissen Grade gelungen, aus der allgemeinen Enttäuschung der Wählerschaft über die Regierung Ibáñez zu ihren Gunsten Kapital zu schlagen. Ibáñez war für eine zweite Amtsperiode (1952-1958) gewählt worden und hatte eine überparteiliche Regierung gebildet, die sich aber als weitgehend ineffizient erwies und in niedrige Parteienpolitik verstrickt glanzlos zu Ende ging. Die Radikalen mußten damals einen erneuten Stimmenverlust zu Gunsten der *Democracia Cristiana* erleiden. In den Präsidentenwahlen von 1958 hatten sie den Kandidaten der Rechten, Allessandri, unterstützt, was sich für die *Democracia Cristiana* insofern als sehr günstig erwies, als sie nun diejenigen Wähler aus dem Bereich der Mittelklasse gewinnen konnte, die den Radikalen in ihrer Unterstützung der Rechten nicht folgen wollten.

Der Triumph bei den Wahlen 1957 führte dann zur Umbenennung der *Falange* und zur Gründung der Christlich-demokratischen Partei (*Partido Demócrata Cristiano*), die in den Präsidentschaftswahlen 1958 etwa 20% der Stimmen erreichte, was freilich für ihr hochgestecktes Ziel nicht genügte. Sie versuchte seitdem, Gewerkschaften, Universitäten und einflußreiche Entscheidungsgremien mit ihren Leuten zu durchdringen. Der beste Nährboden für ihren Erfolg war aber die Enttäuschung der Wählerschaft über die traditionellen Parteien. In weniger als sechs Jahren wurde aus dieser kleinen Partei die erste des Landes. Neben ihr wuchsen gegen Ende der fünfziger und zu Beginn der sechziger Jahre nur noch die kommunistische und die sozialistische Partei in vergleichbarer Weise. Konservative, Liberale und Radikale stiegen demgegenüber ab.

In den Präsidentschaftswahlen von 1964 kandidierte Eduardo Frei ein zweites Mal und erreichte nunmehr den Sieg mit 56,09% der Stimmen. In den Parlamentswahlen ein Jahr später gewann die *Democracia Cristiana* mit 82 Mandaten die Mehrheit in der Abgeordnetenkammer und mit 13 Vertretern aus ihren Reihen auch einen großen Teil der Sitze im Senat. Damit eröffnete sich der *Democracia Cristiana* die klare Chance, allein regieren zu können. Zum ersten Mal war nach diesen Wahlen eine Partei in der Lage, die Macht ungestört ausüben zu können; die seit 1933 andauernde Phase der Mehrparteienregierungen sollte damit in *Chile* zu Ende gehen.

Die programmatische Entwicklung der *Democracia Cristiana* war für den Wandlungsprozeß des politischen Regimes von großer Bedeutung. Auch nach dem prinzipiellen Bruch mit ihren bisherigen politischen Grundsätzen zu Beginn der fünfziger Jahre war ihre politische Richtung keineswegs eindeutig. Die alte *Falange* hatte sich an die korporativistischen und antikapitalistischen Prinzipien gebunden, die in den dreißiger Jahren Mode waren. Sie hatte sehr deutlich eine gewisse Ablehnung der Demokratie in ihrer liberalen Form gezeigt, wie sie damals bekannt war und praktiziert wurde. In ihren Parteiprinzipien hoben sie stärker auf das Gemeinwohl ab, das die politischen Institutionen vor allem im Auge haben müßten und das weder „an einen unberechenbaren Mehrheitswillen" noch „an die Willkür eines Alleinherrschers" gebunden sein sollte[54]. Man wollte eine „*neue Ordnung*" begründen, die die veralteten politischen Institutionen und Gewohnheiten, die mittlerweile den Fortschritt des Landes behinderten, ersetzen konnte. Der *Democracia Cristiana* war so etwas wie ein „*Sendungbewußtsein*" eigen.

Anfangs der fünfziger Jahre setzte dann der bereits erwähnte folgenreiche ideologische Wandlungsprozeß ein, der von einem jungen Flügel der *Falange* getragen wurde und allmählich auch die Führung der *Democracia Cristiana* beeinflußte. Dahinter stand die Ideologie des Kommunitarismus, der „*socialista comunitaria*", die sich dann in der Regierungszeit der *Democracia Cristiana* zwischen 1964 und 1970 durchsetzen sollte. Im Jahre 1951 hatten die beiden „*Falangisten*", Jacques Chonchol und Julio Silva Solar, ihr Buch „Für eine kommunitarische Welt" („*Hacia un mundo comunitario*") veröffentlicht, in dem sie dafür plädierten, das kapitalistische System in Chile abzuschaffen und durch

54 Dokument „*A la juventud chilena*", 26.Juni, 1935.

einen „revolutionären christlichen Sozialismus" („*socialcristianismo revolucionario*") zu ersetzen, der nach den Vorstellungen der Autoren zur Begründung einer „kommunitaristischen Ordnung" („*orden comunitario*") führen sollte. Nach ihren wiederholten Wahlniederlagen war die *Falange* am Ende einer selbstkritischen Überprüfung ihrer Linie geneigt, dieses Konzept zu übernehmen: Auf ihrem VI. Nationalkongreß im Jahre 1953 wurde es von der Mehrheit gebilligt und diese programmatische Entscheidung sollte sich ja dann auch, wie erwähnt, in Form einer überraschenden Verbesserung der bis dahin ungünstigen Wahlergebnisse bezahlt machen.

Jaime Castillo Velasco, gleichfalls ein Theoretiker der *Democracia Cristiana*, konnte seine Partei dann Ende der fünfziger Jahre zu einer weiteren Wendung bewegen: Mit seiner These von der *Democracia Cristiana* als „Partei der Avantgarde" („*partido de vanguardia*") wollte er die Democracia Cristiana zum „*Stoßtrupp*" einer politischen Elite („*minoría de choque*") machen, die den intendierten revolutionären Wandel zu einer kommunitaristischen Ordnung voranbringen sollte.

In der ersten Nationaltagung der *Democracia Cristiana* von 1959 wurde dann eine Parteistrategie für die kommenden Jahre beschlossen. Eine ihrer Richtlinien, „*Purista*" genannt, schlug, unabhängig von der Möglichkeit, Wahlen zu gewinnen oder zu verlieren, vor, eine konkrete Mission zu verwirklichen: „*die vollständige Umsetzung der kommunitaristischen Konzeptionen der Partei seitens der Macht*". Und weiter wurde dazu ausgeführt:

> „der Weg hat nur eine Richtung: vorwärts. Und dieses „*Vorwärts*" ist die Umwandlung der bürgerlich-kapitalistischen oder totalitär-sozialistischen Gesellschaft in eine, in der die kommunitaristischen Ideale... verwirklicht werden"[55].

Die puristische Linie sollte der Vorläufer einer Richtung sein, der es ab 1960 gelang, Anhänger in der Partei zu gewinnen. Sie setzte sich schließlich durch mit dem Versuch „eine Regierung allein aus der *Partido Demócrata Cristiano* zu bilden. Im Jahre 1966, schon in Besitz der Macht, stellte die Partei klar, daß ihre Regierung lediglich ein Instrument zur Verwirklichung ihrer Prinzipien sei und daß die Ausrichtung des politischen Prozesses, also der Aufbau einer neuen Gesellschaft, in ihre ausschließliche Zuständigkeit gehörte[56].

Im Unterschied zu dem, was mit den Radikalen geschehen war, flossen in dieser Phase zwei bisher unbekannte Elemente zusammen: das Zustandekommen einer soliden Wählermehrheit für eine einzige Partei und ein vollständig durchgestaltetes Projekt, das weder reformistisch noch offen war für die Beiträge, die

---

55 Castillo Velasco (1973:24).

56 Erklärungen von Patricio Aylwin in „*El Mercurio*", 22. August 1966, S.31.

die Verbündeten einer Koalition leisten könnten. Das sollte in Zukunft eine Dynamik in der Beziehung Präsident-Parteien zur Folge haben, die die Möglichkeit für einwechselseitiges Verständnis imgemein erschwerte und den Konflikt bis zur extremen Polarisierung zuspitzte.

2.2. – Die Präsidentschaften von Eduardo Frei (1964-1970) und Salvador Allende (1970-1973)

Die *Democracia Cristiana* kam mit einem Programm an die Macht, das den Anspruch erhob, Wirtschaft und Gesellschaft einem umfassenden Wandel zu unterwerfen. Die Radikalität dieses Anspruchs hatte aber zur folge, daß sich die Beziehungen zwischen den großen Parteien allmählich in einer Weise zu verändern begannen, die schließlich die Regierungsfähigkeit des Landes beeinträchtigte. Zwischen der *Democracia Cristiana* und ihren Konkurrenten von links gab es zur Zeit der Präsidentschaftswahlen von 1964 im Grunde keine signifikanten programmatischen Unterschiede, sieht man vielleicht von dem Punkt ab, daß die *Democracia Cristiana* immer betont hat, ihre Reformen nur in verfassungskonformer Weise vorantreiben zu wollen. Dies hat die Wählerschaft denn auch mit einer beachtlichen Mehrheit für *Democracia Cristiana* in der Präsidentschaftswahl von 1964 (56%) und in der Abgeordnetenkammer im folgenden Jahr (82 Sitze von 150, also 55%) belohnt. Während sich die Politik zu radikalisieren begann und die Agitation in den gesellschaftlichen Zwischenorganisationen verschärft wurde, blieben die Wähleroptionen zwischen 1964 und 1973 insofern noch moderat ausgeglichen, als sie sich relativ gleichmäßig auf die drei Blöcke von Rechts, Mitte und Links verteilten. Der Verlust der Konsensfähigkeit, die dann auch die Regierungsfähigkeit mehr und mehr in Frage stellen sollte, war jedenfalls zunächst noch mehr ein Problem der Parteieliten als der Basis. Erst am Ende der Zivilregierung im Jahr 1973 war auch die Wählerschaft tief gespalten und in zwei Blöcke polarisiert, die sich mit Haß und Gewalt begegneten. Die Polarisierung des Parteisystems und der Assoziativ-Bewegung[57] hatte mittlerweile auch die Wählerschaft selbst erreicht.

Die von der *Democracia Cristiana* getragene Regierung (1964-1970), in der bereits die ersten beunruhigenden Aktivitäten der Militärs zu bemerken waren, sah sich in ihren Beziehungen zu den Parteien drei Fronten gegenübergestellt: Eine davon verlief gegenüber den verschiedenen Abspaltungen in den eigenen Reihen der *Democracia Cristiana*, was naturgemäß die Wahrnehmung der Führungsrolle im Parlament und in der Verwaltung erschweren mußte. Eine weitere

57 Vgl. Jaraquemada (1990).

Konfrontationslinie bestand gegenüber der Linksopposition, die der Regierung schon ihre Legitimität bestritt, kaum daß sie gewählt worden war. Symbolischer Ausdruck dessen war die Abwesenheit der linken Parteirepräsentanten bei der Zeremonie der Amtseinführung des Präsidenten im Kongreß; deren Opposition war fundamental und kompromißlos. Schließlich stand der *Democracia Cristiana* eine ebenso kompromisßlose Opposition von Rechts gegenüber. Die Parteien dieses Sektors, Konservative und Liberale, waren nach dem Sieg der *Democracia Cristiana* von 1964 beträchtlich geschrumpft. Ihre Reorganisation 1966 markierte den Beginn einer Fundamentalopposition nicht nur gegenüber der Regierung der *Democracia Cristiana*, sondern auch in ganz grundsätzlicher Form gegenüber dem damaligen Parteiensystem – eine Kritik, die später teilweise in die Rhetorik der nachfolgen Militärregierung (1973-90) eingehen sollte. Die Form des Konfliktaustrags und der Ton der Kritik zwischen der Regierung und ihren Gegnern beeinträchtigte schließlich auch die Regierungsfähigkeit. Der Abstand zwischen den politischen Lagern wurde im Laufe der Zeit unüberbrückbar, die wechselseitigen Kontakte schwieriger.

2.2.1. – Die Regierungsfähigkeit unter der „Democracia Cristiana"

Gleichzeitig mit dem Aufwärtstrend der *Democracia Cristiana* vollzog sich auch der Aufstieg der linken Parteien; auch dies hat den Wandlungsprozeß des politischen Regimes beeinflußt. Die Ergebnisse bei den Präsidentenwahlen von 1952, in denen der Kandidat der sozialistischen Partei, Salvador Allende, vielversprechende 5,5 % der Stimmen erhielt, brachte die Linken dazu, ihre Zwistigkeiten und Aversionen zugunsten eines gemeinsamen Zieles beizulegen. Das sollte bei den Wahlen der folgenden Jahre dann allmählich auch seine Früchte tragen. Fünf Jahre später schlossen sich Kommunisten und Sozialisten in der Koalition der *Frente de Acción Popular* (FRAP) zusammen; ihre früheren Differenzen zur Frage des internationalen Sozialismus und der Politik interner Bündnisse konnten sie dabei überwinden.

Trotz der Öffnung der *Democracia Cristiana* nach links bestanden seit dem Beginn der christlich-demokratischen Regierung nur geringe Chancen einer Allianz oder auch nur einer Vereinbarung zwischen der *Democracia Cristiana* und der Linken. Denn die stärker gewordenen kommunistischen und sozialistischen Parteien übten eine auf Konfrontation angelegte Fundamentalopposition aus, die für eine wie auch immer geartete Zusammenarbeit mit der Regierung keinen Raum ließ. Die sozialistische Partei kam auf Grund ihrer ideologischen Entwicklung schließlich sogar zu der Entscheidung, ihre Ziele notfalls auch mit

Gewalt durchzusetzen, was eine Zusammenarbeit mit der *Democracia Cristiana* naturgemäß weitgehend ausschloß[58].

Schwieriger war die Situation der Rechten gegenüber der *Democracia Cristiana*. Bei den Präsidentenwahlen von 1964 mußten sie zugunsten Freis auf ihren eigenen Kandidaten verzichten; danach waren sie innerlich erschüttert und desorganisiert. In ihren Augen glitt die DC-Regierung mit ihrer Politik in den Sozialismus ab, den sie mit der Gefahr des Totalitarismus und des Kollektivismus in Verbindung brachten. Es waren die Zeiten, in denen die kubanische Revolution noch weltweit, je nach der Position des Betrachters, Faszination oder Angst erwecken konnte.

Der Sieg der *Democracia Cristiana* bei den Parlamentswahlen von 1965, die ihnen die Mehrheit in der Abgeordnetenkammer einbrachte, gab ihr die fatale Möglichkeit, das Land in Form einer Einparteienherrschaft zu regieren. Damit aber verschärfte sich die Ablehnung ihrer oppositionellen Gegner, mit denen zu regieren die *Democracia Cristiana* zwar nicht verpflichtet war, mit der sie aber doch im Senat gemeinsam Gesetzgebungsarbeit zu leisten hatte. Der Senat wandelte sich nun zur letzten Bastion der Opposition; er wurde dazu mißbraucht, der Regierung mittels einer entsprechenden Obstruktionspolitik das Leben schwer zu machen[59]. Das verhinderte zwischen 1964 und 1970 jegliche Beschlüsse, die von einer stabilen Mehrheit getragen wurden.

Die Alleinregierung der *Democracia Cristiana* markierte zugleich den Beginn einer Wandlung der großen Parteien, die das politische System steuerten. Die Parteien verloren nunmehr ihre Fähigkeit zur Mäßigung und zum Kompromiß. Die *Democracia Cristiana*, jetzt der Angelpunkt der chilenischen Politik, machte einen vernichtenden internen Radikalisierungsprozeß durch, in dessen Gefolge sich einige ihrer Flügel von der offiziellen Linie der Partei trennten und neue Gruppierungen bildeten[60].

2.2.2. – Die Beziehungen zwischen Präsident und Regierungspartei unter Frei

Auf dem christdemokratischen Parteitag von 1965 trat unter der Leitung der Jugendorganisation eine Gruppierung in Erscheinung, die die Parteiführung wegen ihrer Unfähigkeit, die angekündigten Reformen in die Tat umzusetzen, heftig kritisierte. Diese Gruppe wollte die ausbleibenden Reformen notfalls auch auf

---

58 XXIII Kongreß der Sozialistischen Partei, die 1967 in der Stadt *Chillán* stattfand.

59 In diesem Zusammenhang muß auf die Unannehmlichkeiten hingewiesen werden, denen die Regierung durch die Zurückweisung zweier Botschafterernennungen durch den Senat ausgesetzt war und ebenso durch das Verbot einer Auslandsreise für den Präsidenten.

60 Vgl. Benavente; Jaraquemada (1990).

revolutionärem Wege verwirklichen – eine Position, die innerhalb der Partei sehr rasch an Anhängern gewann und von der Parteiführung nicht aufgehalten werden konnte, und zwar um so weniger, als die *Democracia Cristiana* bei den Kommunalwahlen von 1967 eine Niederlage einstecken mußte.

Ende April des gleichen Jahres bildete man eine technisch–politische Kommission mit dem Auftrag, einen Entwurf für die Regierungsstrategie bis 1970 zu erstellen. Die Kommission machte einige „Vorschläge für politische Aktionen" (*„Proposiciones de Acción Política"*), die ein Regierungsprogramm für einen nicht-kapitalistischen Entwicklungsweg vorsahen. Für den Reformstau machte man unter anderem auch den fehlenden Einfluß der Partei auf die Regierungsentscheidungen verantwortlich. Einen reinen *„Desarrollismus"*, also einen neuen Versuch, die Reformen innerhalb eines kapitalistischen Systems voranzutreiben, lehnte die Kommission ausdrücklich ab. Das sei nicht das gewesen, was sich das Volk erhoffte, als es sich *„für die Revolution"* entschieden habe[61]. Solche strategischen Grundsätze mußten eine Kluft zwischen dem Präsidenten und seiner Partei aufreißen und die *Democracia Cristiana* auch selbst innerlich spalten. Nunmehr entstanden die innerparteilichen Strömungen der *„Offizialisten"* und der *„Rebellen"*, wobei letztere der Regierung vorwarfen, nicht wirklich revolutionär zu sein. Aus den Reihen dieser *„Rebellen"* sollten später die Führer von zwei neuen Parteien kommen: Der Bewegung der „Unitarischen Volksaktion" (*Movimiento de Acción Popular Unitaria* MAPU) und der Christlichen Linken (*Izquierda Cristiana*, IC); letztere sollte sich später der Koalition „Volks-Einheit" (*Unidad Popular*) anschließen, die im Jahre 1970 Allende an die Regierung brachte.

Diese innerparteiliche Krise gewann dadurch an Schärfe, daß sie mit dem Scheitern des Wirtschaftsprogramms der Regierung zusammenfiel (1967). Wenn der wirtschaftliche Niedergang auch in Grenzen gehalten werden konnte, so scheiterte die Regierung doch bei dem Versuch, die Eskalation des innerparteilichen Konflikts zu begrenzen: Die Beziehung der Regierung zu ihrer eigenen Partei blieb von wachsenden Konflikten gezeichnet. Der Verschleiß, dem die Regierung in ihrer Beziehung zur DC unterlag, der Partei, von der sie eigentlich gestützt werden sollte, brachte sie in eine schwache Position. Sie konnte nicht verhindern, daß die negativen Auswirkungen aus dem wirtschaftlichen Bereich mit dem politischen[62] in Wechselwirkung traten. Das beeinträchtigte am Ende auch die Regierungsfähigkeit, obwohl die *Democracia Cristiana* zunächst in den beiden ersten Jahren ohne Gegenspieler regieren konnte und die Macht nicht mit einem Koalitionspartner teilen mußte. Aber die internen Spaltungen, insbesonde-

61 Bericht der *Comisión Político Técnica*. In Zeitschrift *Ercilla*, 8.11.67, S.8.
62 Huneeus (1981:152).

re die Herausbildung linksorientierter Tendenzen in einem Flügel der *Democracia Cristiana* behinderten die einheitliche Willensbildung innerhalb der Partei und die Durchsetzung eines geradlinigen und effektiven Programms. Durch die innerparteilichen Auseinandersetzungen verloren Regierung und Partei schließlich ihre Glaubwürdigkeit bei den Wählern, so daß dann die Ergebnisse der Präsidentenwahlen von 1970 gegen die *Democracia Cristiana* ausfielen.

2.2.3. – Beziehungen zwischen Präsident und oppositionellen Parteien unter Frei

Anlaß zu einem ersten Konflikt zwischen dem Präsidenten und den oppositionellen Parteien hatte schon das Gesetz über Sonderermächtigungen gegeben, das Ende 1964 zur Abstimmung stand[63].Der Präsident versuchte hier wie auch in anderen Fragen die Zustimmung der sozialistischen Linken für seine Initiativen zu erreichen, aber er stieß dabei regelmäßig auf deren geschlossene Ablehnung, weil die Linke jede Zusammenarbeit mit der Regierung kategorisch ablehnte. Um ihre Opposition zum Ausdruck zu bringen, nutzte die Linke in dieser Zeit vorzugsweise ihre Kontrolle über die Gewerkschaften. Die Streiks, die sich in den Jahren zwischen 1964 und 1970 häuften, gingen in der Mehrzahl auf die Einflußnahme der Partei zurück.

Im Jahre 1966 begannen sich die politischen Kräfte der Rechten als sog. „Nationalpartei" (*Partido Nacional*) zu reorganisieren und damit auch ein Gegengewicht zur Regierung und ihrer Partei zu bilden, das auf der rechten Seite des politischen Spektrums bisher gefehlt hatte. In diesem neuen Gebilde traten Führer mit ausgesprochen nationalistischer Tendenz hervor mit kritischer Einstellung nicht nur gegenüber der Regierung, sondern auch gegenüber dem konstitutionellen System als ganzem, das sie wegen seiner aus ihrer Sicht typischen Klüngelwirtschaft der Parteien sowie der ihm inhärenten Korruption und Ineffizienz kritisierten. Die Opposition der Rechten zeigte sich vor allem bei ihren Abstimmungen im Senat, in dem sie dominierte. Frustriert durch die vernichtende Wahlniederlage von 1964 und in fundamentaler Ablehnung des Regierungsprogramms, ging sie hier ganz auf Konfrontationskurs gegenüber der Regierung und erschwerte so die Zustimmung zu notwendigen Gesetzen.Als sich bei den Streitkräften erste Anzeichen von Unzufriedenheit mit der heiklen wirtschaftlichen Situation des Landes bemerkbar machten, stützte die Nationalpartei deren Forderungen – aber nicht aus Verständnis für die notwendigen Ausrüstungsbe-

63 Es ging um die Umsetzung einer Verwaltungsreform, beginnend mit dem Ankauf der großen Kupferminen, die damals in ausländischen Händen waren, und um eine Modifizierung des Steuersystems.

dürfnisse der Armee, sondern lediglich als Mittel, dem Präsidenten Schwierigkeiten zu machen. Bei den Wahlen von 1970 stellten die Rechten, anders als 1964, demgemäß dann auch einen eigenen Kandidaten auf, so daß drei Kandidaten gegeneinander antraten, was den Sieg der „Volkseinheit" (*Unidad Popular*) begünstigte. 1964 konnte das mit dem Verzicht des rechten Kandidaten, Julio Durán, zugunsten von Frei noch vermieden und so ein Triumph des Sozialisten Allende verhindert werden. Dieser hatte seine Möglichkeiten, die Macht zu erlangen, schon bei den Wahlen von 1958 gezeigt[64].

2.2.4. – Beziehungen zwischen Regierung und Streitkräften unter Frei

Während der Regierungsperiode der *Democracia Cristiana* hatten sich die Streitkräfte bereits drei Jahrzehnte lang nicht mehr an den politischen Ereignissen des Landes beteiligt. Das lag zum einen an der Stabilität der verfassungsmäßigen Institutionen, zum anderen aber auch an einer gewissen Professionalisierung, die zuvor bereits, besonders seit dem Ende des Zweiten Weltkriegs, bei den Streitkräften stattgefunden hatte. Dennoch zeichneten sich unter der Regierung der *Democracia Cristiana* erste Schwierigkeit in den Beziehungen zwischen der Zivilregierung und den militärischen Institutionen ab. Einen ersten Anlaß hierfür gab die demonstrative Demissionierung des Oberkommandierenden der Armee im Jahre 1967, der damit gegen die Praxis der Regierung bei Beförderung und Entlassung der höheren Offiziere und gegen den ständigen und als willkürlich empfundenen Wechsel im Oberkommando protestieren wollte.

Der schwerwiegendste Konflikt war der sogenannte „*Tacnazo*" von 1969, die Meuterei des Regiments „*Tacna*". Das Regiment hatte gegen die aus seiner Sicht schlechten finanziellen Bedingungen der Streitkräfte protestiert und in einer Petition an die Regierung Abhilfe verlangt. In der öffentlichen politischen Meinungsäußerung trat die Politisierung der Streitkräfte offen zu tage. Die Meuterei nahm ihren Ausgang in einer gemeinsamen Sitzung des Präsidenten mit einzelnen Offizieren, in der die Besoldungslage des uniformierten Personals erörtert werden sollte; der Sache nach war es eine versuchte Erpressung der Regierung mit der Drohung, zu streiken, falls von Seiten der Regierung keine für die Streitkräfte befriedigende Lösung gefunden werden sollte. Wenige Tage später begann das genannte Regiment unter Führung des Generals Roberto Viaux, offen zu meutern. Viaux, der sich gleichfalls für eine finanzielle Besserstellung der Streitkräfte stark machte, wurde zwar unverzüglich seines Postens enthoben, aber entgegen dem, was hier zu erwarten gewesen wäre, wurden die Forderun-

64 Damals mit fünf Kandidaten, setzte sich der rechts-orientierte Jorge Alessandri mit einem kleinen Unterschied über Allende durch.

gen der Militärs sowohl von der Sozialistischen als auch von der Nationalpartei unterstützt. Von den Sozialisten, weil es vermutlich ihr Plan war, den Moment zu nutzen, um Einfluß zu gewinnen, um dann später im Besitz der Macht eine Umformung der Verteidigungskräfte zu bewerkstelligen[65]. Von den Rechten vielleicht deshalb, weil sie keine Hoffnung sahen, bei den Wahlen von 1969 das erforderliche Drittel der Parlamentarier gewinnen zu können, das ein konservativer Präsident – sollte er denn bei der Präsidentschaftswahl 1970 gewählt werden – benötigten würde, um parlamentarisch arbeitsfähig zu sein[66]. Es war im Grunde die resignative Einsicht, allein auf parlamentarischem Wege nicht an die Macht zu kommen.

Die genannten Aktionen der Militärs begannen nun ihrerseits das Verhalten der Offiziere zu beeinflussen. Hier sollte man sich fragen: Worin unterscheidet sich die Handlungsweise des Militärs, wie sie hier sichtbar wird, von dem bekannten traditionellen Prätorianertum der iberoamerikanischen Politik? Huneeus[67] setzt sich mit der Hypothese Stepans[68] auseinander, der eine Kausalbeziehung zwischen der neuen Professionalisierung der Streitkräfte seit dem Ende des Zweiten Weltkrieges und dessen politischen Interventionen annimmt. Denn der Krieg gegen die Subversion, der Antikommunismus und die Auseinandersetzung mit sozioökonomischen Problemen sei ein Teil dieses neuen professionellen Selbstbewußtseins geworden. Demgegenüber hat Huneeus bei seiner Untersuchung der Denkschrift des chilenischen Heeres (*Memorial del Ejército de Chile*) festgestellt, daß sich dort in der Mehrzahl rein technisch-professionelle Aspekte behandelt finden. Damit widerspricht er im übrigen auch Arriagada[69] und Fernández Baeza[70]. Die erwähnten Beiträge dieses Memorials zeigen zwar Interesse an den wirtschaftlichen Problemen des Subkontinents, aber keinerlei Bereitschaft der chilenischen Streitkräfte, die neue Idee eines professionellen Heeres zu erweitern, die der folgenden Generation von Offizieren weitergegeben werden sollte, wie es in den Kriegsakademien von Perú oder Brasilien der Fall gewesen war. Die Ausbildung, die die chilenischen Militärs in Panamá und in den USA nach dem Zweiten Weltkrieg erhalten haben, läßt sich mit den Ereignissen nach 1969 kaum in Verbindung bringen, so daß die Antwort auf die Fra-

---

65 Das kann die Einstellung der höheren Befehlshaber der Streitkräfte gegenüber Allende und dann während der Militärregierung (1973-90) erklären. Außerdem ist eine doktrinäre antisozialistische Orientierung aufgrund der professionellen Ausbildung des militärischen Personals festzustellen. Vgl. Kap.IV.

66 Joxé (1970:94).

67 Huneeus (1981:206).

68 Stepan (1979).

69 Arriagada (1981).

70 Fernández Baeza (1981).

ge, warum die Militärs damals die Idee der Nichteinmischung in die Politik aufgegeben haben, in den politischen Konflikten der sechziger Jahre gesucht werden muß.

2.3. – Krisis. Die Beziehung zwischen Präsident und Regierungsparteien unter Allende

Am Ende der Amtsperiode Freis stellte sich die *Democracia Cristiana* außerordentlich geschwächt dar. Dennoch erhob sie den Anspruch, auch den nächsten Präsident zu stellen.

Die Präsidentschaftswahlen fanden im Jahr 1970 statt. Das Land war damals in drei annähernd gleich starke politische Blöcke geteilt. Das machte es von vornherein unwahrscheinlich, daß ein Kandidat die erforderliche absolute Mehrheit der Stimmen erreichen würde.

Für die Recht kandidierte Jorge Alessandri, ehemaliger Präsident (1958-1964). Für die Regierungspartei, die *Democracia Cristiana*, trat Radomiro Tomic an, der Favorit Freis. Die Linke schließlich trat mit Salvador Allende an, der jetzt zum 4. Mal kandidierte.

Allende gewann die Wahl nur ganz knapp mit ca. 36% der Stimmen. Die ausgeblieben absolute Mehrheit machte eine Abstimmung im Kongress erforderlich. In der Tat konnte sich Allende auch in diesem Gremium durchsetsen. Dies war ihm nur mit den Stimmen der DC-Kongressmitglieder möglich; diese Stimmen konnte er nur dadurch für sich gewinnen, daß er eine Garantieerklärung (bekannt als *Estatuto de Garantías Constitucionales* oder *Pacto de Garantías Democráticas*) unterschrieb, in der er die Zusicherung gab, das demokratische Parteiensystem unangetastet zu lassen, keine paramilitärische Organization zu dulden und das Privateigentum zu respektieren.

Präsident Allende hatte erhebliche Schwierigkeiten, die Stellung über den Parteien, wie sie von der Verfassung für den Präsidenten vorgesehen war, gegenüber der „*Unidad Popular*", tatsächlich einnehmen zu können.[71] Das Wählerpotential, das einige Parteien dieses Bündnisses repräsentierten, veranlaßte sie zu dem Versuch, den Präsidenten in der Ausübung seiner verfassungsmäßigen Vorrechte zu bevormunden. Allendes Gewandtheit im parlamentarischen Spiel war zwar allgemein anerkannt, dennoch sah er sich zunehmend mit der Notwendigkeit konfrontiert, die internen Differenzen der Regierungskoalition durch Aufnahme eines Offiziers in das Kabinett zu schlichten – ein Versuch, durch die

71 Vgl. Garcés (1974); (1976); Cusack (1977); Labrousse (1973); Millas; Filippi (1974); Nohlen (1973).

Erweiterung des Kabinets um ein Mitglied, das Neutralität zu versprechen schien, einen Ausweg aus den lähmenden Konflikten innerhalb des Kabinetts zu finden[72]. Allende war es, der auf diese Weise begann, Militärs in das Kabinett einzubauen, sei es, um die Gewichte dort zu Gunsten eines Teils der Regierungskoalition zu verschieben, sei es, solche Verschiebungen aufzuhalten. Dies bedeutete allerdings faktisch, daß den Streitkräften eine Rolle als neutrale Größe über den Parteien zuerkannt wurde. Gleichzeitig war der Präsident freilich bemüht, die Ergebenheit und das Vertrauen der Streitkräfte zu gewinnen, was aber alle diejenigen beunruhigte, die in den Streitkräften ein Bollwerk gegen die von der „Volkseinheit" angekündigte Verwirklichung der sozialistischen Revolution sahen.

Zwischen den Parteien der „*Volkseinheit*" gab es erhebliche Meinungsunterschiede über den einzuschlagenden politischen Kurs[73]. Einige, wie die sozialistische Partei, suchten den Übergang zum Sozialismus durch einen Konfrontationskurs nicht nur gegenüber ihren Gegnern in der Opposition, sondern auch gegenüber der Regierung selbst zu forcieren. Andere, wie die kommunistische Partei und der MAPU, waren demgegenüber um die Wahrung eines Grundkonsenses mit der Regierung bemüht und suchten deren Maßnahmen durchzusetzen. Bei allen bestand aber das endgültige Ziel darin, den Übergang des Landes zum Sozialismus nach kubanisch-sowjetischem Modell zu bewerkstelligen[74]. Der Präsident bewegte sich demgemäß zwischen zwei Fronten und zwar bis zu einem Punkt, an dem er nicht mehr fähig war, sich über die Gruppen zu stellen, die ihn unterstützten. Überdies erlangten die radikaleren Mitglieder der „*Volkseinheit*" allmählich das Übergewicht, was eine erhebliche Steigerung der Gewalt im politischen System bedeutete.

Die Bildung extremistischer Bewegungen, die von revolutionären Prozessen im Ausland beeinflußt waren, erreichte ihren Höhepunkt anfangs der siebziger Jahre, als sie in gewisser Weise in die Regierungskoalition eingebunden wurden. Einzelne Parteien der Koalition traten in Verbindung zu diesen Gruppen, unterstützten sie und stimmten ihre politischen Maßnahmen mit deren bewaffneten Aktionen ab. Die Regierung aber zeigte im Umgang mit der bewaffneten Gewalt keine klare Linie. Damit wurde das Land allmählich unregierbar, nicht nur bei der Steuerung der Wirtschaft, die kurz nach den Präsidentenwahlen ernste Krisensymptome zeigte[75], sondern auch im Bereich der inneren Ordnung und in der

72 Vgl. Prats (1976).
73 Vgl. Boorstein (1982).
74 Vgl. Benavente (1990).
75 Vgl. De Wylder (1976).

Wahrung des Rechtsstaates gegenüber der um sich greifenden Gewalt, für die man zu großen Teilen die Regierung verantwortlich machte[76].

Dennoch sollte die Umsetzung der wirtschaftlichen Planungen zunächst ihre Früchte zeigen: In den Kommunalwahlen von 1971 erreichte die Regierung 48,6% der Stimmen. Dieses Ergebnis sollte der Regierung zunächst die nötige Unterstützung für ihr Programm geben. Aber trotz solch günstiger Resultate waren die Dinge nicht einfacher geworden, weil sich nun im öffentlichen Haushalt ein beträchtliches Defizit zu zeigen und vor allem auch die Inflation anzuziehen begann. Das entzog der Regierung bald die Unterstützung, die sie erreicht hatte, was sich in zwei aufeinanderfolgenden Niederlagen bei Nachwahlen ausdrücken sollte.

Die Kommunalwahlen von 1971 brachten noch einen deutlichen Zuwachs für die Sozialistische Partei. Sie verdoppelte ihre letzte Stimmenzahl von 12,2% auf 22,3% und stieg damit zur wichtigsten Partei der Regierungskoalition auf. In denselben Wahlen stürzte die Radikale Partei –ursprünglich die tragende Partei des politischen Systems- auf verschwindende 3,9%. Sie geriet dadurch in eine Krise, ausgelöst durch den offenen Konflikt zwischen „*Reformismus*“ und „*Revolutionarismus*“; zentraler Punkt dieses Richtungsstreites war die Position der Partei in der Frage des Eigentums. Dabei setzten sich schließlich diejenigen durch, die eine marxistische Ausrichtung der Partei anstrebten. Aus diesen Auseinandersetzungen ging dann endlich die „Partei der Linksradikalen“ (*Partido de Izquierda Radical*, PIR) hervor.

Der MAPU spaltete sich ebenfalls. Ihr Auseinanderbrechen war die Folge einer ideologischen Säuberung ähnlich der, wie sie einige Jahre zuvor bereits die *Democracia Cristiana* erlebt hatte. Ein Teil wollte aus dem MAPU, der bereits eine marxistische Ausrichtung hatte, eine christliche Linkspartei machen. So kam es zum Zusammenschluß von Teilen der MAPU mit der *Democracia Cristiana.* Das war die Geburtsstunde der „Christlichen Linken“ (*Izquierda Cristiana*; IC), eine Partei revolutionären Zuschnitts aber mit christlichem Selbstverständnis.

2.3.1. – Krise. Die Beziehungen zwischen Präsident und Oppositionsparteien unter Allende

Das Verhältnis des Präsidenten zu den Oppositionsparteien stand damals unter Zwängen, die die politischen Akteure in extreme Positionen brachten, was ein einvernehmliches Handeln erschwert hat. Die Opposition übte gegenüber der Regierung umfassende, fundamentale Kritik, die einen Kompromiß weitgehend

---

76 Vgl. Domínguez (1974).

ausschloß; es herrschte ein Klima der Konfrontation, das vor allem auch in den Medien sichtbar wurde. Dies alles war in einen Kontext schwerer sozialer Unruhe eingebettet. Die Unfähigkeit zum Konsens begann sich allmählich auch auf andere Institutionen auszuwirken, u.a. auf die Streitkräfte, deren Politisierung dadurch befördert wurde. Jede ihrer Waffengattungen sah sich dabei gezwungen, ihre jeweils eigene Parteilinie zu definieren[77].

Die *Democracia Cristiana* hatte ihre Unterstützung an die bemerkenswerte Bedingung geknüpft, daß sich die „*Volkseinheit*" schriftlich zu einer Garantie der Verfassung (*Estatuto de Garantías Constitucionales*) verpflichtete. Letztere versicherte dabei, die verfassungsmäßige Ordnung zu respektieren. In Hinblick auf das politische Profil und die Methoden einiger ihrer Mitglieder fürchtete man mit dem guten Grund, daß die von der „Volkseinheit" geplanten politischen Veränderungen die verfassungsmäßige Ordnung aufs Spiel setzen könnten. Die *Democracia Cristiana* machte jedenfalls ihre Zustimmung zur Wahl des Präsidenten im Parlament von einer solchen Garantieerklärung abhängig. Da Allende die absolute Mehrheit in den Wahlen von 1970 nicht erreicht hatte, war er auf die Zustimmung der stärksten Partei im Parlament angewiesen.

Als die politisch Praxis dann jedoch erkennen ließ, daß die bestehende Rechtsordnung überschritten war und der Präsident dabei selbst zugab, daß die Unterschrift unter den „*Estatuto de Garantías*" mit der *Democracia Cristiana* lediglich ein taktischer Schritt gewesen war, um an die Macht zu kommen[78], waren die Tage der Verfassungslegalität gezählt. Die Verfassung sollte nur insofern Wirksamkeit entfalten, als sie zum Regierungsprogramm paßte. Angesichts dessen begann die *Democracia Cristiana* mit einer Politik der Fundamentalopposition. Die *Democracia Cristiana* bewegte sich dabei zwischen zwei Vorgaben: Sie wollte zum einen durchaus ihre ursprüngliche politische Identität wahren, schon um ihr Wählerpotential halten oder, wenn möglich, vergrößern zu können. Dazu mußte sie die Regierung in vielen Punkten unterstützen. Gleichzeitig aber suchte sie zum anderen, als die Tendenzen der Regierungspraxis offenbar wurden, die Annäherung an die *Partido Nacional* und geriet damit auf den Kurs der Fundamentalopposition. Das verstärkte sich, als die Regierung begann, die Grenzen der Legalität dadurch zu überschreiten, daß sie ihr sozialistisches Reformprogramm unter Umgehung des Parlaments durchzusetzen suchte. Als besonders provozierend erwies sich dabei das Vorhaben der Regierung, die Banken zu verstaatlichen, das am Parlament vorbei realisiert werden sollte. Auch die Errichtung der „Nachbarschaftsgerichte" (*Tribunales Vecinales*), mit denen das Parlament zwar befaßt worden war, die von der *Democracia Cristiana* aber als

77 Vgl. Benavente; Jaraquemada (1990).
78 Vgl. Debray (1974).

verfassungswidrig zurückgewiesen worden waren, ließen den Konflikt eskalieren[79].

Die Ergebnisse der kommunalen Nachwahlen in Valparaíso von 1971 markieren ein neues Machtverhältnis im Parteiensystem, indem nun die Annäherung zwischen der *Democracia Cristiana* und dem *Partido Nacional* offenbar wurde. Diese Annäherung kostete die *Democracia Cristiana* allerdings eine neuerliche Abspaltung, diesmal von denjenigen, die als Dissidenten der Allianz zwischen der *Democracia Cristiana* und dem *Partido Nacional* später die christliche Linke bilden sollten. Die Basis der Partei war aber einer Verschärfung der Opposition gegen die Regierung zugeneigt.

Die Wahlen brachten auch Allende in eine schwierige Position, die er dadurch zu meistern suchte, daß er gewaltsame Protestaktionen im Zuge der sich ausbreitenden sozialen Unruhen stillschweigend duldete und die Existenz bewaffneter Fraktionen unter seinen Verbündeten hinnahm. Die politischen Konflikte wurden dadurch aus dem von der DC dominierten Kongreß heraus verlagert. Bei einer weiteren Niederlage der Regierung in den Nachwahlen von 1977 in Valparaíso war es vor allem die „Bewegung der Revolutionären Linken" (*Movimiento de Izquierda Revolucionaria*, MIR), die dem Parteienbündnis der *Unidad Popular* Verluste einbrachte, weil die von der MIR favorisierte bewaffnete Strategie bei der Wählerschaft keinen Anklang fand. Die *Democracia Cristiana* hingegen stand auch bei diesen Wahlen wieder im Bündnis mit dem *Partido Nacional*.

Die schlechten Wahlergebnisse begannen die Legitimität Allendes rasch zu unterminieren; die Parteien des *Unidad Popular* bemühten sich daher um eine Analyse der Wahlergebnisse, um daraus die richtigen Konsequenzen ziehen zu können. Aber man richtete dabei die Aufmerksamkeit nicht auf den am stärksten umstrittenen Hauptpunkt, der im Mittelpunkt der politischen Auseinandersetzungen stand, nämlich den Plan zur Verstaatlichung der Produktionsmittel als Methode des Übergangs zum Sozialismus als dem Fernziel der Regierung. Die „Volkseinheit" konnte für das, was sie als den „Bereich des Sozialeigentums" (*Area de Propiedad Social*)[80] definierte, ebensowenig mit hinreichender Unterstützung rechnen, wie für ihr Projekt einer Verfassungsreform, das die Verstaatlichung durch ein Gesetz ermöglicht hätte. Am Ende konnte oder wollte die Regierung ihre Strategie nicht korrigieren und sie war auch nicht willens, sich mit der Opposition zu verständigen, um eine Regierungsfähigkeit des Landes zu ga-

79 Vgl. Varas (1977).

80 Es ist dies das Gegenstück zum „*Bereich des Privateigentums*" und zum „*Bereich des gemischten Eigentums*"; alle drei sollten im Zuge der von der *Unidad Popular* angekündigten Veränderungen verwirklicht werden.

rantieren. Vielmehr führte die Absichte, die Einheit der Allianz nach den Wahlniederlagen sicherzustellen, eher zu einer Radikalisierung als zu einer Mäßigung der politischen Standpunkte.

Von nun an legte die Regierung in ihrer Politik eine explosive Mischung an den Tag: politische Radikalisierung verbunden mit wirtschaftlicher Ineffizienz[81]. Die Auseinandersetzung um das Projekt der drei Bereiche der Wirtschaft endete mit der Ablehnung seitens der Opposition; neue Wahlniederlagen der Regierung, diesmal im Bereich der Körperschaften, kamen hinzu. Die Verbandsbewegung begann in der Agitation gegen die Regierung eine Vorreiterrolle zu spielen[82].

In den ersten Monaten des Jahres 1972 fand im Stadtviertel „*Lo Curro*", einem Ort bei Santiago, eine Tagung der *Unidad Popular* statt, auf der Selbstkritik geübt und das weitere Vorgehen beraten werden sollte. Zur weiteren Ausrichtung der Regierung standen sich dort zwei Standpunkte gegenüber: Eine, vertreten von der Christlichen Linken (IC), der MAPU und der Sozialistischen Partei, plädierte für eine forcierte Durchsetzung des Regierungsprogramms auch ohne dafür die Zustimmung der Opposition zu suchen. Die andere politische Position, die von der kommunistischen Partei, der Radikalen Partei (*Partido Radical*) und Allende selbst unterstützt wurde, wollte demgegenüber einen Dialog mit der *Democracia Cristiana*, der Achsenpartei der Opposition, einleiten. Eine Verständigung über den weiter einzuschlagenden Kurs der Regierung und der *Unidad Popular* konnte jedoch auch auf dieser Tagung nicht erzielt werden.

Die Weiterführung der Verstaatlichungen rief eine Welle heftigster Gegenreaktionen hervor. Die wiederholten Wahlsiege der Opposition veranlaßten den radikalen Teil der Regierungsparteien, den politischen Kampf nicht mehr auf der Ebene der parlamentarischen Institutionen, sondern in der Gesellschaft selbst zu führen[83]; das Parlament begann seinen Charakter als Diskussionsforum der nationalen Angelegenheiten zu verlieren. Aber auch die Opposition verließ bei ihren Aktionen die etablierten Wege der Verfassung. Angesichts der von der Op-

---

81 Vgl. García Jiménez (1991).

82 Die Wahlen in diesem Bereich begannen insofern politische Folgen zu haben, als sich in ihnen die Unterstützung oder Ablehnung der Regierung ausdrückte. In diesem Zusammenhang muß man die damalige Niederlage der Regierung bei der Wahl des neuen Rektors der *Universität von Chile* erwähnen, wozu sie den Akademiker Felipe Herrera vorgeschlagen hatte.

83 Es war die Strategie der „Volksmacht" (*poder popular*), die von den durch die kubanische Revolution inspirierten Gruppen verfolgt wurde. Sie beruhte ganz entscheidend auf der Mobilisierung der Straße, nämlich der Schaffung von industriellen Sperrgürteln („*cordones industriales*"). Das sollten Zentren politischer Propaganda und Firmenkontrollen sein, die rings um die Produktionseinheiten aufgebaut werden sollten. Vgl. Smirnow (1977); Touraine (1974).

position reklamierten Rechtsbrüche von Seiten der Regierung begann man deren Legitimität insgesamt in Frage zu stellen.

Die Ausweitung des politischen Konflikts von der Ebene der Parteien auf die Gesellschaft insgesamt führte auch zu einer Überschreitung der Grenzen der Verfassungsinstitutionen. Die Körperschaftliche Bewegung (*Movimiento Asociativo*) begann nun eine entscheidende Rolle zu spielen, indem sie mit ihren Aktivitäten die Wirtschaft in den verschiedensten Bereichen zu lähmen suchte und Protestaktionen gegen die Regierung organisierte. Eine dieser Streikbewegungen, nämlich der Ausstand der LKW-Fahrer (*paro de los camioneros*) im Oktober 1972, provozierte zum ersten Mal seit dem Beginn der Regierung Allende die Einmischung der Streitkräfte in die politische Krise. Die Militärs wurden in das Kabinett gerufen, um den Konflikt zu lösen. Die Regierung versuchte auf diese Weise, die Aktion der Opposition zu neutralisieren, indem sie dadurch zu erkennen gab, daß sie sich in der Ausübung ihrer Funktionen auf einer überparteilichen Ebene bewegte, so wie das auch bei den Streitkräften der Fall war. Damit hätte man, vor allem auch unter Hinweis auf die anstehenden Parlamentswahlen, auch die radikalen Gruppen innerhalb der Regierung beruhigen können.

Die Parlamentswahlen im März 1973 wurden allgemein als entscheidender Test eingeschätzt. Aber die Hoffnung, mit den Wahlen einen Ausweg aus der verfahrenen Situation zu finden, erwies sich als trügerisch, weil die Ergebnisse dieser Wahlen nur ein „*Unentschieden*“ zwischen Regierung und Opposition brachten. Letzterer gab die zur Mitte tendierende Wählerschaft die Mehrheit (54 %), aber sie gab auch der Regierung eine durchaus beachtliche Unterstützung (43%), so daß es zu keinen entscheidenden politischen Wechsel kommen konnte. Die anschließenden Verhandlungen zwischen der *Democracia Cristiana* und der Regierung erbrachten gleichfalls keine Ergebnisse, weil die beiden Gegenspieler in den essentiellen Punkten, in denen sie sich stark fühlten, nicht nachgeben wollten. Die Konfrontation trieb sie eher in einen Bürgerkrieg, als daß sie zu einem Arrangement nach parlamentarischer Art noch fähig gewesen wären. Die Fähigkeit, die Gesellschaft durch Konsens zu befrieden, war den Parteien abhanden gekommen.

2.4. – Krise der Regierungsfähigkeit. Politischer Aspekt

Versucht man die Ursachen dieser Krise zu erkennen, so erweist sich, daß dem wirtschaftlichen Faktor hierbei interessanterweise keine zentrale Bedeutung zukommt, mag er in der fortgeschrittenen Phase des Verschleißes der Institutionen auch mitgewirkt haben[84]. Ausschlaggebend war vielmehr das Verschwinden politischer Interaktionsformen, die bisher einen Konsens zwischen den politischen Akteuren ermöglicht hatten, um das Land zu regieren.

Die wirtschaftlichen Indices waren während der Regierung Frei in allen Bereichen besser als in den vorangegangenen Jahrzehnten. Allende fand daher bei seiner Machtübernahme auch im wirtschaftlichen Bereich eine Situation vor, die für sich genommen die Stabilität der Institutionen nicht bedrohte. Trotzdem spitzte sich zu Beginn der siebziger Jahre die soziale Agitation zu; die Forderungen insbesondere wirtschaftspolitischer Art, denen sich die Regierung ausgesetzt sah, gingen immer weiter und wurden zunehmend aggressiver; es wurden jetzt radikale Reformen gefordert, die mit den zwischenparteilichen Vereinbarungen nicht mehr vereinbar waren. Von der Regierung später politisch umgesetzt, beschleunigten sie die Agitation nur noch, weil sich jene durch die teilweise Realisierung ihrer Forderungen bestärkt sah. Die Politik der linken Parteien, vor allem im gewerkschaftlichen Bereich, hat dies in bedenklicher Weise noch aufgeheizt.

Um diesen Zustand zu erklären, hat man auf die damalige Reform des Wahlrechts verwiesen, die dazu dienen sollte, eine größere Wahlbeteiligung zu erreichen[85]. Unseres Erachtens war es in erster Linie das Verhalten der neuen Parteien im Verhältnis gegeneinander und gegenüber der Massen, mit dem sich das Klima der Agitation in jenen Jahren erklären läßt. Die Parteien begannen damals die politische Arena zu durchdringen und in noch nie dagewesener Weise zu beherrschen[86]. Die modernen Medien, insbesondere Rundfunk und Fernsehen[87], haben die Breitenwirksamkeit und Einflußmöglichkeiten der Parteien dabei natürlich beträchtlich erhöht.

Die körperschaftliche Bewegung nahm bis in die erste Hälfte der sechziger Jahre hinein einen konstanten Aufschwung[88]. In Anbetracht dessen hat die Re-

---

84 Der Zusammenbruch der Demokratie könne, so Valenzuela (1978:59), der hier Linz (1977) folgt, nicht nur mit einer Wirtschaftskrise erklärt oder als Ergebnis einer gezielten Strategie zur Systemüberwindung dargestellt werden. Ebensowenig lasse er sich nur auf die Existenz reaktionärer Kräfte zurückführen, die ihre Privilegien behalten wollten. Obgleich solche Faktoren neben anderen mit wirksam waren, sollte die Krise doch eher verstanden werden als Strukturfehler des politischen Systems, dem es in einer hochpolarisierten Gesellschaft mit überaus starken zentrifugalen Tendenzen an einer lebensfähigen Mitte mangelt.

85 In den Jahren 1958 und 1962 wurden, wie schon erwähnt, die Wahlgesetze modifiziert. Dabei wurden die Wahlpflicht und ein System mit einer einzigen Wahlberechtigungskarte eingeführt. Das reduzierte die Möglichkeit den Wählerwillen zu manipulieren und vergrößerte es die Zahl der Wahlteilnehmer.

86 Vgl. Silva Cáceres (1986).

87 Vgl. Fernández Gil (1983).

88 Reyes Alvarez (1991:527 ff.).

gierung Frei die gewerkschaftliche Organisierung der Landarbeiter gefördert; prompt wurde sie dann von den linken Parteien für die eigenen politischen Ziele instrumentalisiert. Gleichfalls noch auf Initiative der Regierung der *Democracia Cristiana* wurde mit einer umstrittenen Agrarreform begonnen, die das politische Klima auf dem Land in Richtung wachsender Konfrontation verändert hat.

Das Streikproblem erfuhr in diesem Jahrzehnt eine ungeahnte Zuspitzung. Mehr noch als die in diesem Zeitraum unverändert gebliebene Zahl der Mitglieder war es die besonders im Vergleich mit dem Jahrzehnt 1955-64 wachsende Zahl gewerkschaftlicher Organisationen, die die auffallende Zunahme der Konflikte verursacht haben dürfte. Denn in gleichem Maße haben sich auch die Kanäle für sozial- und lohnpolitische Forderungen vervielfacht. Auch ein gewisser neuer Stil der Regierung und der Behörden, die sich im Umgang mit den Gewerkschaftsorganisationen offenkundig empfänglicher aber auch gefährlich nachgiebig zeigten, könnte die sich zuspitzende Agitation erklären[89].

Für sich allein erklärt aber weder die wachsende Agitation noch die Vermehrung der gewerkschaftlichen Organisationen die Wandlung, die das Parteiensystem in *Chile* durchgemacht hat. Denn diese Wandlung setzte weitgehend unabhängig von der Entwicklung der Gewerkschaftsbewegung ein. Letztere mag das Parteiensystem beeinflußt hat, aber dies erst, als die Wandlung schon abgeschlossen war. Diese Wandlung bestand – wie schon erwähnt – in der allmählichen und nicht mehr rückgängig zu machenden Erosion derjenigen politischen Gewohnheiten, die bisher Verhandlungen und Vereinbarungen auch unter verfeindeten Parteien ermöglicht hatten. Die Wurzeln der Krise, die ihren Höhepunkt während der Regierung Allende erreicht hat, sind in der vorangegangenen Regierung der *Democracia Cristiana* zu suchen. Diese Partei war mit Sicherheit der wichtigste Faktor in der Wandlung des politischen Systems[90].

Die *Democracia Cristiana* hatte schon in den sechziger Jahren eine Infiltration politischer Bereiche und die Einflußnahme auf gesellschaftliche Organisationen in Konkurrenz mit den Parteien sozialistischer Prägung praktiziert. Parallel dazu wurden die internationalen Bezüge der internen Vorgänge in Chile offenbar, als die nordamerikanische Regierung zum ersten Mal auf demonstrative Weise Interesse zeigte an einem Sieg der *Democracia Cristiana* in den Präsidentenwahlen von 1964[91]. Der *Democracia Cristiana* selbst war solche Unterstützung nicht unwillkommen. Die nordamerikanische Regierung war dabei von dem Bestreben bestimmt, eine Expansion der kubanischen Revolution auf den südamerikanischen Kontinent zu verhindern; das drückte sich vor allem in den

89 Valenzuela (1978:32).
90 Siehe Kap.V 2.1.
91 Vgl. Blaufarb (1977); Glenert; Langley (1971).

Finanzhilfen aus, die der *Democracia Cristiana* aus nordamerikanischen Regierungsquellen kurz vor den Wahlen dieses Jahres zuflossen. Als Gegenleistung mußte die Regierung Frei strukturelle, wirtschaftliche und gesellschaftliche Reformen verwirklichen, an denen die USA interessiert waren. Mit dieser Hilfe konnte die *Democracia Cristiana* ihren Einfluß vor allem auch unter der einfachen Bevölkerung erweitern, ihre interne Organisation verbessern und ihr nahestehende Gruppen und Vereinigungen, die für die Politik der *Democracia Cristiana* warben, finanziell unterstützen.

Da die *Democracia Cristiana* außer der Präsidentschaft auch noch eine üppige Mehrheit in der Abgeordnetenkammer erlangen konnte, wurde in *Chile* eine Einparteienregierung möglich. Die Oppositionsparteien wurden infolgedessen allmählich aus dem politischen System verdrängt, indem man sie bei wichtigen Entscheidungen der Regierung nicht mehr zu Rate zog, so daß die Opposition ihre Wählerschaft nicht mehr halten konnte[92]. Die Pflege einer Klientel aber war immer eine der tragenden Säulen für das Fortbestehen, die Stabilität und die Stärke der chilenischen politischen Parteien in den letzten Jahrzehnten gewesen. Dabei hatten sich die Eliten mit der gesellschaftlichen Basis verbunden.

Auf diese Weise verlor das Parlament allmählich seine Rolle als Ort der politischen Auseinandersetzung und der zwischenparteilichen Verhandlungen. Es war schließlich nur noch eine Akklamations– und Umsetzungsinstanz von Entscheidungen, die außerhalb des Parlamentes in den Leitungsgremien der Parteien und der Regierung getroffen worden waren. Während die Abgeordnetenkammer solcherweise vollständig unter den Einfluß der Regierung geriet, wandelte sich der Senat, in dem die Opposition die Mehrheit behalten hatte, umgekehrt in einen kompromißlosen Widersacher der Regierung. Diese Konstellation hatte ihre dauerhaften Konturen also schon längst gewonnen, als Allende an die Regierung kam; sie spitzte sich dann nur noch zu.

Die Verschlechterung der Beziehungen zwischen der Regierung und den Streitkräften war gleichfalls schon unter Allessandri (1958-1964) und Frei (1964-1970) spürbar geworden; eine Reduzierung des Militärbudgets hatte sie ausgelöst. Man hatte unter diesen Regierungen den Finanzbedarf und die Ausrüstungswünsche der Streitkräfte vernachlässigt, was die Einstellung der Militärs gegenüber den zivilen Autoritäten naturgemäß negativ beeinflußt hat. Die Unzufriedenheit des Militärs mit der Regierung fand dann vor allem auch im Rücktritt des Oberkommandierenden der Armee 1967 und in dem oben erwähnten „*Tacnazo*“ seinen deutlichen Ausdruck. Unmittelbar nach den Wahlen von 1970

92 Das Vetorecht der Exekutive verhinderte das dem Kongreß zustehende Recht auf Besetzung öffentlicher Ämter sowie dessen Einfluß auf Erhöhung der Gehälter (Valenzuela, 1978:86).

versuchte eine Bewegung der Militärs die Regierungsübernahme der *Unidad Popular* zu verhindern. Der tragische Ausgang dieses Unternehmens gab eine Vorahnung von den Ereignissen, die wenige Zeit später das Land erschüttern sollten. Es war zudem ein erstes Zeichen für die Existenz rechtsradikaler ziviler Gruppen, die ihre Ziele gewaltsam durchzusetzen vermochten[93]. Aber für den größten Teil der Streitkräfte galt der Respekt vor der Legalität damals noch als verpflichtender Grundsatz, „weil die Regierenden Gemeinsinn und gute Urteilskraft gehabt haben“[94]. Hierin liegt freilich bereits eine Einschränkung und Bedingung: Die Pflicht der Streitkräfte, sich aus den Regierungsangelegenheiten herauszuhalten, wurde von der Leistung einer Regierung abhängig gemacht.

Zwischen 1933 und 1973 fehlte es niemals an Episoden, die nicht deutlich gemacht hätten, daß es innerhalb der Streitkräfte Bestrebungen gab, der jeweiligen Zivilregierung ein Ende zu bereiten[95]. Es waren dies aber nur Randerscheinungen, die in den Streitkräften nie die Oberhand gewinnen konnten und sie stellten deswegen auch keine Bedrohung für die verfassungsmäßigen Institutionen dar. Aber sie sind ein ernst zunehmendes Indiz für das zerbrechliche Gleichgewicht, das in *Chile* zwischen Neutralität und Professionalität der Streitkräfte herrschte – ein wesentlich zerbrechlicheres Gleichgewicht jedenfalls, als man zuzugeben bereit war.

Als Allende an die Macht kam, fand er bereits erheblich verschlechterte Beziehungen zwischen politischer Macht und Streitkräften vor, die den früheren Regierungen anzulasten sind. Der neue Präsident erkannte die Wichtigkeit der Streitkräfte für die Umsetzung seines Regierungsprogramms, weil diese eine Neutralitäts- und Professionalitätsgarantie für alle Sektoren repräsentierten. Dies war die Ausgangslage, als Allende zum ersten Mal auf das Militär zurückgriff, um eine Kabinettskrise zu lösen, bei der er kein Einverständnis mehr erzielen konnte, und zwar nicht nur mit den Oppositionsparteien, sondern ebenso mit den Parteien der eigenen Regierungskoalition. Es war Mitte 1972, als Allende den ersten Uniformierten in sein Kabinett berief, und zwar den Oberkommandierenden des Heeres. Im November 1972 sah er sich erneut dazu veranlaßt, aber diesmal, um der Opposition gewisse Garantien zu geben. Er ernannte den General des Heeres, Carlos Prats, zum Minister, in der Absicht, den Ablauf der Par-

93 Es handelte sich um die Entführung und Ermordung des Oberkommandierenden des Heeres, General René Schneider, durch eine extremistische Gruppe der Rechten.

94 Zit. Valenzuela (1978:21).

95 Als ein Beispiel unter zahlreichen anderen von ähnlicher Bedeutung wird häufig das Komplott der „*Línea Recta*“ von 1955 genannt, dessen Ziel die Etablierung eines Militärregimes unter der Führung des Generals Ibáñez gewesen war. Zu weiteren Putschplänen und -versuchen im einzeln vgl. Molina (1989:119-141); Aldunate (1988:157-168). Jetzt derselbe (1993).

lamentswahlen von 1973 zu sichern. Die höheren Offiziere hegten damals die Hoffnung, daß diese Wahlen eine Lösung der politischen Krise und zugleich eine Neuordnung der Kräftekonstellation bewirken könnten. Wie erwähnt, bewahrheiteten sich diese Erwartungen nicht, weil die Wahlen lediglich ein Patt zwischen Regierung und Opposition festschrieben.

Mit ihrem Eintritt ins Kabinett wurden die Offiziere logischerweise der politischen Kritik ausgesetzt. Damit verloren die Streitkräfte aber auch ihren Nimbus als neutrale, professionelle und apolitische Instanz, der ihnen bislang sowohl in den Führungsgremien der Parteien als auch in der öffentlichen Meinung zugebilligt worden war. Von Seiten der Opposition wurde den Uniformierten deswegen vorgeworfen, sie legitimierten mit ihrer Anwesenheit im Kabinett nur die Regierung[96], die sich mit ihren Maßnahmen am Rande der Legalität bewege. Damit trafen sie genau den schwachen Punkt im Gesamtbild des politischen Regimes. Ein weiterer, konfliktträchtiger Punkt kam hinzu: Die regierungsnahen Parteien und linksextreme Gruppierungen versuchten, die mittleren und niederen militärischen Ränge mit dem Ziel zu infiltrieren, eine militärische Intervention gegen Allende zu verhindern, gleichzeitig eine solche zu seinen Gunsten zu provozieren, um ihm auf diesem Wege die totale Macht zu verschaffen.

Damit waren die Streitkräfte ein entscheidender Faktor im Kampf um die Macht im zivilen Sektor geworden. So verloren sie Schritt für Schritt ihren Charakter und das Image, das ihnen seit der Stabilisierung des politischen Systems 1933 allgemein zuerkannt worden war: Den Ruf nämlich einer neutralen Macht, die über den Parteien und den jeweiligen politischen Verhältnissen steht.

2.5. – Krise der Regierungsfähigkeit. Wirtschaftlicher Aspekt

Das eigentliche wirtschaftspolitische Ziel der Regierung Allende war die Überleitung der Wirtschaftsordnung in Richtung eines Sozialismus nach dem kubanisch-sowjetischen Muster jener Epoche. Die wirtschaftliche Lage, die er vorfand, war schlimmer als diejenige, mit der sein Vorgänger im Jahre 1964 fertig werden mußte. Auch das politische Feld erwies sich durch seine Spaltung in drei Wählerblöcke als komplizierter, weil dadurch die Bildung stabiler Mehrheiten und einer regierungsfähigen Exekutive erschwert wurde.

---

96 Die Uniformierten besetzten die höheren Posten im jeweiligen Ministerium. In den unteren Rängen der Verwaltungshierarchie blieben hingegen die parteiabhängigen Funktionäre, die zur Durchführung der ministerialen Vorschriften verpflichtet waren, was aber nach Meinung der Opposition nicht in ausreichendem Maße geschah.

Die Strategie der Regierung war zunächst auf die Brechung des ausländischen Monopolkapitalismus und die Beseitigung des Großgrundbesitzes ausgerichtet. Dann sollte durch eine totale Umstellung der wirtschaftlichen Strukturen des Landes ein sozialistischer Staat aufgebaut werden. Kernpunkt dieser Umstellung war die endgültige Aufhebung des Privateigentums, wie es den ideologischen Leitbildern der Parteien entsprach, welche die „*Unidad Popular*" unterstützten. Als erster Schritt war dabei geplant, einen Bereich „*gesellschaftlichen Eigentums*" in Händen des Staates zu schaffen, der alle Unternehmen erfassen sollte, die im Besitz ausländischer Eigentümer waren. Ein anderer Teil des Programms sah eine Agrarreform vor, die allerdings schon von der vorigen Regierung in Gang gesetzt worden war. Der dritte Teil des Projekts betraf die Einkommensverteilung. Man wollte dieses Ziel durch gesetzlich vorgeschriebene Gehaltserhöhungen erreichen. Auf diese Art würde sich, so die Vorstellung der wirtschaftspolitischen Berater der Regierung, die Nachfrage erhöhen und damit auch die ungenutzten Kapazitäten der Wirtschaft aktiviert werden[97].

Die Ergebnisse dieser Wirtschaftspolitik waren allerdings katastrophal und führten in kurzer Zeit zu einer Krisis, die sich mit der Krise des Parteiensystems verband, so daß sich beide in ihren Auswirkungen gegenseitig hochschaukelten. Bereits Ende 1971, nur ein Jahr nach Regierungsbeginn, überstieg die vermehrte Nachfrage die Leistungsfähigkeit der Produktion. Das verursachte eine Inflation, die derart eskalierte, daß die folgenden Gehaltserhöhungen vollkommen von ihr aufgezehrt wurden. Die Unzufriedenheit der Bevölkerung wegen dieser und anderer unglücklicher Maßnahmen ließ nicht lange auf sich warten; Streiks und Demonstrationen vermehrten sich dabei. Die Maßnahmen, die im Rahmen dieser Politik durchgeführt wurden, beeinträchtigten darüber hinaus die internationale Reputation des Landes im Bereich der Kredite, die drastisch reduziert wurden. Im Inneren hatte die Regierung Allende die größten Probleme mit den Oppositionsparteien, die dem jährlichen Haushalt, der die überdehnte Politik finanzieren mußte, nicht zustimmen wollten. Die Inflation, die ihren Ursprung in der Einkommenspolitik der Regierung hatte, konnte nicht unter Kontrolle gehalten werden und verschlimmerte sich durch eine wahre Explosion der Lohnforderungen in allen Bereichen. Auch die Gewerkschaften der Landarbeiter riefen immer häufiger zur Streiks auf. Die von der Regierung in Gang gesetzte Verstaatlichung der Industrie verschlimmerte die wirtschaftliche Situation noch, weil sie zu einem deutlichen Niedergang der Produktion führte. In vielen Fällen führte sie schließlich zur Liquidierung oder weitgehenden Lähmung der Unternehmen, was sich auf die Produktionsrate negativ auswirken mußte.

97 Vgl. Valenzuela (1978:51 ff.); de Wylder (1976).

Mitte 1972 erkannte die Regierung die gefährliche Zuspitzung der wirtschaftlichen Situation des Landes. Sie versuchte nun ihre Strategie gegenüber den Oppositionsparteien zu variieren, um Vereinbarungen mit ihnen zu erreichen, hatte damit aber keinen Erfolg. Sie stand jetzt im übrige nicht mehr nur Parteien gegenüber, sondern auch gesellschaftlichen Gruppen, die in ihrer Mehrheit der Steuerung durch Parteien unzugänglich waren. Betroffen von den wirtschaftlichen Auswirkungen der Regierungsmaßnahmen hatten sie die Verteidigung ihrer Interessen in die eigene Hand genommen. Auf diese Art koppelten sie sich auch von den oppositionellen Parteien ab und trugen damit unbeabsichtigt zum Zerfall und der tiefen Krise des politischen Systems bei.

2.6. – Der Wechsel: Machtvakuum und der Eingriff des Militärs in die Politik

Im Jahre 1972 war es nicht mehr möglich, eine Übereinstimmung zwischen Regierung und Opposition zu erzielen, auf deren Grundlage sich die Regierungsfähigkeit des Landes hätte sicherstellen lassen. Die sozialen Unruhen spitzten sich zu und die für die Wahlkampagnen typische politische Erregung wurde etwas Alltägliches. In gleicher Weise gerieten die Parteiführer in eine erhitzte Stimmung. In weiten Bereichen begann man von „*Bürgerkrieg*" zu sprechen – ein weiteres Anzeichen dafür, in welchem Ausmaß die politischen Mittel für eine Lösung der Konflikte erschöpft waren[98]. Auch seitens der Regierung waren nun erstmals Warnrufe vor einem Bürgerkrieg zu hören. Auch wenn sie es in der Hand gehabt haben mag, Gewalt zu vermeiden, so war die Lage doch schon weitgehend außer Kontrolle geraten. Dies war auch der Grund, warum Innenminister José Tohá auf Grund einer Verfassungsklage sein Amt verlor: Er mußte die Verantwortung übernehmen für die Destabilisierung der inneren Ordnung. Präsident Allende setzte hier aber ein verwirrendes Zeichen, indem er unmittelbar darauf den gleichen Tohá zum Verteidigungsminister ernannte. Damit begann die verbreitete Gewohnheit systematischer „*Minister-Rochade*", das heißt die Entlassung eines Ministers aus seinem Amt, aber seine Beibehaltung auf einem anderen Kabinettsposten. Damit versuchte man, die parlamentarische Kontrolle des Regierungshandelns zu umgehen.

Die zahlreichen Gremien und gesellschaftlichen Gruppierungen, die unabhängig von den Parteien entstanden waren, nutzten die fortgeschrittene Mobilisierung der Bevölkerung zur Verteidigung ihrer Interessen. Sie organisierten Streiks und Arbeitsniederlegungen. Der wichtigste Streik des Jahres 1972 war derjenige der Fuhrunternehmer. Er wurde von den Initiatoren ganz bewußt als

98 Vgl. Vega (1983).

politischer Streik und als eine Art der Opposition gegen die Regierungspolitik aufgefaßt. In der Presse wurde ein totaler Krieg der Worte ausgetragen[99]; die Konfrontation der verschiedenen politischen Positionen war an Radikalität kaum noch zu überbieten. Die Vergiftung des politischen Klimas führte schließlich zur „Verstopfung der normalen Verhandlungskanäle“[100]. Die tatsächlichen Vorstellungen des politischen Gegners wurden dadurch verkannt; ein weites Feld der Mystifizierung oder der Verdrehung der Standpunkte machte eine Vereinbarung zwischen den Opponenten noch schwerer.

Die Auseinandersetzungen innerhalb des politischen Regimes erweiterten sich auf andere Instanzen der Gesellschaft, die – in einer Art Subsidiarität – Verhandlungs- und Entscheidungsmacht auszuüben begannen, was bis dahin allein in den Funktionsbereich der Parteien gefallen war. Die Regierung verlor damit in den Augen der Bevölkerung ihre Legitimität.

Die Wahlen von 1973 waren der Anfang vom Ende der Zivilregierung in *Chile*, auch wenn ihre Ergebnisse, wie erwähnt, keine Niederlage im eigentlichen Sinn für die *Unidad Popular* bedeuteten. Die Wahlen wurden von zwei Parteienblöcken beherrscht, die einander in radikaler, bedingungsloser Weise gegenüberstanden. Auf Seiten der Regierung die Koalition der „*Unidad Popular*“ (UP), auf Seiten der Opposition hingegen die „*Confederación Democrática*“ (CODE).

Auch die Ergebnisse zeigten ein in zwei Teile gespaltenes Land, aber – und das war für viele eine Überraschung – bei weitgehend ausgeglichenen Kräfteverhältnissen. Der Anteil der Wechselwähler war gering, bedeutungsvoll allerdings, wenn man die Ergebnisse mit den Parlamentswahlen von 1964 vergleicht[101]: In erster Linie war nämlich der Stimmenanteil der extremen Gruppierungen auf Kosten der Gemäßigten gewachsen – eine weiteres Zeichen für das Ausmaß der politischen Konfrontation, die damals herrschte. Sozialisten und Nationale konnten ihren Anteil im Vergleich mit 1969 steigern; erstere noch mehr als die Nationalen, weil es ihnen gelang, die alten Radikalen weitgehend zu absorbieren. Die *Democracia Cristiana* an zweiter Stelle sank leicht von 29% auf 28%. Insgesamt war der Gesamtstimmenanteil der Opposition überraschenderweise leicht gesunken, derjenige der *Unidad Popular* im Vergleich mit den Präsidialwahlen von 1970 gestiegen.

Da die Wahlen die bisherigen Kräfteverhältnisse festgeschrieben hatten, war ein Ausweg aus der Krise in Form einer Übereinkunft zwischen Regierung und Opposition verschlossen. Die Position der *Democracia Cristiana* verhärtete sich

99 Vgl. Fernández Gil (1983).
100 Valenzuela (1978:80).
101 Vgl. Urzúa Valenzuela (1986).

noch, als sich innerhalb dieser Partei eine Führung durchsetzte, die sich nicht mehr mit den linksorientierten Teil der Partei verständigen mußte. Dieser Teil hatte sich mittlerweile abgespalten und zusammen mit der MAPU die *Izquierda Cristiana* (IC) gegründet.

In den letzten Monaten der Regierung Allendes weitete sich die Krisis auf die Streitkräfte aus. Am 29. Juni 1973 fand ein erster Versuch eines Militärputsches statt, der zugleich die Existenz gegensätzlicher politischer Positionen innerhalb der Streitkräfte offenbar werden ließ. Die Militärs standen vor der offenkundigen Tatsache, daß eine Verständigung zwischen dem Präsidenten und den Oppositionsparteien augenscheinlich nicht mehr möglich war, was den endgültigen Verlust der Regierungsfähigkeit des Landes bedeutete. Der Putsch konnte von der Regierung zwar noch einmal vereitelt werden, aber nur um den Preis einer endgültigen Diskreditierung und späteren Entlassung des Oberkommandierenden des Heeres, General Prats, aus dem Kabinett[102].

Nach diesem Putschversuch von Juni wurde der mangelnde Mut der zivilen Instanzen gegenüber dem Militär von den extremen Teilen der *Unidad Popular* scharf kritisiert. Man begann demgemäß, bewaffnete Gruppen zur Verteidigung der Regierung zu mobilisieren und die Meuterei der Truppe gegen die Offiziere vorzubereiten, falls diese einen weiteren Putsch versuchen sollten[103]. In den letzten Verhandlungen zwischen der *Democracia Cristiana* und der Regierung verlangte die erste als Bedingung ihrer konstruktiven Unterstützung den Verzicht auf die Umsetzung des Regierungsprogramms und die Distanzierung der Regierung von den radikalisierten Gruppierungen der *Unidad Popular*. Als Allende dazu nicht bereit oder nicht in der Lage war[104], endete der eben begonnene Dialog auf der Stelle.

Am 9. August, mitten im zweiten Streik der Lastwagenbesitzer und ohne Fühlungnahme mit der Opposition, kam Allende wiederum auf die Streitkräfte zu, um sein Kabinett neu zusammenzustellen. Als Bedingung für den Eintritt ins Kabinett forderten die designierten Militärs die Zurückführung des Regierungsprogramms, insbesondere das Projekt der drei Bereiche der Wirtschaft, auf eine konsensfähige Linie, damit es auch von der Opposition angenommen werden konnte. In erster Linie ging es dabei um die Zukunft des Eigentumsrechts. Außerdem forderten die Militärs die Entwaffnung der extremistischen Gruppen, die die Regierung unterstützten und deren Aktivitäten die Streitkräfte in ihrem eige-

---

102 Vgl. Prats (1976).

103 Valenzuela (1978:96).

104 Einigen Autoren zufolge hatte die *Democracia Cristiana* nicht erkannt, daß es Allende zu viel kosten würde, mit der *Unidad Popular* zu brechen, ohne gleichzeitig der Unterstützung durch die *Democracia Cristiana* für die Regierung sicher sein zu können. Vgl. Valenzuela (1978:97).

nen, exklusiven Funktionsbereich zu beeinträchtigen begannen. Obwohl Allende einerseits gar nichts anderes übrigblieb, als diese Forderungen zu akzeptieren, war er andererseits vollkommen außerstande, sie gegen die Widerstände innerhalb der „*Unidad Popular*" zu erfüllen.

Dennoch war zu diesem Zeitpunkt innerhalb der Streitkräfte nicht die gleiche Einstellung zu beobachten, wie beim ersten Eintritt in die Regierung. Der Mangel an Konsens auf der Parteienebene und die Entwicklung eines regelrechten Parallelheeres bei den extremistischen Gruppen, legten es den Oberbefehlshabern zwar nahe, an eine eventuelle Machtübernahme zu denken. Dennoch schien eine Wiederholung des Putschversuchs von Ende Juni 1973 undenkbar. Man befürchtete eine Kettenreaktion der mittleren Offiziersränge und der Regimenter im ganzen Land[105]. Die Militärintervention von 1973 war insofern, so wurde gesagt, das Ergebnis eines langfristigen, um nicht zu sagen eines providentiellen Prozesses: Zunächst hätten die chilenischen Streitkräfte während langer Zeit eine hochprofessionelle, disziplinierte und gegenüber der politischen Macht respektvolle Einstellung beibehalten. Erst die tiefgehende Schwäche des politischen Regimes sowie der Schwund seiner Legitimität und seiner Leistungsfähigkeit haben die Streitkräfte dann auf den Weg einer relativ raschen Machtübernahme gebracht.

Als sich das Entstehen eines Parallelheeres deutlicher abzuzeichnen begann, setzte eine Serie von Fahndungen und Waffenbeschlagnahmungen ein. Einige dieser Aktionen wurden durch militärische Einheiten und ohne Kenntnis oder Einverständnis des Präsidenten durchgeführt. Das politische Klima war nunmehr geradezu chaotisch; es gab oppositionelle politische Streiks, die von der *Democracia Cristiana* unterstützt wurden, und es wurde Kritik an den Militärs laut, weil diese an der Regierung teilgenommen hatten, anstatt sie zu stürzen.

Zum ersten Mal wurden nun innerhalb der Streitkräfte Meinungsunterschiede in der Frage sichtbar, inwieweit der Regierung Unterstützung zu gewähren sei. Eine Gruppe von Heeresgenerälen verlangte vom Oberkommandierenden Prats, seinen Ministerposten aufzugeben, um auf diese Weise die Einheit der Verteidigungsinstitutionen zu erhalten.

Schließlich erklärte ein Mehrheitsbeschluß der Abgeordnetenkammer die Regierung wegen wiederholter Brüche der Verfassung für illegitim und appellierte ausdrücklich an die Streitkräfte, dieser Situation ein Ende zu machen. Die Regierungsfähigkeit Chiles, das seit 1933 von den politischen Parteien regiert worden war, war damit dahin. Die Erneuerung des Konsenses, der die Wiederherstellung einer Zivilregierung unter verfassungsmäßigen Bedingungen ermöglichte, sollte jahrelang auf sich warten lassen.

---

105 Valenzuela (1978:99).

Ein Minimalkonsens zwischen den Parteien und die Professionalisierung der Streitkräfte -diese beiden Faktoren hatten in *Chile* seit den dreißiger Jahren die Säulen der politischen Stabilität gebildet. Bekanntlich waren es regelmäßig mehrere Parteien gewesen, die das politische Regime gestützt hatten. Das geschah auf der Grundlage von Verhandlungen, für die das Parlament und die Leitungsgremien der betreffenden Parteien den institutionellen Rahmen abgaben. Ein politisches Gleichgewicht kam dadurch zustande, daß keine Partei in der Lage war, ein Machtmonopol zu erringen. Unter diesen Bedingungen blieb das Land regierbar. Die Parteien konnten dabei eine Klientel an sich binden, indem sie ihre Parteiprogramme zumindest partiell durchsetzten und Privilegien an diejenigen verteilten, die den Interessen der Partei dienten, beispielsweise dadurch, daß sie Funktionen und Posten in der Verwaltung übernahmen.

Anfang der sechziger Jahre entstand ein neues Szenarium im Parteiensystem, weil es ständig schwieriger wurde, einen festen Rahmen für Vereinbarungen zu finden. Die Erweiterung des Wahlrechts – der Beginn der sogenannten *„Politik der Massen"* – und der politische, soziale und wirtschaftliche Wandel, angestoßen von Frei 1964 und seit 1970 von Allende weitergeführt, beeinträchtigte das Parteisystem tiefgreifend; dies hat dann die spätere Krisis bewirkt[106]. Das Land wurde nun in drei Wählergruppierungen gespalten. Jede von ihnen vertrat Positionen, die sich im Laufe der Zeit mit denjenigen der anderen zunehmend als unvereinbar erwiesen.

Auf der Linken überwanden Kommunisten und Sozialisten Mitte der sechziger Jahre ihre überkommenen Spaltungen, erreichten unter dem Einfluß des internationalen Sozialismus die Einheit und präsentierten eine grundlegende Regierungsalternative. Später werden sie partiell einen Strategiewandel durchmachen, der sie auf den außerparlamentarischen bewaffneten Weg führte. Die *Democracia Cristiana* hingegen schob die Radikalen als die traditionelle Achsenpartei der chilenischen Politik beiseite und errang 1964 die Hegemonie über Regierung und Parlament. Die Rechte erlebte zunächst, bedingt durch ihre Spaltung in einen liberalen und einen konservativen Flügel, eine Abstiegsphase. Darauf folgte jedoch ein neuerlicher Aufstieg seit 1966 in der veränderten Gestalt der Nationalpartei mit einer gegenüber dem damaligen Parteisystem durchaus kritischen und kämpferischen Parteiführung.

Für diese Veränderungen lassen sich vor allem folgende Voraussetzungen anführen: Zunächst das Anwachsen der Wählerschaft. Sodann die Schwierigkeiten, die bei dem seit 1930 praktizierten Entwicklungsmodell auftraten, das

106 Hunneus (1981:19).

den Ersatz von Importen bei gleichzeitigem Produktionswachstum im Lande selbst vorsah. Des weitere die Strategie, unter Umgehung des parlamentarischen Weges auf gewaltsame Weise an die Macht zu kommen. Schließlich eine neue Politik der USA, mit Hilfe militärischer Ausbildung auf dem Kontinent die Subversion durch die Guerrillas zu bremsen[107].

Der politische Prozeß, der unter Frei in Gang gesetzt wurde, bildet mit dem, was unter Allende begonnen wurde, eine Einheit;[108] sie sind je ein Teil eines langfristigen Prozesses politischen Wandels. Zunehmende Spannungen in den Beziehungen zwischen Präsident und Parteien traten schon unter der Regierung Frei deutlich zutage; unter Allende haben sie sich im Grunde nur noch verschärft. Auch deswegen bilden die Regierungsperioden Freis und Allendes strukturell einen einheitlichen Zeitraum.

3. – Die Regierung des Generals Augusto Pinochet

Der Rückzug der Militärs aus der Politik 1932 war nicht gerade friedlich. Der Weg zur Wiedereinführung der Zivilregierung war mühevoll und langwierig[109].Vielleicht läßt sich mit diesen Schwierigkeiten auch die regelrechte Verbannung erklären, zu der die Streitkräfte damals verurteilt wurden; die Verbannung zwang sie dazu, sich in Körperschaften zu verwandeln, die den politischen Ereignissen fern standen[110], so daß es, als sie dann doch wiederum eingriffen, weitgehend unvorhersehbar war, welche Richtung sie bei ihrer Führung des Landes einschlagen würden. Und tatsächlich entpuppten sich die Militärs, die seit langem nicht mehr in die Politik involviert gewesen waren, als politische Unbekannte; die ideologische Identität der Oberbefehlshaber offenbarte sich erst im politischen Verhalten, das sie an den Tag legten, als sie an die Macht gekommen waren.

Die Christdemokraten, die sich als die tragende Mehrheitspartei und entscheidende Achse der chilenischen Politik betrachteten, gingen zunächst davon aus, daß die Streitkräfte nur eine Übergangsrolle spielen würden. Aber sie unterlagen einem gravierenden Irrtum, als sie fast unmittelbar nach dem Putsch freie Wahlen und die Machtübergabe verlangten, die sofort nach der Konsolidierung des Militärputsches hätte stattfinden sollen.

---

107 Ebd.
108 Hunneus (1981).
109 Siehe Kap. IV 4.
110 Vgl. Cavalla (1978).

Vielfach wird die Gewalt hervorgehoben, die die Entmachtung von Allende begleitete[111], die vor allem dann auffallen muß, wenn man sich klar macht, daß viele der "*Revolutionen*", Putsche oder Militäraufstände in Südamerika kaum mehr als Operettenepisoden gewesen sind, die jedenfalls kein solches Blutvergießen verursacht haben. Der chilenische Militärputsch von 1973 stellt diesbezüglich augenscheinlich eine Ausnahme dar. Dessen Brutalität dürfte allerdings von der Gewalt der vorhergehenden Periode in nicht unerheblichem Maße mitbedingt gewesen sein. Die Militärs wendeten ihre Gewalt eben vor allem gegen diejenigen, die vorher ihrerseits den Gebrauch "*revolutionärer Gewalt*" angekündigt hatten, und diese revolutionäre Gewalt hatte oft sehr undifferenziert auch solche Personen und Gruppen getroffen, die sich lediglich von der neu initiierten Politik distanziert hatten. Es waren die extremistischen Gruppen gewesen, die die gewalttätige Vorgehensweise der Militärs mitverursacht haben, die in ihrer Vorgehensweise nur die schwere politische Polarisierung widerspiegelten, in die das Land gefallen war. Die Militärs mußten z.B. den begründeten Verdacht haben, daß sich der politische Kampf länger hinziehen könnte, und daß der bewaffnete Widerstand der Guerilla-Gruppen in Anbetracht der Informationen, die ihnen während der letzten Zeit der Regierung Allende zugekommen waren, größer sein würde. Zur Unterstützung der Guerilla hatte man Waffen eingeführt, um damit auch die Arbeitergruppen auszurüsten, die in den mit der Regierung und der "*Unidad Popular*" befreundeten Gewerkschaften organisiert waren.[112]

3.1. – Die Installierung des Militärregimes

Die chilenische Wählerschaft zerfiel traditionell in drei Blöcke mit einer deutlichen Vorliebe für gemäßigte Richtungen. Dieser Grundtatbestand ist erst im Moment der politischen Krise umgebrochen worden, als sich die Wählerschaft um zwei nicht miteinander vereinbare Pole neugeordnet hat. Anstelle der "*drei Drittel*" waren "*zwei Hälften*" entstanden: die Hälfte der Opposition, mit etwa 60% der Stimmen, und die offizielle Mehrheit mit etwa 40%[113]. Obwohl nicht mit letzter statistischer Sicherheit beweisbar, läßt sich damit behaupten, daß die Mehrheit der Wählerschaft der Absetzung Allendes positiv gegenüberstand.

Unter den zivilen Kreisen, die -zusammengefaßt in der sogenannten "*Confederación por la Democracia*" (CODE)- den Aufstand unterstützten, lassen sich

111 Vgl. z.B. Prieto (1973).
112 Vgl. Ovalle (1975).
113 Wenn man die Ergebnisse der Parlamentswahlen vom März 1973 zugrundelegt.

folgende Richtungen unterscheiden: die Anhänger des konservativen Drittels, vertreten durch den "*Partido Nacional*", die "*Democracia Radical*", den "*Movimiento Gremialista*" und andere kleinere Gruppen, einige mit durchaus extremistischen Tendenzen, wie etwa die "*Patria y Libertad*". Sie unterstützten die neue Militärregierung ohne Einschränkungen, mehr noch: sie lieferten die Ideologie und die politischen Strategien.

Gemäßigter war dagegen die Mehrheitsfraktion des "*Partido Demócrata Cristiano*". In dieser Partei wiederum gab es einen Flügel, der den Tendenzen des konservativen Drittels zuneigte. Sie vertrauten darauf, daß die Militärs zur Machtübergabe an die Zivilisten bereit sind, sobald sie ihre Mission, die politischen Institutionen zu stabilisieren, erfüllt hätten. Auf jeden Fall hätten die Streitkräfte das Land gerettet; so hatte es Frei, zum Zeitpunkt des Putsches Präsident des Senats und Führer dieses Flügels, ausdrücklich erklärt. Der andere, weiter links stehende Flügel, geführt von Renán Fuentealba und Bernardo Leighton, bedauerte hingegen den militärischen Eingriff, da es ihrer Meinung nach durchaus noch politische Auswege aus der Krise gegeben hätte. Dieser Flügel konnte die Politik der Partei in den ersten Jahren nach dem Putsch aber nicht beeinflussen; die Politik der *Democracia Cristiana* war vielmehr durch die Zusammenarbeit mit den Militärs in allen Bereichen gekennzeichnet.

Das linksliberale Feld teilten sich die Christdemokraten mit der "*Partido Democrático Nacional*" (PADENA) und der "*Partido de Izquierda Radical*" (PIR), die anfangs sogar im Regierungskabinett der "*Unidad Popular*" vertreten waren.

Es läßt sich schwerlich behaupten, daß die Militärregierung und deren Anhänger eine monolithische Ideologie vertreten hätten, die von Anbeginn festgelegt war. Vor allem am Anfang der Militärregierung koexistierten mehrere Tendenzen nebeneinander. Sicher war damals nur, daß die Streitkräfte für lange Zeit an der Macht bleiben würden. Dieser Eindruck wurde noch verstärkt durch den

> ..."considerable amount of purging, that took place within the military itself after the coup"...[114]

Bei den Oberbefehlshabern der verschiedenen militärischen Institutionen läßt sich nicht nur eine kritische Haltung gegenüber der letzten Zivilregierung, sondern auch eine vage Wendung gegen die repräsentative Demokratie beobachten[115]. In den ersten Presseerklärungen der Militärbefehlshaber werden z.B. die Konturen korporativistischer Konzepte erkennbar, mit denen die Militärs den

---

114 Philip (1985:308).

115 Deshalb muß diesen Ideen allerdings noch keine entscheidende Rolle als Rechtfertigung des Putsches und der Repressionsmaßnahmen zugesprochen werden.

Umstand akzeptabel machen wollten, daß es in absehbarer Zeit nicht zu einer Rückkehr zur Demokratie kommen würde.

Zwei Faktoren trugen schließlich zur Konsolidierung des Militärregimes bei: Zum einen die Einheit und Disziplin, die die Streitkräfte in dieser Zeit zu wahren wußten, zum anderen die schnelle Rekrutierung einer beträchtlichen Anzahl von Spezialisten und Beratern, welche die Gestaltung der Wirtschaftspolitik übernahmen und es fertig brachten, ohne große Verzögerung einen kohärenten Aktionsplan zu offerieren, der dem Militärregime einen seriösen Inhalt verlieh; gleichzeitig führte das zur „*Technokratisierung*" des Politischen.

Die Tendenz, alle politischen Entscheidungen nur noch unter rein wirtschaftlichen Aspekten zu treffen und jegliches ideologisches Gedankengut, wie man es bisher kannte, in gewisser Weise zu verachten -obwohl diese Tendenz selbst Ausdruck einer bestimmten Ideologie ist-, hat das Kriterien der Effizienz in der Verwaltung verankert und die Bewertungs- und Entscheidungsstile der liberalen Marktwirtschaft in nahezu allen Bereichen des Staates absolut dominant werden lassen. Ihre Oktroyierung durch den Staat ist ganz wesentlich für den tiefgreifenden wirtschaftlichen und sozialen Wechsel verantwortlich, der in *Chile* in der Zeit des Militärregimes Platz griff. Hier liegt ohne Zweifel der eigentlich innovative, ja revolutionäre Charakter der Militärregierung, da eine ganz neue Art der Konfliktlösung damit verbunden war, die dem vollkommen entgegengesetzt war, was Graciarena als „*Kompromissstaat*" bezeichnet hat[116].

Die technokratische Regierungsführung diente außerdem als Vorwand dafür, die politischen Parteien zu untersagen, und der Rechtfertigung eines politischen Modells, das von seinen Initiatoren als sogenannte "*geschützte Demokratie*" gedacht war: Sie beinhaltete einen eingeschränkten Pluralismus, in dem es für einige oppositionelle Parteien keinerlei Platz gab und eine weitgehende Technisierung der Wirtschaftspolitik, die in der Verfassung von 1980 – der wichtigsten Schöpfung der Militärregierung- unabhängigen Körperschaften vorbehalten blieb[117].

Unter den zivilen Kreisen, die den Aufstand unterstützten, rief die konservativste, am stärksten traditionell orientierte Richtung, die vor allem durch den Senator Sergio Onofre Jarpa vertreten wurde, im Einklang mit der "*Estanquero*"-Gruppe dazu auf, "*eine nationalistische Revolution*" zu machen. Mit dieser ultrakonservativen Richtung konkurrierte der „*Movimiento Gremialista*", der durch Jaime Guzmán, einem Rechtsanwalt und Hochschullehrer, geführt wurde; auf ihn ist sowohl die inhaltliche Orientierung der Verfassung von 1980, als auch die zuvor schon verabschiedete "Grundsatzerklärung" ("*Declaración de Principios*")

116 Vgl. Graciarena (1967).
117 Vgl. *Constitución Política de 1980*, Kap. XII.

der Militärregierung zurückzuführen. Sie ist das zentrale ideologische Dokument, mit dem versucht wurde, ein politisches Modell korporativistischen Zuschnitts einzuführen, das mit dem Prinzip der Volkssouveränität kaum vereinbar war[118]. Beide Fraktionen der chilenischen Rechten stimmten indes darin überein, daß es die Vorherrschaft der Parteien und die Infiltration seitens des Marxismus gewesen wären, die für die Krise des Landes verantwortlich zu machen seien und die daher eine Bedrohung der nationalen Werte darstellten. Nicht zuletzt die ökonomische Stagnation und Inflexibilität erfordere eine Verfassung, in der die repräsentativen Organisationen der sogenannten "*sozialen Macht*" eine überragende Rolle spielen sollten, so daß sie als Gegengewicht zum Einfluß der politischen Parteien dienen konnten. Die lediglich subsidiäre Rolle des Staates sollte fest verankert werden, um der Privatinitiative wieder zur Entfaltung zu verhelfen. Zur Begründung einer Wirtschaftspolitik autarkieorientierter Industrialisierung griff man im übrige auf ähnliche Formulierungen zurück wie das Franco-Regime[119]. Denn damit ließen sich gleichzeitig auch weitreichende Eingriffe des Staates in die Wirtschaftsordnung rechtfertigen. Das Ziel, das sich die Streitkräfte gesetzt hatten, beschränkte sich demgemäß keineswegs auf rechts- und verfassungspolitische Aspekte. Es erstreckte sich vielmehr auch auf die wirtschaftlich-sozialen Ordnungsfelder. Wie das Ziel genau aussehen und wie es erreicht werden sollte, war freilich von Anfang an unklar.

Bis Mitte 1975 hatten die neuen Wirtschaftsfachleute, die sich um eine Verbesserung der schlechten wirtschaftlichen Lage des Landes bemühten, keine nennenswerten Ergebnisse erzielt. Dies führte zu einem Ministerwechsel im Kabinett, in das nun Jorge Cauas und Sergio de Castro berufen wurden – beides Schüler von Milton Friedman und als Jünger der Chicagoschule von ultraliberal-monetaristischer Tendenz. Die Sanierung der Staatsfinanzen suchten sie auf dem Wege einer ökonomischen "*Schocktherapie*“ zu erreichen. Das Programm war ursprünglich dazu gedacht, die Inflation zu bekämpfen, die sich seit dem Ende der vorhergehenden Regierung auf dem Niveau einer "*Hyperinflation*" befand. Es beinhaltete unter anderem eine drastische Reduktion des Staatshaushalts und der Staatsausgaben, Entlassungen von Beamten und Bediensteten der Verwaltungsbehörden, das Ende der Preisfestsetzungen und staatlicher Subventionierung bestimmter Produkte, die Kontrolle der Geldscheinemissionen und die Anpassung der chilenischen Währung an einem neuen Wechselkurs, der den Export fördern sollte. Es wurden Steuerreformen durchgeführt und das Arbeits- und Vorsorgerecht verändert; der Warenverkehr im Außenhandel wurde weitgehend freigegeben.

---

118 Vgl. S/A (1974a).
119 Vgl. Dlugosch (1998); Reyes Alvarez (1998).

Alle diese Maßnahmen waren auf einen grundlegenden strukturellen Wandel ausgerichtet. Sie basierten im wesentlich auf der Präferenz für private Akteure und der Subsidiarität staatlicher Initiativen, auf der Idee einer „*freien Marktwirtschaft*“ mithin, in der das Privateigentum den Motor einer dynamischen wirtschaftlichen Entwicklung abgeben kann. Aus der Sicht der Initiatoren dieser neuen Wirtschaftspolitik hatte der Staat aus einer verfehlten „*interventionistischen*“ Grundeinstellung heraus im Laufe der Zeit immer mehr Funktionen an sich gezogen, was sich nunmehr als gravierendes Hindernis für die weitere ökonomische Entwicklung Chiles erweise. Die Ursachen der Stagnation, in der sich das Land befand, sah man in der Ineffizienz der Behörden und staatlichen Unternehmen, in der überdimensionierten Bürokratie und einer kontraproduktiven Einschränkung der Privatinitiative durch die interventionistische Wirtschaftspolitik der "*Unidad Popular*". Um solchen Übeln ein Ende zu bereiten, müsse man die staatlichen Aktivitäten auf ein Minimum beschränken, den Marktkräften hingegen ein breites Feld garantieren. Mit diesem Projekt einer umfassenden strukturellen Reform wollte die *Junta* ihren revolutionären Charakter unter Beweis stellen. Auf die verheerenden sozialen Folgen solcher Wirtschaftspolitik wurde dabei freilich keinerlei Rücksicht genommen; sie war nur durchsetzbar, weil die Freiheitsrechte unter dem Militärregime außer Kraft gesetzt worden waren und alle politischen Organisationen, die wirksame Kritik und sozialen Protest hätten artikulieren können, in die Illegalität verdrängt worden waren.

Die internationale Finanzwelt hingegen begrüßte den wirtschaftspolitischen Kurswechsel zunächst, wobei man sich angesichts bestimmter Statistiken sogar zu einem Vergleich mit dem deutschen „*Wirtschaftswunder*“ nach dem Zweiten Weltkrieg verstieg. In der Tat lag das Wirtschaftswachstum ab 1977 bei durchschnittlich 8% jährlich. Kritiker haben hier aber darauf hingewiesen, daß man bei einer seriösen Analyse der einzelnen Bestandteile des Bruttoinlandsproduktes (BIP) sehr schnell bemerken könne, daß das gefeierte Wachstum im wesentlichen auf eine überdimensionale Ausdehnung der nichtproduktiven Sektoren wie Handel, Finanzen und Dienstleistungen zurückzuführen ist. Die Einnahmen des Landes hätten sich also nicht aufgrund angestiegener Exporte erhöht, sondern aufgrund wachsender Kredite aus dem Ausland; das Wirtschaftswachstum wäre somit im Grunde zu großen Teilen rein fiktiver Natur gewesen. Das Volumen der Auslandsschulden, das in den folgenden Jahren offenbar wurde, hat diese Sichtweise vollauf bestätigt.

Die Folgen der neuen Wirtschaftspolitik ließen nicht lange auf sich warten: Das Land versank in einer tiefen Rezession, bei der sein Bruttoinlandsprodukt um nahezu 15% absackte, während umgekehrt die Arbeitslosigkeit auf bis zu 20% anstieg. Erst im Jahre 1975 ging die Inflation von 500% auf 160% zurück;

gleichzeitig sank aber auch die Investitionsrate um circa 15%[120]. Die Armut im Lande nahm deutlich zu. In Anbetracht der massiven Kritik – vielfach im übrigen auch von Anhängern oder Mitgliedern des Militärregimes selbst geäußert – war die Regierung zumindest bereit, ein Beschäftigungsprogramm aufzulegen, das die Arbeitslosigkeit vorübergehend um 5% verringern konnte. Den von diesem Programm erfaßten Arbeitnehmern wurde ein Gehalt in Höhe des „*Existenzminimums*" garantiert; irgendwelche darüber hinausgehenden sozialen Vorteile oder Absicherungen waren damit aber nicht verbunden. Es war mithin der soziale Bereich, wo sich die Schatten des neuen wirtschaftlichen Modells am deutlichsten zeigten. Der Abbau des Behördenapparates stürzte Tausende in die Arbeitslosigkeit und die drastische Senkung der Einfuhrzölle führte zum Bankrott vieler kleinerer, mittlerer und sogar großer Unternehmen, die nach dem abrupten Wegfall der Schutzzölle von einem auf den anderen Tag nicht mehr wettbewerbsfähig waren.

Anfang 1981 brach eine neuerliche Wirtschaftskrise aus. Die Rezession, die im folgenden Jahr um sich griff, brachte einen Sturz des Inlandsproduktes um 14% und einen Rückgang der industriellen Produktion um 21% mit sich. Viele Unternehmen machten Bankrott, was die Arbeitslosigkeit auf nahezu 25% ansteigen ließ. Eine Auslandsschuld von mehr als 17 Milliarden US$, momentan eine der höchsten der Welt, kam hinzu. Das private Finanzsystem stürzte aufgrund der allgemeinen Zahlungsunfähigkeit vollkommen ab, bedingt nicht zuletzt durch Beibehaltung des Wechselkurses, die den hohen Verschuldungsgrad in ausländischer Währung mit unnatürlich niedrigen Zinsraten begünstigte. Um den absoluten Kollaps der Wirtschaft zu verhindern, war die Regierung gezwungen, im Finanzsektor zu intervenieren, indem sie für die Auslandsschulden der chilenischen Banken bürgte. Die Gehälter wurden wieder der staatlichen Kontrolle unterworfen.

Das geradezu paradoxe Endergebnis der Wirtschaftspolitik unter der Militärregierung war dann schließlich, daß sich die staatlichen Interventionen in die Wirtschaft letztendlich sogar als breiter und tiefer erwiesen als zu Zeiten der "*Unidad Popular*". Das private Finanzsystem war bankrott und wurde durch Beauftragte der Regierung verwaltet; der Bankrott traf auch die wichtigsten Unternehmen des Landes, die sich faktisch im Eigentum der Banken befanden und dann in das Eigentum des Staates, der sich der Banken annehmen mußte, übergingen. Nach zehn Jahren Militärregime befand sich das Land in wirtschaftlicher Hinsicht wieder dort, wo es zum Zeitpunkt des Putsches gestanden war. Die ruinösen Folgen des überspitzten, zum Dogma erhobenen Monetarismus hatten eine erneute wirtschaftspolitische Kurskorrektur unausweichlich gemacht.

---

120 Friedmann (1990:56).

Daß die *Junta* mit ihrem wirtschaftspolitischen Konzept offenkundig gescheitert war, blieb für ihr politisches Projekt nicht ohne Folgen. Ab 1982 verlor die Militärregierung ihre uneingeschränkte Handlungsfähigkeit, die sich allerdings immerhin als ausreichend erwies, um wichtige Teile dessen zu realisieren, was sich die *Junta* bei ihrer Machtergreifung vorgenommen hatte. Dabei entstand so etwas wie eine neue soziale "*Kultur*"[121], die sich im Hervortreten eines neuartigen Innovations-und Wettbewerbsgeistes und in einer Diversifizierung der ökonomischen Aktivitäten ausdrückte. Es kam dabei auch zu einer engeren Anlehnung an den Lebensstil der okzidentalen Welt, zu deren charakteristischen Wesenszügen allerdings gerade auch vertiefte soziale Unterschiede, eine individualistische Atomisierung der Gesellschaft und ein neuer Materialismus zählen, der den Mensch nicht mehr an erster Stelle der sozialen Beziehungen zu sehen scheint.

3.2. – Neue Institutionalität

Einer der stärksten Standbeine, auf denen die Macht des Militärregimes ruhte, war die Legalität, deren sie sich berühmte. Es handelte sich in diesem Sinne um eine "*legalistische Diktatur*". Die verfassungspolitische Linie des Militärregimes wies freilich einige Schwankungen und Unsicherheiten auf, die darauf schließen lassen, daß man sich über den einzuschlagenden Kurs nicht immer im Klaren war. Fest stand nur, daß sich die neue Regierung an eine Verfassung binden wollte, die den Regulierungsrahmen nicht nur für die Zeit ihrer eigenen Tätigkeit abgeben, sondern auch die irgendwann nachfolgende Zivilregierung binden sollte.

Die verfassungspolitischen Vorstellungen der Militärs lassen sich sehr gut seiner ersten programmatischen Äußerung entnehmen, die sie der Regierung bereits am 26. November 1973 zukommen ließen. Darin werden mehrere Reformen vorgeschlagen, denen sich die Verfassung von 1925 unterzogen werden sollte. Die Stärkung der präsidentiellen Befugnisse gegenüber dem Kongress und die Verteidigung dessen, was als „*wesentliche Werte des Chilenentums*“ bezeichnet wurde, sollten die Kernpunkte darstellen. Um die "*historisch-kulturelle Identität der Nation*" zu retten, sollten alle nationalen Kräfte integriert werden; dies sollte durch die Zusammenfassung der Mittelschichten in einer "*neuen Institutionalität*" erreicht werden, die auch der Einfluß der politischen Parteien zurückdrängen konnte. Den Parteien sollte kein Einfluß zustehen, wie sie ihn vormals hatten. Den Grundrechten sollten entsprechende "*Pflichten*" gleicher Rang-

---

121 Vgl. Puryear (1994).

ordnung zur Seite gestellt und die Idee des Wohlfahrtstaates dadurch überwunden werden, daß die individuelle Verantwortung und Vorsorge betont wird. Gleichzeitig wurde das Eigentumsrecht gestärkt, wobei dessen soziale Funktionen beschworen wurden.

Die innere Struktur der Legislative – Ein oder Zweikammersystem – sollte bis zu einer späteren Entscheidung offen bleiben; es war jedenfalls geplant, daß den Vertretern der politischen Parteien in den legislativen Entscheidungsorganen Mitglieder einer technokratischen Bürokratie zur Seite treten, die für bestimmte Arbeitsfelder zuständig sein sollten[122]. Diese verfassungspolitischen Richtlinien haben dann später der Verfassung von 1980 ihren Inhalt gegeben.[123] Die Verfassung wurde von einer Kommission verfaßt, die ihre Tätigkeit auf der Grundlage von Richtlinien aufnahm, die von General Pinochet in einer Rede im Jahr 1977 erteilt worden waren[124].

Mit dem Gesetzesdekret Nr. 527 vom Juni 1974 gab sich die Militärregierung eine innere Satzung, die die Arbeit ihrer Mitglieder, deren Rangordnung und schließlich das Verfahren regelte, nach dem die Posten besetzt werden sollten. Die Militärregierung nahm dabei Exekutive und Legislative unter Einschluß der Verfassungsgebung gleichermaßen für sich in Anspruch und ließ nur die Judikative in ihrer alten Zusammensetzung und Funktion. Ende 1975[125] wurde mit dem sog. „Staatsrat" (*Consejo de Estado*) ein oberstes Beratungsorgan gebildet, das zugleich an der Spitze der Exekutive in zivilen Regierungs- und Verwaltungsangelegenheiten stehen sollte. Die Zusammensetzung dieses Organs, das mit angesehenen Juristen und Persönlichkeiten des politischen Lebens besetzt war, hatte vor allem auch den Zweck, die legislativen Entscheidungen der Militärregierung legitimieren zu helfen.

Am 11. September 1976 ergingen drei neue „Verfassungsbriefe" (*Actas Constitucionales*), die die neue Staatsordnung regelten; möglicherweise deshalb, weil die Langwierigkeit der Vorarbeiten an der Verfassung den Erlaß vorläufiger konstitutioneller Akte notwendig machte, um der Militärregierung durch einen entsprechenden rechtlichen Rahmen die erforderliche Legitimität zu verleihen. In diesen „*Verfassungsbriefen*" wurde erklärt, daß die Militärregierung im Besitz der Souveränität sei, die sie im Namen des Volkes, bei dem die Souveränität laut Verfassung liegen sollte, ausübe. Ein Katalog individueller Rechte wurde statu-

---

122 Cit. Blumenwitz (1981:622).

123 Vgl. Garretón (1980); Schubert (1981).

124 Es handelt sich um die sogenannte "*Rede von Chacarillas*" vom 09.07.1977.

125 1. Verfassungsbrief (*Acta Constitucional* N°1) vom 31.12.1975, veröffentlicht im Staatsanzeiger vom 9.Januar 1976.

iert, zusammen mit einem neuen Rechtsmittel[126] zu ihrem Schutz. Auch der Ausnahmezustand wurde geregelt. Parallel dazu wurde die Arbeit an der neuen Verfassung weiter geführt; fünf Jahre später konnte sie dem Land zur Abstimmung vorgelegt werden. Zuvor, am 10. November 1977, hatte die Militärregierung durch ihren Präsidenten noch die "*Richtlinien für die Kommission zur Erarbeitung einer neuen Verfassung*" erlassen, in denen sie sich über die institutionelle Struktur und die Zukunft der Demokratie in *Chile* äußerte. Die wesentlichste Aussage dieses Dokumentes lag in der Ankündigung, zu einem späteren Zeitpunkt die Macht an die Zivilisten übergeben zu wollen; gleichzeitig wurde ein Bekenntnis zur sog. "*Schutz- oder Autoritätsdemokratie*" abgelegt, in der die "Bildung und Bewahrung der Macht“ von Kräften „außerhalb des Parlaments und seiner vorgeblichen Volksrepräsentation“ bewirkt werden. Im Vordergrund steht vielmehr ein "*bürokratischer oder technokratischer Autoritarismus*", der in Lateinamerika als ein "grundsätzlich neues Phänomen des politischen Geschehens“ empfunden wurde und der den „Herausforderungen der dramatischen Umgestaltung des Kontinents im 20.Jahrhundert“ gerecht werden sollte“[127].

In der Begründung des Verfassungsentwurfes proklamierte die Regierung eine "*neue Institutionalität*", deren ausdrückliches und vorrangiges Ziel es sei, in Zukunft eine Regierung mit marxistischer Orientierung zu verhindern; hierin befand sie sich auf einer Linie mit den konservativen Kreise des Landes. Die Streitkräfte wurden zum Garanten der institutionellen Ordnung erklärt; sie sollten die „*neue Demokratie*“ schützen. Dazu wurde ein Sicherheitsrat mit weit gezeichneten Befügnissen gebildet, in dem die obersten Kader der Streitkräfte dominierten[128].

Am 11. August 1980 wurde schließlich der Verfassungsentwurf selbst vorgestellt, der dann in einer Volksabstimmung vom 11. September desselben Jahr gebilligt wurde. In der ersten Phase ihrer Gültigkeit, in der noch die Übergangsregeln anwendbar waren und die am 11.März 1981 beginnen sollte, blieb aber jegliche politische Betätigung untersagt[129].

Wenn die Volksabstimmung von 1980 auch nicht die formellen Voraussetzungen einer freien Wahl erfüllte – es fehlte schon an Wahlregistern, welche die Legalität der Wahlverfahrens garantieren konnten –, so ist doch bislang von keiner Seite die mehrheitliche Annahme des Verfassungsentwurfes in Frage gestellt worden. In diesem Sinne stellen sich die Ursprünge der beiden letzten Verfas-

126 Die sogenannte "*Schutzklage*", die eine analoge Funktion zu dem *Habeas Corpus* in bezug auf alle in der Verfassung anerkannten Rechte außer der persönlichen Freiheit, erfüllt.
127 Blumenwitz (1981:624). Cit. Goldberg (1980:25 ss.); Cardoso (1979).
128 Vgl. Bustos (1987).
129 Verfassung von1980, zehnte Übergangsregelung.

sungen in *Chile* sehr ähnlich dar[130]. Die Etappe des wirtschaftlichen Aufschwungs zwischen 1978 und 1981 konnte eine gewisse Euphorie über das vom Militärregime favorisierte wirtschaftspolitische Modell hervorbringen, die von den Militärs bei der Verfassungsabstimmung recht geschickt dazu genutzt werden konnte, für ihr Verfassungsprojekt entsprechende Mehrheiten zu finden.

Die Grundstruktur der neuen Verfassung -nunmehr die dritte innerhalb von 140 Jahren (was relativ wenig ist, wenn man es mit dem Werden und Vergehen der Verfassungen in anderen Teilen des Kontinents vergleicht)- war durch die Fehlentwicklungen bedingt, die man der "*Unidad Popular*" anlasten wollte. Daß an der Ausarbeitung der neuen Verfassung diejenigen nicht teilnahmen, die im September 1973 von der Macht verdrängt worden waren, versteht sich schon von daher, denn man glaubte ihnen die Verantwortung für den Putsch zurechnen zu können und betrachtete sie daher zur Festlegung der neuen Verfassungsregeln nicht legitimiert. Viele -wenn nicht alle- der in der neuen Verfassung beinhalteten Neuerungen stellen sich als Reaktion auf die politischen Geschehnisse der unmittelbar vorangehenden Regierungsperiode dar; sie suchen eine Wiederholung dieser Krisenphase zu vermeiden. Dazu wurde auch eine Reihe neuer Mechanismen in die Verfassung eingefügt, die dazu beitragen sollten, politische Sackgassen zu öffnen, die in der vorhergehenden Verfassung angelegt waren: Um einen Wahlverlauf wie den von 1970 zu vermeiden, bei dem Allende mit relativer Mehrheit gesiegt hatte, so daß infolgedessen das politische Problem einer Minderheitsregierung zu bewältigen war[131], wurde für die Präsidentschaftswahlen das Erfordernis einer absoluten Mehrheit statuiert, indem man das französische Modell einer "*zweiten Runde*" übernahm[132]. Um eventuelle Konflikte zwischen Exekutive und Legislative schnell beenden zu können, war es dem Präsidenten fortan von Verfassungs wegen erlaubt, den Kongress aufzulösen und Parlamentswahlen anzusetzen[133]. Außerdem wurden dem Präsidenten in großem Umfang gesetzgebende Befugnisse übertragen. Das ausgeprägte Gesetzesinitiativrecht des Präsidenten und sein Vetorecht haben das Parlament gegenüber der Exekutive in eine deutlich untergeordnete Position gerückt.

Um allzu häufige Wahlen zu vermeiden, die nach Ansicht der Regierung in der Vergangenheit für die mangelnde Effizienz der Regierung verantwortlich

---

130 Siehe Kap. IV 3.

131 Siehe Kap. V 2.3.

132 Eine zweite Wahl unter den beiden relativen Mehrheiten. Artikel 26 S. 2 der politische Verfassung von 1980.

133 Artikel 32 Nr. 2 der Verfassung von 1980, gegenwärtig außer Kraft gesetzt. Es ist eine Situation, die durchaus noch einmal vorkommen könnte, und für deren Lösung keine rechtliche Lösung vorgesehen ist.

gewesen waren, wurde für den Präsidenten eine Amtsperiode von acht Jahren[134] vorgesehen. Der Senat wurde über die aus allgemeinen Wahlen hervorgegangenen Senatoren hinaus um eine kleine Gruppe ernannter Mitglieder erweitert; diese Mitglieder wurden aus den Reihen der hohen Beamtenschaft, aber auch von den Streitkräften, den Universitäten und der Justiz entsandt. Die Gegner der Verfassung sehen darin eine inakzeptable Beeinträchtigung der demokratischen Willensbildung[135].

Die am meisten umstrittene Verfassungsänderung war aber ohne Zweifel die Institutionalisierung der Streitkräfte in der Regierung, auch wenn damit nur etwas verfassungsrechtlich umgesetzt wurde, was in der Vergangenheit faktisch häufig der Fall gewesen war und einer verbreiteten Vorstellung von der Funktion der Militärs entsprach: Daß den Streitkräften nämlich die Aufgabe zukomme, Streitigkeiten zwischen den politischen Eliten zu beenden, wenn sich diese festgefahren haben und eine reguläre Konfliktlösung chancenlos erscheint.

Der Rat für Nationale Sicherheit ist die Institution, mit der die Streitkräfte im politischen System präsent sind. Wenn diese Präsenz gegenwärtig auch schwächer ausfallen mag, so ist sie doch immer noch spürbar, weil der Rat für Nationale Sicherheit auch als informeller Diskussionskanal für politische Themen fungiert. In entscheidendem Unterschied zum vorgehenden Rat für Nationale Sicherheit, wie ihn die Verfassung von 1925 kannte, war der Rat in seiner neuen Variante nicht auf die Angelegenheiten der äußeren Sicherheit und der Landesverteidigung beschränkt, sondern gleichermaßen für die Innenpolitik zuständig: Die neue Verfassung bezeichnet die Streitkräfte ausdrücklich als "*Garanten der institutionellen Ordnung*" und hielte sie damit in die Rolle eines Vormundes, der die politischen Aktivitäten der zivilen Regierungsinstitutionen und Parteien zu beaufsichtigen hat. Später wurde die Kompetenz der Militärs allerdings enger gefaßt: Bei einer weiteren Änderung der Verfassung wurde ihnen das Recht der Meinungsäußerung zugesprochen in Angelegenheiten „der äußeren und inneren Sicherheit" und in allen Fragen, die die Grundlagen der institutionellen Ordnung des Landes betreffen[136].

In breiten Kreisen besteht jedenfalls ein Konsens darüber, daß die Streitkräfte in die Politik eingreifen können, wenn bestimmte Bedingungen es erfordern. Die Realität wird sich hier wohl durchsetzen und letztendlich mehr Gewicht haben als eine Verfassungsänderung, die die Militärs von der Politik ausschlösse. Denn die unmittelbare Beeinflussung der Politik durch die Streitkräfte ist in *Chile* ein

134 Gegenwärtig auf sechs Jahre geändert.

135 Artikel 45 der Verfassung von 1980. Vor allem auch dieser Punkt wird gegenwärtig sehr intensiv diskutiert; siehe hierzu Kap. VIII 7 und 8.

136 Vgl. Artikel 96 der politischen Verfassung von 1980.

altvertrautes, seit langem die politische Bühne bestimmendes Phänomen: Die hohen Kader der Streitkräfte sind seit den vierziger Jahren immer dann zu Mitgliedern der Kabinetts bestellt worden, wenn es nicht mehr möglich war, bei einer Krise zwischen Regierung und Opposition eine Verhandlungslösung zu finden. Seit 1941 sind sie für die öffentliche Ordnung während der Wahlen zuständig und seit 1958 wirken sie beim Schutz der inneren Sicherheit des Staates mit[137]; sie sind dabei befugt, im Falle eines Ausnahmezustandes Operationen gegen die Subversion durchzuführen. Seit im Jahre 1960 mit dem Gesetzesdekret Num. 181 der *Rat für Nationale Sicherheit* begründet wurde, sind die Militärs in diesem Gremium vertreten, und seit 1972 sind sie damit betraut, das Gesetz über die Waffenkontrolle zu exekutieren. Diese Kompetenzen gehen über die äußere Landesverteidigung weit hinaus und vermögen unter Beweis zu stellen, wie die faktische Entwicklung des politischen Lebens in Chile dazu geführt hat, die Streitkräfte in diesem Bereich zu integrieren[138].

Was von einigen Autoren als "*Prätorianismus*" bezeichnet wurde, trifft für *Chile* nicht so ohne weiteres zu. Für die meisten politischen und sozialen Gruppen war der Appell an die Streitkräfte, in einer ausweglosen Situation einzugreifen, nur die *ultima ratio* politischen Handelns. Das Ende der *Unidad Popular* zeigt gerade, daß alle institutionellen Wege und regulären Konfliktmechanismen ausgeschöpft sein mußten, bevor es zu einer gewaltsamen Absetzung einer Regierung kommt; sie wird dann von weiten Kreisen – zu Recht oder nicht, sei hier dahingestellt – als der einzig mögliche Ausweg aus der Krise betrachtet. Die Politisierung der Streitkräfte und ihre Neigung zu putschen hängt meines Erachtens mehr von der Stabilität des Parteiensystems und seiner Fähigkeit ab, mit seinen spezifischen Regeln die Interessenkonflikte der Gesellschaft kanalisieren und lösen zu können; der Neigung der Streitkräfte zur Politik oder gar zur Erpressung der zivilen Politiker kommt hier nur eine untergeordnete Bedeutung zu.

Einige behaupten sogar, die verfassungsrechtliche Institutionalisierung der Streitkräfte innerhalb des politischen Systems habe immerhin den Vorteil, daß mit ihr so etwas wie ein normativer Rahmen für die politische Intervention im Krisenmoment gegeben sei; damit sei zugleich auch ein Element rechtlicher Beschränkung installiert worden, das den Militärs den Mißbrauch ihrer privilegierten Machtstellung zumindest erschweren könne[139].

Die Einführung der Zivilregierung, wie sie in der neuen Verfassung vorgesehen war, war von den Übergangsvorschriften dieser Verfassung für den Zeitraum von 1981 bis 1990 in radikaler Weise ausgesetzt worden. Die Rigidität die-

---

137 Gesetz Nr. 12.927 vom 06.08.1958.
138 Miranda (1973:5ff.).
139 Vgl. Schmitt (1979:13,27).

ser Einschränkung wurde erst dann in Richtung einer zaghaften Liberalisierung gemildert, als sich ab 1982 die Reorganisierung der politischen und sozialen Gruppen als unausweichlich erwies[140]. Die Gesetzgebung blieb aber auch damals noch in den Händen der Militärregierung. In der Art und Weise, in der die neue Verfassung das Zusammenspiel der Institutionen und Organe regelt, wird ein geradezu traumatisches Mißtrauen gegenüber einem Verfassungsstaat sichtbar. Es scheint, als hätten die Militärs zur Heilung der erfahrenen politischen Krise eine Minimierung des Dissensraumes und eine Beseitigung der in jeder Demokratie angelegten und institutionalisierten Konflikte gesucht[141].

Was bei dem verfassungspolitischen Projekt der Militärs am meisten die Aufmerksamkeit auf sich ziehen muß, ist der Umstand, daß man die verlorene politische Stabilität mit einer Verfassung glaubte wiedererlangen zu können. Man dachte gar nicht daran, das rissige Gewebe der politischen Arena auf eine andere Weise wiederherzustellen. Aber das Projekt der neuen Verfassung wurde von den Streitkräften durchgesetzt ohne zu bedenken, daß der Bestand der verfassungsrechtlichen Innovationen in erster Linie von der zukünftigen Entwicklung eines stabilen, arbeits- und konsensfähigen Parteiensystems abhängen würde, viel weniger hingegen von der Festsetzung hoher Quoren für die Änderung dieser Vorschriften.

3.3. – Das Parteiensystem unter dem Militärregime

Die politischen Parteien in *Chile* repräsentieren jeweils tief verwurzelte Subkulturen, an denen weder eine längere Verbannung von der politischen Bühne, noch die Tatsache umwälzender ökonomischer Transformationen etwas hätten ändern können. Das Verbot der politischen Parteien hat aber die Kommunikation und die Annäherung zwischen den verschiedenen Gruppen behindert[142]. Die Heterogenität der Gesellschaft, ihre „*Atomisierung*", wenn man so will, haben zudem bei den Parteien gewisse Identifikations- und Rekrutierungsprobleme verursacht, da die Mechanismen der „*Vetternwirtschaft*", die in der Vergangenheit die Bindung zwischen den Parteien und der Wählerschaft gewährleistet hatte, mit dem Militärputsch außer kraft gesetzt worden waren.

Solange es auf der internationalen Ebene den Gegensatz zwischen den Großmächten gab, blieb die Parteienlandschaft auch in *Chile* in hohem Maße

---

140 Siehe Kap. VI 2.2.2.

141 Vgl. Blumenwitz (1981:649).

142 Es ist der ursprüngliche Wortlaut des Artikels 8 der Verfassung von 1980, der zum Ende der Militärregierung durch die im Gesetz Nr. 18.825 vom 17.08.89 beinhaltete Verfassungsreform außer Kraft gesetzt wurde.

von der ideologischen Polarität der Parteien geprägt. Ihre Tätigkeit konnten sie, wenn überhaupt, nur noch in einem geschützten Ersatzraum ausüben, der ihnen von der Katholischen Kirche gewährt wurde. Sie gab den Parteien im Untergrund auf verschiedene Weise ihre Deckung und Unterstützung, etwa durch Publikationsmöglichkeiten, Schulungszentren oder humanitäre Organisationen[143]. Daß man ihr diese Unterstützung als unkirchliche Politisierung ankreiden würde, nahm sie dabei bewußt in Kauf.

3.3.1. – Die Rechte

Bereits drei Tage nach dem bewaffneten Aufstand unterstützte die *Partido Nacional*, die wichtigste Partei der Rechten, bedingungslos die neue Regierung[144] und verkündete einseitig die Auflösung ihrer Organisation und den offiziellen Rückzug ihrer Mitglieder aus der aktiven Politik. Sie stellte sich rückhaltlos hinter das Verfassungsprojekt der Regierung, ohne daß sich dabei zunächst irgendwelche Zerwürfnisse unter den verschiedenen Gruppen, aus denen sie bestand, bemerkbar gemacht hätten. Erst ab 1983 wurden dann Diskrepanzen offenbar, bei denen sich einige stärker liberal orientierte Gruppen abspalteten, die der Regierung kritisch gegenüber standen, vor allem deswegen, weil sie keinerlei Möglichkeit einer halbwegs unbeeinträchtigten Betätigung sahen.

Im übrigen gestalteten sich die Beziehungen der Militärs zu den politischen Kräften der Rechten recht unkompliziert; letztere haben sich den neuen politischen Sachstand relativ leicht untergeordnet und angepaßt. Das lag teils daran, dass diese Kräfte nur schwach institutionalisiert waren, teils daran, daß ihre Anhänger und Führer in die Militärregierung einfach integriert wurden. Ein aktives Parteileben im Untergrund, wie bei den Christdemokraten oder den linken Gruppen, gab es bei der politischen Rechten nicht. Dies änderte sich erst ab 1983 mit der Gründung des *Movimiento Unión Nacional* (MUN), der sich als Vorgänger einer reorganisierten rechten Partei in der postautoritären Phase erweisen sollte. Die Rechte hat das Militärregime im Grundsätzlichen bis zum Schluß unterstützt, auch wenn sich gegen Ende der Militärregierung in der Frage der Wiedereinführung einer Zivilregierung deutliche Meinungsverschiedenheiten zwischen ihren Hauptexponenten zu zeigen begannen.

---

143 Vgl. Donoso Loero (1974); Yáñez Rojas (1988).

144 Erklärung des *Partido Nacional* aus Anlaß des Militärputsches, 14.09.1973.

3.3.2. – Die Parteien der Mitte

Die bedeutendste Partei der „*Mitte*“, die Christdemokraten, zeigten in ihrem Verhältnis zum Militärregime eine durchaus schwankende Haltung. Der konservative Flügel der Partei begrüßte und rechtfertigte den militärischen Eingriff als einzigen Ausweg aus der politischen Krise. Gleichzeitig verurteilte aber der liberale Flügel den Bruch mit der institutionellen Normalität. Eine erste Etappe der Parteigeschichte nach dem Putsch ist demnach durch eine zweideutige und halbherzige Unterstützung der neuen Regierung durch die Christdemokraten gekennzeichnet. Trotz des dekretierten Parteienverbots wurde diese Haltung fast während der gesamten autoritären Periode beibehalten; einige Christdemokraten traten zunächst sogar in die Regierung (1973-76) ein. In der zweiten Phase (1976-85) gingen die Partei aber deutlicher auf Oppositionskurs zum Militärregime, vor allem nachdem sich die Linken an die politische Mitte angenähert hatten, so daß eine gemeinsame Oppositionsbildung unter Christdemokraten und Sozialisten möglich wurde[145]. In einer dritten Phase (1985-1989) schließlich näherte sich auch die liberale Rechte an, um gemeinsam mit den Christdemokraten einen Weg zur Zivilregierung zu finden. Dies kam in dem interparteilichen Dokument der sogenannte "*Acuerdo Nacional*" von 1985 deutlich zum Ausdruck.

Die christdemokratischen Führungskräfte mußten indessen bald feststellen, daß die Offiziere keineswegs bereits waren, im Zuge freier Wahlen die Macht abzugeben. Es schien damals vielmehr die einhellige Meinung der militärischen Führer zu sein, zur Durchführung der grundlegenden Reformaufgaben für lange Zeit an der Macht bleiben zu müssen. Hinzu kam, daß das von den Militärs propagierte wirtschaftspolitische Modell bei den Christdemokraten auf ausgesprochene Reserve stieß, teils, weil sie die ultraliberale Orientierung dieser Politik nicht mehr mittragen wollten, teils, weil die wirtschaftspolitischen Pläne die Absicht der Militärs offenbarten, über einen wesentlich längeren Zeitraum hinweg an der Macht zu bleiben, als sich dies die Christdemokraten vorgestellt und gewünscht hatten.

Die Richtungskämpfe innerhalb der Partei wirkten in den ersten Jahren auf die Erarbeitung und Durchführung einer einheitlichen oppositionellen Strategie hemmend aus. Es nahmen dann demzufolge auch zwei innerhalb der Partei miteinander rivalisierende Strategien nebeneinander Gestalt an: Die eine, vertreten durch Frei, rief zur Bildung einer mehrparteilichen Allianz, der "*renovación democrática*", auf; diese Allianz sollte durch die Parteien von der gemäßigten Rechten bis zur gemäßigten Linken, durch breite Bevölkerungskreise und

145 Vgl. Fernández Jilberto (1985); Garretón (1980); Valenzuela; Valenzuela (eds.) (1982).

schließlich auch durch Gewerkschaften, Universitäten und Kirche unterstützt werden. Am Ende sollten sich die Streitkräfte selbst mit dem Ziel dazu gesellen, im Land wieder einen politischen Grundkonsens zu gewinnen[146]. Der Parteiflügel um Tomic lehnte den Vorschlag Freis ab und schlug stattdessen vor, die Parteien der Unidad Popular in ein gemeinsames Oppositionsbündnis miteinzubeziehen. Bis zur Volksabstimmung von 1980, deren Ergebnis für die Christdemokraten eine schwere Niederlage bedeutete, konnte sich indessen keiner dieser beiden Vorschläge innerhalb der Partei klar durchsetzen.

3.3.3. – Die Linke

Bei der Linken lassen sich bezüglich ihres Verhältnisses zum Militärregime zwei Richtungen unterscheiden: Zur der extremen, "*leninistischen*" Richtung zählten die Kommunisten und ein Flügel der Sozialistischen Partei, der vom ehemaligen Finanzminister der "*Unidad Popular*", Pedro Vuskovic, geführt wurde. Hier strebte man die Bildung einer "*antifaschistischen Front*" an, an der sich alle politischen Kräfte ohne Rücksicht auf ihre jeweilige Ideologien beteiligen sollten. Der Kampf gegen das Militärregime sollte in zwei Phasen ablaufen: In der ersten Phase sollte der Kampf von allen politischen Kräften gemeinsam gegen die Putschisten geführt werden. In der zweiten Phase hingegen, nach der „*Überwindung der Usurpateure*“, sollte jede politische Richtung mit ihren jeweils eigenen Zielen den Kampf um die Macht wiederaufnehmen.

Die gemäßigte Richtung, die sich sehr stark an den Ideen Gramscis orientierte und in ihrer Mehrheit durch Mitglieder der Sozialistischen Partei dominiert war, rief zwar gleichfalls zur Bildung einer programmatischen Allianz unter allen oppositionellen politischen Gruppen auf, um auf diese Weise den Sturz des Militärregimes herbeizuführen, wollte dann aber diese Allianz auch über diesen Zeitpunkt hinaus erhalten, um auf diese Weise die Regierungsfähigkeit des Landes sicherzustellen. Die gemäßigten Linken begannen die repräsentative Demokratie deutlich aufzuwerten, weil sie sich zutrauten, auch in diesem Rahmen eine sozialistische Hegemonie erreichen zu können.

Die linken Parteien übten in den Jahren des Militärregimes durchaus Selbstkritik, und zwar ab 1979 vor allem im Ausland, wo sich die Mehrheit ihrer bedeutendsten Führer im Exil aufhielt. Das Scheitern der "*Unidad Popular*"[147] und

146 Frei, Eduardo. Das Mandant der Geschichte und die Anforderungen der Zukunft. Santiago, 1975. Zit. Friedmann (1990:202).

147 Die Selbstkritik der Linken angesichts des Scheiterns der *Unidad Popular* richtete sich vor allem gegen die extremistischen Gruppen in der Koalition wie die Sozialistische Partei und den MIR, die damals einem "*kleinbürgerlichen Revolutionismus*"

die wirtschaftlichen und sozialen Veränderungen, die sich in *Chile* damals zutrugen, ließen eine Erneuerung der Inhalte und Zielsetzungen linker Politik dringlich erscheinen.

Zwischen 1979 und 1982 hatte sich ein "*Sozialistischer Block*" gebildet, der aus der gemäßigten Fraktion der Sozialistischen Partei, damals von Carlos Altamirano geführt, der *Izquierda Cristiana*, der MAPU und schließlich der MAPU-*Obrero Campesino* zusammensetzte. Mit dem Bündnis sollte der linke Teil des Parteiensystems neu organisiert und das traditionelle Gedankengut des Leninismus durch seine Verbindung mit den Ideen Gramscis erneuert werden. Dazu zählte auch ein neues Verhältnis zur repräsentativen Demokratie, der man *bis dato* den bewaffneten Weg zu Machtergreifung vorgezogen hatte. Es blieb aber immer unklar, ob die Regeln eines demokratischen politischen Systems tatsächlich ein Ziel an sich waren, oder nur das Mittel sein sollte, mit dem man den Übergang zu einem kommunistischen Staat, wie der Sowjetunion oder Kuba, zu erreichen versuchte. Dieses neue Verhältnis zum Parlamentarismus wurde allerdings von einem Großteil der Bevölkerung so gut wie überhaupt nicht zur Kenntnis genommen. Die ideologische "*Erneuerung*" der Linken konnte im übrigen auch deshalb keine allzu große Wirkung haben, weil die Strategien sozialer Mobilisierung, wie sie in den achtziger Jahren als Druckmittel auf die Regierung praktiziert worden waren, dabei unverändert blieben. Die innerparteiliche Erneuerung blieb häufig auf die rhetorische oder rein organisatorische Dimension beschränkt, anstatt sich in einer versöhnenden Haltung gegenüber der Regierung oder den anderen Parteien niederzuschlagen.

Es ist ratsam, an diesem Punkt einige Aspekte der theoretischen Umorientierung auf Seiten der Linken hervorzuheben, die Auswirkungen auf unsere Analyse haben. Im Zuge dieser Umorientierung wurde das Dogma von der „*Unvermeidlichkeit der Revolution*"[148] und der den marxistischen Parteien eigene exzessive Ideologismus, der sie häufig der Realität vollkommen zu entfremden drohte, grundlegend in Frage gestellt. Vor allem die leninistische Option der Gewalt, die zum gegebenen Zeitpunkt von der sogenannten „*Avantgarde des Proletariats*" als Mittel des politischen Kampfes eingesetzt werden müsse, wurde kritisiert. Die Kritik basierte auf der Annahme, daß die wirtschaftlichen Umwälzungen, die vom Militärregime bewirkt worden waren, auch tiefgreifende Umwandlun-

---

verfallen gewesen seien; das spricht freilich für ein nicht ganz unproblematisches Verhältnis zu demokratischen Verfahren. Vgl. Domínguez (1974).

148 Es handelte sich hier um eine intradoktrinäre Debatte, die mit dem Marxismus-Leninismus und seiner praktischen Umsetzung im "*real existierenden Sozialismus*" Osteuropas brechen wollte.

gen in den sozialen Strukturen zur Folge gehabt haben, so daß daher auch die Parteiarbeit an der Basis geändert werden müsse[149].

Was allerdings die Kommunistische Partei anbelangt, so hat sie ihre Strategie zur Bildung einer "*antifaschistischen Front*", die eine politische Allianz mit den Christdemokraten und einen friedlichen Machtwechsel vorsah, im Jahre 1980 geändert, und dabei erneut die Gewaltanwendung als Mittel zum Sturz des Militärregime in ihre Strategie miteinbezogen, indem sie sich für die Option "*aller Kampfarten*" entschied. Sie hat dabei ihre Strategien mit denen der anderen sozialistischen Parteien kaum koordiniert; die Kluft zu den beiden anderen Linksparteien schien sich im Gegenteil zu vergrößern.

Die strategische und dogmatische Diskussion, die sich in jener Zeit bei den linken Parteien beobachten läßt, zeigt das Ausmaß der Ideologisierung, das in der chilenischen Politik eingetreten war, recht drastisch; es hat den Wiederaufbau einer zivilen politischen Arena bedeutend erschwert. Die Strategie der Massenmobilisierung gegen die Regierung war mit dem politischen Ziel wiederhergestellter Regierungsfähigkeit unvereinbar, da sie –wie es Varas gesagt hat[150]- eine implizite Verneinung der Legitimation des Staates, der durch die amtierende Regierung vertreten war, beinhaltete.

Die ausgeprägte politische Polarisierung hielt sich bis zum Ende des Militärregimes. Erst als es nach dem Scheitern des Attentats gegen General Pinochet am 7. September 1986 notwendig wurde, die politische Taktik zu ändern, näherten sich alle oppositionellen Kräfte einander an, um angesichts der für Oktober 1988 vorgesehenen Volksabstimmung ein Bündnis zu bilden. Als sich dann innerhalb der Allianz unter den Oppositionsparteien die sogenannte "*These Aylwin*" durchsetzt, war damit eine deutliche Mäßigung auch der bislang extremen politischen Standpunkte verbunden; der Pragmatismus setzte sich gegenüber der Ideologie durch[151]. Das Regime hat darauf freilich in keiner Weise flexibel reagiert, etwa dadurch, daß es nun offene Wahlen zugelassen hätte; das hätte vielleicht sogar seine Möglichkeiten verbessert, indem es auf eine legitime Grundlage gestellt worden wäre. Aber man fürchtete freie Wahlen.

Die Situation am Ende der achziger Jahre läßt sich treffend als Zustand "*schwankender Polarisierung*" charakterisieren. Einerseits gab es innerhalb des Parteiensystems – das *de facto* überlebt hatte – Gruppen, die mit ihrer ideologischen Fixierung eine Vereinbarung für einen Übergang zu einer neuen Zivilre-

---

149 Fernández Jilberto (1985:395).

150 Varas (ed.) (1984:37).

151 Im militärischen Sektor versuchte man, eine Verlängerung des Regimes mit Pinochet als Kandidaten zu erreichen. Die Regierung wird nicht flexiber in dem sie offene Wahlen vorschlägt, die vielleicht ihre Möglichkeiten verbessert hätte, sowie eine Änderung ihres rechtspolitischen Projektes.

gierung wie auch die Handlungsfähigkeit eines neuen zivilen politisches System verhinderten oder sich gegenüber dem Militärregime so unerbittlich zeigten, daß sie kategorisch dessen Vernichtung forderten, anstatt sich mit ihm an den Verhandlungstisch zu setzen. Andererseits waren die Initiativen der Parteien nun doch darauf konzentriert, eine einheitliche Vorgehensweise aller Oppositionsparteien zu erreichen, um den Sturz des Militärregimes herbeizuführen zu können. Dabei versäumten es die Parteien freilich, ihre längerfristigen politischen Ziele sichtbar zu machen; es hatte daher den Anschein, als verfügten sie nicht wirklich über eine "*positive*" Alternative zum Militarismus[152]. Hinzu kam, daß die Parteien, die die Militärregierung ersetzen konnten, eine politisch sehr heterogene Gemeinschaft bildeten. Die Herausforderung einer Übergangsperiode liegt aber gerade darin, einen kohärenten politischen Plan vorzeigen zu können, der den zwischenparteilichen Vereinbarungen und Verhandlungen, die sich über die Zeit bewähren müssen, Halt zu geben vermag. Die vollkommene Verbannung aus dem politischen Leben, zu dem die Parteien durch die Militärregierung verurteilt worden waren, hat diese Tendenzen verschärft. Denn sie mußte deren Neigung bestärken, den Weg des bewaffneten Widerstandes als dem einzigen noch verbliebenen Mittel politischer Betätigung zu beschreiten. Diese Option, die bei den linken Parteien – vor allem den Kommunisten und Sozialisten – immer wieder als letzter Ausweg diskutiert wurde, war auch der entscheidende Trennungspunkt zu den Christdemokraten, deren ewige Polemik nach links darin bestand,

> „die Möglichkeit einer Allianz mit denjenigen in Zweifel zu ziehen, die den Gebrauch der Gewalt als Mittel der politischen Aktion nicht kategorisch ausschlossen."[153]

Auf diese Weise wurde die Opposition gegen das Militärregime in unglücklicher Weise durch das Nebeneinander zweier sich widersprechender Strategien geschwächt: Einer Strategie des bewaffneten Kampfes[154] und einer Strategie des demokratisch legitimierten Machtwechsels, die aber angesichts der rigorosen Haltung der Militärs gegenüber den Parteien notwendigerweise zweideutig sein mußte, weil die Militärs den Parteien gar nicht die Möglichkeit einräumten, an die Macht zurück zu kommen.

---

152 Vgl. Fernández Jilberto (1985:355).

153 Ebd., der im Detail die innerparteilichen Dokumente wiedergibt.

154 Ihre Dokumente zwischen 1973 und 1980 zeigen dies in bezug auf die Gesamtheit der Linken; ab den achtziger Jahren vertritt aber nur noch die Kommunistische Partei diese Position; sie bildete 1983 sogar eine neue Guerrilla-Bewegung, die *Frente Patriótico Manuel Rodriguez*.

Das nahezu unlösbare Dilemma, in dem sich die Christdemokratische Partei während der Militärregierung befand, lag in der Frage, ob sie mit der marxistischen Linken einen Pakt schließen sollte oder nicht. Wenn sie es tat, vergrößerte sich zwar ihre Schlagkraft, aber sie ging dadurch jeglicher Möglichkeit eines Dialogs mit dem Militärregime verlustig. Entschied sie sich aber gegen einen solchen Pakt, mußte sie entscheidend an Kraft verlieren, mit der sie auf das Regime Druck auszuüben vermochte; ihre Ohnmacht und Handlungsunfähigkeit würde dann offen zutage treten. Überdies hatte sie in wirtschaftspolitischer Hinsicht nichts besonders Neues und Originelles zu bieten: Ihre Forderungen erschöpften sich im Grunde darin, die weitere Industrialisierung des Landes und den Ersatz der Einfuhren durch heimische Produkte zu postulieren – beides Strategien, deren Grenzen als wirtschaftliche Entwicklungsinstrumente schon vor dem wirtschaftlichen Kollaps offenbar geworden waren.

4. – Die internationale Dimension des chilenischen Militarismus

Um den Zusammenbruch des demokratischen Systems in *Chile* angemessen beurteilen zu können, muß man auch die internationale Dimension der damaligen Geschehnisse mit einbeziehen. Kennzeichnenderweise rechtfertigten die Militärs in der Akte Nr.1 über die Bildung der Militärregierung ihre Machtergreifung selbst damit, ein Überwechseln Chiles in das sowjetische Lager zu verhindern. Freilich darf man die internationalen Aspekte hierbei auch nicht überbetonen, weil einem sonst Vereinfachungen und Ungenauigkeiten unterlaufen und man im übrigen dabei auch Gefahr läuft, der Propaganda des Militärregimes selbst auf den Leim zu gehen. Es soll daher im folgende in erster Linie von den Wechselwirkungen zwischen internen und externen Faktoren die Rede sein.

Die Ideologie des chilenischen Militarismus sah die internationale Bedeutung des Putsches vor allem auch darin, damit das kommunistische Dogma von der Unvermeidlichkeit der Weltrevolution gebrochen zu haben; dies verlieh den chilenischen Ereignissen einen hochgradig symbolischen Charakter.

In Unterschied zu den Ereignisabläufen zu Beginn des Jahrhunderts, ordnete sich der jüngste militärische Eingriff in die chilenische Politik in den globalen Machtkampf der beiden Supermächte ein, so daß die innenpolitische Entwicklung in *Chile* nahezu unabhängig davon, welche Entwicklung sie im einzelnen nehmen sollte, unvermeidlich auch internationale Auswirkungen hatte. Obwohl der sog. "*Dominoeffekt*", der in der amerikanischen Propaganda eine so große Rolle gespielt hat, von nichts und niemandem bewiesen werden konnte, lieferten die sich intensivierenden Aktionen der *Guerrilla*-Bewegung den Streitkräften die ideale Rechtfertigung für ihren Putsch. Ein unmittelbarer Zusammenhang mit derartigen Aktionen in anderen Ländern wie etwa in Argentinien muß indessen verneint werden.

Der bis vor kurzem intensiv diskutierte nordamerikanische Einfluß auf die Geschehnisse in *Chile* darf nicht überbewertet werden. In der Spezialliteratur scheint ein Konsens dahingehend zu existieren, daß – obwohl die USA die Sabotagetätigkeit gegen die Regierung Allende ganz gezielt vor allem finanziell gefördert haben – die Ereignisabläufe am Ende der Regierung der „*Unidad Popular*" im wesentlichen der inneren Dynamik in *Chile* selbst zuzuschreiben sind. Die Polarisierungund der Zerfall des politischen Regimes hatten in erster Linie rein innenpolitische Ursachen, wenngleich der nordamerikanische Einfluß in verhängnisvoller Weise dazu betrug, den extremen politischen Kräften Vorschub zu leisten, indem sie ihre Aktionen eben mit dem unheilvollen Einfluß der USA rechtfertigen konnten. Und umgekehrt gewann die Opposition gegen die Volksfront erst durch die us-amerikanische Unterstützung entscheidend an Durchschlagkraft:

> „... U.S. intervention in building up the rightist opposition in Chile made it stronger, first, to resist the government, then to make the system's institutions less operable under the Allende's program, and finally, to launch an attack on the institutional base of the government to deprive it of its systemic legitimacy"[155].

Die politischen Entwicklungen der sechziger Jahre hatten die nordamerikanische Empfindlichkeit unzweifelhaft wachsen lassen, waren mit Südamerika doch eine Zone betroffen, die sie immer als ihr ureigenes strategisches Einflußgebiet, um nicht zu sagen, ihren quasikolonialen „*Hinterhof*", betrachtet hatte. Es lag offen zu tage, daß es im chilenischen Fall den Interessen der USA diametral widersprochen hätte, wenn es dort zu einer zweiten unwiderruflichen Revolution wie der kubanischen gekommen wäre. Die Kubakrise im Oktober 1962 hatte bei der nordamerikanischen Regierung eine gesteigerte Empfindlichkeit gegen alle sozialistischen Bewegungen hervorgerufen, die damals in der Region aufzutauchen begannen. Im Kontext des Kalten Krieges wurde der südamerikanische Kontinent als Ganzes zu einem Schauplatz dieses Krieges; ein Konfliktfeld, von dem aus die USA ihre nationale Sicherheit in besonderer Weise bedroht sahen. Die sich abzeichnende Niederlage der USA in Vietnam kam noch verschärfend hinzu, so daß die nordamerikanische Regierung die Wiederholung einer ähnlichen Erfahrung südlich ihrer Grenzen auf jeden Fall vermeiden wollte. Die südamerikanischen Militärs wurden von nun an zu den wichtigsten Verbündeten der USA im Kampf gegen die kommunistische Subversion gezählt. Um dieser Rolle gerecht werden zu können, bekamen die südamerikanischen Streitkräfte gezielte

155 Cusack (1977:126-127).

Schulung im Antisubversionskampf; darüber hinaus wurden sie aber auch schon auf die gewaltsame Usurpation der Regierungsmacht vorbereitet[156]. Aus nordamerikanischer Sicht waren die Militärs schlicht das „*kleinere Übel*“: Aus ihrer Sicht war eine Militärdiktatur einer kommunistischen Regierung vorzuziehen.

Freilich hatte die Machtergreifung Allendes im Jahre 1970 für sich allein den USA noch keinen Anlass zur maximalen Alarmbereitschaft gegeben[157], wenngleich damals verschiedene politische Kreise dort ein recht dramatisches Gefahrenszenarium an die Wand gemalt hatten. Die Situation änderte sich aber wesentlich, als sich die Regierung der "*Unidad Popular*" unter Verweis auf die exzessiven Gewinne, die die im Jahre 1971 enteigneten nordamerikanischen Unternehmen eingesackt hätten[158], weigerte, die ursprünglich für Nationalisierung der Kupferminen vorgesehenen Entschädigungen zu zahlen. Für die USA war dies der Beweis, daß man in *Chile* dem kapitalistischen System ein Ende bereiten und den Schritt zum Sozialismus wagen wollte.

Insgesamt war die nordamerikanische Politik ambivalent; es war eine Politik mit "*gekreuztem Effekt*". In der Tat ging nunmehr ein erheblicher Teil der nordamerikanischen Unterstützung an politische Kräfte, die sich aus der Sicht der nordamerikanischen Regierung der politischen Mitte oder der gemäßigten Rechten zuordnen ließen; auch einige "*think tanks*" genossen die ausdrückliche oder verdeckte Unterstützung der USA. Schließlich wurde aber auch die bewaffnete Subversion der Rechten direkt unterstützt, was allmählich auf rechtsextremistische Gruppen ausgedehnt wurde, denen es darum ging, die Regierung Allende um jeden Preis zu stürzen. Dabei waren die finanziellen Hilfen der USA nicht einmal unentbehrlich, da die chilenische Unternehmerschaft und bestimmte Kreise der Opposition aufgrund ihrer hervorragenden Verbindungen und ihrer

---

156 Vgl. Joxé (1970).

157 Mittlerweile lassen sich die Konturen der beiden Pläne, die von der nordamerikanischen Regierung bereits im Jahre 1970 gestartet worden waren, deutlicher erkennen: Der eine, genannt "*Track I*", sollte mit konstitutionellen und gesetzlichen Mitteln verhindern, daß Allende die Macht ergriff. Der "*Track II*“ genannte Plan hingegen war direkt auf die Organisierung eines Staatsstreiches gerichtet; von ihm hatten seinerzeit nur Nixon, Kissinger, der CIA und einige wenige Berater Kenntnis.

158 Nachdem er den Entschädigungensantrag der Transnationalen *Anaconda* (Eigentümerin der Minen von Chuquicamata und El Salvador) und der *Kennecott* (zuständig für die Mine *El Teniente*) zurückgewiesen hatte, entschied der General-Rechnungsprüfer der Republik, daß erstere dem Staat US$ 78.078.571, letztere hingegen US$ 310.246.417 schulde. Im Gegenzug wurde nur eine Schuld des Landes gegenüber der *Anaconda* für die Mine *La Exótica* in Höhe von US$ 10.010.445 und gegenüber dem Unternehmen *Cerro Corporation* für die Mine *Rio Blanco* von US$ 18.269.701 anerkannt. Vázquez Montalbán (1973:14).

wirtschaftlichen Potenz durchaus das gleiche Volumen an finanzieller Unterstützung hätten leisten können.

Eine unmittelbare Verbindung zwischen dem Putsch und den dabei agierenden Oberbefehlshabern der Streitkräfte einerseits und der nordamerikanischen Regierung oder irgendeiner ihrer Dienste andererseits konnte freilich nie bewiesen werden. Es ist allerdings ausgesprochen vielsagend, daß der Index der nordamerikanischen Wirtschaftshilfe für *Chile* in jenen Jahren nur und gerade im Bereich der Militärwesens einen anhaltenden Zuwachs aufweist; die nordamerikanische Militärhilfe erhöhte sich zwischen 1973 und 1976 ganz erheblich und stieg auf ein Volumen an, das wesentlich über dem lag, was der übrige südamerikanische Kontinents insgesamt erhalten hatte.

Hinter dieser Ambiguität der nordamerikanischen Außenpolitik versteckt sich eine ziemlich einfache und durchaus kohärente Logik: Da man annehmen mußte, daß das endgültige Ziel der "*Unidad Popular*" im Übergang zum Sozialismus lag, was man angesichts der eigenen programmatischen Erklärungen dieser Regierung kaum bezweifeln konnte, bedeutete dies, nicht nur einen Bruch mit dem kapitalistischen Wirtschaftssystem, sondern auch das Ausscheren aus der nordamerikanischen Macht- und Interessensphäre. Da die Regeln des parlamentarischen Spieles damals kaum noch beachtet wurden, rentierte es sich aus amerikanischer Sicht auch nicht mehr, sie zu erhalten oder gar zu verteidigen. Die Mehrheit der oppositionellen Kreise hat diesen Standpunkt geteilt[159].
Dennoch mußte das Engagement der USA in *Chile* möglichst subtil bleiben; es durfte nur auf indirekte Weise geleistet werden, da von *Chile* auch bei einem Systemwechsel keine Bedrohungen für die "*physische Sicherheit*" der USA ausgehen konnten, so daß sich damit auch keine direkte Intervention der USA in *Chile* rechtfertigen ließ[160].

Demzufolge verlegte sich die USA gegenüber der "*Unidad Popular*" auf eine Politik allmählich fester werdender "*Würgergriffe*". An der Entwicklung der wirtschaftlichen Beziehungen zwischen *Chile* und die USA läßt sich dies leicht nachvollzogen: Die USA kürzten zunächst die Kredite in rigoroser Weise von US$ 300 Millionen, die während der Regierung von Eduardo Frei gewährt worden waren, auf ca. 10% dieses Betrages während der Periode von 1970 bis 1973. Diese Kürzungen konnten auch mit der finanziellen Unterstützung anderer Länder, wie Kubas, Westeuropas oder der Sowjetunion, an die sich die Regierung von Allende mit Hilfeersuchen wandte, in keiner Weise ausgeglichen werden. Die Kreditkürzungen beschleunigten naheliegenderweise die Wirtschaftskrise, was wiederum dazu beitrug, die innenpolitischen Spannungen weiter zu ver-

159 Siehe Kap. V 2.4.
160 Cusack (1977: 112-117).

schärfen. Schließlich hat auch ausländische Unterstützung und Beratung, vor allem aus Kuba, auf die die Regierung Allende nunmehr in immer größerem Ausmaß angewiesen war, mit dazu beigetragen, den inneren politischen Konflikt zu potenzieren. Die Organisierung der paramilitärischen Gruppen der Linken und die Einfuhr von Waffen, an der das Staatsoberhaupt selbst direkt beteiligt war, hatten die Ängste weiter geschürt[161].

4.1. – Die Beziehungen der USA zum Militärregime

Die Haltung der USA gegenüber dem Militärregime hing in erster Linie davon ab, ob dort eine eher konservative oder eine mehr liberale Regierung am Ruder war. Unter Nixon (1968-1974) und Reagan (1980-1988) war der Druck der nordamerikanischen Regierung demgemäß deutlich geringer als dies während der Regierung von Carter (1976-1980) der Fall war, unter dem ein Waffenembargo gegen *Chile* verhängt wurde, das bis Ende der achtziger Jahre in Kraft blieb. Es ermöglichte letztendlich eine Resolution der Vereinten Nationen, in der die chilenische Regierung wegen ihrer Menschenrechtsverletzungen verurteilt wurde; die Resolution war unter anderem auch mit den Stimmen der USA, die hier zusammen mit Kuba und die Sowjetunion votiert hatten, ergangen – ein Ereignis, das *bis dato* präzedenzlos gewesen war.

Das Abflauen der Geldströme aus dem Ausland, das ab 1976 in *Chile* zu bemerken war, führte dazu, daß die Förderung der ausländischen Investitionen geradezu zu einer Obsession des Militärregimes wurde; es betrachtete diesen Punkt mehr und mehr als Überlebensfrage. Dies vermag auch zu erklären, warum sich das Militärregime in solch forcierter Weise einem ultraliberalen Wirtschaftsmodell zuwandte: Es erhoffte sich davon attraktivere Rahmenbedingungen für die ausländischen Investoren.

Die im Vergleich zu seinem Vorgänger deutlich reserviertere Haltung Präsident Carters gegenüber dem chilenischen Militärregime steht im Zusammenhang mit der Menschenrechtspolitik dieses Präsidenten, auf Grund deren die USA einen gewissen Druck auf die Staaten des südamerikanischen Kontinents auszuüben begann. Obwohl viel von dem, was dort passiert war, in der von den USA selbst formulierten und an die Streitkräfte der Region weitergegebenen antisubversiven Politik seinen Ursprung hatte, stießen die Menschenrechtsverletzungen in weiten Kreisen der USA auf harsche Kritik, weil sie auf irgendeine Weise das internationale Ansehen auch der USA zu beeinträchtigen drohten.

---

161 Vgl. Benavente (1990); Ovalle (1975).

Letztendlich wagen wir die Hypothese, daß der Militärputsch in *Chile* in erster Linie die Folge innerer Ereignisse und Entwicklungen war; externe Faktoren traten hier infolge der wirtschaftlichen und politischen Abhängigkeit des Landes als Nebenaspekt hinzu. Der ausländische Einfluß läßt sich jedenfalls für den institutionellen Zerfall, den man 1973 erlebte, nicht alleine verantwortlich machen. Es war vorrangig die Eskalation der politischen Leidenschaften, die sich in einer unheilvollen Polarisierung und Ideologisierung der Debatte äußerte und schließlich einen Kompromiß unmöglich machte. Hinzu kam die hochgradige Abhängigkeit der chilenischen Wirtschaft, die das Land sehr anfällig für jeglichen nordamerikanischen Druck gemacht hat; gleichzeitig gab es gravierende Mißgriffe in der Wirtschaftspolitik der *Unidad Popular*, die zu einer nicht mehr beherrschbaren Inflation und infolgedessen zum wirtschaftlichen Kollaps führte.

5. – Die Beziehung der Streitkräfte und der Militärregierung zu den Parteien

Hier soll der Frage nachgegangen werden, inwieweit die Parteien die ideologische Polarisierung überwinden und sich erneut den versöhnenden Praktiken parlamentarischer Politik zuwenden konnten.

Durch Gesetzesdekret vom Oktober 1973 waren die Parteien der *Unidad Popular* aufgelöst worden[162]. Wenige Tage später traf dies auch die anderen Parteien und politischen Bewegungen, und zwar für unbestimmte Zeit[163]. Im Jahr 1977 wurde die Vorschriften schließlich auf alle restlichen Organisationen mit politischem Charakter erstreckt[164].

Das Militärregime war zeitlang nicht daran interessiert, einen Dialog mit den Parteien einzuleiten, um dabei zu irgendwelchen Vereinbarungen zu kommen, die eine Rückkehr zu einer Zivilregierung ermöglichen könnte. Mag die Einstellung der Militärs je nach Partei auch unterschiedlich gewesen sein – grundsätzlich zeigte sich gegenüber dem Parteiensystem eine generelle Ablehnung. Sie hat demgemäß auch keine propagandistischen und juristischen Mühen gescheut, den Parteien jeden Handlungsspielraum zu nehmen. Damit wurde die politische Arena repräsentativer Öffentlichkeit beseitigt, da jede Möglichkeit, mit den Parteien zu irgendeiner Vereinbarung zu kommen, von vornherein ausgeschlossen wurde.

162 Gesetzesdekret Nr. 77 vom 13.10.1973.
163 Gesetzesdekret Nr. 78 vom 17.10.1973.
164 Gesetzesdekret Nr. 1.697 vom 12.03.1977.

Erst in einer späteren Phase, als sich die Fristen der ersten in der Verfassung verankerten Präsidentialregierung ihrem Ende näherten, hat die Regierung auch entsprechende Vorschriften erlassen, die den Status und die Arbeit der Parteien regeln sollten. Es handelt sich hierbei um die „organischen Verfassungsgesetze" ("*leyes orgánico-constitucionales*" – LOC), mit denen auch das Wahlprüfungsgericht ("*Tribunal Calificador de Elecciones*") eingeführt wurde[165]. Dem folgten das Gesetz über das System der Wahleintragungen und den Wahldienst[166], das Gesetz über die politischen Parteien[167] und schließlich das Gesetz über Volksabstimmungen und Zählungen[168].

5.1. – Institutioneller oder personeller Militarismus?

Obwohl die Streitkräfte gemeinsam und als einheitliche Institutionen handelten, als sie Allende stürzten, wurde nach dem 11. September 1973 langsam ein Machtgewebe organisiert, auf Grund dessen General Pinochet persönlich alle Entscheidungen von größerem Gewicht vorbehalten blieben. Das Militärregime hat nicht nur die politischen Parteien ausgeschaltet, sondern im Laufe der Zeit auch die Ausübung der Regierungsgewalt in hohem Maße personalisiert. Dies bedeutete aber letztendlich, daß sich die Regeln und Praktiken der Machtausübung nicht länger halten konnten als Pinochet selbst, der sich damals ihrer bediente. Das zeigen die Verfassungsänderungen, die für die Regierung, die sich damals ihrem Ende näherte, und die Parteien unter Einschluß der Opposition eine Anzahl an Reformen statuierte, welche die autoritären oder monokratischen Züge der vom Militärregime erlassenen Verfassung mildern sollten[169]. In ihrer ursprünglichen Fassung waren die geänderten Vorschriften ganz auf das Regierungsverständnis Pinochets zugeschnitten, von dem man erwartete, daß er die Macht auch weiterhin in Händen halten würde – unter Umständen sogar bis 1997[170].

Daß die *Junta* ihre Macht konsolidieren konnte, verdankte sie in hohem Maße der Überwachungstätigkeit, die die Geheimdienste in den ersten Jahren nach dem Putsch entfalteten; im Untergrund operierende Gruppen wurden dabei ebenso desintegriert und zersetzt, wie die linken politischen Parteien und gewerkschaftliche Organisationen, die durch diese Parteien kontrolliert wurden. Das

165 Nr.18.460, im Amtsblatt am 15.11.1985 veröffentlicht.
166 Nr.18.556, Amtsblatt vom 01.10.1986.
167 Nr.18.603, Amtsblatt vom 25.03.1987.
168 Nr.18.700, Amtsblatt vom 06.05.1988.
169 Siehe Kap. VII.
170 Vgl. Verfassung von 1980, 28. Übergangsvorschrift.

Regime konnte sich dadurch zur Verwirklichung seiner politischen Ziele eine gewisse Handlungsfreiheit sichern; daß diese Operationen ihren Preis forderten, darf dabei freilich nicht unerwähnt bleiben. Denn das Handeln des Militärregimes entzog sich jeglicher Kontrolle. Vor allem gab es viele Menschenrechtsverletzungen, die sich dabei zutrugen und für die man die Streitkräfte verantwortlich gemacht hat.

Der gewisse Erfolg, den die Regierung in den ersten Jahren bei ihrer Wirtschaftspolitik verbuchen konnte, weil sie das Land in den internationalen Markt reintegrierte, war ohne Zweifel ein Faktor, der ihrer Stärkung und Konsolidierung zu gute kam. Die Opposition wurde jedenfalls auf Grund dieses Erfolges schwieriger. Die Regimegegner konzentrierten sich daher bei ihrer Kritik darauf, vor der internationalen Öffentlichkeit die Menschenrechtsverletzungen des Militärregimes anzuprangern[171].

171 Siehe Kap. VIII 3.

VI. – Die politischen Ziele des Militarismus in *Argentinien* und *Chile* (1970-1990)

Die bisherigen Erfahrungen aus der letzten Welle militärischer Machtergreifungen erlauben es, aus einem gewissen Zeitabstand heraus eine Bilanz zu ziehen und danach zu fragen, was den "*Militarismus*" in *Chile* und *Argentinien* eigentlich ausgemacht hat. Dazu muss zunächst ein Referenzrahmen festgelegt werden, der es erlaubt, die zu analysierenden Parameter zu definieren und die entscheidenden Punkte des Problems zu identifizieren.

Der Militarismus beider Länder soll nach drei wesentlichen Kriterien bewertet werden: Das erste Kriterium ist der Erfolg bei der Wiedergewinnung der Regierungsfähigkeit. Das zweite Kriterium ist das Problem der Wiederherstellung einer zivilen Regierung; das dritte schließlich die Frage, welche Rolle den Militärkräften darin zukommt: In welcher Form ist das militärische Element im politischen System institutionalisiert?

1. – *Argentinien* und *Chile*: Zwei Übergänge – ein Modell

Die Analyse dieses Kapitels ist auf die sogenannten "*Transitionsperioden*", also auf die Phasen unmittelbar vor der Wiederherstellung der Zivilregierungen zentriert. Die verschiedenen Phasen des politischen Übergangsprozesses, seine charakteristischen Akteure und Momente, sollen dabei in typisierter Weise beschrieben werden[1]. Eine vergleichende Darstellung der Übergangsperioden in *Argentinien* und *Chile* erlaubt eine präzisere Erklärung der jeweiligen Geschehnisabläufe[2]. Als Referenzpunkt für die Beurteilung des Militarismus sollen im folgen vor allem die politischen Projekte und Ziele dienen, die sich die Militärregime bei ihrer Machtergreifung vorgesetzt haben, um so die von den Machthabern formulierten Vorhaben mit dem vergleichen zu können, was tatsächlich realisiert wurde.

Aus einer formalen Perspektive, wie sie anfänglich vorgeschlagen wurde, kann die uns beschäftigende Übergangsperiode in mindestens fünf wichtige Elemente gegliedert werden: Das vor dem jeweiligen Putsch bestehende politische Regime, dessen Krise und schließlich Kollaps, die Strategien seiner Über-

1 Vgl. Hartlyn; Morley (1986:38-53).
2 Vgl. Cavarozzi (1991).

windung[3], die Charakteristika des neuen militärischen Regimes und schließlich die internationale Ebene[4]. Dieses Schema gestattet gleichzeitig eine präzise Beobachtung wesentlicher Voraussetzungen der Regierungsfähigkeit. Bei der Analyse der jeweiligen Übergangsperioden kann man entweder bestimmte strukturelle Bedingungen des politischen Wandels akzentuieren oder aber mehr das Verhalten der verschiedenen Akteure während der Übergangsperiode berücksichtigen; hier soll der Schwerpunkt auf dem letzteren Gesichtspunkt liegen.

1.1. – Charakterisierung des Militärregimes

Bei dem Bestreben, die Regierungsfähigkeit des Landes wiederzugewinnen waren die juristisch-politische[5] und die wirtschaftliche Umwandlung[6] die wichtigsten Instrumente, mit denen eine Erneuerung versucht wurde. Der gewisse wirtschaftliche Erfolg, der erzielt werden konnte, diente dabei auch als legitimierendes Moment für das von der Regierung betriebene politische Projekt. Die wirtschaftlichen Aspekte dieses Projekts beinhalteten eine grundlegende Reform der produktiven Strukturen des Landes und seiner Arbeitsbeziehungen. Die Legitimation wurde mit anderen Worten bei der technischen Effizienz des Regierens und nicht bei der Unantastbarkeit bestimmter Prinzipien gesucht.

Im chilenischen Fall gab es in der ersten Phase des ab 1975 praktizierten wirtschaftlichen Modells auch von Seiten derjenigen, die die Absetzung der vorhergehenden Regierung unterstützt und begrüßt hatten, keine volle Identifizierung mit diesem Modell[7]; ein Umstand, der auch die Unschlüssigkeit und Inkonsequenz der Wirtschaftspolitik dieser Zeit zu erklären vermag. Zur Rechtfertigung, beriefen sich die Militärs auf das höhere Interesse des Landes[8].

---

3 Bei diesem spezifischen Punkt wäre es notwendig, sowohl die zivilen als auch die militärischen Kreise zu berücksichtigen.

4 Die internationale Ebene, die, wie wir sehen werden, für das Ende des letzten argentinischen Militärregimes entscheidend war, erscheint allerdings in den anderen Elementen eingeschlossen; zwei unter ihnen spielen dabei doch eindeutig die Hauptrolle: Der Krisenmoment des Militärregimes und die Strategien seiner Überwindung. Hierüber neuerdings und in einer globalen Art, Valdés (1994:67-107).

5 Das meint vor allem den Erlaß neuer Gesetze. So sieht es bezogen auf den chilenischen Fall z.B. Raap (1992).

6 De Pablo (1976); Palacio Deheza (1981).

7 Man denke etwa an die Öffnung des Außenhandels im Jahre 1975 oder die staatliche Kontrolle der Bankgeschäfte 1982 (bei der es einen Einfluß des IWF gab), die sogar zum Nachteil bedeutender unternehmerischer Kreise praktiziert wurde; vgl. Remmer (1986:1-23).

8 Moulián (1993); Boye; Nohlen (1974:369-384).

Die ideologische Stütze des Militärregimes hat man vielfach in der Ideologie der Nationalen Sicherheit sehen wollen. Aber so zutreffend es sein mag, daß die Formel von der sog. "*Nationalen Sicherheit*" ein Gemeinplatz war, der Anfang der siebziger Jahre sehr in Mode war, so darf dabei doch nicht übersehen werden, daß die von den Militärs bei ihren Interventionen verfolgten Ziele wesentlich vielschichtiger und differenzierter waren, und über das bloße Bemühen, die Subversion zu bekämpfen, weit hinausgingen[9]. Sowohl in *Argentinien* als auch in *Chile* zeigten die Generäle sehr eindeutig die Absicht, die in Frage gestellten verfassungsmäßigen Regierungsformen zu erneuern, soweit es nicht einfach nur darum ging, die bestehende Ordnung zu bewahren. Eine "*der Realität angemessene Demokratie*" oder eine "*neue Demokratie*" sollte verwirklicht werden: So oder so ähnlich lauten die floskelhaften Legitimationsformeln, mit denen die Militärs ihre Aktionen rechtfertigten. Selbstredend wird sowohl die Intervention 1973 in *Chile* als auch diejenige 1976 in *Argentinien* darüber hinaus mit antisozialistischer Rhetorik gerechtfertigt. Obwohl die Struktur des Parteisystems sehr unterschiedlich ausgeprägt ist, stellt sich der militärische Antisozialismus in beiden Ländern recht ähnlich dar. Der Ursprung dieses Antisozialismus scheint eher in der beruflichen Sozialisierung des Militärs zu liegen als in irgendwelchen äußeren Gegebenheiten[10]. Interessanterweise lässt sich dies sogar im Falle von *Argentinien* beobachten, wo das Parteiensystem längst nicht in gleicher Weise ideologisch definiert ist, wie in *Chile*. Es war auch diese Ideologie, die dem Militarismus eine gewisse internationale Dimension verliehen hat, die ihm in seinen früheren Phasen nicht zugekommen war[11]. Denn nunmehr ordnete er sich in das globale Ost-West-System der beiden Supermächte ein.

Die politischen Ziele, welche das Militärregime inspiriert haben, sind durch die Krisen bestimmt, die ihre Entstehung verursacht haben: Zuvörderst durch den akuten Zerfall des Parteiensystems, der in der Unfähigkeit zutage trat, Regierungskoalitionen zu bilden oder zumindest dauerhafte Vereinbarungen zu treffen, um eine Fähigkeit zur Regierungsführung aufrechtzuerhalten. Daneben die wirtschaftliche Stagnation, die auf einer interventionistischen Entwicklungsplanung des Staates beruhte.

Im chilenischen Fall wurde – im Gegensatz zu *Argentinien* – immerhin von den Militärs bald die Notwendigkeit erkannt, eine neue Verfassung zu geben. Vielleicht bestand der politische Übergang in *Argentinien* deshalb auch nur aus einer verhältnismäßig dürren Agenda für die Übergabe der Macht an die Zivili-

9 Vgl. Bravo Lira (1978).
10 Vgl. Cavarozzi; Garretón (1989).
11 Siehe Kap. IV.

sten[12]. Es wurde lediglich ein kurzes Chronogramm erstellt, in dem die allgemeinen Wahlen 1983 den wichtigsten Meilenstein darstellten; darüber hinaus hat die scheidende Militärregierung weder die Regeln der Machtübergabe noch den Charakter des folgenden Regimes bestimmen können[13].

Es war die Niederlage im Falklandkrieg, die den Verlust der letzten Legitimierung des Militärregimes bewirkt und den Wechsel zu einer neuen Zivilregierung beschleunigt hat. Vieles deutet darauf hin, daß die Legitimität des Militärregimes schon Anfang der achtziger Jahre so ernsthaft beschädigt war – in erster Linie eine Folge der armseligen Ergebnisse der verschiedenen Wirtschaftspläne, die durch von Behörden versucht worden waren –, daß das Kriegsabenteuer im April 1982 nicht mehr als ein verzweifelter Versuch war, das Militärregime vor seinem endgültigen Kollaps zu retten. Die Initiative im Prozess des Umbruchs lag fast ausschließlich bei den Parteien und den Führungskräften, die sich in Opposition zur Regierung befanden[14]. Daher wurde das Ziel des "*Nationalen Reorganisierungsprozesses*" nie erreicht. Im Gegenteil: Der Krieg verschlimmerte den Zerfall der Regierung und führte schließlich zum Wechsel.

Der Charakter des politischen Übergangs in *Chile* gestaltete sich demgegenüber ganz anders: Auf der Basis eines Chronogramms, das in der 1980 teilweise in Kraft getretenen Verfassung niedergelegt war, begann man die Etappen des Übergangs weitgehend unabhängig davon, wie sich die Situation auf den anderen Politikfeldern entwickelte[15], zu durchlaufen. Auch die wirtschaftliche Situation und der Reorganisationsprozess der politischen Parteien konnten den Kurs, der vorab vom Militärregime für die Rückführung zur Zivilregierung bestimmt worden war, nicht wesentlich beeinflussen. Die wirtschaftliche Rezession, die das Land zwischen den Jahren 1982 und 1983 heimsuchte, löste aber eine Welle von Unruhen und sozialen Protesten aus. Diese nahmen zwar in dem Maße ab, in dem man feststellen mußte, dass der Sturz der Regierung dadurch nicht erreicht werden konnte. Dennoch markiert die wirtschaftliche Rezession von 1982 den Beginn eines Wechsels in den Beziehungen zwischen der Regierung und den damals noch verbannten politischen Parteien[16]. Die Verbände und die Gewerkschaftsbewegung hatten in diesen Jahren eine zunehmende Mobilisierungskraft.

---

12 Fontana (1984); Haffa; Bergstraesser (1984); Palermo (1986).

13 Fontana (1988); O'Donnell (1978); (1979); Verbitsky (1985); (1987).

14 Diejenigen, die damals als Anhänger der ausscheidenden Partei identifiziert wurden (diesmal die *Peronisten*), hatten das Nachsehen; bei den nächsten Wahlen entging ihnen der Sieg. Erst das peinliche Ende der Regierung von Raúl Alfonsín gab ihnen sechs Jahre später die Möglichkeit, die Regierung zurückzugewinnen.

15 In diesem Sinne hat man im Falle Chiles von einem "*institutionellen oder institutionalisierten Übergang*" gesprochen.

16 Vgl. Alaminos (1991).

Die Reaktivierung der Tätigkeiten der politischen Parteien – damals zwar noch im Untergrund, aber größtenteils durch das Militärregime toleriert – hat aber von sich aus nie genügend Legitimation erlangen können, um eine Änderung des vorgezeichneten Chronogramms der Regierung erzwingen zu können. Die Macht des Militärregimes war trotz seiner Schwierigkeiten zu stark, als dass Änderungen von außen her hätten durchgesetzt werden können. Das ausdrückliche Ziel der Militärs war es, eine "*neue Demokratie*" zu errichten; man wollte die Regierungsfähigkeit wiedererlangen, die man in den teilweise erlassenen Rechtsnormen niedergelegt glaubte[17]. Es war der Anfang einer zunehmenden Toleranz gegenüber der Opposition, die sich in der langsamen[18] Wiedereinführung der Freiheiten ausdrückte. Mittlerweile hatten die zivilen Gruppierungen und Führungskräfte allerdings einen Standpunkt eingenommen, auf Grund dessen sie die Legitimität der Militärverwaltung, die Normen des Militärregimes und das Chronogramms für den politischen Übergang von vornherein verneinten. Aber die Macht der Tatsachen zwang sie, diesen Standpunkt aufzugeben, so dass sie sich letztendlich dem von den Machthabern vorgeschlagenen Zeitplan fügen mussten.

Erst nach ihrer Legitimierung durch Wahlen, die sie nach dem Triumph in der Volksabstimmung vom 5. Oktober 1988 erlangen konnten, gelang es der Opposition, die Bedingungen und den Inhalt des vom Militärregime entworfenen Institutionengerüstes zu ändern, wobei es seine wesentlichen Züge freilich beibehielt. Wenn man den politischen Übergang aus der Perspektive der von den regierenden Militärs gesetzten Ziele betrachtet, so läßt sich immerhin behaupten, dass der politische Übergang in Chile erst eintrat, als die Militärs die von ihnen intendierte Regierungsfähigkeit so weit erreicht hatten, wie sie sich das vorgestellt hatten, obwohl sie sich in einigen Aspekten an die Ansprüche der nachfolgenden Zivilregierung anpassen mußten.

1.2. – Kollaps oder Krise

Zwei Elemente bedingten das Ergebnis der militärischen Erfahrungen beider Länder; sie sind ein wichtiger Schlüssel zum Verständnis des Schicksals der beiden Militarregime[19]. Das erste liegt in der Initiative, die notwendigen Bedingungen für die Wiedereinführung der Zivilregierung zu schaffen. Das zweite hinge-

17 Die ergänzende Gesetzgebung, die das juristisch-politische Projekt des chilenischen Militärregimes vervollständigte, wurde in den Jahren 1981 bis 1989 erlassen. Wegen der Einzelheiten, vgl. Raap (1992).
18 Vgl. López; Stohl (1987).
19 Vgl. Garretón (1984a).

gen in den Ergebnissen der Wirtschaftspolitik, die von den Militärs betrieben wurde.

Der internationale Druck hat demgegenüber nie eine wesentliche Rolle beim Ende der Militärregime gespielt. Im chilenischen Fall war er 1978 am größten, als ein verurteilender Beschluß der Vereinten Nationen erging, der es den USA auch verbot, weiterhin Waffen an die chilenischen Streitkräfte zu verkaufen.

Nur im Falle des argentinischen Militärregimes kann wirklich von einer "*Krise*" oder einem "*Kollaps*" gesprochen werden[20], da nur hier Faktoren in Erscheinung traten, die unmittelbar den Fall des Regimes verursacht haben: Auf der wirtschaftliche Ebene[21] Arbeitslosigkeit und Inflation, auf der innenpolitischen Ebene hingegen der Anstieg der Gewalttätigkeit[22], auf der außenpolitischen Ebene schließlich die Demütigung infolge der Niederlage im Falklandkrieg. Dieser Krieg bildete den unmittelbar auslösenden Faktor für das Ende des "*Nationalen Reorganisierungsprozesses*", da er das Ansehen der Regierung vollkommen ruiniert hat. Die Krise führte allerdings nicht zum vollkommenen Bruch. Denn obwohl das Militärregime die Fähigkeit verloren hatte, den politischen Übergangsprozess so zu steuern, wie es sich das vorgestellt hatte, war seine Schwäche nicht so groß, daß eine vollkommene Säuberung der Kader in der Verwaltung oder gar im Militär selbst möglich gewesen wäre.

Im Falle Chiles gab es einen politischen Übergang, der sich in seinen wesentlichen Zügen nach dem vom Militärregime vorgeschlagenen Weg richtete. Der Schlüsselmoment der Krise, die wirtschaftliche Rezession der Jahre 1982 und 1983, schwächte die Militärkräfte nicht so sehr, daß auch das juristisch-politische Projekt, mit dem zu Zeiten wirtschaftlichen Erfolges Anfang der achtziger Jahre begonnen worden war, hätte fallen müssen. Das Militärregime konnte zwar nicht länger dauern als die erste Präsidialperiode hindurch, die in der Verfassung vorgesehen war (1989), aber es konnte diese erste Periode zumindest unversehrt überstehen, wobei es praktisch die gesamte ergänzende Gesetzgebung zur Verfassung nach seinem Willen erließ. In diesem Sinne war es höchst bedeutsam, dass das Militärregime eine Rechtsordnung in Kraft treten lies, die trotz der Änderungen, die 1989 nach dem Triumph der Opposition in der im vorhergehenden Jahr abgehaltenen Volksabstimmung eingeführt worden waren, einen Verfassungsstaat mit ähnlichen Merkmalen rekonstituierte, wie er bis 1973 bestanden hatte. Gleichzeitig segnete das Militärregime aber auch das Prinzip der Institutionalisierung der militärischen Kräfte innerhalb des politischen Regimes

---

20 Ninou (1992:562).

21 Portantiero (1987b).

22 Vgl. Argentinische Menschenrechtskommission (1977); Giancaglini; Granovsky (1986). Über die Präzedenzfälle der Gewalttätigkeit, Walsh (1986).

ab. Damit ging es sogar noch einen Schritt weiter, da es sich nun als neutrale Macht in der Rolle eines Garanten der verfassungsmäßigen Ordnung präsentierte[23].

Wie wir schon im letzten Kapitel gesehen haben, war das wirtschaftspolitische Programm in *Argentinien* nicht von einem entsprechenden Programm im juristischen-politischen Bereich begleitet gewesen. Als die Militärregierung mit ihrer Wirtschaftspolitik scheiterte, verspielte sie auch ihre Zukunft als überzeugende politische Alternative, die dem Land politische Stabilität und einen Ausweg aus der Ausnahmesituation hätte bescheren können. Im chilenischen Fall hingegen gab der anfängliche Erfolg der wirtschaftlichen Reformen auch dem juristisch-politischen Projekt der Militärs die notwendige Rückendeckung; in der positiven wirtschaftlichen Lage gelang es ihnen, sich dieses Projekt durch eine Volksabstimmung sanktionieren zu lassen und hierauf konnte es sich dann auch in den folgenden Jahren stützen, als das Land während einer neuerlichen wirtschaftlichen Krise von einer Welle sozialer Proteste erschüttert wurde.

2. – Der Übergang in *Argentinien* und *Chile*: Gemeinsame Vorbedingungen und Vereinbarungen

Die politischen Übergangsphasen beider Länder weisen gewisse strukturelle Ähnlichkeiten auf; diese ergeben sich vor allem aus der Art und Weise, wie zwischen den Militärs und den Parteien Vereinbarungen zur Regierungsfähigkeit geschmiedet wurden. Die Regelungen dieser Vereinbarungen betreffen einige Punkte, die beiden Ländern, trotz ihrer jeweils unterschiedlichen politischen Realitäten, mehr oder weniger gemeinsam sind. In beiden Ländern war es die Beteiligung der Führer der politischen Parteien, die beim politischen Übergang und der Installierung demokratischer Momente den entscheidenden Faktor darstellten. Beobachtet man den politischen Übergang in *Argentinien* und *Chile* aus einer genetischen Perspektive, dann sind es diese politischen Eliten, die die Aufmerksamkeit in besonderer Weise auf sich ziehen müssen. Das bringt uns

---

23 Art. 90 Satz 2 der Verfassung von 1980 lautet: "Die militärischen Kräfte bestehen nur aus dem Heer, der Marine und der Luftwaffe; sie existieren für die Verteidigung des Landes; sie sind wesentlich für die nationale Sicherheit und sie garantieren die institutionelle Ordnung der Republik." Das wird durch die in Art. 96 Buchstabe b) beinhaltete Vorschrift ergänzt, der den Streitkräften die Kompetenz zuweist, "dem Präsidenten der Republik, dem Nationalen Kongress oder dem Verfassungsgericht ihre Meinung über eine Tatsache, Handlung oder Angelegenheit mitzuteilen, die ihrer Meinung nach schwer gegen die Grundlagen der Institutionalität verstößt oder die nationale Sicherheit gefährden kann".

auch weg von deterministischen Positionen, die in der politischen "*Unreife*" der Bevölkerung dieser Länder[24] einen Erklärungsansatz suchen wollen, ebenso sehr aber auch von einer Sichtweise, die den politischen Wandel in erster Linie im Kontext der internationalen Beziehungen sehen möchte. Wichtiger dürfte demgegenüber das individuelle Verhalten einzelner Politiker in Schlüsselpositionen gewesen sein, wie Perón, Alessandri, Allende oder Alfonsín.

Die wirtschaftliche Situation wirkte demgegenüber mehr als beschleunigendes Moment in der Dynamik des politischen Übergangs. Immerhin spielte sie beim Schicksal der zivilen und militärischen Regierungen die entscheidende Rolle. Die Militärregimes, die aus den jüngsten Staatsstreichen im Südamerika hervorgegangen waren, versuchten den wirtschaftlichen toten Punkt, an dem die zivilen Vorgängerregierungen angelangt waren, zu überwinden, indem sie in drastischer Weise gegen die "*Vetternwirtschaft*" vorzugehen suchten, die in den vorgehenden Jahrzehnten eingerissen war. Mit dieser "*Vetternwirtschaft*" hatten die Politiker große Teile der Gesellschaft an den Staat zu binden gewußt, indem sie die wirtschaftlichen Profite, die unter staatlichen Führung in den beiden Ländern produziert wurden, verteilten; das ging so lange gut, bis diese Form in Korruption und bürokratischer Inneffizienz endete oder einfach dadurch zum Erliegen kam, daß keine zu verteilenden Güter mehr da waren[25].

Die jüngsten Militärregime waren daher weder populistisch noch keynesianisch eingestellt, wie dies noch bei den *Juntas* zu Beginn dieses Jahrhunderts der Fall gewesen war. Sie schlossen die Mittelschicht vielmehr von der Politik aus und verhinderten auf diese Weise deren Teilnahme an einem Kampf gegen die Politisierung[26]. Mit dieser Politik, vor allem der Wirtschafts- und Arbeitspolitik, wurde das überkommene Bemühen um Integration aufgegeben.

---

24 Malloy (1988:238).

25 Ein ganz entscheidender Faktor, der die politische Stabilität Iberoamerikas immer wieder beeinträchtigt hat, sind die Beziehungen zwischen den "*Zwischenorganisationen*" und anderen sozialen Gruppen und Klassen (Korporativismus) und wie der Staat diese Beziehungen vermittelt hat. Typisch war dabei die Integration der gesellschaftlichen Vereinigungen und Organisationen durch den Staat, die einen gewissen Kompromiss dieser sozialen Akteure mit dem repräsentativen demokratischen Regime über die Jahre erhalten konnte. In diesem Bemühen des Staates um Integration wird die für Lateinamerika typische Tendenz sichtbar, sich rund um verschwommene senkrechte Hierarchien und Seilschaften zu organisieren. Mehr noch: Für die Führer der Organisationen und Vereinigungen ist es nicht so wichtig, ob das Regime demokratisch ist oder nicht, sondern wo und unter welchen Bedingungen sie die größten Vorteile erlangen, die sie dann in den eigenen Seilschaften nutzten können. Die Militärregime haben dann eine Demobilisierung der Basisorganisationen erzwungen; schon deshalb waren diese Organisationen gegen die Militärregimes eingestellt.

26 Die Ideologisierung, die die lateinamerikanischen Gesellschaften erfahren haben, hat dazu gedient, Sektoren oder Gruppen, die auf Grund der wirtschaftlichen oder sozia-

Die neuen Militärregimes waren zwar nicht mit einer sozialen Bewegung konfrontiert, die sie mit ihren Forderungen hätte bedrängen können, aber sie riskierten eine Isolierung, die ihnen früher oder später die Fähigkeit nehmen sollte, sich als ernstzunehmende politische Alternative für die Zukunft ihrer Länder zu präsentieren. Mit anderen Worten:

> ..."a critical weakness of all these military governments was, that they either did not or could not build institutional linkages of the rest of society-ties, that could underwrite and sustain authoritarian rule over time"[27].

Das hat die Polarisierung der Gesellschaft außerordentlich befördert, da es nunmehr an vermittelnden Instanzen fehlte, die die Interessen der verschiedenen gesellschaftlichen Gruppen artikulieren und deren Forderungen an den Staat kanalisieren konnten.

Im Endergebnis hat keines der neuen Militärregime die strukturellen Entwicklungsprobleme gelöst, die sich Ende der sechziger Jahre in aller Deutlichkeit gezeigt hatten: Die Integration der Bevölkerungsmasse in das politische System war nicht gelungen und ebenso wenig konnte die Spannung zwischen den wirtschaftlichen Bedürfnissen und den politischen Möglichkeiten überwunden werden. Die Militärregime zeigten sich im Grunde ebenso wenig in der Lage, die Entwicklungsdefizite in *Argentinien* und *Chile* zu bewältigen. Im Gegenteil: Die Machtübergabe an die Zivilregierungen ging unter deutlich verschlechterten wirtschaftlichen Bedingungen über die Bühne[28].

Das offenbare Scheitern hat aber andererseits auch den Übergang zu einer Zivilregierung befördert, indem er die Rückkehr der zivilen Politiker an die Macht zusätzlich gerechtfertigt hat; das galt ganz besonders im Falle *Argentiniens*, wo die Militärs auch auf ihrem ureigensten Terrain, der Kriegsführung, versagt hatten. Es war aber vor allem der weitgehende Ausschluß der zivilen Gesellschaft von der Politik, der den politischen Parteien die Möglichkeit gab, weite Kreise der Gesellschaft zu vereinen. Durch die Konzentration und Verengung der politischen Entscheidungsprozesse auf kleine technokratische Gruppen wurde das begünstigt, denn es hat die Integration der Mittelschichten verhindert[29].

---

len Bedingungen geteilt sind, eine gewisse gemeinsame Identität zu geben. Gleichzeitig aber ist sie auch die Ursache von Aussonderungen und Teilungen gewesen, da sich widerstreitende Weltanschauungen entgegensetzten. Vgl. Varas (1984:30).

27 Malloy (1988:247).

28 Siehe Kap. VIII 3.

29 Und in diesem Sinne, wenn verstanden wird, wie sich diese neuen autoritären Regime von ihren vorhergehenden Versionen unterscheiden, können auch die jüngsten politischen Übergänge zur Demokratie, ihre Art und Orientierung verstanden werden.

Eine der zentralen Aufgaben der politischen Gruppierungen bestand demnach darin, beim Machtwechsel einer möglichst großen Zahl sozialer Akteure Einlaß in die Politik zu gewähren, damit sich die Interessen der zivilen Gesellschaft artikulieren und in die Politik Eingang finden konnten. Es war die erste Etappe eines langfristigen und schwierigen Prozesses, der darauf abzielte, die Parteien wieder in ihre alte Rolle als Integrationskanäle der sozialen Gruppen hineinwachsen zu lassen. Die größten Hindernisse hierfür gingen von der wirtschaftlichen Lage aus, in der sich die Region in den 80er Jahren befand; sie brachte ein weites Spektrum an Forderungen an den Staat hervor und setzte ihn gleichzeitig außerstande, angemessen darauf zu reagieren. Die zivilen politischen Akteure des Machtwechsels hatten demgemäß die Faktoren, die ihnen die Sicherung der von ihnen angestrebten politischen Übergangsprozesse ermöglicht hätte, zu keinem Zeitpunkt in der Hand.

Es gab in dieser Etappe des Übergangs im wesentlichen zwei Formen politischer Vereinbarungen zwischen Militärs und Zivilisten: Eine, um dem autoritären Regime zu entkommen, und eine andere, um die erste Phase der Zivilregierung zu organisieren. Bei dieser Gelegenheit mußte ein Verhaltensmodus der politischen Akteure wiederentstehen, der den Konsens als Grundlage solcher Vereinbarungen für das zukünftige Zusammenleben ermöglichte; dies war wohl die größte Herausforderung, die die wiedereingeführten Zivilregierungen zu bewältigen hatten.

Die erste Aufgabe der neuen Zivilregierungen bestand darin, eine neue Verfassung zu entwerfen und einen Kanon politischer Verhaltensregeln aufzustellen, mit denen sich Regierungsstabilität erreichen ließe. Ein sehr schwieriges Problem dabei lag darin, daß die Parteien in *Argentinien* und *Chile* leider sehr deutlich zum Autoritarismus und zur Stärkung der präsidialen Entscheidungsprozess neigen[30]. Bedingt ist das vor allem dadurch, daß die Parteien in Lateinamerika traditionell nicht die Hauptvertretung der zivilen Gesellschaft gegenüber dem Staat darstellen; eine vorrangige Rolle spielen hierbei vielmehr sogenannte "*soziale Patrimonialstrukturen*", die um verschwommene Hierarchien aufgebaut sind. Sie sind es, die den Staat mit weiten Kreisen der Bevölkerung verbinden, gleichzeitig aber dazu führen, daß bestimmte Gruppen den Staat als Quelle ihrer Vermögensprivilegien betrachten[31]. Gesetzgebung hat in diesem Kontext vor allem die Funktion, Privilegien zu sichern[32]. Der Aufschwung der Parteien während des politischen Übergangs ist demnach viel mehr durch Erschöpfung des jeweiligen Militärregimes bedingt, denn durch die Attraktivität der Parteien; ihr

30 Malloy (1988:251).
31 Wie es in Spanien unter Franco (1939-1975) üblich war.
32 Malloy(1988:252).

Ansehen basiert in erster Linie auf der Ablehnung des herrschenden Militärregimes, als auf der Zustimmung, die sie bei der Bevölkerung genießen.

Bei den Vereinbarungen zwischen Parteien und Militärs ging es im wesentlichen um zwei Fragen, deren Lösungen in diesem und im nächsten Kapitel vorgetragen werden: Zunächst um die institutionellen Formen der Machtübergabe und die Rolle, die den militärischen Kräfte innerhalb der neuen Ordnung zukommen sollte; letzteres war der schwierigste Punkt überhaupt. In Argentinien wurde hierzu eine globale Militärreform vorgeschlagen, die aber in den dem Regierungswechsel folgenden Jahren stets Spannungen zwischen Zivil- und Militärkreisen verursacht hat. Neben diesem Problem mussten in den Absprachen zwischen Parteien und Militärs auch die Grundsteine für eine neue politische Kultur gelegt werden.

Bald nach dem Antritt der Zivilregierungen verkomplizierten sich die Fronten: Dem spannungsreichen Verhältnis zwischen der neuen Regierung und den militärischen Kräften trat dasjenige zwischen Regierungs- und Oppositionsparteien zur Seite. Jede dieser Beziehungen hatte ihre eigene Problematik; im letzteren Fall die Auseinandersetzung über das Regierungsprogramm und die Stabilisierung der Verfassungsinstitutionen, im ersteren Fall die Suche nach der neuen Rolle der Militärs und ihrem künftigen juristisch-politischen Status sowie die Behandlung der während des Militärregimes begangenen Menschenrechtsverletzungen.

2.1. – Struktureller Rahmen der Vereinbarungen während des Übergangsprozesses

Es kam im Zuge des politischen Übergangsprozesses vor allem darauf an, die Verhandlungen so zu führen, daß es dabei weder Sieger noch Verlierer gab, weil dies auf längere Sicht der Stabilisierung abträglich gewesen wäre. Ein Weg, dies zu erreichen, war der wenigstens vorläufige Verzicht auf ideologische Positionen.

In mehreren lateinamerikanischen Ländern, die einen politischen Übergangsprozeß erlebten, haben sich die Vereinbarungen auf die erste Etappe der Wiedereinführung der Zivilregierung beschränkt, ohne weitere Regelungen darüber vorzusehen, wie die konkreten Pläne der Regierung oder gar ein Entwurf eines institutionellen Modells auszusehen hätte, der dann als Rahmen zukünftiger Regierungsfähigkeit dienen könnte.

In den südamerikanischen Ländern muß freilich immer auch die internationale Dimension beachtet werden, weil sich in diesen Ländern aufgrund ihrer Abhängigkeit weder die politischen noch die wirtschaftlichen Variablen vollkommen in der Hand der politischen und sozialen Akteure befanden; das Handeln der innerstaatlichen Akteure wird vielmehr von den internationalen Faktoren vielfach beeinflußt; diese können dazu beitragen, die Entscheidungsmöglichkeiten der innerstaatlichen politischen Akteure zu vergrößern oder zu verkleinern.

Obwohl einige Autoren die schlechten wirtschaftlichen Konjunkturen –und zwar auch außerhalb Südamerikas- als den antreibenden Motor jenes zivil-militärischen Kreislaufes gesehen haben, der den Kontinent seit 1930 auf Trab hielt[33],

> ..."there is no justifiable reason to view either democracy or authoritarianism as anomalous modes of rule incompatible with the some natural predisposition toward one or the other. The understanding of political dynamics in Latin America demands the analysis of both modes of rule and of the transitions from one to the other"[34].

2.2. – *Die zivile Strategie des Wechsels und die Reorganisierung der politischen Parteien*

Hier soll analysiert werden, inwieweit die politischen Parteien dazu beigetragen haben, die Grundlagen der zukünftigen Regierungsfähigkeit mit aufzubauen[35].

2.2.1. – Argentinien

In *Argentinien* waren die Bedingungen für einen erfolgreichen Übergang zu einer wirklich stabilen Zivilregierung absolut ungünstig; insbesondere, wenn man dabei auch die damalige wirtschaftliche Situation Argentiniens und seine internationale Isolierung berücksichtigt. Freilich gab es aus dem Ausland auch starken Druck auf das Militärregime, der sein schließliches Ende befördert hat[36].

Die Zivilisten agierten unter dem Dach der "*Multipartidaria*"-Organisation, unter der dieselben Parteien wiedererschienen, wie sie damals existierten, als das Militär im Jahr 1976 die Macht zum letzten Mal ergriffen hatte. Dies war freilich ein unmissverständliches Zeichen dafür, daß die Militärs eines ihrer wichtigsten Ziele, nämlich die Konstituierung einer neuen sozialen Ordnung, in der auch ei-

33 Ebd., S. 240.
34 Ebd., S. 236.
35 Handleman; Sander (ed.) (1981); Krumwiede; Nolte (1988); Nohlen (1986); Nohlen; Barrios (1989); Varas (1991); Vega (1991).
36 In diesem Kontext kann man auch die Verleihung des Friedennobelpreises 1980 an den Schriftsteller Adolfo Pérez sehen; Pérez war in Organisationen zum Schutz der Menschenrechte in Argentinien engagiert.

ne Erneuerung der Parteien stattfinden sollte, verfehlt hatten. Bald stellte sich heraus, daß die Parteien ihre alten Mängel in keiner Weise überwunden hatten; nach wie vor fehlten ihnen klare politische Programme, mit denen sich die wirtschaftlichen und sozialen Schwierigkeiten lindern ließen, nach wie vor mangelte es auch an jeder Transparenz bei der Auswahl der Parteiführung und bei den Parteifinanzen. Auch die Abhängigkeit der Parteien von charismatischen Führern und deren Unfähigkeit, dauerhafte Absprachen zu treffen, dauerte fort.

Auf Initiative Ricardo Balbíns, dem wichtigsten Führer der *Unión Cívica Radical* (UCR), wurde eine neue politische Gruppe gegründet, die verschiedene Parteien umfaßte, unter anderen die UCR selbst; den *Partido Intransigente*, den *Movimiento de Integración y Desarrollo* und schließlich die Christdemokraten; damit wollten sich die Zivilpolitiker eine stärkere Verhandlungsposition im Verhältnis zum Militär verschaffen. Später kamen noch andere, kleinere Gruppen hinzu. Außerdem wurden enge Verbindungen mit der *Confederación General del Trabajo* (CGT) und anderen, mit der katholischen Kirche verbundenen Vereinigungen (etwa die "*Comisiones de Pastoral Social*" y de "*Justicia y Paz*", del *Episcopado*) hergestellt. Zur selben Zeit wurde die überparteiliche Arbeitsgruppe "*25 de mayo*" gegründet. Die beiden wichtigsten Forderungen dieser Organisation bestanden darin, das Militärregime für illegitim zu erklären und freie Wahlen auszuschreiben, um zu einer Zivilregierung zurückkehren zu können. Es gab deshalb kaum Möglichkeiten einer Verständigung. Verschwunden waren nur die *Guerrilla* der "*Montoneros*", die während des "*Prozesses der Nationalen Reorganisierung*" vernichtet worden waren[37].

Vor allem auch der Peronismus war dadurch gekennzeichnet, daß er alle seine traditionellen Eigenschaften beibehielt. Er blieb weiter auf seinen verstorbenen Führer ausgerichtet. Das Vakuum unter seinen Führungskräften, das nach dem Sturz von María Estela Martínez entstanden war, wurde nun von den mächtigen Gewerkschaftsführern der *Partido Justicialista*, Herminio Iglesias, Lorenzo Miguel und Vincente Saadi ausgefüllt, die um die Vorherrschaft in der Hauptstadt und in den Provinzen rangen[38]. Allen schlimmen Erfahrungen zum Trotz wurde die Witwe Peróns in dem im Jahr 1983 abgehaltenen Kongress als Präsidentin der Partei wiedergewählt. Die Wahl von Italo Lúder als Präsidentschaftskandidat bedeutete dann aber den Sieg der gegnerischen Gruppe über den Flügel um die Witwe Peróns, was in den Augen der Wähler freilich keineswegs die Erneuerung des Peronismus bedeutete, den sie in hohem Maße mit Ineffizienz, Untätigkeit und sogar mit der Gewalt identifizierten. Bis 1983 befand sich der

37 Gillespie (1987:277ff.).
38 Vgl. Portantiero (1987).

Peronismus im Zustand eindeutigen Verfalls und hinterließ damit eine Lücke, die ihr uralter Rivale, die *Unión Cívica Radical*, nutzen konnte.

Die *Unión Cívica Radical* startete schon 1981 eine Bewegung mit dem Ziel, die Rückkehr einer Zivilregierung zu fördern. Ein Kongress der Radikalen Jugend ("*Congreso de la Juventud Radical*"), die in diesem Jahr stattfand, war die Geburtsstunde eines Dokumentes, genannt "Manifest einer Radikalen Generation" ("*Manifiesto de una Generación Radical*"), in dem sie sich von dem, was seit 1973 geschehen war, klar absetzte, und eine politisch offene und plurale Gesellschaft forderte. Schließlich wurde Raúl Alfonsín zum Parteiführer ernannt und der Versuch unternommen, die Parteibasis zu erweitern. In der letzten Phase der Kampagne wurde im Hauptorgan des Radikalismus das Dokument "Radikale Jugend und Menschenrechte" ("*Juventud Radical y Derechos Humanos*") veröffentlicht, in dem das Verhalten der Militärjunta während des "*Prozesses der nationalen Reorganisierung*" einer scharfen Kritik unterzogen wurde[39]. Der Chef der Partei, Ricardo Balbín, wurde aufgefordert, unverzüglich mit den wichtigen politischen und sozialen Kräften des Landes Verhandlungen aufzunehmen. Unterhändler auf peronistischer Seite war der Syndikalist Saúl Ubaldini. Aus diesen Gesprächen ging dann die bereits erwähnte "Mehrparteiische Versammlung" ("*Asamblea Multipartidaria*") hervor. Der Tod von Balbín machte schließlich den Weg frei für Raúl Alfonsín, der die Aktivitäten der Radikalen bis zu einem gewissen Grade zu beschleunigen wußte. Alfonsín verbündete sich mit der sog. "Córdoba Linie" ("*Línea Córdoba*"), die von Eduardo Angeloz und Víctor Martínez angeführt wurde. In den Wahlen trat dann das Tandem Alfonsín-Martínez an, das die Bewegung "*Renovación y Cambio*" vertrat. Aber was die Linie Balbíns fortsetzen sollte, leitete im Grunde nur ihre Aufgabe ein, und endete schließlich damit, daß sich die Radikalen in zwei Gruppen spalteten. Nach dem Sieg in den internen Wahlen wurde Alfonsín zum Präsidentschaftkandidaten bestimmt, freilich immer neben seinem Kompagnon. Alfonsíns primäre Forderung war vor allem die Rückkehr zur Demokratie und die strikte Einhaltung der Verfassung[40]. Immerhin hatte die Erneuerung in der Spitze des Radikalismus neue Vorschläge für das Wahlprogramm mit sich gebracht, so dass eine Entwicklung eingeleitet wurde, die nicht gänzlich ohne Früchte blieb.

Andere Gruppen konnte in dieser Phase ihre Bedeutung gleichfalls steigern, ohne dadurch die globale Gewichtverteilung beeinflussen zu können. Zu erwähnen wären hier vor allem der "*Movimiento Nacional Yrigoyenista*", die "*Partido Socialista Argentino*" und der "*Movimiento Nacional del Radicalismo para el*

---

39 Vgl. Herrera (1985).
40 Alfonsín (1982:186-193).

Desarrollo", der sich aus den "*Movimiento de Intransigencia Democrática*" (MID) abgespalten hatte.

2.2.2. – Chile

In *Chile* wurde das vormals bestehende Mehrparteiensystem wiedereingeführt[41], freilich in modifizierter Form, denn statt eines Verhältniswahlsystems, wie es früher bestand, setzte man ein Mehrheitswahlsystem durch, wonach faktisch ein Zweiparteiensystem statuiert wurde. In den Jahren zwischen 1983 bis 1989 schwankt die Strategie der Opposition eigentlich ständig zwischen der Option, mit der Militärregierung zu verhandeln, und einer Option, die auf einen Bruch mit dem Militärregime hinauslief, indem man auf den sofortigen Fall der Regierung hinzuarbeiten suchte, etwa durch zivilen Ungehorsam oder ähnliches[42].

Solange das Verbot von politischen Parteien eisern beibehalten wurde, wurden die Aktivitäten der Opposition von informellen Gremien betrieben[43], die in vielen Fällen unter dem Schutz entweder der katholischen Kirche oder von Organisationen agierten, die eigens zu dem Zweck gegründet worden waren, den Oppositionsführern eine Ausdrucksmöglichkeit zu verschaffen. Zumindest bis 1982 hielt diese Lage an; damals veröffentlichte die chilenische Bischofskonferenz ein Manifest unter dem Leitmotiv "Die Wiedergeburt Chiles" ("*El Renacer de Chile*"), das die Beteiligung der Oppositionsorganisationen an der Politik forderte und auf diese Weise den förmlichen Beginn einer zivilen Strategie für den politischen Wechsel des Landes markiert.

Wenige Monate nach der Veröffentlichung dieses Manifestes wurde eine neue Oppositionspartei, die "Demokratische Allianz" ("*Alianza Democrática*") gegründet, die eine Anzahl von Parteien vom rechten liberalen Flügel bis hin zur Sozialdemokratie umfaßte. Die Allianz verlangte den sofortigen Rücktritt Pinochets und die Einberufung einer verfassunggebenden Versammlung, die ein neues Grundgesetz verfassen und nachfolgende Wahlen ausschreiben sollte.

Da sehr schnell offenbar wurde, daß diese Forderungen gegenüber dem Militär nicht durchzusetzen waren, sahen sich die Führer dieser Gruppierung dazu gezwungen, die bislang befolgte Strategie der Massenmobilisierung und des Protestes aufzugeben. Mitte 1985 verfaßte die *Alianza Democrática* ein Manifest unter dem Titel einer "Nationalen Vereinbarung zum politischen Übergang zur Demokratie" ("*Acuerdo Nacional para la Transición a la Democracia*"), das

41 Vgl. Krumwiede; Nolte (1989); Varas (1991).

42 Otano (1995:38-54).

43 Die Gründung von gewerkschaftlichen zentralen oder anderen Organisationen zweiten oder dritten Grades wurde auch nicht toleriert.

auch vom damaligen Erzbischofs von Santiago, dem Kardinal Juan Francisco Fresno, unterstützt wurde, und im wesentlichen die Forderungen der "*Allianz*" wiederholte. Dieser Initiative schlossen sich nun auch Kreise der politischen Rechten an, die bisher das Militärregime unterstützt hatten; auch einige parteilose Persönlichkeiten schlossen sich in der Absicht an, die soziale Basis dieser Initiative zu erweitern[44]. Obwohl von einem wesentlich breiteren politischen Spektrum unterstützt, mußte sich diese Initiative mit einem deutlich gestärkten Militärregime auseinandersetzen, dem es mittlerweile gelungen war, eine gewisse Kontrolle über die Wirtschaft zurückzuerlangen, so daß es die wirtschaftspolitische Bilanz seiner Regierung verbessern konnte. Das hat die Durchsetzungskraft der zivilen Opposition erheblich geschwächt. Der *Acuerdo Nacional* verfiel dadurch in eine gewisse Lähmung; um sie zu überstehen, versuchte es die Opposition wiederum mit der älteren Taktik, wobei sie 1986 die "*Asamblea de la Civilidad*" ins Leben rief, die diesmal allerdings nicht von Gewerkschaftsführern, sondern Vertretern der berufsständischen Kammern geleitet wurde. Aber auch dies hatte nicht den gewünschten Erfolg.

Bei den kommunistischen und sozialistischen Parteien suchte der *Movimiento Democrático Popular* (MDP) angesichts der Erfolglosigkeit der bisherigen Initiativen den Kampf gegen das Militärregime mit allen Mitteln unter Einschluß von Gewalt zu führen. Die Kommunistische Partei hatte schon 1980 ihre traditionelle reformerische Linie aufgegeben. Gedeckt von der *Movimiento Democrático Popular* entstand 1983 eine kleine Gruppe, *Frente Patriótico Manuel Rodríguez* genannt, die damit begann, den bewaffneten Kampf gegen das Regime zu führen. Drei Jahre später überfiel eines ihrer Kommandos in einem Außenbezirk Santiagos das Gefolge Pinochets und versuchte ihn umzubringen. Dieser Vorfall hat der Opposition insgesamt freilich eher geschadet.

Vor der nahenden Volksabstimmung, in der über eine weitere Amtsperiode General Pinochets bis 1997 entschieden werden sollte, bildete die Opposition eine neue Koalition, die den Widerstand dagegen organisieren sollte. In dieser "*Concertación de Partidos por la Democracia*" hatten sich die siebzehn Oppositionsgruppen unter Führung des Christdemokraten und früheren Senatsmitgliedes Patricio Aylwin zusammenschlossen.

44 Otano (1995:13-27).

2.3. – Die militärische Strategie des Wechsels

2.3.1. – Argentinien

Zwischen 1976 und 1981 waren Gesetze erlassen worden, die die Rechte und Arbeitsmöglichkeiten einiger politischer Parteien beschränkten; die linken Parteien wurden für illegal und aufgelöst erklärt. Letztere mußten demgemäß im Untergrund agieren, soweit ihnen nicht die Menschenrechtsorganisationen als Stütze und öffentliche Plattform dienen konnten. Die Ernennung des als gemäßigt geltenden General Roberto Viola zum Präsidenten schien ein Signal zur Eröffnung des Dialoges mit den zivilen politischen Kreisen und für einen politischen Übergang zu sein. Viola kündigte denn auch den Erlaß eines neuen Statuts für die politischen Parteien an und nahm gleichzeitig in seine Regierung einige Führer und bekannte Persönlichkeiten auf, die mit den konservativen Kreisen verbunden waren.

Aber die liberalisierenden Schritte, mit denen General Roberto Viola 1981 begann, endeten abrupt, als er noch innerhalb desselben Jahres von General Leopoldo Galtieri verdrängt wurde; die Spaltungen und Streitigkeiten innerhalb der Militärs waren hier deutlich sichtbar geworden. Galtieri seinerseits rechnete mit der mehr oder weniger öffentlichen Unterstützung der nordamerikanischen Regierung.

Im September und Dezember 1981 unterbreitete die "*Multipartidaria*" der Regierung eine Reihe von Vorschlägen, wie die konstitutionellen Institutionen wiedereingeführt werden sollten. In diesem "Vorschlag der Multipartidaria" ("*Propuesta de la Multipartidaria*") wurde die Regierung dazu aufgerufen, freie Wahlen als dem einzigen begehbaren Weg für die Argentinier zu organisieren. Er enthielt außerdem ein komplettes Regierungsprogramm. Nach den Sturz von Viola erließ die *Multipartidaria* einen neuerlichen Appell: In ihrem Manifest unter dem Leitmotiv "Der Frieden hat seinen Preis: es ist die nationale Verfassung" ("*La paz tiene su precio: es la Constitución Nacional*") rief sie nochmals zur Wiedereinführung einer Zivilregierung auf und brachte ihre Enttäuschung über die Ergebnisse der Militärregierung zum Ausdruck.

Zu Beginn der Öffnungsperiode wurde massive Kritik an den Militärs aber auch an den gewerkschaftlichen, politischen und wirtschaftlichen Führungskräften laut. Die Kritik an den Militärs entzündete sich vor allem an der Niederlage im Falklandkrieg und an den massiven Menschenrechtsverletzungen, die von den Militärs begangen worden waren. Die Niederlage im Falklandkrieg führte zur Absetzung General Galtieris und vertiefte die Differenzen zwischen den Teilstreitkräften. Marine und Luftwaffe zogen sich bereits jetzt aus der Militärjunta zurück. Am 1. Juli 1982 übernahm der Heeresgeneral Reinaldo Bignone die Regierung. Er war ermächtigt worden, die Wiederkehr einer Zivilregierung unter der Bedingung in die Wege zu leiten, daß die Aktivitäten der Militärjuntas während der letzten sieben Jahre nicht zum Thema der öffentlichen politischen Diskussion gemacht werden dürften. Dies wurde indessen von der "*Multipartidaria*" zurückgewiesen. Es ist behauptet worden, daß

> "los militares querían garantizar su presencia constitucional de las fuerzas armadas en el nuevo gobierno a la protección contra investigaciones judiciales por parte de la sociedad civil"[45].

Eine von zivilen Kreisen ernannte Kommission, die sog. "*Rattenbach Kommission*", stellte die Verantwortung der obersten Militärbefehlshaber im Falklandkrieg fest. Im April des Jahres 1983 veröffentlichte die Militärregierung ihr "endgültiges Dokument der Militärjunta" ("*Documento Final de la Junta Militar*"). In ihm wurde klargestellt, dass der Kampf gegen die Subversion mit ausdrücklicher Unterstützung der obersten Befehlshaber geführt worden war. Die von den Aktionen betroffenen Personen seien dabei sämtlich ums Leben gekommen; irgendwelche Gefangenenlager gäbe es nicht mehr. Die Militärs rechtfertigten ihre blutigen Aktionen damit, dass sie sämtlich in Übereinstimmung mit den Dekreten der peronistischen Regierung (1973-76) durchgeführt worden waren. Sie übernahmen die "Quote an historische Verantwortung" ("*Cuota de responsabilidad histórica*") für diese Aktionen, wobei sie anführten, dass es sich hierbei um "*dienstliche Maßnahmen*" gehandelt habe. Das Dokument wurde von fast allen Kreisen zurückgewiesen. Am 12. Juli 1983 wurden Wahlen für den 30. Oktober desselben Jahres einberufen. Am 23. September erließ das Militärregime das "Gesetz zur nationalen Pazifisierung" (*Ley de Pacificación Nacional*), durch das den Streitkräften Amnestie gewährt wurde. Kurz vor den Wahlen unterzeichneten die Parteien dann einen "Demokratischen Brief" ("*Carta Democrática*"), in dem sie sich verpflichteten, die frei gewählte Regierung und die Verfassung zu respektieren. Sie gelobten, sich um einen Grundkonsens zu bemühen, um damit einen neuen Sturz der Zivilregierung zu verhindern. Im gleichen Sinne appellierten sie an Gewerkschaften und Unternehmer.

2.3.2. – Chile

In *Chile* zeigte sich das Regime jedenfalls bis 1982 von geradezu monolithischem Charakter; es war im 1980 gelungen, eine neue Verfassung verabschieden zu lassen, die zur Basis einer geschlossenen und kohärenten juristisch-poli-

45 "Die Militärs wollten die Präsenz der Streitkräfte in der neuen Regierung und den Schutz gegen richterliche Untersuchungen garantiert haben". Rock (1988:472).

tischen Ordnung werden konnte, innerhalb der sich das Land in den folgenden Jahren entfalten musste.

Die Rezession, die das Land mit ihren Auswirkungen damals beutelte, die Massenarbeitslosigkeit und der Konkurs vieler Unternehmen unter Einschluss des privaten Bankensektors, hat der Opposition gegen das Regime dann aber mächtig Auftrieb verliehen. Da die politischen Parteien verboten blieben, musste die Opposition unter dem Schutz von Organisationen agieren, die von der katholischen Kirche abhängig waren; letztere hat sich in diesen Jahren eindeutig gegen die Regierung gestellt.

Die Legitimität des Militärregimes, die sich sehr stark auf seine wirtschaftliche Effizienz und eine Legalität "*auf Raten*" gestützt hatte, brach in Folge der Rezession zusammen. Die Zunahme des sozialen Protestes und der Massendemonstrationen ließ Mitte 1983 den möglichen Sturz erahnen. Aber das Regime reagiert darauf, indem es eine erste Liberalisierung[46] einleitete; zwischen dem gerade erst ernannten Innenminister Sergio Onofre Jarpa und den in der "*Alianza Democrática*" zusammengeschlossenen Oppositionsführern wurden Gespräche aufgenommen. Luis Escobar, ein Politiker der alten *Partido Radical* mit populistischer Tendenz, wurde zum Wirtschaftsminister ernannt. Er sollte versuchen, die sozialen Folgen der schweren Wirtschaftskrise zu dämpfen und zu korrigieren.

Die Spaltung der Opposition, der es nicht gelang, eine einheitliche Linie zu finden, und die auf ihrer für das Militärregime unannehmbaren Forderung nach dessen sofortigem Ende und freien Wahlen beharrte, wie auch der Beginn einer gewissen wirtschaftlichen Erholung, welche die Arbeitslosigkeit zu senken und die Produktivität zu steigern vermochte, gaben dem Regime die Möglichkeit, die Initiative wieder in die Hand zu bekommen und der Opposition ihre Bedingungen aufzuzwingen. Für die *Alianza Democrática* erwies sich außerdem als unvorteilhaft, dass sie Vereinbarungen mit der "*Movimiento Democrático Popular*", einer von den kommunistischen und sozialistischen Parteien im Untergrund geführten Organisation, eingegangen war; das hat ihre Handlungsmöglichkeiten geschwächt.

Als mit der Erklärung des verschärften Ausnahmezustandes Ende 1984 die Freiheitsbeschränkungen weiter angezogen und Jarpa und Escobar nach dem Scheitern der Verhandlungen mit der Opposition das Kabinett verließen, wird erstmals deutlich, dass die Regierung beabsichtigte, auch über das Jahr 1989

46 O'Donnell; Schmitter (1994:20) definieren dieses Konzept als ein Prozess der Redefinierung und Erweiterung der Rechte. Da die Einschränkungen der individuellen Garantien teilweise aufgehoben wurden, befinden wird uns hier vor einem liberalisierenden Moment.

hinaus – laut Verfassung der Zeitpunkt der Machtübergabe an eine Zivilregierung – an der Macht zu bleiben. Der Plan der Militärs bestand dabei darin, bis 1988 die aus ihrer Sicht erforderlichen verfassungsergänzenden Gesetze zu erlassen und General Pinochet als einzigen Kandidaten in der im Jahre 1988 abzuhaltenden Volksabstimmung zu präsentieren.

Der erste Teil dieses politischen Planes, nämlich den Erlass der verfassungsrechtlichen Gesetze, konnte zwar realisiert werden, ein Sieg Pinochets in der Volksabstimmung, in der 54,3% gegen ihn stimmten, konnte aber nicht erreicht werden. Das bedeutete, dass Pinochet nur bis 1989 an der Macht bleiben konnte und in diesem Jahr dann auch offene Wahlen stattzufinden hatten.

Die Abstimmungsniederlage zwang die Regierung nun doch wieder an den Verhandlungstisch mit den Vertretern der *Alianza Democrática*, die in den Volksabstimmungen zu einem Votum gegen Pinochet aufgerufen hatte[47]. In diesen Verhandlungen kam man überein, die Verfassung an einigen Punkten zu ändern, was ihre von der Opposition als autoritär angesehenen stark präsidialen Züge mildern und das Land in die Richtung einer liberalen repräsentativen Demokratie führen sollte, wie sie in Chile bis 1973 geherrscht hatte. Trotz solcher Änderungen, die hauptsächlich die Befugnisse und das Initiativrecht des Präsidenten sowie die Dauer seines Mandats betrafen[48], wurde die Befugnis der Militärführung jedenfalls eingeschränkt beibehalten, dem Präsidenten, dem Kongreß oder dem Verfassungsgericht ihre "*Meinung*" über eine Tatsache, Handlung oder Angelegenheit zu äußern, die ihrer Auffassung nach erheblich gegen die Grundlagen der Institutionalität verstößt oder die nationale Sicherheit gefährden kann. Eine Einschränkung erfuhr diese Kompetenz hinsichtlich der Instanzen, an die sich die militärischen Kräfte wenden dürfen – nur noch die genannten Institutionen und Personen dürfen Adressat solcher Äußerungen der Oberbefehlshaber sein –, als auch hinsichtlich der Gegenstände, zu denen eine solche Stellungnahme abgegeben werden kann. In diesem Zusammenhang wurde der streitige Ausdruck "*institutionelle Ordnung der Republik*", der im Verfassungstext vor der Änderung enthalten war, gestrichen. Außerdem wurden beschlossen, diejenigen Normen der Verfassung, die die Unabsetzbarkeit der Oberkommandierenden der drei Teilstreitkräfte und des Generaldirektors der Karabinieri festlegten, zumindest für die Dauer von acht Jahren ab 1989 zu respektieren. Damit hatten die Streitkräfte ihre Institutionalisierung in der Zivilregierung, die im Jahre 1990 inauguriert werden sollte, erreicht.

---

47 Die Konzertierung der Parteien für die Demokratie ("*Concertación de partidos por la Democracia*"), im Februar 1988 durch siebzehn politischen Gruppierungen gegründet und durch den *Partido Demócrata Cristiano* geführt.

48 Verringert von acht auf sechs Jahre, aber mit einer Unteränderung auf vier Jahre für die präsidiale Periode unmittelbar nach dem Militärregime.

3. – Warum war der Militarismus in *Argentinien* und *Chile* möglich?

Die Militärregime, die uns hier beschäftigen, stellen sich unserer Meinung nach als eine Antwort auf den Zerfall der Zivilregierungen dar, die zum Opfer ihrer Ideologisierung, Polarisierung und schließlichen Lähmung geworden waren. Die revolutionäre Ideologisierung, die die bestehende politische, juristische, wirtschaftliche und soziale Ordnung bis zu den Wurzeln auf den Kopf stellen wollte, war es, die den Charakter der Militärregime ganz überwiegend bestimmt hat; die Militärs haben auf radikale Art und Weise versucht, den angestrebten politischen und sozialen Wandel revolutionärer Art zu unterdrücken und die kollabierte Regierungsfähigkeit wiederherzustellen. Der Akzent liegt bei unserer Deutung also weniger auf der Professionalisierung und der Mentalität der Militärs, wie sie sich nach dem Ende des zweiten Weltkrieges bei den Streitkräften beider Länder eingebürgert hatte[49]. Denn die Professionalisierung ist für sich alleine keine ausreichende Erklärung für das Hochkommen der Militärregime. Der Ton dieses Regimes ist erst durch die Rolle bestimmt worden, die die Parteien und die Zivilregierung selbst den Streitkräften nach und nach zugewiesen haben. Mehr noch: auch die Ursachen des politischen Eingriffes sind nicht bei den Streitkräften zu suchen, sondern in der Krise der Zivilregierungen. Die Tiefe und Weite des militärischen Eingriffs stehen in unmittelbarem Zusammenhang mit der Krise des Parteiensystems. Die Militärregime wurden nun ihrerseits auch ideologisiert und wirkten auf die Gesellschaft, die Politik und die Wirtschaft mit einem Dogmatismus ein, wie er für denjenigen üblich ist, der sich im Besitz einer vollkommenen Wahrheit befindet.

Heutzutage kann auf Deutungen verzichtet werden, die das Gewicht und den Einfluß der zivilen politischen Akteure auf den Verlust der Regierungsfähigkeit zu mindern suchen[50].

---

49 Es ist z.B. gesagt worden, daß eine geringere Professionalisierung der Streitkräfte einen Einbruch in der Politik in einem Umfang, wie das in den 70er Jahren geschah, unmöglich gemacht hätte. Hier muß allerdings definiert werden, was unter "*Professionalisierung*" genau zu verstehen ist. Darunter kann man die technisch-militärische Ausbildung verstehen, die die militärischen Kräfte in der zweiten Hälfte dieses Jahrhunderts erhalten haben, und die sie als ganzes "*politisiert*" hat, so daß sie dann auch wie eine politische Partei handelten.

50 Das gilt auch für die Periode des "caudillistischen" Militarismus, wie er in den 20er Jahren typisch war. Die Funktionsstörung der in der Verfassung vorgesehenen Institutionen kann auch hier nicht ohne weiteres den Militärs angelastet werden.

Die in den siebziger Jahren anzutreffende Neigung, politische Konflikte mit Gewalt zu lösen, kann nur verstanden werden, wenn berücksichtigt wird, dass sich das politische Leben Lateinamerikas in den globalen Machtkampf zwischen den Vereinigten Staaten und der Sowjetunion einfügte. Ein bestimmter politischer Standpunkt beinhaltete in diesem Kontext unvermeidlich auch den Übergang zu einem der beiden gegnerischen strategischen Blöcke.

Die nahe liegende Möglichkeit, zum Opfer eines revolutionären Prozesses zu werden, hat die chronischen Funktionsstörungen des politischen Systems erheblich verschlimmert; dies hat entscheidend zur antisubversiven und antikommunistischen Orientierung der Militärregime beigetragen. So wie auch die Gewalt der Militärs von dem Grad der Militarisierung, den bestimmte politischen Gruppierungen erreicht hatten, mitbestimmt war, weil sie sich direkt davon herausfordert fühlten.

Sei es eine zivile oder eine militärische Regierung,

> "es ist nicht möglich ohne Einwilligung des Volkes zu regieren. Früher oder später werden die Regierungen, die auf eine willkürliche Art eingeführt worden sind, unter dem Gewicht des wichtigsten Fehlers stürzen, den sie begangen haben, als sie die Regierung ihres Landes übernahmen: den Mangel an politischer Zustimmung durch die nationale Gemeinschaft"[51].

In beiden untersuchten Fällen garantierte das Ausmaß der Krise, die die Bedingungen für das Eingreifen der Streitkräfte schufen, dessen erste Unterstützung. Aber das argentinische wie das chilenische Beispiel beweist in tragischer Weise, dass es nicht genügt, wenn eine Regierung die Macht auf legitime Weise erlangt. Es ist notwendig, dass sie auch fähig ist, auf irgendeine Weise diese Legitimität vor den Augen der Bevölkerung zu erhalten und zu vergrößern.

Im Unterschied zu den 20er Jahren, als sich die Streitkräfte mehr oder weniger eindeutig mit einer den kämpfenden politischen und sozialen Kräften identifizierten, waren die militärischen Kräfte in den 70er Jahren in einer Weise beteiligt, bei der sie keiner Seite der zerfallenden Parteiendemokratie zuneigten. Der antisubversive Kampf zwang sie lediglich dazu, eine offen antikommunistische Haltung einzunehmen, die das gemeinsame Merkmal der beiden analysierten Militärregime war.

Ein weiterer wichtiger Faktor war die Unzulänglichkeit der Verfassungen selbst, Krisensituationen zu bewältigen, da sie nicht an neue Begebenheiten angepasst wurden. Die Diskrepanz zwischen Verfassung und politischer und so-

---

51 Rodríguez Sánchez (1979:123).

zialer Realität hat dazu geführt, dass sie den Ausdrucks- und Partizipationsbedürfnissen der verschiedenen politischen Kräfte in keiner Weise mehr nachkommen konnte[52]. Die Verfassung gab die politische und soziale Wirklichkeit kaum wieder. Dies erklärt z.B. im Falle von Argentinien, dass

> ..."sowohl das Prinzip der Souveränität des Volkes als auch das der Herrschaft der Mehrheit durch die verschiedenen Unregelmäßigkeit bei der Wahlbeteiligung, insbesondere beim Entscheidungssystem und bei der Stimmenauszählung, in grundlegender Weise verletzt" wird[53].

Es erscheint sehr schwierig, den in diesen Ländern existierenden Widerspruch zwischen Verfassungsnormen und politischer Realität aufzulösen. Hinzu kommt, dass die in der Verfassung garantierten Individualrechte faktisch nur unzureichend geschützt sind, weil es beispielsweise an effektiven Rechtsmitteln fehlt, die die Bevölkerung tatsächlich zu schützen vermöchte. Keine Verfassung versäumt es, die Menschenrechte zu erwähnen und unter Schutz zu stellen, aber in der Praxis werden jedenfalls die sozialen Rechte kaum respektiert oder gar geschützt, was es der großen Mehrheit schwer macht, sich mit dem Regime zu identifizieren. Der konstitutionelle Staat hat sich in diesen Ländern bislang als unfähig erwiesen, gerade auch auf sozialen Forderungen der Zeit eine angemessene Antwort zu geben, was die Regierung immer wieder in Krisensituationen geführt hat. Der Rückgriff auf außerparlamentarische Wege der Interessendurchsetzung und Konfliktlösung war die fast zwangsläufige Folge hiervon. Die Schwäche des politischen Regimes bei der Aufnahme und Wahrnehmung politischer Forderungen und bei der Suche nach Lösungen, die die politischen und sozialen Gruppen hätten zusammenführen können, führte auch zur Instabilität der Regierung, weil es ihr jetzt nur noch verblieb, auf das "*Argument*" der Macht zurückzugreifen.

Was schließlich die wirtschaftlichen Faktoren und ihre Bedeutung für den neuen Militarismus anbelangt, so stellt sich hier vor allem die Frage, ob es ein bestimmtes wirtschaftliches Modell gibt, das den Übergang eines Landes zu einem bestimmten Typ eines politischen Systems fördern kann. Es ist oft gesagt worden, dass eine freie Marktwirtschaft am ehesten mit der Demokratie kompa-

---

52 Das gilt besonders für die Streitkräfte. Es handelt sich um eine Version der Konfrontation zwischen alten und modernen Institutionen: Erstere – Verwaltung, Judikative und Streitkräfte – sind dauerhaft und in der historischen Tradition der Länder verankert, letztere hingegen – die politischen Parteien – sind nachträglich importierte Institutionen und deshalb fremd. Sie bedrohen die älteren Institutionen und kommen dabei in das Dilemma "*sich durchzusetzen oder zu verschwinden*". Für eine Darstellung mit Einzelheiten Vgl. Bravo Lira (1978). Neuerdings, derselbe (1994:395ff.).

53 Fernández Baeza (1981:210)

tibel sei. Umgekehrt ließe sich das interventionistische oder planwirtschaftliche Modell besser mit einem autoritären Regime vereinbaren. Doch ist das im Grunde schon mehrmals durch die politischen Ereignisse widerlegt worden; gerade die beiden Militärregime in *Argentinien* und *Chile* sind ein Beispiel dafür, wie man im Kontext autoritärer politischer Systeme – mit freilich sehr unterschiedlichem Erfolg – ein Modell freier Marktwirtschaft einzuführen versuchte. Umgekehrt wurde während der 30er Jahre sowohl von autoritären wie demokratischen Regime der Versuch gestartet, die Industrialisierung des Landes durch Beschränkung der Importe zu fördern. Die Betonung der herrschenden Rolle des Staates bei diesem Modell scheint es eher mit einem autoritären politischen System kompatibel zu machen. Aber auch eines der dauerhaftesten und am meisten gelobten politischen Regime des Kontinents, wie es das chilenische bis 1973 war, hat dieses Entwicklungsmodell praktiziert; als mögliche Ursache für politische Instabilität und Militarismus scheidet es daher aus. Nichts deutet daher darauf hin, dass Regime mit ähnlichen wirtschaftlichen Ausgangssituationen auch ein ähnliches politisches Schicksal erleiden. Viel eher lässt sich vermuten, dass die mangelnde Fähigkeit, stabile und dauerhafte Regierungen aufzubauen, auch die Fähigkeit zur Lösung der wirtschaftlichen Schwierigkeiten beeinträchtigt.

3.1.1. – Die wirtschaftlichen Transformation, Auslöser einer politischen Wandlung

Bei alldem besteht freilich kein Zweifel daran, daß die wirtschaftlichen Krisen jedenfalls immer dazu dienten, die Eingriffe der Militärs zu rechtfertigen; insofern stellen die wirtschaftlichen Variabeln durchaus einen entscheidenden Faktor für den 1973 in *Chile* sichtbar gewordenen Militarismus dar. Die Änderung des Eigentumsrechtes etwa und die Verstaatlichungspolitik erwies sich für die Regierung Allende als verhängnisvoll; sie führte zu einer überaus heftigen Reaktion bei wichtigsten sozialen Sektoren des Landes, wie bei den Unternehmern oder den Landeigentümern, die darin ein eindeutiges Zeichen für den revolutionären Charakter der Regierung sehen wollten[54]. Die Ideologisierung der Debatte um die Reichweite des Privateigentums und die Verstaatlichungen hat eine Einigung in dieser Frage unglücklicherweise von vornherein unwahrscheinlich gemacht. Die Beharrlichkeit der Regierung hierbei bedeutete zugleich das faktische Ende der Gesetzesherrschaft, was wiederum das Abgleiten in die Gewalt und den Sturz Allendes bedingt hat. Um eine vorläufige Zusammenfassung zu versuchen, kann mit Fernández Baeza folgendes behauptet werden:

54 Kramer (1973:173).

In diesen Staaten "sind die Probleme kaum lösbar, die sich aus dem Erbe der oligarchischen Republik ergeben. Sie äußern sich in Wahlmanipulationen und dem Fehlen moderner politischen Parteien, die fähig wären, die aus der Modernisierung erwachsenden neuen und vielfältigen Interessen zu artikulieren"... "Das ständige Hin und Her in der politischen Auseinandersetzung zwischen den Vertretern der Modernisierung und der Tradition zeigt sich in der Stagnation der politischen Institutionalisierung. Diesem Modell folgend müssen wir feststellen, daß der Grad dieser Institutionalisierung nicht ausreichte, um die Symptome der sozialen Mobilisierung als Folge des wirtschaftlichen Wachstums (nicht der wirtschaftlichen Entwicklung) zu regulieren"[55].

3.1.2. – Politische Ziele und ideologische Komponenten

Die argentinische Militärregierung wollte dem verhängnisvollen Hin und Her zwischen Zivil- und Militärregierungen, das den Staat seit 1930 traf, ein Ende bereiten; sie strebte daher eine endgültige politische Lösung an, ohne freilich genau zu wissen, wie eine solche Lösung auszusehen hätte. Es gab im Grund keinerlei konkrete Pläne oder Projekte, wie man sich einer endgültigen und befriedenden Lösung anzunähern hätte. In *Argentinien* wollte man daher im Dialog mit den zivilen Kräften versuchen, Ansätze zu finden, auf denen sich die Regierungsfähigkeit des Landes in Zukunft aufbauen ließe; die militärische Kräfte treten hier wie eine Partei auf, mit einer eher sonderbaren Art freilich, den Pluralismus zu verstehen:

> ..."Creemos que hoy, habiendo superado la etapa fundamental del establecimiento del orden, nos es posible y necesario abrir un diálogo con toda la comunidad, diálogo que no excluye más que al corrompido, al delincuente económico y al delincuente subversivo; diálogo que acepta el aporte de todos aquellos que, en función de sus aptitudes, capacidades, honestidad y representatividad auténtica, desean enriquecer las ideas que las fuerzas armadas proponen en este proceso, para alcanzar su objetivo final"[56].

Allerdings blieb der Versuch des Dialogs mit den zivilen Kräften absolut unfruchtbar, da seine Inhalte und Grenzen ausschließlich von den Streitkräften bestimmt wurden.

Demgegenüber wollte die chilenische Militärregierung vor allem als Wiederhersteller der Legalität gelten; dafür setzte sie eine "*neue Institutionalität*" durch;

---

55 Fernández Baeza (1981:225).

56 ..."Wir glauben, dass es heute, nachdem die wesentliche Etappe der Wiederherstellung der Ordnung überstanden ist, möglich und notwendig ist, einen Dialog mit der ganzen Gesellschaft zu eröffnen; dieser Dialog darf nur die wirtschaftlichen und den subversiven Verbrecher ausschließen; er muss den Beitrag aller derer annehmen, die die Ideen, welche die Streitkräfte in diesen Prozess vorschlagen, bereichern wollen, um das endgültige Ziel zu erreichen". Gral. Jorge R. Videla (05.04.77).

eine neue Legalität, die zumindest formell innerhalb bestimmter Fristen den Übergang zu einer Zivilregierung vorsah. Die Öffnung zum Dialog mit den Zivilisten ergab sich in *Chile* sehr viel später als in *Argentinien*, und zwar erst 1983 und auf der Basis einer Verfassung, deren Änderung absolut ausgeschlossen worden war; es war hier eher ein Zeichen der konjunkturellen Schwäche, in der sich das Land befand. Die Militärs wollten mit den Verhandlungen schlicht Zeit gewinnen, denn das Land befand sich in einer tiefen wirtschaftlichen Krise. Der Dialog wurde zudem auf die rein persönliche Ebene beschränkt; die Parteien als solche waren in der öffentlichen Debatte nicht als Gesprächspartner zugelassen. Im Endergebnis war der argentinische Diskurs "*ein Ausnahmediskurs*", der chilenische hingegen ein "*Gründungsdiskurs*"[57].

3.1.3. – Von der ideologisierten Regierungsfähigkeit zum ideologischen Militarismus

In ihren offiziellen und öffentlichen Ansprachen rechtfertigten die Streitkräfte ihren Eingriff in die Politik mit ihrer Eigenschaft als Garant und Hüter der Werte, auf denen das Vaterland oder die Nation beruhten. Ohne Umschweife nahmen die Militärs für sich in Anspruch, die "*historisch-kulturelle Identität des Vaterlandes und die wesentlichen Werte der Nation zu gewährleisten*":

> "Wir, die Uniform tragen, haben im innersten unserer Seele die Überzeugung und Verantwortung verwurzelt, daß wir als öffentliche Macht diejenige Organisation sind, die der Staat vorgesehen hat, um die historisch-kulturelle Identität des Vaterlandes und die wesentlichen Werte der Nation zu gewährleisten. Wir sind apolitisch; wir befinden über alle Streitigkeiten, die nicht nur das Zufällige betreffen. Es handelt sich darum, das Überleben Chiles und seine Sicherheit als Nation zu verteidigen"[58].

Das "*Vaterland*" wird hier kurzerhand mit dem gleichgestellt, was die Militärs als ihre Vision von der politischen Zukunft des Landes betrachteten; sie tendierten sowohl zu einer Entpolitisierung des Gesellschaft und im gleichen Zug zur Verneinung solcher Werte und Sektoren, die sie als "*kommunistisch*" befanden. Die Entpolitisierung wurde als die Beseitigung nicht von bestimmten Doktrinen oder Ideen aufgefaßt, sondern eher von dem Element, das sich der Einheit des Staates zu widersetzen schien, nämlich der Debatte und des Dissenses. Hinzu kam die konkrete Absicht, bestimmte politische Sektoren zu zerschlagen und zwar die, die vorher von der Macht vertrieben worden waren. Eine Folge der

57 Sigal; Santi (1985:166).
58 General Gustavo Leigh (29.04.74) . Vgl. Akte No 1, über die Gründung der *Junta de Gobierno*, 11.09.1973.

Entpolitisierung war die Kooptierung der Regierungskader aufgrund ihrer technischen Qualifizierung und nicht aufgrund ihrer Zugehörigkeit zu einer bestimmten politischen Gruppe, wenngleich die konsequente ideologische Homogenität der Regierung angestrebt wurde. Es kam außerdem zu einem Generationenwechsel unter den Angestellten des öffentlichen Dienstes.

Die Identifizierung der Streitkräfte mit dem Vaterland brachte deren Streben nach der Wiederherstellung der verlorenen Regierungsfähigkeit deutlich zum Ausdruck. Wie sich ihrer offiziellen Aussage entnehmen ließ, war es die "*Einheit des Landes*", die dabei den eigentlich wesentlichen Punkt darstellte. Die Militärs handelten nicht unbedingt im Sinne einer nationalistischen Ideologie; sie versuchten vielmehr, eine handlungsfähige Regierung zu konstituieren und das Land um nahezu jeden Preis zu integrieren. Eine solche Anstrengung mußte freilich bei den vielen unterschiedlichen Interessen und Traditionen in der Gesellschaft vor vornherein vergebens sein. In ihrem Drang nach "*Einheit*" und ihrem Streben nach Integration waren die Militärs gezwungen, der Gesellschaft eine künstliche Homogenität aufzuzwingen. Damit wurde von Anfang an die Möglichkeit verhindert, das kollabierte Regime wiederherzustellen, weil dies nur auf der Grundlage dauerhafter Verhandlungen zwischen den Gegnern möglich ist. Die Streitkräfte setzten das "*Vaterland*" mit der Gesellschaft gleich, indem sie jegliche soziale Differenzierung, alle inneren Spannungen und sozialen Widersprüche innerhalb der Gesellschaft leugneten; all dies verschwand hinter der integrierenden Formel von der "*Nationalen Einheit*" des "*Vaterlandes*".

Als Reaktion auf die damals herrschende soziale Zersplitterung und Erbitterung versuchten die Streitkräfte eine in der Moderne geradezu utopisch anmutende Einheit und Integration des Sozialkörpers durchzusetzen. Betrachtet man die bürgerkriegsartige politische Lage zuvor, wird dieses Bestreben in gewisser Weise verständlich. Die Strategie der Militär bestand dabei vorrangig in der Verteufelung des Gegners; eben hierin ist auch der mentale Ursprung der Menschenrechtsverletzungen zu suchen. Sie können als Versuch verstanden werden, die politische Identität derjenigen zu vernichten[59], die die "*nationale Einheit*" in Frage stellten. Die Militärs waren dabei im Grunde ideologisch ebenso radikal wie diejenigen, die dabei bekämpft wurden. Die Verteufelung des Gegners war auch ein Ausdruck der Ideologisierung, der die militärischen Institutionen mittlerweile verfallen waren.

Das von den Militärs verteidigte nationale Ideal wurde dadurch weitgehend deformiert. Bei dem Appell an das "*Vaterland*" und an den Staat, an das Dauerhafte und Bleibende der historisch-kulturellen Identität hatte man am Ende die

59 Hierin waren die Militärs auch nur in Argentinien erfolgreich, wo die Subversion letztendlich verschwand.

grundlegendste Bedingung eines westlichen demokratischen Regimes vergessen: Die Konkordanz zwischen den Gegnern, die in der politischen Arena kämpfen. Das Dogma der "*nationalen Einheit*" und seine Exzesse machten es gleichzeitig aber auch unmöglich, eine Regierungsfähigkeit wiederzugewinnen, die auf Vereinbarungen auch radikal unterschiedlicher Gegner beruhen konnte.

4. – Errungenschaften und Grenzen des Militarismus

Keine der beiden militärischen Interventionen erreichte letztlich die vollkommene Renovierung des politischen Systems, die man sich dabei vorgesetzt hatte. Es wurde nur das restauriert, was schon zuvor existiert hatte -ein Zweiparteiensystem in *Argentinien* bzw. ein Mehrparteiensystem in *Chile*; in beiden Ländern freilich mit einigen kleinen Unterschieden zur vorhergehenden Situation.

Das Traumatische des Sturzes von María Estela Martínez und von Salvador Allende sowie die unmittelbar darauffolgende Entwicklung, die zahlreiche politische Führer ins Exil zwang, verhinderten einen neuen Konsens zwischen den Parteien untereinander und zwischen diesen und den jeweiligen Militärregimen. Nur das größere Ansehen der chilenischen Streitkräfte, die sich keine Niederlage auf ihrem ureigensten Terrain, der Kriegsführung, vorwerfen lassen mußten und auch wirtschaftspolitisch erfolgreicher waren, erlaubte es in *Chile*, das politische Modell, das auf der Basis der Verfassung von 1980 aufgebaut worden war, auch nach dem Wechsel von 1990 in seinen wesentlichen Zügen weiterzuführen.

Die chilenischen Streitkräfte konnten bei ihrem politischen Projekt immerhin einen Teilerfolg erreichen: Die Regierungsfähigkeit konnte ähnlich wie in den dreißiger Jahren wiederhergestellt werden, und zwar durch ein System von Verhandlungen zwischen dem Präsidenten und den Parteien und ohne ideologische Begrenzungen irgendeiner Art, wie sie die Verfassung von 1980 zunächst noch vorgesehen hatte. Der Kollaps des realen Sozialismus in Europa hat sicherlich ebenfalls das seinige dazu beigetragen, dies zu erreichen. Nur das chilenische Militärregime konnte eine gewisse wirtschaftliche Erneuerung des Landes erreichen.

Wie bekannt, liegt der Preis jeden militärischen Eingriffs in die Politik beim mehr oder weniger großen Verlust des professionellen Charakters der Streitkräfte; sie verlieren ihre Position in der politischen Auseinandersetzung. In diesem Punkt ist es erforderlich, zu definieren, was genau unter "*Professionalisierung*" zu verstehen ist. Diese bedeutet nicht notwendigerweise, daß die militärischen Kräfte aus den öffentlichen Angelegenheiten ausgegrenzt werden, so wie die Institutionalisierung der Streitkräfte im politischen Regime auch nicht unbedingt ihre Politisierung bedeutet. Jedenfalls solange nicht, wie sie nur darin besteht, den Streitkräften über die rein militärtechnische Ausbildung hinaus die Fähigkeit zu vermitteln, die Realität des Landes einschließlich seiner politischen Dimensionen zu verstehen, was ihnen erlauben würde, die Funktionen, die ihnen anvertraut worden sind, in effizienter Weise und im Einvernehmen mit der Gesellschaft auszuüben. Die Institutionalisierung der Militärs ist nicht nur vorteilhaft, sondern auch unentbehrlich, was sich aus den politischen Erfahrungen der jüngeren Geschichte beider Länder genugsam ergibt.

Wenigstens im Falle der chilenischen militärischen Kräfte ergibt sich außerdem noch eine andere Situation, die mit der Definition der Professionalisierung in Zusammenhang steht und die im Laufe ihrer Geschichte eine Besonderheit gewesen ist. Es handelt sich um die allmähliche Professionalisierung der genannten militärischen Kräfte in einigen mit dem Funktionieren des politischen Regimes verbundenen Aspekten; leicht könnte dies zu einer negativen Beurteilung über den Professionalisierungsgrad und daher über den Ausschluß der militärischen Kräfte aus den politischen Angelegenheiten führen. Wie wir gesehen haben, handelt es sich um eine Situation, die Präzedenzfälle in der Geschichte hat. Dieser Umstand hat sich in den analysierten Fällen ereignet und es ist daher notwendig, es zu berücksichtigen.

In *Argentinien* führte der politische Übergang von 1983 nicht zur Institutionalisierung der militärischen Kräfte im politischen System; er führte im Gegenteil zum extremen Ausschluß und zur Verbannung der Militärs von der Bühne der Politik. Aber dies hat die Rückgewinnung einer rein professionellen Rolle der Militärs keinesfalls vereinfacht: Teilaufstände und Putschversuche wurden noch lange nach dem Sturz der letzten Militärjunta durchgeführt. Hinzu kamen eine Anzahl von Reformen in bezug auf die Anzahl der Kräfte und das Waffenvolumen, die eine wesentliche Verkleinerung der verschiedenen Teilstreitkräfte bedeutet haben; diese Reformen wurden eher durchgeführt, um das Gewicht der Streitkräfte innerhalb des Landes zu reduzieren, als um sie an die regionalen strategischen Erfordernisse anzupassen.

In *Chile* hat das 1990 beendete Militärregime hingegen seine Institutionalisierung im politischen Regime mit Nachdruck erzwungen; inwieweit dies auch in Zukunft das politische Schicksal Chiles sein wird, muß hier dahingestellt bleiben. Was für viele eine Neuigkeit sein mag, ist in Anbetracht des Dargestellten durchaus keine Neuigkeit. Die Institutionalisierung der Militärs im politischen System ist nur die formell-rechtliche Konkretisierung der Funktionen oder Aufgaben, die den militärischen Kräften während des ganzen 20. Jahrhunderts und in wiederholten Fällen durch die politischen Führungskreise selbst übertragen und anvertraut worden waren. Es sieht daher so aus, als würden sie ihre Stellung als Garant der institutionellen Ordnung der Republik auch in Zukunft behalten.

VII. – Die Wiederkehr zur Zivilregierung in den achtziger Jahren. *Argentinien* und *Chile* im Vergleich

1. – Die Präsidentschaft von Raúl Alfonsín, 1983-1989

Bei der Rückkehr zur Zivilregierung in *Argentinien* fand die Reorganisierung der Parteien praktisch gleichzeitig mit ihren ersten Wahlaktivitäten statt. Die Ergebnisse der unmittelbar nach dem Ende des Militärregimes stattfindenden Wahlen dokumentieren diese Reorganisierung; sie sind ein charakteristisches Zeichen des politischen Übergangs in *Argentinien.* Es gab keinerlei Verhandlungen mit dem Regime und noch weniger hat dieses Regime Bestimmungen bezüglich der zukünftigen Zivilregierung getroffen[1].

1.1. – Der Charakter des neuen politischen Regimes

Die Wahlen, die am 30. Juni 1983 stattfanden, erbrachten die Wiederherstellung des Zweiparteiensystems, allerdings mit einigen Veränderungen. Einige Autoren meinen, erst nach diesen Wahlen sei in *Argentinien* ein Zweiparteiensystem entstanden – ein System, das mit der Tradition dieses Landes, das eigentlich immer von einer einzigen dominanten Partei geprägt war[2], gebrochen habe. Wir teilen diese Meinung nicht, da die Herrschaft der *Partido Justicialista* im Grunde nichts anderes war, als die Vorherrschaft einer einzelnen Person, eben Perón; sie kann nicht als Hegemonie einer Parteiorganisation selbst, wie etwa der mexikanischen *Partido Revolucionario Institucional* (PRI), verstanden werden.

Peronisten und Radikale zusammen erhielten in diesen ersten Wahlen 92% der Stimmen. Das hervorstechendste Ergebnis dieser Wahlen war ohne Zweifel die Niederlage der Peronisten – die erste schwere Niederlage seit der Gründung dieser Partei. Ausschlaggebend dafür war zum einen sicherlich die Beteiligung an der letzten Zivilregierung, deren Desaster man nun den Peronisten anrechnete, zum anderen aber auch ihre Mitwirkung an dem abgetretenen Militärregime selbst.

---

1 Vgl. Argentinien Gruppe (1986); dort ein umfassender Überblick über die Phase unmittelbar nach der autoritären Periode.

2 Vgl. Alcántara (1988).

Große Teile der traditionell peronistischen Wählerschaft gaben ihre Stimme diesmal dem radikalen Gegner des Peronismus, Raúl Alfonsín. Mit seiner charismatische Persönlichkeit, die das Versprechen einer umfassenden Erneuerung auszustrahlen schien, gelang es ihm, 51,7% der Wählerschaft für sich zu gewinnen. Alfonsín suchte die Wiedereinführung der politischen Freiheit mit den Chancen zum materiellen Fortschritt zu vereinen und das brachte ihm die entsprechenden Früchte[3]. Freilich dürfte ein Teil seines Erfolges dem Umstand zuzuschreiben sein, daß in den Augen der argentinischen Wählerschaft auch im Falle Alfonsíns eine klare Vorherrschaft des "*Führers*" über die Partei gegeben war. Die politologische Faustregel, nach der diejenige Partei, die den Wechsel von einem Militärregime zu einer Zivilregierung anführt, in den ersten offenen Wahlen regelmäßig verliert, scheint sich im vorliegenden Fall nur zum Teil bewahrheitet zu haben, denn der Peronismus hat den jüngsten politischen Übergang in *Argentinien* keineswegs angeführt, sondern nur die politischen Kosten der abtretenden Militärregierung auf sich genommen.

Die Dominanz von Peronisten und Radikalen wurde nur auf der weniger wichtigen provinziellen Ebene durchbrochen, wo die kommunalen Gruppierungen sich bemerkbar machten, allerdings nirgendwo in einer Weise, daß sie ihre Macht landesweit hätten geltend machen können[4].

Der duale Charakter des Parteiensystems wurde in den Wahlen von 1985 nochmals bestätigt; bei dieser Gelegenheit wurde die Hälfte des Kongresses erneuert. Diesmal erhielten Peronisten und Radikale zusammen 77% der Stimmen, wobei letztere ihre Mehrheit im Kongreß mit nahezu derselben Anzahl an Sitzen halten konnten[5]. Durch die weiteren Verluste der Peronisten[6] wurde das Zwei-

---

3 Vgl. Alfonsín (1984), mit einer Darstellung seiner politischen Vision zur Zeit der Wahlen.

4 Andere Parteien erhielten folgende Stimmenanteile: *Partido Intransigente*, 2,7%, *Movimiento de Integraciön y Desarrollo*, 1,1% und der Rest, weniger als 1%. Allgemeine Ergebnisse der Wahlen-Kongress: UCR, 129 Sitze; *Partido Justicialista*,111; *Partido Intransigente*,3; *Unión de Centro Democrático*, *Pacto Autonomista Liberal*, *Partido Bloquista y Movimiento Popular Neuquino*, ein Sitz jeder. Senat: die *Partido Justicialista* erhielt die Merhheit mit 23 Sitze; die UCR 18; die Parteien *Bloquista*, *Popular Neuquino* y *Autonomista Liberal*, zwei Sitze jeder; *Movimiento de Integración y Desarrollo*, 1. Ergebnisse der Wahlen von 1983 auf provinzieller Ebene. Die *Partido Justicialista* gewann in 12 Provinzen (Santa Fe, la Rioja, Tucumán, Santiago del Estero, Catamarca, el Chaco, Formosa, Jujuy, Salta, San Luis, La Pampa y Santa Cruz); die UCR in 8 (Buenos Aires, Córdoba, Mendoza, Entre Ríos, Misiones, Rio Negro, Chubut y Tierra del Fuego); die Provinzparteien siegten in den drei restlichen Provinzen (in Corrientes, der *Pacto Autonomista Liberal*; in Neuquén, der *Movimiento Liberal Neuquino*; und in San Juan, der *Partido Bloquista*).

5 Sie erhielten einen mehr, statt 129, 130.

6 Von 110 auf 102 Abgeordnete.

parteiensystem nunmehr deutlich abgeschwächt: Die *Partido Intransigente* vergrößerte ihre Abgeordnetenanzahl von drei auf sechs, die *Unión de Centro Democrático* und die *Partido Autonomista Liberal* von zwei auf drei. Die Verschärfung der wirtschaftlichen Krise, bedingt durch das Scheitern des "*Plan Austral*", ließ die Kompromißbereitschaft bei den Parteien in der Folgezeit schrumpfen; die Opposition wurde aggressiver und fundamentaler.

Die politische Szene in *Argentinien* zeichnet sich dadurch aus, daß es – ganz im Gegensatz zu *Chile* – keine im eigentlichen Sinne "*rechten*" oder "*linken*" Parteien gibt; letztere etwa hatten nur eine minimale parlamentarische Vertretung. Dagegen hielt sich auch in dieser Zeit, repräsentiert in der Person Präsident Alfonsíns, eine Art "*gemäßigtes Führertum*" des Parteichefs über die radikale Partei – eine Tendenz, die sich bis heute beobachten läßt: Parteiinternes "*Führertum*" und ein Mangel an parlamentarischer Mentalität bestehen in einer Weise weiter, die nicht gering einzuschätzen ist. Das Fehlen rechter und linker Parteien im traditionellen Sinn hängt mit der Zusammensetzung der argentinischen Bevölkerung zusammen: Sie besteht in ihrer Mehrheit aus Einwanderern mit früher Integration in die Politik; Klassenkonflikte als solche fehlen in auffallendem Maße[7].

Es war die Person ihres Kandidaten Alfonsín, der es der *Unión Cívica Radical* erlaubt hat, die Gunst auch solcher Bevölkerungskreisen zu erlangen, die traditionell dem Peronismus anhingen. Ein wesentlicher Unterschied zur peronistischen Regierung Anfang der siebziger Jahre, der sich nun bemerkbar machte, war die Entideologisierung des politischen Systems, die zusammen mit einer gewissen Ausgewogenheit der Kräfte die Stabilität der Regierung begünstigt hat – trotz der negativen Ergebnisse, die in anderer Hinsicht verzeichnet werden mußten. Das hat jeder Partei eine realistische Perspektive eröffnet, an die Macht zu kommen.

In dieser neuen Konfiguration des argentinischen Parteiensystems hat man eine tiefgreifende Änderung der politischen Praxis und Kultur gesehen[8]. Was das Fehlen einer rechten Partei anbelangt, so hatte die *Unión Cívica Radical* deren Rolle bei der Mittelschicht übernommen, so wie dem Peronismus diese Funktion bei den Unterschichten zukam, indem er dort den linken Gruppen die Wähler wegnahm. Bisher hatte es keine Partei gegeben, die fähig gewesen wäre, die Interessen der wirtschaftlichen Elite zu vertreten, um damit eine Allianz dieser Schicht mit den Streitkräften zu verhindern[9].

---

7 Dahl (1989:124-130).
8 Ninou (1992:490).
9 Di Tella (1987:24).

Unter der Regierung Alfonsíns sollte es auch eine Verfassungsreform geben, die das herrschende Präsidialregime durch eine Aufwertung und Stärkung des Parlaments mäßigen sollte. So sollte das Regierungskabinett unter die Kontrolle des Parlaments gestellt und das Amt des Premierministers kreiert werden. Die Prüfung dieses Verfassungsprojekts wurde dem "Rat für die Konsolidierung der Demokratie"("*Consejo para la Consolidación de la Democracia*") anvertraut. Obwohl dieser Rat seinen Bericht fertigstellen konnte, verhinderte die fehlende Mehrheit der *Unión Cívica Radical* im Senat und die Unstimmigkeiten mit den Peronisten die weitere Ausführung des Projekts. Außerdem wurde versucht, das Parteienwesen neu zu regeln. Im September 1985 wurde ein neues Statut erlassen, in dem die hervorragende Rolle der Parteien bei der Willensbildung des Souveräns betont wird[10]. Die staatliche Finanzierung der Parteien wird garantiert.

In einigen typischen Zügen seiner politischen Kultur hat man die wesentlichen Hindernisse für die Konsolidierung eines Parteiensystems in *Argentinien* sehen wollen. Das Land zeigt einen ausgesprochen stark ausgeprägten "*Korporativismus*", aber in Verbindung mit einem anerkannt schwachen Parteiensystem. Und die Form, in der die politischen Forderungen der verschiedenen gesellschaftlichen Segmente geltend gemacht werden, wie auch die Forderungen selbst, behindern die Festlegung eines "allgemeinen soziopolitischen Projektes":

> "La determinante influencia de las corporaciones en el sistema institucional -especialmente las fuerzas armadas y los sindicatos- desbordan la acción de los partidos políticos y generan focos de permanente autoritarismo"[11].

1.1.1. – Die Beziehungen Präsident-Regierungsparteien

Innerhalb der *Unión Cívica Radical* wurde Alfonsín vom stärksten Flügel der Partei, genannt "*la Coordinadora*", unterstützt; dieser Parteiflügel ist nicht mit dem ehemals vorherrschenden konservativen Flügel der Partei identisch. Sobald Alfonsín versuchte, seine politischen Ideen in die Tat umzusetzen, geriet er mit seiner eigenen Basis in Konflikt. Er versuchte zwar, die Grundlinien der Politik allein zu bestimmen, aber konnte dabei nicht mit einer disziplinierten Unterstützung seitens der Partei rechnen. Ministerien, wie das für Verteidigung und Äußeres, vertraute Alfonsín Technokraten oder aber solchen Anhängern seiner Partei

---

10 Nur ihnen steht die Aufstellung der Wahlkandidaten zu.

11 Der bestimmende Einfluß der Korporationen auf das institutionelle System – besonders die Streitkräfte und die Gewerkschaften – behindert die Tätigkeit der politischen Parteien und verursacht Quelle permanenten Autoritarismus. Ninou (1992:571).

an, die gerade nicht dem von ihm geführten Parteiflügel angehörten[12]. So stellte sich seine eigene Partei gegen seinen Gesetzesentwurf, der die strafrechtliche Verantwortung der Offiziere wegen der von ihnen begangenen Menschenrechtsverletzungen regeln sollte; auch gegen seine Politik bei der Führung der staatlichen Unternehmen und gegen die Koalitionen der Partei bezog sie Stellung. Dabei wies auch die "*Coordinadora*" selbst ganz verschiedene interne Strömungen auf, von denen jede auf ihre Art mit Alfonsín verkehrte. Eine dieser Strömungen wurde von F. Storani – Anführer der "*Coordinadora*" in der Provinz Buenos Aires – angeführt, eine andere von L. A. Cáceres, dem Vorsitzenden des "*Comité Provincial*" von Santa Fe, und eine dritte schließlich durch E. Nosiglia.

Im Endergebnis waren es die Persönlichkeit Alfonsíns und die kennzeichnenden Züge der "*Coordinadora*", die der neuen Zivilregierung ihre charakteristischen Merkmale verliehen.

1.1.2. – Beziehungen Präsident-Peronismus

Mit der anderen Partei im Zweiparteiensystems gestalteten sich die Beziehungen zunehmend enger und zwar in dem Maße, wie sich der Peronismus intern erneuern konnte, indem María Estela Martínez und die alte Führungsriege aus ihren Ämtern verdrängt wurden. Wegen der fehlenden Mehrheit im Senat mußte die Regierung Alfonsíns mit der *Partido Justicialista* einen Pakt schließen, um ihre Gesetzesvorhaben durchbringen zu können.

Der Peronismus seinerseits versuchte einige seiner korporativistischen und autoritären Züge, die sich sehr deutlich in den siebziger Jahren gezeigt hatten, abzulegen. Seit dem Tode Peróns wurde die Partei durch seine Witwe und Lorenzo Miguel, dem Anführer der "*62 Organizaciones*", geführt. Die Niederlage bei den Wahlen von 1983 gab dann Gelegenheit zur Erneuerung der *Partido Justicialista*. Dabei bildeten sich zwei Bewegungen, eine "*orthodoxe*", die Perón nach wie vor zugetan war, und eine "*erneuerte*" Strömung, die eine distanzierte Einstellung zu Perón einnahm[13]. Bei den innerparteilichen Wahlen von 1985 siegte Antonio Caffiero über Herminio Iglesias, womit sich das Programm der Erneuerung des Peronismus, jedenfalls was die Parteiführung betraf, durchsetzen konnte.

---

12 Leuco (1987.263-265).

13 Die "*erneuerte*" Gruppe wurde von Antonio Caffiero, Carlos Grosso, José Luis Manzano, Carlos S. Menem und José Maria de la Sota angeführt.

1.2. – Legitimität und Effizienz der in der Verfassung vorgesehene Institutionen

Unter den zur Macht zurückgekehrten argentinischen Parteien wurde keinerlei Vereinbarung getroffen, die einen Verständigungsrahmen zwischen ihnen hätte abgeben können; ebenso wenig kam es zu einer Allianz für die Regierungsphase nach den Wahlen, wie es in *Chile* mit der Konzertierung der Oppositionsparteien gegenüber dem Militärregime geschah. Auch mit den ausscheidenden Militärbefehlshabern wurden keine Vereinbarungen getroffen, welche die gegenseitigen Beziehungen zwischen Zivilregierung und Militärs und die Verantwortung der Streitkräfte für die von ihr begangenen Verbrechen geregelt hätten.

Angesichts der vielen ungelösten Probleme, vor allem die unkontrollierte Inflation, die zahlreichen gewerkschaftlichen Konflikten und die Unschlüssigkeit der Regierung in der Innenpolitik, verschlechterten sich die Beziehungen zwischen den beiden großen Parteien zunehmend. Da es schon an einem Mindestkonsens fehlte, war es nicht möglich, das brisante Problem der Besteuerung vor allem der vermögenderen Schichten oder der Umverteilungs- und Gehaltspolitik zu lösen. Alle Ansätze hierzu versandeten schnell, ohne daß sich je auch nur die Möglichkeit einer gesetzlichen Lösung geboten hätte. Auch dem Projekt der Verfassungsreform konnten keine weiteren Impulse gegeben werden. Die Zustimmung der Bevölkerung zu dem politischen und sozialen Modell, das eine von vielen Hoffnungen begleitete Alternative hätte darstellen sollen, wurde demgemäß dann auch im Lauf der Zeit schwächer, obwohl anfänglich eine Mehrheit der Bevölkerung zur Zivilregierung zurückkehren wollte[14].

Ende 1985 war die Regierung angesichts einer deutlich zugespitzten inneren Lage dazu gezwungen, den in Artikel 23 der Verfassung vorgesehenen verschärften Ausnahmezustand auszurufen. Am 24. Dezember desselben Jahres gründete die Regierung den sogenannten Rat für die Konsolidierung der Demokratie" ("*Consejo para la Consolidación de la Democracia*"), der sich aus namhaften Persönlichkeiten zusammensetzte, um

> "contribuir a la elaboración de un proyecto transformador fundado en la ética de la solidaridad y de la democracia participativa, en orden a la modernización de las estructuras culturales, científicas, educativas, productivas, estatales y de la sociedad argentina"[15].

---

14 Vgl. Ninou (1992:463).

15 "ein Projekt des gesellschaftlichen Wandels und der politischen Erneuerung in Angriff zu nehmen, das auf die Ethik der Solidarität und der partizipativen Demokratie basiert, und auf eine Modernisierung der kulturellen, wissenschaftlichen, Erziehungs-, Produktions-und Staatsinstitutionen sowie der argentinischen Bevölkerung abzielt. Zit. Ninou (1992:481).

Trotz solcher Versuche tauchten im Laufe der Zeit nicht nur die militärischen Konspirationen[16], sondern auch die Untergrundaktivitäten der *Guerrilla* wieder auf. Der Überfall einer Gruppe von Linksextremisten auf die Militärkaserne von *La Tablada* veranlaßte die Regierung dazu, den "Rat für Nationale Sicherheit" ("*Consejo de Seguridad Nacional*") zu gründen. Damals wurde auch bekannt, daß es Verhandlungen zwischen Zivilisten und Militärs darüber gäbe, wie man Präsident Alfonsín ersetzen könne, der aufgrund seiner Weigerung, den in Menschenrechtsverletzungen verwickelten Militärs ohne weiteres Amnestie zu gewähren, in eine schwierige Lage gekommen war. Auf Seiten der Militärs wurde diese Verhandlungen von Oberst Seineldín, auf Seiten der Zivilisten von dem damals schon peronistischen Kandidaten zur Präsidentschaft, Carlos Menem, und dem Gewerkschaftsführer Lorenzo Miguel geführt.

Die größte Herausforderung für die Regierung Alfonsín bestand in der Wiederherstellung einer stabilen Zivilregierung. Außerdem mußten die Gewerkschaften unter Kontrolle gebracht werden, da ihre Macht sich unter dem Militärregime vergrößert hatte, weil sie damals praktisch die einzigen Kanäle gewesen waren, die zwischen Staat und Gesellschaft noch eine Mittlerrolle einnehmen konnten.

1.2.1. – Wirtschaftliche Ergebnisse

Der wirtschaftliche Kontext, mit dem Alfonsín während seiner Regierung fertig werden mußte, war durch die Erbschaft des vorgehenden Regimes außerordentlich belastet. Die Effizienz der Regierung Alfonsín mußte sich an ihren zwei Plänen messen lassen, dem "*Plan Austral*" und dem Plan, der mit dem Internationalen Währungsfond (IWF) vereinbart worden war. Als der erste Plan in Angriff genommen wurde, lasteten enorme Auslandschulden von tausenden Millionen Dollar auf dem Land; eine galoppierende Inflation, eine weitgehend auf Spekulation basierende Wirtschaft, eine Krise im Finanz- und Produktionssektor und schließlich ein ineffizienter und überdimensionaler Staatsapparat taten ihr übriges.

Der "*Plan Austral*" wurde als eine Form der "*Kriegswirtschaft*" verstanden. Alfonsín rechnete dabei mit der Unterstützung des Internationalen Währungsfonds. Ziel dieses Planes war es, die Wirtschaft zu sanieren. Das sollte durch das Einfrieren der Preise und Gehälter, die Einführung einer neuen Währung und die Beseitigung des öffentlichen Defizits bewerkstelligt werden. Gleichzeitig wurde versucht, die Erdölproduktion wiederzubeleben; aber diese "*Plan Houston*" ge-

---

16 Vgl. López (1987); (1988); Werz; Bergstraesser (1987) über die Aufstände während der ersten postautoritären argentinischen Regierung.

nannte Initiative gedieh nicht. Später wurde die Privatisierung der staatlichen Unternehmen angekündigt, um deren Wirtschaftlichkeit zu verbessern, was aber auf große Widerstände stieß und daher letztendlich aufgegeben wurde. Auch der "*Plan Austral*" scheiterte. Dabei muß freilich die Bedeutung der internationalen Faktoren, die hier eine Rolle spielten, betont werden. Der Preisverfall der landwirtschaftlichen Erzeugnisse auf dem Weltmarkt spielte dabei eine besonders verhängnisvolle Rolle, hat er doch die Hoffnungen auf ein günstigeres Devisensaldo, das als Ergebnis einer gestiegenen Agrarproduktion und eines größeren Exports erwartet wurde, gänzlich zunichte gemacht.

Im Jahre 1987 wurde ein zweiter Plan angekündigt zusammen mit einer Vereinbarung zwischen der Regierung und dem IWF. Die harten Bedingungen, die dem Land dadurch auferlegt wurden, haben die Wahlergebnisse dieses Jahres unmittelbar beeinflußt; sie fielen für die Regierung sehr ungünstig aus. Die Legitimität der politischen Institutionen blieb zwar unter der Regierung Alfonsín von der negativen wirtschaftlichen Bedingungen noch unbeeinflußt. Aber es läßt sich nur schwer leugnen, daß die Institutionen wegen der mageren Erfolge der Regierung Alfonsíns in Verruf gerieten.

1.3. – Die Beziehungen zwischen der Regierung und den Streitkräften

Die radikale Regierung setzte eine Reform des Wehrstrafgesetzes in Gang, die den Zuständigkeitsbereich der Militärgerichtsbarkeit insbesondere bei Menschenrechtsverletzungen reduzieren sollte[17]. Dabei wurden unterschiedliche Verantwortungsebenen festgelegt: Zunächst diejenige der höheren politischen Ebene, auf der Befehle zur Durchführung der Verbrechen gegeben worden waren, sodann die Ebene der bloßen Befehlsempfänger und schließlich derjenige Personenkreis, der lediglich bei Ausführung an sich rechtlich zulässiger Aktionen Maß und Ziel überschritten hatte[18]. Zur Kompensation wurden auch die Anführer der "*Montoneros*" vor Gericht gestellt. In diesen Fällen wurden die allgemeinen strafrechtlichen Delikte, nämlich die Bildung einer kriminellen Vereinigung, die Aufforderung zu Gewalttaten und der Verstoß gegen die öffentliche Ordnung angewandt.

Das Amnestiegesetz, das von der *Junta* im Zuge des sogenannten "Prozesses der Nationalen Reorganisation" erlassen worden war, wurde nunmehr außer Kraft gesetzt; der Umstand, daß es sich hier ganz offensichtlich um eine "*Autoamnestie*" handelte, und im übrigen auch nur die von den Streitkräften begange-

---

17 Giussani (1986); San Martino (1989:501-602); Ninou (1992:477ff.).

18 Vid. Kap. VIII.

nen Verbrechen straflos gestellt wurden, ließ dieses Gesetz mittlerweile inakzeptabel erscheinen. Die Aufhebung des Amnestiegesetzes erlaubte nun die Durchführung von Prozessen gegen Angehörige der Streitkräfte. Daneben wurde die "*Nationale Kommission über verschollene Personen*" ("Comisión Nacional sobre Desaparición de Personas" – *CONADEP*) gegründet, um den Verbleib der Opfer der 1976 begonnenen militärischen Repression ausfindig machen zu können.

In einer außerordentlicher Session stimmte der Kongreß über einen Gesetzesentwurf zur "Verfassungsordnung und über das demokratische Leben" ("*Proyecto de Ley de Orden Constitucional y de la Vida Democrática*") ab. Dabei wurde einer Anzahl von Änderungen sowohl des Gesetzes zur Aufhebung der Amnestie als auch anderer Gesetze zugestimmt. Es waren dies im einzelnen ein "*Habeas Corpus*"-Gesetz, das Gesetz über den Schutz der konstitutionellen Ordnung und des demokratischen Lebens, eine Reform des Strafgesetzbuches betreffend die Folter, die Strafaussetzung zur Bewährung und die Rückfälligkeit, Änderungen der Strafprozessordnung betreffend die Haftentlassungen, eine Änderung des Wehrstrafgesetzes und schließlich die Außerkraftsetzung der "*de facto*-Gesetze", die das Verfahren in Terroristenprozessen regelten.

Auch diese Maßnahmen haben dem Land indes keinen Frieden geschenkt. Im Gegenteil: Es brachen nun eine ganze Anzahl militärischer Revolten gegen die Regierung aus, die nicht ohne Folgen blieben. Eine dieser Revolten, von dem dann später als der "*Aufstand in der Osterwoche*" gesprochen wird, zwang die Regierung 1987 endgültig, zurückzuweichen: Unter dem Druck der Streitkräfte wurden zwei neue Gesetze erlassen, die die Möglichkeiten strafrechtlicher Verfolgung der Offiziere beschränkten. Das sogenannte "*Schlusspunktgesetz*" und das "*Gesetz betreffend die Gehorsamspflicht*" nahm die Unteroffiziere, die an den Aktionen gegen die *Guerrilla* während der ersten Jahre des Militärregimes teilgenommen hatten, von der strafrechtlichen Verantwortung aus.

Die Regierung erließ aber gleichzeitig das Gesetz Nr. 23.463, das es den Angehörigen der Streitkräfte zur Pflicht machte, der Verfassung Respekt und Treue zu schwören; es war dies eine Art gesetzliche Abhilfe gegen die Gefahr von Militärputschen. Außerdem wurde die Einleitung von Ermittlungen angeordnet, um die Verantwortung der Offiziere im Falklandkrieg festzustellen. Keine dieser strafrechtlichen Initiativen hätte auch nur die mindesten Chance gehabt, wenn es nicht die militärische Niederlage im Falklandkrieg gegeben hätte, die das schon zuvor lädierte Ansehen der Streitkräfte endgültig ruiniert hatte.

1.4. – Die Wahlen von 1989

Die Wahlen von 1989 bestätigten wiederum das bipolare Parteiensystem mit jeweils einer dominierenden Partei. Auf der sozialen Ebene war damals bereits eine verschärfte soziale Polarisierung zu beobachten. Seit 1986 hatten sich in der *Partido Justicialista* drei Männer nach vorne gearbeitet: Cafiero, Grosso und Menem. Letzterer organisierte seine Parteifaktion unter der Bezeichnung "Föderalismus und Befreiung" ("*Federalismo y Liberación*") und stellte sich als Kandidat auf. Nach einigen internen Umstellungen erklärte Menem die durch Herminio Iglesias geführten "*62 Organizaciones*" zum "*Arm*" der Partei; auf diese Weise imitierte er den *modus operandi* des verstorbenen Perón und bekam so die Unterstützung von dessen Anhängern. Menem kämpfte seinerseits gegen die Anhänger der erneuerten Faktion von Cafiero, der in den innerparteilichen Wahlen gegen Iglesias, dem Verbündeten Menems, gewonnen hatte. Später würde er sich in den Wahlen zum Gouverneur von Buenos Aires behaupten.

Der allgemeine Sieg in den Wahlen von 1987 hatte die Vorherrschaft der sogenannten "*erneuerten*" Faktion in den peronistischen Reihen konsolidiert. Die Wahl zwischen den beiden Führern, Cafiero und Menem, stand aber noch aus. Die Partei mußte erst noch lernen, mit dem Konzept des Mehrparteiensystems umzugehen, und sie mußte vor allem die Verfahren innerparteilicher Demokratie erlernen und die Existenz mehrerer Listen im fairen Wettbewerb innerhalb der Partei akzeptieren.

Anfangs 1987 wurden die innerparteilichen Wahlen des *Partido Justicialista* abgehalten, in denen sich Carlos Menem durchsetzte, der mit der entscheidenden Unterstützung des Gewerkschaftssektors und der Faktion des revolutionären Peronismus rechnen konnte:

> "El fenómeno menenista sirvió de referencia en la diferenciación de las dos alternativas del peronismo. Nada había cambiado mucho a nivel de bases. Era la encarnación de lo intuitivo, lo antiprogramático, lo barbárico, la exaltación de lo irracional, del personalismo, del liderazgo y del caudillismo, según el más viejo y puro modelo peronista"[19].

An diesen Wahlen nahmen indessen nur 40% der Anhänger teil. Das Tandem Menem-Duhalde erreichte dabei 53,4% der Stimmen, Cafiero und De la Sota

---

19 Das "*Phänomen Menem*" galt als Referenzpunkt bei der Unterscheidung zwischen den zwei peronistischen Alternativen. Auf der Ebene der Parteibasis hatte sich im Grunde nichts geändert. Menem war die Verkörperung des Intuitiven, des Antiprogrammatischen, des Barbarischen; er stand für die Verherrlichung des Irrationalen, den Personalismus, die Führerschaft und das Führertum, ganz so, wie es dem ältesten peronistischen Modell von Anfang an entsprach." Feimann (1988:1).

45,8%. Das bedeutete, daß Cafiero Präsident der Partei wurde und Menem hingegen Präsidentschaftskandidat. Der Sieg Menems beinhaltete zugleich eine ganz deutliche Wiederbelebung des überwunden geglaubten "*Führertums*" in der Partei.

Die Parteibasis war peronistisch-populistisch geblieben. Alvarez versucht diese Wiederbelebung des "*Führertums*" folgendermaßen zu erklären:

> "las limitaciones para asociar una nueva cultura política a la necesidad creciente de identificación cultural y reparación social que demandan los sectores más castigados por la crisis, (lo que) abrió una brecha que fue ocupada por la brillantez y, a veces, frivolidad de algunos de los principales dirigentes renovadores, más dispuestos al show que a prepararse con honestidad y transparencia para transitar un problemático, pero impostergable, camino de la transformación"[20].

Bei den innerparteilichen Wahlen der *Unión Cívica Radical* siegte das Tandem Eduardo Angeloz – Juan M. Casella, mit 85,6% der Stimmen vor dem Tandem Luis León – Carlos Yeregui (14,3%).

Manches deutete bei den Wahlen von 1989 darauf hin, daß es im argentinischen Parteiensystem zu einem Wiederaufleben nichtparlamentarischer Mechanismen gekommen war. Die Wahlkampagnen der Parteien waren viel mehr auf die Persönlichkeit und das Image der Kandidaten, als auf ihre Regierungsprogramme konzentriert gewesen. Möglicherweise hatten diese zu wenig zu bieten, um eine enttäuschte Wählerschaft anzuziehen[21]. Die Wahlen bedeuteten aber auch einen Aufschub für die Zivilregierung, die politisch enorm abgenutzt war und in der Wirtschaftspolitik völlig gescheitert war. Die Kandidaten der *Unión Cívica Radical* versuchten demnach Distanz zur Regierung zu halten, um nicht für die negativen Ergebnisse von deren Wirtschaftspolitik verantwortlich gemacht zu werden.

---

20 "den Beschränkungen, um die neue politische Kultur mit einem wachsenden Bedürfnis an kultureller Identifizierung und sozialer Wiedergutmachung, die die am meisten durch die Krise betroffenen Kreise verlangten, zu assoziieren; (dieses) verursachte eine Bresche, die durch den Glanz und mitunter auch durch die Frivolität einiger der wichtigsten Führer der erneuerten Faktion ausgefüllt wurde, die eher zur Show bereit waren, als sich mit Anständigkeit und Transparenz darauf vorzubereiten, den problematischen aber unaufschiebbaren Weg der Umwandlung zu beschreiten". Alvarez (1988-4-5).

21 Es nahmen an den Wahlen teil: die *Unión Cívica Radical* (UCR) (E. Angeloz-J. Casella) ; der *Frente Justicialista Popular* (FREJUPO) (C. Menem-E. Duhalde); die *Alianza de Centro* (AC) (A. Alsogaray, A. Natale); die *Izquierda Unida* (IU) (N.Vicente-L.Zamora); die *Unidad Socialista* (US) (G.Estevez Boero-A.Bravo); der *Frente Humanista Verde* (FHV) (L. Aimnan-L. Méndez); und der *Partido Obrero* (PO) (J.Altamira-G.Flores).

Menem seinerseits benutzte, wie gesagt, den alten Stil des Peronismus, wobei er in seiner Kampagne alte Arbeitstage der vierziger Jahre imitierte, um die Gunst der ärmeren Schichten für sich zu gewinnen[22].

In wirtschaftlicher Hinsicht war diese Zeit durch eine enorme Inflation gekennzeichnet. Von Seiten der radikalen Regierung wurden Vorwürfe an verschiedene Unternehmen laut, sie hätten in unverantwortlicher Weise Spekulationen mit dem Dollarkurs betrieben. Es kam auch zu zahlreichen Streiks, die mit den Forderungen nach höheren Löhnen verbunden waren.

Die Mehrheit der Stimmen ging dann bekanntlich an die peronistischen Kandidaten Carlos Saúl Menem und Eduardo Duhalde, die 47,3% der Stimmen erhielten. Die *Unión Cívica Radical* erhielt 32,4% und die *Confederación Federalista Independiente* 4,5%. Auch im Senat konnten der Peronismus einen Sitz zulegen, wodurch er mit 22 Sitze die Mehrheit erhielt.

Der Aufstieg Menems in der Gunst des Volkes steht in unmittelbarem Zusammenhang mit dem Scheitern der radikalen Regierung, insbesondere im Hinblick auf die Verschärfung der wirtschaftlichen Krise. Der Triumph Menems führte aber zugleich zur Schwächung der "*erneuterten*" Faktion innerhalb der *Partido Justicialista*, denn es war ja gerade eines der Ziele dieser Faktion gewesen, die populistischen Tendenzen der Vergangenheit zu bekämpfen. Während der Regierung Alfonsíns hatte man in diesem Flügel – ohne viel Erfolg – versucht, einen neuen Stil der Opposition zu betreiben, der sogar die solidarische Übernahme politischer Verantwortung zusammen mit den Radikalen beinhaltete. Die Partei sollte innerlich so umstrukturiert werden, daß die internen Streitigkeiten auf eine objektive Weise gelöst werden konnten, indem man an innerparteiliche Institutionen appellierte, die von den verschiedenen Faktionen des Peronismus akzeptiert werden konnten. Ninou führt hierzu aus:

> ...la victoria del candidato peronista Carlos Menem, se apoya y justifica en otra fuerte pérdida de legitimidad, la del líder radical Raúl Alfonsín y su partido, avalada ... por la agudización de los problemas "insolubles" (Bell), enmarcados por la gigantesca crisis económica en que se hallaba sumido el país, así como la crisis de representación del parlamento y de los partidos políticos en la sociedad argentina...[23].

---

22 Abos (1989).

23 Der Sieg des peronistischen Kandidaten Carlos Menem war bedingt durch einen erheblichen Legitimitätsverlust Raúl Alfonsíns und seiner radikalen Partei, der [...] von den "*unlösbar*" scheinenden Problemen (Bell) der enormen wirtschaftlichen Krise bewirkt wurde, in der sich das Land befand; auch die Krise des Parlamentarismus und der politischen Parteien in der argentinischen Gesellschaft trugen ihren Teil dazu bei. Ninou (1992:562-563).

Der Sieg Menems wurde nicht nur von einer Wählerschaft gestützt, die in ihrer Mehrheit zu den ärmsten Kreisen des Landes gehörte, sondern auch durch große Teile der Streitkräfte und der Gewerkschaften. Menem vertrat das korporativistische, peronistische *Argentinien*, und das war ein anderes *Argentinien*, als dasjenige, das Alfonsín aufzubauen versucht hatte.

2. – Die Präsidentschaft Patricio Aylwins 1990-1994

Die Präsidentschaft Patricio Aylwins in *Chile* war das Ergebnis zweier gleichzeitig ablaufender Prozesse. Einer dieser Entwicklungen war der innerparteiliche Wahlprozess in der *Democracia Cristiana*, der Partei Aylwins, der andere die Bildung und Führung einer Parteienkoalition, die neu gegründet wurde, um eine gemeinsame Front gegen das Militärregime aufzubauen, um sie dadurch zur Machtübergabe an eine neue Zivilregierung zu bewegen.

Im August 1987 wurde Patricio Aylwin zum Chef der Christdemokratischen Partei gewählt, der wichtigsten Partei der Opposition. Sein Sieg bedeutete die definitive Durchsetzung seiner Thesen. Diese postulierten einen friedlichen Abgang der autoritären Regierung; ein Postulat, das mit der Legalität zwar nicht offen brach, sie aber auch nicht gänzlich akzeptierte. Formelle Allianzen mit Gruppierungen, die die Gewalt als politisches Mittel befürworteten, sollten ausgeschlossen sein.

Monate später, am 2. Februar 1988, wurde das "Parteienbündnis für das Nein" ("*Concertación de partidos por el No*") gegründet; es war der unmittelbare Vorgänger der Koalition, die dann mit fast demselben Namen und denselben Mitgliedern an den für 1989 vorgesehenen freien Wahlen teilnehmen würde[24]. In diesem Bündnis war ein Parteienspektrum von Mitte-Rechts bis hin zu den Sozialisten zusammengefaßt. Nur die extremistischen Gruppen wie der *Movimiento de Izquierda Revolucionaria* (MIR) und einige Parteifaktionen des Sozialismus blieben ausgeschlossen, weil sie sich der friedlichen Strategie der Machtergreifung nicht anschließen wollten. Das neue Bündnis bildete fortan Basis und Grundstein einer neuen Regierungsfähigkeit; es war eine politische Neuheit, da in ihr zwei politische Richtungen zusammenschlossen waren, die in *Chile* bislang nie zusammengekommen waren. Wenn sie versuchen, diese Entwicklung der Bedingungen dieser Konjunktur zu erklären, behaupten einige, daß

---

24 Im ersten Bündnis schlossen sich vierzehn Gruppen zusammen von Mitte-Rechts bis hin zu den Sozialisten; im zweiten Bündnis siebzehn, unter ihnen wiederum die *Democracia Cristiana*, die *Partido por la Democracia* (PPD) und die *Partido Socialista*, die diesem Konglomerat seine Mitte-Links-Identität verleihen.

"el que trece colectividades políticas, con historias tan diferentes, (aceptaran participar en el plebiscito), demostraba la desesperación que había cundido en ellas, por aprovechar la precaria oportunidad del '88. La única que por vía no confrontacional quedaba"[25].

Die Tatsache, daß die Koalition viel mehr durch den gemeinsamen Willen, das autoritäre Regime der Militärs hinter sich zu lassen, als durch ein gemeinsames Regierungsprogramm zusammengehalten wurde, wirkte sich auf die Koalition günstig aus. Die unmittelbaren Ziele des erwähnten Parteienbündnisses "*für das Nein*" bestanden darin, zu erreichen, dass so viele Bürger wie möglich in den Wahlregistern eingetragen wurden, um dadurch eine Ablehnung des Kandidaten der Streitkräfte wahrscheinlich zu machen. Die Strategie des Bündnisses bestand darin, den Konsens zu betonen und möglichst keine inneren Differenzen zu zeigen. Alles, was irgendwie nach Gewalt aussehen könnte, sollte vermieden werden. Einige Monate später stieß sogar die Kommunistische Partei zu dem Bündnis. In ihrer Propaganda wurde die Notwendigkeit verkündet, Versöhnung und Eintracht zwischen den verschiedenen Bevölkerungsgruppen des Landes zu erreichen.

Die Teilnahme an der Abstimmung von 1988 war eine implizite Anerkennung der Legalität, die das Militärregime aufgezwungen hatte; es mußte hingenommen werden, daß man unter den Bedingungen, die das Militärregimes festgesetzt hatte, gewinnen mußte. Daher gab es keinen Bruch mit den Institutionen der jüngsten Vergangenheit, sondern ein sich Einfügen der Parteien in der für sie vorgesehenen, nicht durch sie vorbereiteten Institutionalisierung.

Bis zur letzten Minute vor dem 30. August 1988, dem Tag, an dem General Pinochet als Kandidat für die Abstimmung ernannt wurde, wurde informell nach einem Kompromißkandidaten gesucht, auf den sich die Militärs und die Politiker des Parteienbündnisses hätten einigen können; dies ist aber letztendlich nicht gelungen.

Am Tag nach der Abstimmung, in der Pinochet das Mandat verweigert worden war, begann man damit, die Kandidatur Patricio Aylwins für das Präsidentenamt vorzubereiten, um auf diese Weise den Erfolg in der Volksabstimmung auszunutzen. Es ging auch darum, eine Debatte um den Präsidentschaftskandidaten zwischen den einzelnen Mitgliedern des Bündnisses zu vermeiden, die den Kandidaten dann nur abnutzen konnte. Die rasche Präsentation eines Kandidaten

25 "... dreizehn politische Gruppierungen mit so unterschiedlichen Vergangenheiten war ein Beweis für den Mut der Verzweiflung, mit dem die heikle Gelegenheit 1988 ausgenutzt wurde. Es war die einzige nicht gewalttätige politische Linie, die übrig geblieben war." Otano (1995:55).

ermöglichte es schon jetzt, den Charakter der zukünftigen Zivilregierung einzuschätzen.

Die Ankündigung Pinochets, die in der Verfassung vorgesehenen Fristen für den Übergang zu respektieren, gab den Streitkräften 17 zusätzliche Monate an der Macht. Gleichzeitig begannen bei den politischen Parteien Neuverhandlungen und innerparteiliche Wahlen, mit denen sie sich auf die Parlamentswahl vorbereiteten, die 1989 stattfinden sollte.

Bei der Ernennung des christdemokratischen Präsidentschaftskandidaten kamen einige interne Praktiken der politischen Parteien zum Vorschein, die mit dem, was man von Gruppen mit demokratischer Gesinnung erwarten kann, keineswegs übereinstimmten. Die skandalöse Wahlfälschung bei der innerparteilichen Abstimmung zugunsten Aylwins war ein unmissverständliches Zeichen dafür, daß der demokratischen Willensbildung innerhalb der wichtigsten chilenischen Partei gegenüber den Verhandlungen innerhalb eines engen Führungszirkels, der die Partei kontrollierte, nur geringes Gewicht zukam. Nicht im geringsten transparenter war die Benennung der Präsidentschaftskandidaten in den mit der *Democracia Cristiana* verbündeten Parteien. Alle gingen sie aus geheimen Verhandlungen hervor; in Wahrheit waren sie bereits ein Pfand für die späteren Koalitionsverhandlungen um die Ämter der zukünftigen Regierung. So wurde nach siebzehn Jahren das Parteiensystem wiedereingeführt; zwar nicht so, wie es 1973 endete, aber ganz sicherlich auch nicht in einer vielversprechenden Form.

Immerhin konnte das Parteienbündnis der "Konzertierung" (*Concertación*) eine einheitliche parlamentarische Liste aufstellen. Dagegen war die Parteienallianz des Militärregimes in fünf Listen zersplittert, was deren Wahlaussichten natürlich beeinträchtigen mußte. Dies war ein weiteres Zeichen der schwachen Organisationsfähigkeit der chilenischen Rechtsparteien.

Im Juni 1989 wurde Patricio Aylwin offiziell zum Präsidentschaftskandidaten des Mitte-Links-Parteienbündnisses vorgeschlagen. Im nächsten Monat wurde dann der Kandidat der die Streitkräfte unterstützenden politischen Kräfte, der ehemalige Finanzminister Hernán Büchi, vorgestellt; ihm ließ sich die gewisse wirtschaftliche Erholung, die das Land seit 1984 erlebte, als Verdienst zuschreiben. Ein dritter Kandidat war schließlich der Populist Francisco Javier Errázuriz, ein Unternehmer, der seine Kandidatur vor allem mit seinem Privatvermögen und seinem Einfluß auf einige kleine politische Gruppierungen bestritt.

Bei den Wahlen vom 14. Dezember 1989 siegte dann Patricio Aylwin mit 55,2% der abgegebenen Stimmen. Er lag damit deutlich vor Büchi, der nur 29,4% Stimmen, und vor Errázuriz, der 15,4% der Stimmen erhalten hatte. Im einzelnen waren die Stimmen folgendermaßen auf die wichtigsten Gruppen innerhalb des Parteienbündnisses der "*Konzertierung*" verteilt: Die *Democracia Cristiana* erhielt 26% der Stimmen, die *Renovación Nacional*, die wichtigste

Rechtspartei erhielt 18% und zwei kleinere Parteien, die *Unión Demócrata Independiente* (UDI) und die *Partido por la Democracia* (PPD), jeweils 9% und 11%[26]. Im ersten Kabinett, das der neu gewählte Präsident Aylwin zusammenstellte, spiegelte sich recht genau die innere Struktur der "*Konzertierung*" wieder, wie sie sich aus den jüngsten Wahlergebnissen ergeben hatte. So wurde die Praxis der Quotenbesetzung wiedereingeführt, die aus der Zeit vor 1973 stammte.

2.1. – Wiedereinführung der Zivilregierung

Am 30. August 1988 wurde General Pinochet von den Oberbefehlshabern der drei Teilstreitkräfte und dem Generaldirektor der Carabinieri einvernehmlich als Kandidat für die Volksabstimmung benannt, in der darüber befunden werden sollte, wer in den Jahren 1989-1997 die Staatspräsidentschaft ausüben sollte[27]. Mit der Ernennung Pinochets zum Kandidaten wurde noch einmal eine Konsenslösung mit der Opposition zurückgewiesen. Die wiederholten Niederlagen der Opposition in ihrem Bemühen, die Regierung zu stürzen, bekräftigten die Militärs in ihren Plänen, einen eigenen Kandidaten durchzusetzen und auf eine Einigung mit der Opposition zu verzichten, zumal sich die Streitkräfte in ihrer eigenen Wahrnehmung bei der Regierung des Landes durchaus erfolgreich dünkten. Die Ernennung Pinochets durch die Oberbefehlshaber der Teilstreitkräfte beendete außerdem eine lange Diskussion über die Möglichkeit einer Verfassungsänderung, die in der "*Öffnungsperiode*" 1983 zwischen Militärs und Zivilisten begonnen hatte.

Die Volksabstimmung von 1988 ergab dann für Pinochet 43%, für die Option "*Nein*" hingegen 54,7%, wodurch das Militärregime verpflichtet wurde, innerhalb eines Jahres freie Präsidentschafts- und Parlamentswahlen anzuberaumen.

Obwohl die Militärregierung auch nach ihrer Niederlage in der Volksabstimmung erklärte, daß nach wie vor keine Versuche für eine Verfassungsänderung gestartet werden könnten, wurden nun in der Tat Verhandlungen über die Wiedereinführung einer Zivilregierung eröffnet. Dafür wurde ein neues Kabinett zusammengestellt, das für die Verhandlungen mit der Opposition zuständig sein sollte, und von Carlos Cáceres geleitet wurde. Erst die Niederlage in der Volksabstimmung hat die Militärs also zu Verhandlungen bereit gemacht; die Jahre zuvor wäre dies unmöglich gewesen. Die Verhandlungen, in denen auch über die Verfassungsreformen entschieden wurde, waren es, die die Wiedereinführung

26 Vgl. El Mercurio (15.12.89).
27 Artikel 27 der politischen Verfassung von 1980.

der Zivilregierung ermöglicht haben. Die "*Konzertierung*" verstand die Verfassungsänderungen als ersten Schritt, dem weitere Reformen folgen sollten; ihre Zustimmung hatte aber auch den Effekt, daß die Verfassungsordnung von 1980 nachträglich legitimiert wurde, wenngleich immer auf einer prekären Basis, denn selbst die gegenwärtige Regierungsallianz, die seit 1990 an der Macht ist, wollte bislang auf die Durchführung tiefgreifender Verfassungsreformen nicht verzichten.

Die Verfassungsreformen, auf die sich die Militärregierung und die Oppositionsparteien der "*Konzertierung*" schließlich einigen konnten, wurde anschließend durch 85,7% der Wählerschaft genehmigt, die hier dem Appell der Teilnehmer an der Reformverhandlungen folgte, ohne dabei allerdings allzusehr auf das Ergebnis dieser Verhandlungen zu achten. Es beinhaltete im Wesentlichen die Wiederherstellung eines Gleichgewichts zwischen den Befugnissen des Präsidenten und denen des Parlaments sowie eine Beschränkung der Vorrechte, die die Verfassung den Streitkräften zugebilligt hatte.

Die wichtigsten Verfassungsreformen, die nach der Arbeit einer gemeinsamen Kommission, die sich aus Mitgliedern der Partei "*Renovación Nacional*" und der "*Konzertierung*" zusammensetzte, vereinbart wurden, waren – unter anderem[28], die Verkürzung der folgenden Amtsperiode des Präsidenten auf vier Jahre ohne die Möglichkeit einer Wiederwahl, die Erhöhung der Anzahl der Se-

28 Auch die Aufhebung des Verbots für Inhaber von politischen und gremialen Ämtern, bei Partei- oder Gremienaktivitäten solcher Gruppierung teil zu nehmen; eine gewisse Flexibilisierungder Reformmechanismen der Verfassung, indem das 2/3-Quorum auf 3/5 der Stimmen des Kongresses reduziert wurde; die Abschaffung des Rechts des Präsidenten, im Ausnahmezustand Personen des Landes zu verweisen; die Abschaffung des Artikels 8 der Verfassung, der den Pluralismus beschränkte, indem jetzt die Teilnahme aller Strömungen ohne Limitierungen in der politischen Arena garantiert wurde, außer denen, die in Artikel 19 Nr.15 der Verfassung – der die Vereinigungsfreiheit reguliert-erwähnt wurden; die Änderung der Zusammensetzung des Rates für die Nationale Sicherheit, indem die Anzahl der Zivilisten mit Stimmrecht der Anzahl der stimmberechtigten Militärs angepasst wurde, die Befugnisse, die politischen Autoritäten in Situationen, die gegen die Verfassungsordnung sind, zu vertreten, eingeschränkt werden und die Notwendigkeit ihre Beschlüsse durch absolute Mehrheit seiner Mitglieder zu treffen (Art. 95,3. Satz) festgesetzt wird; Änderung des Artikels 94 der Verfassung, der die Ernennungen, Beförderung und Absetzung der Offiziere der Streitkräfte regelt, wobei die Abhängigkeit des Präsidenten der Republik in diesen Angelegenheiten vom Willen der Oberbefehlshaber verringert wurde. Hierfür wurde ein Verweis auf das Gesetz (mit Verfassungsrang) der Streitkräfte gemacht, die dem Befehlshaber nur das Recht garantiert, solche Ernennungen, Beförderungen und Absetzungen vorzuschlagen, wobei dem Staatspräsidenten das Recht zusteht, solche Empfehlungen anzunehmen oder zurückzuweisen.Wenig später hat man sehen können, wie diese Regelung in der Praxis funktionierte. Siehe dafür 2.4.

natsabgeordneten von 26 auf 38 und die Abschaffung des Rechts des Präsidenten, den Kongress aufzulösen, als Ausdruck des Willens, die Vorherrschaft des Präsidenten über das Parlament zu drosseln[29].

2.2. – Charakter des neuen politischen Regimes

Das Parteiensystem, das nun wiedereingeführt wurde, läßt sich anhand zweier Elemente definieren: Anhand des Wahlsystems und anhand der Neubildung der Parteien in der politischen Praxis selbst.

Trotz ihrer lang anhaltenden Verbannung von der politischen Bühne zeigten die politischen Parteien bei ihrer Neubildung, daß sie über genügend Verwurzelung in der nationalen politischen Kultur verfügten und ihre Identität keineswegs verloren hatten. Sie wiesen aber auch noch dieselben Fehler auf, die man ihnen in den Jahren vor 1973 vorgeworfen hatte: Die zur Korruption neigende Vetternwirtschaft etwa, einen oligarchischen Charakter oder einen gewissen Ideologismus und schließlich auch ihre Schwierigkeiten, mit ihren Programmen die tatsächlichen Forderungen der Gesellschaft wiederzugeben. Ein weiteres Defizit war der ungelöste Kompetenzkonflikt zwischen politischen Führern und den jeweiligen parlamentarischen Vertretern der Parteien; es war hier durchaus möglich, dass sich die Parteiführung gegen die Parlamentarier durchsetzte. Die Zustimmung der Bevölkerung zu dem wiedereingeführten Parteiensystem wurde aber andererseits durch die Tatsache gestärkt, daß sich deutliche Anzeichen einer anhaltenden wirtschaftlichen Erholung von der Rezession des Jahres 1982 zeigten. Hinzu kam, daß die wiedereingeführte demokratische Zivilregierung teilweise ganz offensichtlich gezwungen war, den vom Militärregime übernommenen Stand der Dinge zu verwalten[30].

Das Mehrparteiensystem hat sich in dieser postautoritären Phase in einigen Punkten geändert. Aufgrund des geltenden binominalen Mehrheitswahlsystems hat die politische Arena viel von ihren zentrifugalen Tendenzen verloren, die dazu geführt hatten, dass es in den siebziger Jahren sehr instabil war. Das Ende des

29 In den zwanziger Jahre wurde die Institution des Präsidenten mit der Änderung, die in die Verfassung von 1925 mündete, gestärkt als eine Form, die sozialen Änderungen zu fördern, die der Kongress verhinderte. Heutzutage ist es andersherum, die Verstärkung findet statt, um den von der militärischen Intervention geerbten Autoritarismus zu dämpfen.

30 Z.B. in wirtschaftlichen Angelegenheiten um den in der Verfassung von 1980 der Zentralbank gewährten Autonomiestatus in wesentlichen Angelegenheiten der Wirtschaftsführung zu ändern. Dazu siehe Politische Verfassung von 1980, Kapitel XII, Art. 97 ff.

kalten Krieges und die durch ihn bedingte ideologische Polarisierung tat hier ein übriges.

Zwei Blöcke standen sich bei der Wiedereinführung der Zivilregierung gegenüber: Der rechts-liberal ausgerichtete Block mit der *Unión Demócrata Independiente* (UDI) und der *Renovación Nacional* (RN), und der links-liberale Block mit der *Christlich Demokratischen* Partei (DC), der *Sozialistischen* Partei und der Partei "*Por la Democracia*" (PS/PPD). Zu diesen zwei Mehrheitsblöcken kommen noch einige weitere kleine und weniger bedeutende Gruppen.

Die Christlich Demokratische Partei und die Sozialistische Partei hatten ihre Neigungen zur Alleinherrschaft zum größten Teil abgelegt und zeigten sich in dieser Phase in ihrer Haltung gemäßigt. Die Christlich Demokratische Partei wurde als eine "*Wechsel-*" Partei definiert, die fähig war, Pakte und Vereinbarungen mit Gruppierungen sowohl der Rechten als auch der Linken zu schließen, obwohl sie mehr zur letzteren tendierte. Neben der Sozialistischen Partei ist noch auf eine neue, nicht ideologische Partei einzugehen, die von vormals militanten Sozialisten aufgebaut worden war, die ihre alten Positionen zugunsten einer gemäßigteren Haltung verlassen hatten. Es ist die *PPD*, die erst 1988 gegründet wurde, um an der Volksabstimmung teilzunehmen; dieser Partei ist es zwischenzeitlich gelungen, eine Zwischenposition zwischen der Christlich Demokratischen Partei und der Sozialistischen Partei einzunehmen.

Die Rechte ist durch zwei ideologisch deutlich homogenere Strömungen vertreten, homogener jedenfalls als die Christdemokraten oder die Sozialisten: Die *Renovación Nacional* tendierte dazu, Pakte mit der zur Zeit regierenden Allianz zu schließen, um solche Aspekte der Verfassung zu ändern, in denen auch anderen Institutionen als den politischen Parteien Machtanteile reserviert sind; diese stammten aus einem Pakt, der zwischen beiden Sektoren 1989 anläßlich der ersten Verhandlung in dieser Angelegenheit vereinbart wurde; die *Unión Demócrata Independiente* aber weigerte sich, Änderungen zu verhandeln. Keine dieser Parteien konnte jedoch eine Vormachtstellung innerhalb der rechten Wählerschaft erlangen, so daß keine eine parlamentarische Vertretung erlangt hat, die ihr es erlaubte, die notwendigen Stimmen abzugeben und das Quorum für die Reform zu erreichen.

Die politische Elite scheint aber aus der Periode der sechziger Jahre gelernt zu haben; die Konkurrenz um die Macht spielt sich jedenfalls nicht inmitten einer allgemeinen Haltung für oder gegen die Erhaltung der in der Verfassung vorgesehenen Institutionen oder der parlamentarischen Politik ab. Die Wählerschaft wiederum zeigte ein ausgesprochen gemäßigtes Stimmverhalten; die Radikalisierung der politischen Standpunkte stellt sich in *Chile* demnach mehr als ein Phänomen der Elite als der Masse dar. Die Rechtsparteien konnten von dem neuen Wahlsystem profitieren: Sie kamen 1989 im Senat auf einen Prozentsatz von 42,2%, während sie in den Jahren zwischen 1961 und 1973 nur 18,1% erreichten; im Kongress legten sie im gleichen Zeitraum von 23,9% auf 40% zu. Die Linksextremisten sind fast verschwunden, so daß sie heutzutage keine parlamentarische Vertretung haben; die gemäßigte Linke fiel im Senat von 40,2% auf 21% und im Kongress von 29,7% auf 25,9%. Die Liberalen schließlich konnten ihren Stimmenanteil in der ganzen Zeit unverändert bei etwa 35% halten[31].

Ein nicht geringer Teil der Wähler aller *Couleur* und gewichtige Führungskreise der rechten Parteien äußerten allerdings immer wieder eine mehr oder weniger dezidierte Ablehnung der Parteien und ihrer politischen Aktivitäten. So daß deren Legitimitätsbasis bei einem Teil des politischen Spektrums brüchig war; die Parteiendemokratie wurde hier angezweifelt, sobald die Ergebnisse der Regierung den eigenen Interessen allzu sehr zuwiderliefen. Ganz generell war in den neunziger Jahren eine wachsende Gleichgültigkeit bei der Wählerschaft zu beobachten, die sich schon darin zeigte, daß sich viele gar nicht in die Wahlregister eintragen ließen oder in den Wahlen danach mit Stimmenenthaltung oder mit Abgabe ungültiger Stimmzettel reagierten; Stimmenthaltungen, ungültige oder Blankostimmen haben sich jedenfalls in den Wahlen von 1989 und 1993 jeweils deutlich erhöht. Darin drückt sich ein gerütteltes Maß an Enttäuschung und Skepsis gegenüber den Fähigkeiten der Parteiendemokratie aus.

Ein weiterer Negativpunkt, der sich in der wiedereingeführten Zivilregierung bemerkbar machte, war die Korruption in den verschiedenen Staatsorganen; in den Kommunikationsmedien machte sie sich in besonders krasser Weise bemerkbar. Leider haben die Politiker bislang jede Entschlossenheit fehlen lassen, hiergegen mit exemplarischen Sanktionen oder gegensteuernden Maßnahmen anzugehen, die dazu führen könnten, daß die Bevölkerung ihre Achtung vor den staatlichen Institutionen nicht vollends verliert. Denn langsam scheint sich unter der Bevölkerung die Annahme zu verbreiten, dass diese Vorfälle lediglich die Folge einer weit verbreiteten Praxis der Parteien sind, die aus ihrer Machtposition nach Kräften Profit ziehen. Die breite Mehrheit, über die die regierende Koalition im Kongress verfügt, hat die effektive Ausübung der parlamentarischen Ermittlungsbefugnisse bislang weitgehend vereitelt, so dass ein wirklich effektiver Kampf gegen die Korruption nicht möglich war. Bis jetzt ging das Bemühen um Abschottung noch bei jeder parlamentarischen Abstimmung dem Wunsch der Öffentlichkeit nach Transparenz und Rechtmäßigkeit von Regierung und Verwaltung vor; das hat den Ruf der Regierungsallianz in nicht geringem Maße kompromittiert.

---

31 Zit. Friedmann (1991:287).

Die gegenwärtige Parteiendemokratie hat sich mit den Streitkräften zu arrangieren, die sich ausdrücklich eine politische Rolle vorbehalten haben – eine Rolle, die deutlich gewichtiger ist als in der Vergangenheit, weil diese Rolle nunmehr auch in der Verfassung verankert ist. Die Zukunft des Parteiensystems ist ungewiss; seine Erholung hängt auf lange Sicht davon ab, ob es den Parteien gelingt, die Basis ihrer Mitglieder- und Anhängerschaft zu verbreitern, um auf diese Weise ihre Verwurzelung in der Zivilgesellschaft zu verstärken. Es ist fraglich, inwieweit letztere die Inhalte und Verhaltensformen der Parteien aufnimmt und unterstützt und inwieweit sie von dem Angebot der Parteien Gebrauch macht, ihre Forderungen an den Staat durch sie zu kanalisieren und in die Politik einzuspeisen. Gerade die Atomisierung und schwache Vereinigungsfähigkeit der sozialen Basis war eine besonders fatale Folge der wirtschaftlichen Transformation Chiles gewesen; von ihr hängt die zukünftige Verwurzelung der Parteien in *Chile* ab; ihre Wiederherstellung kann aber Jahrzehnte dauern.

Die politische Debatte wird gegenwärtig auf drei Ebenen ausgetragen: Im Kongress, wo die Praxis der parlamentarischen Debatten wiedereingeführt wurde, in den Führungszirkeln der Parteien, wo politische Allianzen und Vereinbarungen jeder Art geschmiedet werden, und schließlich im Rat der Nationalen Sicherheit, in dem alle Gegenstände behandelt werden, die die Beziehungen zwischen der Regierung und den Streitkräften betreffen. Solange diese Beziehungen sich nicht normalisieren, wird der Rat eine lebenswichtige Instanz bleiben, um Vereinbarungen zwischen Zivilisten und Militärs zu fördern. Der Rat übt eine mäßigende und präventive Rolle bei Konflikten aus, die sonst leicht in militärischen Putschen enden könnten, wenn ihnen nicht ein friedlicher institutioneller Ausweg gegeben wird.

2.3. – Legitimität und Effizienz der in der Verfassung vorgesehen Institutionen

Der Aufstieg Aylwins zur Macht war von einer heftigen Debatte über die Beibehaltung der Verfassung als regulierendem Rahmen des politischen Lebens des Landes begleitet. Für die Mehrheit des politischen Spektrums mangelte es der Verfassung an demokratischer Legitimität und mußte daher in dem neuen, demokratischen System abgeschafft oder zumindest geändert werden. Dies wäre freilich keine Neuheit gewesen, da in der Vergangenheit eine Reform dieser Art niemals allein durch Konsens, sondern regelmäßig durch einen Machtakt erreicht und durchgesetzt worden ist. So geschah es bei der Verfassung von 1933, aber auch bei den Reformen im Jahre 1891, als das System parlamentarisiert wurde, und schließlich auch bei der Verfassungsänderung von 1925, bei der das Präsidialsystem wiedereingeführt wurde.

Die Verhandlungen zwischen den Parteien zur Frage der Verfassungsreform ließ die Distanz zur gegenwärtigen Regierung offenbar werden, wodurch das Mißtrauen bei den in die Auseinandersetzung involvierten Akteuren geschürt wurde. Diejenigen, die sich mit der geltenden Verfassung identifizierten, bezeichneten jeglichen Reformversuch als "*Kapitulation*". Diejenigen hingegen, die das demokratische Legitimationsdefizit der Verfassung beklagten, wollten ihr Projekt einer Verfassungsänderung nicht aufgeben. In der Debatte über die Gültigkeit und den Charakter der Verfassung wird der mangelnde Grundkonsens zwischen den Parteien sichtbar. Es wird debattiert und verhandelt, aber hinter der Debatte und den Verhandlungen zeigen sich tiefe Diskrepanzen. Dadurch wird die Verfassungsreform jedenfalls momentan noch verhindert, weil die Parteien eine Reform nur gemeinsam gegen die Streitkräfte durchsetzen könnten, die aus durchsichtigen Gründen des Machterhaltes gegen jede Reform sind und sich immer noch stark genug fühlen, eine demokratische Reform zu vereiteln. Die Regierungskoalition hatte in keiner der beiden postautoritären Legislaturperioden (1990-1993 und 1994-1997) eine ausreichende Mehrheit, um eine Verfassungsreform, wie etwa die Abschaffung der nur ernannten und nicht gewählten Senatsmitglieder, allein durchsetzen zu können. Diese Mitglieder verzerren nach Meinung der Koalition das Verhältnis zwischen dem Wählerwillen und der Zusammensetzung des Senats; die lediglich ernannten Mitglieder sind nicht im mindesten demokratisch legitimiert. Um den Modus für die Zusammensetzung des Senats zu ändern, wären aber 3/5 der Abgeordneten- und der Senatorenstimmen erforderlich (60%). Und um diejenigen Normen zu ändern, die die Kompetenzen des Verfassungsgerichts und des Rates für die Nationale Sicherheit regeln, wären sogar zwei Drittel der Stimmen (66,6%) erforderlich. Daß ein einzelner politischer Sektor in *Chile* ein solches Stimmvolumen auf sich vereinigen kann, ist nahezu ausgeschlossen. In den Wahlen von 1989 erhielt die "*Konzertierung*" nur 60% der Stimmen im Kongress und 57,8% im Senat. Das schließt eine Reform der Verfassung jedenfalls solange aus, wie die Streitkräfte nicht mitspielen; die Parteien bleiben hier in das Verfassungskorsett eingezwängt, das die Militärs ihnen verpaßt haben. Die neue Regierung mußte sich damit begnügen, innerhalb eines rechtspolitischen Rahmens zu agieren, den sie nicht entwickelt, sondern den man ihr aufgezwungen hatte.

Immerhin wurde auf diese Weise erreicht, daß sich die Streitkräfte mit der neuen Ordnung identifizieren können. Aber in diesem Punkt liegt ein erhebliches Konfliktpotential. Denn wenn sich eine klare Mehrheit gegen die Verfassung stellte, dann ließe sich eine entsprechende Reform nur noch über einen neuerlichen Militärputsch aufhalten. Daß zumindest mittelfristig einige Änderungen der Verfassung erreicht werden können, ist demnach nicht unwahrscheinlich.

Im Jahre 1991 konnten dann auch zwei Reformen durchgeführt werden, bei denen 30 Vorschriften der Verfassung geändert wurden. Dabei wurde unter anderem auch das Regime bei der Bildung der regionalen und lokalen Regierungen geändert: Die Amtsträger auf dieser Ebene gehen hinfort aus Wahlen hervor. 1994 konnte eine Verkürzung des präsidialen Amtsturnus von acht auf sechs Jahre erreicht werden; eine Wiederwahl ist künftig ausgeschlossen.

Die von den Streitkräften verabschiedete Verfassung fand freilich das Wohlwollen der internationalen Finanzorganisationen. Dieser Rahmen sicherte die Stabilität der Rechtsordnung, wovon die Wirtschaft profitierte, da es während der neuen Zivilregierung keine ernstzunehmenden Modifikationen marktwirtschaftlicher Grundsätze gab. Mehr noch: Da man schon eine wesentliche Erholung aus der Krise von 1982 und die Wachstumsraten der Jahre vor der Rezession erreicht hatte, sicherte die erzwungene Einhaltung des verfassungsrechtlichen Rahmens auch die Kontinuität der Wirtschaftspolitik.

2.4. – Beziehung Regierung-Streitkräfte

Nach der Verfassung von 1980 durften die Oberbefehlshaber der drei Teilstreitkräfte und der Generaldirektor der *Carabinieri* (Polizei), die diese Ämter am 11. März 1990 bekleideten, ihre Ämter für die nächsten acht Jahre weiter behalten. Von diesem Privileg machten die Oberbefehlshaber des Heeres, der Luftwaffe und der *Carabinieri* Gebrauch; der Oberbefehlshaber der Marine, Admiral Merino, übergab seinen Posten an Admiral Martínez Busch. Die Vorschrift, die die Unabsetzbarkeit der Oberbefehlshaber garantierte, hatte – zusammen mit den Vorschriften des Gesetzes (mit Verfassungsrang) über die Streitkräfte – den Zweck, eine Säuberung der Kader durch die nachfolgende Zivilregierung und somit eine Schwächung der Militärs zu verhindern.

Die Regierung Aylwin sah sich im Militärsektor mit drei fundamentalen Problemen konfrontiert: Wie kann man mit den Oberbefehlshabern des vorgehenden Militärregimes politisch zusammenleben? Wie kann man die zivile Vorherrschaft in Angelegenheiten wie der Ernennung, Beförderung und Entlassung des militärischen Personals durchsetzen? Und wie kann man schließlich die Vergangenheit der Verstöße gegen die Menschenrechte lösen? Hier werden wir die zwei ersten militärpolitischen Probleme behandeln; das dritte wird dann im nächsten Kapitel analysiert[32].

Zunächst zum ersten Problem, den Beziehungen zwischen der Regierung und den Oberbefehlshabern des Militärregimes: Mitte 1991 gab der Oberbefehlsha-

32 Siehe Kap VIII.

ber der Luftwaffe, General Matthei, seinen Posten auf, nachdem eine Ermittlungskommission zu den Menschenrechtsverletzungen des Militärregimes, die sogenannte "*Kommission Rettig*", im April desselben Jahres ihren Bericht über die in den Jahren 1973 bis 1990 begangenen Verbrechen veröffentlicht hatte. Er zog damit die Konsequenz aus den Vorwürfen, die gegen Offiziere der Luftwaffe wegen deren Menschenrechtsverletzungen erhoben worden waren, obwohl zu Beginn des Militärregimes, als diese Taten begangen worden waren, nicht er, sondern General Gustavo Leigh Oberbefehlshaber der Luftwaffe gewesen war; letzterer war 1978 von seinem Amt entbunden worden. Der Chef der *Carabinieri*, General Stange, konnte sich während der gesamten Regierung Aylwin im Amt halten und verließ seinen Posten erst 1996, als letzterer nicht mehr Präsident war. Sein Abgang damals war aufsehenerregend, da er nach der Verurteilung von Mitgliedern seiner Institution wegen Menschenrechtsverletzungen über die Bühne ging; er selbst wurde wegen Strafvereitelung im Amt verurteilt. Auch General Pinochet, Oberbefehlshaber des Heeres, behielt sein Amt während der gesamten Regierungszeit Aylwins[33], obwohl die Regierung und die Koalitionsparteien mehrere Initiativen gestartet hatten, um seine Abdankung zu erreichen. Alle diese Initiativen blieben letztlich erfolglos, weil sie nach direkten Drohungen mit einem Militärputsch aufgegeben werden mußten. Diese Aktionen standen in Zusammenhang mit Anzeigen wegen finanzieller Unregelmäßigkeiten, in die Verwandte Pinochets verwickelt waren[34]. Zusätzliches Konfliktpotential ergab sich daraus, daß die Regierung auf ihren Plänen für eine Reform der Streitkräfte bestand. Auch sie konnten indessen nicht ausgeführt werden, da die Regierung nicht über die hierfür erforderliche Mehrheit im Kongress verfügte.

Die Frage der zivilen Vorherrschaft über die Streitkräfte stellte sich, als Präsident Aylwin die Beförderung von zwei höheren Offizieren des Heeres auf Vorschlag General Pinochets genehmigen sollte. Da dem Präsidenten die Einstellung der beiden Offiziere gegen die Regierung wie auch die Tatsache bekannt war, daß einem von ihnen Verletzungen der Menschenrechte vorgeworfen wurden, gab er seine Genehmigung zur Beförderung der beiden Offiziere nicht. Es handelte sich aber um die zwei dienstältesten Offiziere, und somit begann der Streit. Einer der beiden spielte überdies die Hauptrolle bei einem Vorfall während einer Militärparade am 19. September 1990, bei der er den Staatspräsidenten dadurch herausgefordert hatte, daß er nicht um dessen protokollarische Erlaubnis bat, um mit der Abnahme der Parade zu beginnen. Bei dem Streit waren vor allem Arti-

33 Nach acht Jahren im Amt wird er Senatsmitglied auf Lebenszeit; Artikel 45, Buchstabe a) der Verfassung von 1980.

34 Für Details über zwei militärische Aufstandsversuche, der sogenannte "*ejercicio de alistamiento y enlace*"(1991) und der "*Boinazo*" (1993) vgl. Otano (1995:148ff.).

kel 32 in Verbindung mit Artikel 94 der Verfassung von 1980 berührt. Das Heer vertrat die Auffassung, der Staatspräsident sei den genannten Vorschriften nach gezwungen, die Ordnung nach Dienstalter der Offiziere zu respektieren, so daß er nicht ohne weiteres einen Teil der Offiziere befördern, bei anderen hingegen die Beförderung verweigern könne, und zwar um so weniger, wenn das Dienstalter letzterer höher liege. Als der Streit dem Urteil des Generalrechnungsprüfers der Republik unterworfen wurde, gab dieser der Regierung Recht: Er erkannte deren Recht an, über einen Vorschlag des jeweiligen Oberbefehlshabers zur Ernennung oder Beförderung eines Offiziers frei und ohne Bindung entscheiden zu können. So wurde auf subtile Weise das Primat der Zivilregierung über die militärischen Autoritäten demonstriert.

Der Streit war schon deshalb von erheblicher Bedeutung, weil es der Regierung Aylwin ganz entscheidend darum ging, eine Unterwerfung der Streitkräfte unter die Zivilgewalt zu erreichen. Diese Unterwerfung wurde im Sinne des Wortlauts der Verfassung von 1925 verstanden; sie stand aber im Widerspruch zur neuen Verfassung und zur Auffassung der Rechten, die glaubte, daß die Streitkräfte jedenfalls in Krisensituationen Verantwortung übernehmen müssten. Aber die Regierung konnte zumindest einen Teilerfolg verbuchen: Sie erreichte es, daß ein Teil der Oberbefehlshaber, die das Privileg hatten, bis 1988 in ihrem Amt zu bleiben, vorzeitig gingen. Ihr wesentlichstes Ansinnen, nämlich die Entfernung Pinochets, dem verhaßten Symbol des militärischen Eingriffs von 1973, konnte sie aber nicht durchsetzen.

Im Hinblick auf die Menschenrechtsverletzungen wurden zwar einige der von den Militärs begangenen Verbrechen aufgedeckt und bewiesen, aber die Regierung konnte – im Gegensatz zu *Argentinien* – nicht erreichen, daß die militärischen Institutionen als solche verurteilt wurden. Auch eine Aufhebung des von den Militärs selbst erlassenen Amnestiegesetzes von 1978 blieb anders wie in *Argentinien* chancenlos, so daß alle Offiziere von der Justiz unbehelligt blieben. Damit mag zwar so etwas wie die sog. "*historische Wahrheit*" aufgedeckt und auch ein erster Schritt zur "*Gerechtigkeit*", wie Aylwin es in seinem Regierungsprogramm ausgedrückt hatte, getan worden sein, von einer juristischen Bewältigung der begangenen Menschenrechtsverletzungen kann jedenfalls bislang nicht die Rede sein.

2.5. – Die Wahlen von 1994

Die Regierungskoalition zeigte sich stabil und konnte demzufolge ihren Kandidaten Eduardo Frei Ruiz-Tagle, den Sohn des Präsidenten aus den Jahren 1964 bis 1970, zum Sieg zu führen, der die Wahlen deutlich vor dem Kandidaten der

Rechten, Arturo Alessandri Besa, dem Enkel des Präsidenten aus der Zeit 1920-1924 und 1932-1938, gewann. Die Kontinuität der politischen Namen in dieser Wahlkampagne muß betont werden, da sie bei der Wahl der Kandidaten eine entscheidende Rolle spielten. Weder Alessandri noch Frei wurden wegen ihrer politischen Karrieren als Kandidaten nominiert, sondern weil ihre Personen politische Symbole verkörperten und alte soziale Vorlieben bedienten, die im Moment der Wahl mehr Stimmen erbrachten, als ein gutes Programm oder ein politisches Talent ohne Vergangenheit. Frei erhielt 58% der Stimmen; Alessandri 24,5%; die anderen Kandidaten erhielten eher symbolische Prozentsätze: José Piñera 6,20%, Manfred Max-Neef 5,5%, Eugenio Pizarro 4,70% und Cristián Reitze 1,17%.

Die Wahllandschaft änderte sich nicht in bedeutender Weise, da das Land in die zwei großen Parteiblöcke geteilt blieb, die jeweils von zwei kleineren Parteigruppen auf der einen und der anderen Seite begleitet wurden; darin wird die gegenwärtige politische Pattsituation sichtbar, die es der Regierung lediglich erlaubt, den *status quo* zu verwalten, nicht aber größere Änderungen im Land durchzusetzen. Die Kontinuität der politischen Kräfteverhältnisse seit dem Ende des Militärregimes beweist, daß die neue politische Ordnung nicht einer kurzen und vorläufigen Konjunktur, sondern einer Tendenz zu längeren und weitreichenden Allianzen entsprach.

VIII. – *Argentinien* und *Chile*: Konflikt und Versöhnung

1. – Einführung

Um dieses Thema anzugehen, schlagen wir einen gemeinsamen Analyserahmen auf der Basis der Elemente vor, die eine Rolle in der jüngsten Geschichte dieser Länder gespielt haben. Wir wollen versuchen, daraus einige Ergebnisse abzuleiten, um Lösungswege dafür vorzuschlagen, wie eine Wiedergutmachung der durch die Menschenrechtsverletzungen erfolgten Demütigungen und letztendlich eine gewisse Aufarbeitung der Vergangenheit erreicht werden kann.

Dass jede Menschenrechtsverletzung eine grausame und schwere, nicht zu rechtfertigende Tat darstellt, auch wenn es sich um eine kleine Anzahl an Verletzungen handelt, ist dabei die selbstverständliche Prämisse, von der man hierbei ausgeht. Dennoch ist es hier nicht einfach, bei der Analyse ein Niveau oberhalb pseudoethischer Perspektiven zu halten – Perspektiven, die letztendlich zu einseitigen realitätsfremden Ergebnissen ohne Gleichgewicht führen, wie sie in der Literatur leider zu oft vorgefunden werden[1].

Ein Vergleich zwischen den "*Versöhnungs-*" und "*Wiedergutmachungserfahrungen*" in *Argentinien* und *Chile* vermag zahlreiche Einsichten zu vermitteln. Die Situationen sozialer Demütigung wie der Versuch einer Aufarbeitung und Versöhnung wurden in beiden Ländern annähernd gleichzeitig erlebt. Aber es gibt auch bedeutende Unterschiede: Der Fall von *Chile* stellt dabei bis zu einem gewissen Grade den Regelfall dar, weil die Auseinandersetzung mit den Menschenrechtsverletzungen des Militärregimes in der Übergangsperiode zur Zivilregierung stattfand und zwar im Zuge von Verhandlungen zwischen den involvierten Akteuren. Der Fall von *Argentinien* bildet dagegen eher eine Ausnahme, da dort die Regeln des politischen Spiels und der historischen Abrechnung nahezu ausschließlich von der Zivilregierung bestimmt wurden.

1 Beispiele hierfür sind, obwohl verschiedenen Richtungen folgend, die Studien von Faillant de Villemarest (1980); Kletten (1991); Moyano (1991); Peralta Ramos (1987); Ruiz; Seoane (1989); Spitta (1991); Waldmann (1991); Zamorano (1989), um nur einige repräsentative Schriften zu nennen.

2. – Über die Gewalt und ihre Behandlung

Politische Gewalt wird in Iberoamerika noch nicht lange behandelt; erst seit der letzten Welle von Militärregimen in den sechziger Jahren widmet man sich diesem Thema in stärkerem Maße, freilich vielfach belastet mit Vorurteilen sowohl von denen, die meinen, der Staat handele immer rechtmäßig, als auch von denen, die die subversiven Gruppen von jeglicher Verantwortung für Menschenrechtsverletzungen freisprechen wollen.[2] Es ist erforderlich, diese Vorurteile zu überwinden, denn die Debatte ist durch sie belastet. In diesem Zusammenhang wird häufig argumentiert, dass die Übergriffe der Staatsgewalt schon von ihrer bloßen Anzahl her um ein Vielfaches gravierender gewesen seien, als diejenigen der Revolutionäre. Dabei werden aber *de facto* diejenigen freigesprochen, die – einem vorbestimmten ideologischen Programm folgend- zu den Waffen griffen, um den Rechtsstaat eine Ende zu bereiten[3], und denen lediglich die Zeit gefehlt hat, um ein den staatlichen Aktionen und ihren Folgen entsprechend vernichtendes Ausmaß zu erreichen.[4] Von damit verbundenen Folgen für den sozialen Frieden und das Überleben der Institutionen, die solche Gruppen verursachen können, legen die nach wie vor in Europa und Mittelamerika aktiven Extremisten Zeugnis ab[5]. Man wird außerdem anerkennen müssen, dass es nicht so einfach und manchmal sogar unmöglich ist, Lösungen vorzuschlagen, die nicht nur ethisch, politisch oder juristisch einwandfrei sind, sondern die darüber hinaus auch alle sonstigen Dimensionen des Problem vernünftig kombinieren. Eine realistische Lösung kollidiert fast notwendigerweise mit Empfindlichkeiten und Überempfindlichkeiten, die oft nur eine Widerspiegelung einer neuen Art von Ir-

---

2 Ein Beispiel hiervon ist Waldmann (1991:21-44), dem gemäß die *parastaatliche* Gewalt – sieht man von den Arbeiten über den Totalitarismus und dem Faschismus ab – wesentlich intensiver analysiert worden sei als die Gewalt, die vom Staat ausgegangen sei.

3 Es sind uns keinerlei internationale Organisationen bekannt, die sich dem Schutz gegen Menschenrechtsverletzungen widmen würden, die durch Terroristen oder die *Guerrilla* verursacht worden sind.

4 Obwohl die Anzahl der Opfer der Staatsgewalt die der subversiven Aktivitäten oder die Aktivitäten der *Guerrilla* um das vielfache übersteigt, muss man doch berücksichtigen, dass sich zwar eine aufkommende Guerrillabewegung hinsichtlich ihrer militärischen Möglichkeiten, auch wenn sie über einen hohen Grad an Organisation verfügt, mit dem Staat nicht messen kann, dass aber ihre Vernichtungskraft mit der des Staates vergleichbar wird, wenn sie die Ausmaße eines Heeres erreicht.

5 Die ETA in Spanien und die IRA in Irland, um nur die während der letzten Jahrzehnte aktiven zu nennen. In Mittelamerika verursachte der Wachstum des FMLN (*Frente Farabundo Martí de Liberación Nacional*) in *El Salvador* zu einer der Armee vergleichbaren Größe eine Eskalation des politischen Konfliktes bis hin zum Bürgerkrieg, der sich über ein Jahrzehnt erstreckte und viele Menschenleben forderte.

realismus oder *Ideologismus* darstellen. Vielleicht ist deswegen auch die gegenwärtige Behandlung der Menschenrechte immer noch sehr ideologisiert, was man nicht zuletzt auch bei den internationalen Menschenrechtsorganisationen wahrnehmen kann. Man kann auch bemerken, daß die europäischen Regierungen nach innen eine Art "*Realpolitik*" betreiben, die in Widerspruch zur ihrer "*Moralpolitik*" nach außen steht.

Auch die nichtstaatlichen Organisationen zum Schutz der Menschenrechte im iberoamerikanischen Bereich waren nicht frei von solchen Einseitigkeiten. Bei nicht wenigen Gelegenheiten wurden sie politisch instrumentalisiert. In anderen Fällen haben sich die Menschenrechtsorganisationen selber unmittelbar an den Machtkämpfen beteiligt. Viele dieser Organisationen befinden sich gegenwärtig in einer Krise ihrer Glaubwürdigkeit und demzufolge auch in der Auflösung ihrer Organisation, die in fast allen Fällen aus dem Ausland finanziert worden ist[6]. Vielfach haben sie sich in *Lobbies* verwandelt, mit dem allgemeinen Ziel, Macht zu bekommen, und dabei einen ausdrücklich extremistischen Charakter angenommen. Ihre gegenwärtige Bedeutung ist marginal und wird mit Distanz beobachtet wegen der Anzeichen von Fanatismus und Irrealismus, die sie aufweisen. Es kann gesagt werden, dass sie dabei sind, gegenwärtig eine "*neue, unbewaffnete Subversion*" zu bilden. Sie haben weder die Unterstützung des Präsidenten noch die des Parlaments, außer dem internationalen Echo, das sie wegen der oben genannten Gründe noch behalten.

2.1. – Der Kampf um die Gerechtigkeit: ein Kampf um die Macht?

Die jüngsten Diktaturen im lateinamerikanischen Raum haben der Debatte um den Schutz der Menschenrechte zusätzliche Aktualität gegeben und uns daran erinnert, dass der Respekt vor den Menschen in diesen Ländern allzu sehr in Vergessenheit geraten ist. Keines der neuen Zivilregime hat sich von der Vergangenheit soweit distanzieren können, dass es möglich wurde, das Problem durch einen für alle Gesellschaftskreise befriedigenden Mechanismus zu lösen, der über die rechtliche Bestrafung der Verantwortlichen hinausgegangen wäre und das gebracht hätte, was für einige "*Wahrheit, Gerechtigkeit und Wiedergutmachung*" ist[7].

Das Ende der Diktaturen hat keineswegs automatisch auch den Respekt vor den Menschenrechten mit sich gebracht. Es geschehen durchaus auch Grausamkeiten unter dem Zivilregime. Zutreffender lässt sich vielleicht sagen, dass be-

6 Vgl. Nolte (ed.) (1996:117) für die Gruppe "*Madres de Plaza de Mayo*".
7 Huhle (1991:76).

stimmte Demütigungen öfter unter einem bestimmten Typ von Regime als unter einem anderen geschehen, aber wir wissen schon, dass es hier nicht auf die bloße Anzahl ankommt. Die ausgewogene, gerechte Mitte zwischen bloßer Straflosigkeit einerseits und verdeckter Rache andererseits muss gefunden werden, um eine Wiedergutmachung zu erreichen. Die bisher zum Zwecke der Bestrafung geführten Ermittlungen haben nur zur Konfrontation und nicht zur Feststellung der so genannten "*historischen Wahrheit*" oder zur "*Versöhnung*" geführt. Die Bestrafung der Menschenrechtsverletzungen unter solchen Bedingungen hat gleichzeitig die Auflösung der Streitkräfte als Machtfaktoren bezweckt, indem der legitime Kampf um die Gerechtigkeit in einen Kampf um die Macht verwandelt wurde. Sobald aber die Verfolgung der Menschenrechtsverletzungen diese, über die rein strafrechtliche Dimension hinausgehende sozial-politische Dimension erreicht hat, verlieren die Strafen ihre Angemessenheit, was wiederum die allgemeine politische Stabilität gefährdet. Die Angemessenheit einer solchen Lösung in Iberoamerika, wo die Streitkräfte in der Mehrzahl der Länder bislang die Rolle eines Garanten der bestehenden Institutionen erfüllt haben – eine Rolle, die nicht von einem auf den anderen Tag abgeschafft oder ersetzt werden kann – ist sehr fraglich. Ob so etwas gerechtfertigt werden kann oder nicht, ist eine Frage, die den Rahmen dieser Arbeit sprengt. Man müsste sich dabei, wie es ein südamerikanischer Präsident[8] ausgedrückt hat, fern von den zwei "*Teufeln*" halten, nämlich demjenigen der sozialen Gewalt und demjenigen der unkontrollierten Repression. Der Staat muss seine Aufgabe erfüllen, ein Klima der Einheit und Brüderlichkeit zu schaffen, welches für das normale Spiel der Demokratie und dem Respekt der Personen untereinander unverzichtbar ist[9].

Eine andere Meinung[10] hebt demgegenüber hervor, die Nichtverfolgung der Staatsverbrechen, ihre Duldung und die Beibehaltung der Strukturen, die sie ermöglicht haben, bedeute nur, dass die Täter jederzeit das wiederholen können, was sie schon einmal begangen haben, und eben dies stelle eine ernste Gefahr für die demokratische Stabilität dar. Dagegen ist einzuwenden, dass die reine Vergeltung die Möglichkeit einer Wiederholung des Übels keineswegs vermeiden kann. Wesentlich ist vielmehr, dass sich die sozialen Umstände[11] und die Strukturen ändern, die die Voraussetzungen für die Verbrechen schufen. Die Strafe allein aber ändert noch nichts an diesen Strukturen.

---

8 Julio María Sanguinetti, Uruguay.

9 Diese These widerspricht einer ideologisierten "*historisch-genetischen*" Analyse, die die *soziostrukturelle* Gewalt, die terroristische Gewalt und den Staatsterrorismus miteinander verbindet. Z.B. vgl. Moyano (1991).

10 Sie wird von dem "*Servicio de Paz y Justicia*" (SERPAJ) aus Uruguay vertreten.

11 Siehe Nr. 8.

Dies führt zu einem äußerst empfindlichen Thema: Wie lässt sich die Amnestie, die ein Staat in einen gewissen Moment erklären kann, legitimieren und welche Chancen der Befriedung sind damit eröffnet? Eine Lösung dieser Art bedeutet keineswegs geschichtliches, sondern nur ein juristisches Vergessen. Ersteres kann verhindert werden, wenn andere Mittel genutzt werden, um das geschichtliche Gedächtnis wach zu halten. Die Strafe hingegen ist keine Erinnerung, sondern eine Vergeltung der verwirklichten Tat. Versöhnung bedeutet, dass etwas verletzt wurde, und dass die verletzte Ordnung durch einen Akt der Vergebung wiederherstellt wird. Die Vergebung, zu der der Staat mit der Amnestie aufruft, ist dabei keine individuelle Vergebung, die ohnehin nicht zwangsweise angeordnet werden könnte, sondern es handelt sich um die Vergebung des Staates, seinen Verzicht auf die Ausübung seines Strafmonopols. Hierbei wählt er eine Option aus, die geeignet erscheint, Wiedergutmachung, sozialen Frieden und Versöhnung zu erreichen[12].

Historisch gesehen ist die Amnestie in Iberoamerika immer ein Faktor der politischen Stabilität gewesen. In einer Region, die die verschiedensten Regime erlebt hat, hat sie außerdem den Amnestierten eine gewisse Legitimität erteilt und die Glaubwürdigkeit ihres Kampfes ratifiziert, was freilich für viele kritikwürdig ist. Wenn sie in den Rahmen eines umfassenden *Pazifizierungsprozesses*[13] eingeordnet war, war sie – und ist sie immer noch – ein Lösungsweg, um die unendliche Kette von Demütigung und Rache zu unterbrechen. Die Einwände gegenüber der äußeren Form, in der sie umgesetzt wird, dürfen nicht dazu führen, daß ihre grundsätzlichen Vorteile aus dem Blick geraten. Die Amnestie muss außerdem immer in einen Kontext weiterer individueller und sozialer Maßnahmen zur Wiedergutmachung und Bildung eingeordnet sein.

2.2. – Demütigungen, Ursache und Grund

Die Diagnosen und Analysen, die in der Literatur reichlich vorhanden sind, haben mit wenigen Ausnahmen eine einseitige Perspektive und geben eine partei-

---

12 Viele Zeugnisse von Opfern von Menschenrechtsverletzungen sind gerade ein Beispiel dafür, dass die Verletzten nicht vergeben. Die uruguayische Amnestie zum Beispiel schloss die Möglichkeit einer persönlichen Vergebung aus, indem sie die soziale Vergebung an deren Stelle setzte. Das Amnestiegesetz wurde dort einer Abstimmung unterzogen, bei der es mehrheitlich gebilligt wurde. Für eine genaue Beschreibung, vgl. Nolte (ed.) (1996:11-12).Die argentinische Lösung hingegen eröffnete diese Möglichkeit aber die "*Madres de la Plaza de Mayo*" vergaben nicht und fanden sich nicht damit ab.

13 Wie der von *Esquipulas*, um einen zu nennen.

ische Sicht des Problems; außerdem "*bestrafen*" sie die Lösung[14]. Sie verwechseln auf irgendeine Weise Ursachen und Folgen und sie verfügen auch über keine rechte Methode, die Ursachen der Menschenrechtsverletzungen zu analysieren. Dennoch kann man unter den Faktoren, die in besonderer Weise soziale und individuelle Ungerechtigkeit fördern, folgende nennen: Mangelnde Konsolidierung der in der Verfassung vorgesehen Institutionen; zurückgebliebene wirtschaftliche Entwicklung, die soziale Ausbrüche begünstigt[15], defizitäre Bildungsstrukturen, die autoritäre Mentalität der Beamten des Machtapparates, besonders der Polizei und der Sicherheitsdienste mit ihren rechtswidrigen Praktiken[16]; Schwäche der sozialen Kräfte im Vergleich mit der Exekutive[17]; die Ausstrahlung des Ost-West-Konfliktes auf die Länder der Dritten Welt in Form massiver Waffenlieferungen an beide streitenden Parteien, was die Militarisierung der Politik begünstigt hat; Ausbildung paramilitärischer Organisationen und Streitkräfte in den USA, Frankreich, England und der Ex-UdSSR, die sich allesamt große Exporteure der Gewalt erwiesen haben[18].

2.3. – Demütigungen, Anfang und Ende

Einige behaupten, Anfang und Ende der Diktatur sei einfach zu bestimmen: Am Anfang stand die Machtergreifung der Diktatoren; das Ende der Diktaturen hingegen ist erst erreicht, wenn alle Verletzungen, die unter ihr begangen wurden, wieder gutgemacht und die Schuldigen vor Gericht gestellt worden sind. Andere erklären, dass es in erster Linie die Aufnahme der marxistischen Ideen gewesen sei, die die späteren Menschenrechtsverletzungen in den Zeiten der Diktatur provozierten, weil sie mit ihrem Streben nach Revolution und Subversion den Re-

---

14 Das gilt besonders dort, wo die Verletzungen der Menschenrechte als "*Verteidigungsstrategie des Weltkapitalismus*" betrachtet werden. In diesem Kontext ist die Menschenrechtsverletzung eine Äußerungsform des *peripheren Kapitalismus*; vgl. Chossudovski (1979).

15 Die Hypothese, dass es bei prosperierender wirtschaftlicher Entwicklung auch mehr Respekt vor den Menschenrechten gibt, hat sich als falsch erwiesen; vgl. Strouse; Claude (1976:54ff.), Zit. Heinz (1986:119).

16 Was es in einigen Ländern gegeben hat, sogar in Phasen politischer Normalität. Ein Paradebeispiel hiervon ist der Fall der GAL in Spanien, wo die Todesschwadronen durch die Regierungsautoritäten während der Ära des *Partido Socialista Obrero Español* (PSOE) gebildet, finanziert und gedeckt wurden.

17 Es ist nicht im Ganzen für die Fälle von *Argentinien* und *Chile* anwendbar, aber generell erwähnenswert für Iberoamerika, z.B. *Perú*. Dies ist ein Aspekt der Schwäche der zivilen Gesellschaft.

18 Heinz (1986).

spekt vor der Personen verdarb. Wir sind der Meinung, dass es genauer ist, den Anfang weder bei der Einführung eines bestimmten Regimes zu suchen, noch bei der reinen Existenz von Gruppen, die gegen das System opponierten; der Anfang lag vielmehr dort, wo begonnen wurde – durch die einen wie die anderen -, den Respekt für die Rechte des politischen Gegners zu relativieren, indem man die Gewaltanwendung als Mittel, politische Ziele zu erreichen, legitimierte.

Das Ende der Demütigungen wird dann gekommen sein, wenn die Vernichtung des Gegners nicht mehr gut geheißen wird, auch nicht mit der Scheinbegründung, Gerechtigkeit üben zu wollen[19]. Der Umstand, dass Menschenrechtsverletzungen sowohl in den Diktaturen als auch in den *Polyarchien* des südamerikanischen Kontinents zu verzeichnen sind, zeigt, dass ihre Ursachen in der Gesellschaft als Ganzer und nicht lediglich in einem bestimmten Regimetyp zu suchen sind[20].

3. – Panorama der argentinischen *Guerrilla* und des chilenischen Extremismus

Geht man von dem Zeitrahmen der Jahre 1966-1975 aus, ein Zeitraum, in dem sich die Gewalt in den analysierten Ländern deutlich verstärkte und ein Kollaps des politischen Regimes stattfand, so kann man in dieser Zeit in Süd- und Mittelamerika generell eine beachtliche Zunahme der paramilitärischen Truppenstärke feststellen. Wir sehen:

Bewaffnete Kräfte in Tausend von Angehörigen

	1966		1975		Änderung %	
	aK(*)	pK(**)	aK	pK	ak	pK
SüdA	605	232	639	305	+ 5,6	+30,5
MittA	149	51	239	58	+40,0*	+13,7

(*) aktive Kräfte
(**) paramilitärische Kräfte

* Diese Ziffer reduziert sich auf 4,2%, wenn Kuba abgezogen wird.

19 Für einen vollkommenen Respekt der Menschenrechte ist eine absolute Begründung derselben erforderlich, die allerdings nur auf einer metaphysischen Ebene zu finden ist. In diesem Sinne, Massini (1989). Nur dies vermag die Instrumentalisierung der Menschenrechte für politische Zwecke auszuschließen.

20 Nolte (ed.) (1996:9).

Dies weise, so wird verschiedentlich vertreten[21], auf eine Veränderung bei den politischen Eliten hin, die von ihren ursprünglich gemässigteren und realistischeren Zielsetzungen abgerückt seien.In den sechziger Jahren lässt sich gleichzeitig in mehreren Ländern eine Zunahme repressiver Maßnahmen konstatieren, die darauf ausgerichtet waren, die Stabilität der Regierung zu sichern.

Die Bewegungen der *Guerrilla* erscheinen in Iberoamerika seit Mitte der sechziger bis Mitte der siebziger Jahre; sie sind durch die Revolutionen in Kuba und Algerien inspiriert. Die kubanische Revolution hatte die Etappen, die die kommunistischen Parteien des Kontinents auf dem revolutionären Weg vorgesehen hatten, einfach geleugnet, indem sie unmittelbar ohne weitere Zwischenschritte eine Revolution anzettelte. Das kubanische und algerische Beispiel schien zu beweisen, dass der bewaffnete Kampf der einzig realistische Weg war, auf dem südamerikanischen Kontinent die Macht zu erringen[22] und damit schien auch die These Che Guevaras bestätigt zu werden, dass die "*Vernichtung des Militärapparats der herrschenden Klasse*" eine wesentliche Vorbedingung für den Sieg des Proletariats sei. Nach dieser These waren die *Guerrilla* hierbei "*die organisierten Vorkämpfer des Volkes*" und die Träger der Revolution; sie trugen entscheidend dazu bei, die für die Revolution notwendigen objektive Bedingungen zu schaffen. Ein Teil der Gesellschaft stellte sich damit in die offene Konfrontation mit den Streitkräfte[23].

Das Auftauchen der *Guerrilla*-Bewegungen stelle, so wollen es jedenfalls einige Deutungen, eine Antwort auf die *interventionistische* und imperialistische Politik der Vereinigten Staaten dar, eine Reaktion auf die Politik des "*big stick*". Die USA hätten vergeblich versucht, eine Art "*Revolution von oben*" durchzuführen mittels eines Programms, das als "*Alianza para el Progreso*" bekannt wurde und das darauf ausgerichtet war, Ungerechtigkeit, Armut und soziale Ausgrenzung und damit auch die Ursachen der aus Kuba dirigierten Revolution zu bekämpfen[24]. In der Retrospektive scheint es aber kaum zweifelhaft, dass der bewaffnete Kampf der *Guerrilla* in den meisten Ländern als Bestandteil eines umfassenden und extern konzipierten revolutionären Plans zu betrachten ist[25],

---

21 Janovitz (1977:43). Zit. Heinz (1986:135)

22 Weber (1989:10).

23 Man denke an die programmierte Verbrechenssequenz gegen Offiziere der Streitkräfte, die die *Guerrilla* in Argentinien in der ersten Hälfte der 70er Jahre beging.

24 In einem einzigen Jahr flossen acht der achtzig Millionen Dollar, die von der Regierung der Vereinigten Staaten für die Durchführung dieses Plans über zehn Jahren budgetiert wurden, aber alles wurde durch die Ermordung des Präsidenten Kennedy unterbrochen.

25 Im November 1972 rief Miguel Enríquez, Chef der chilenischen *Movimiento de Izquierda Revolucionaria* (MIR) zu eine "*internationalisierung der bewaffneten Kampfes im Süden des südamerikanischen Kontinents*" auf, und lud drei Mitglieder

der von den objektiven strukturellen Bedingungen dieser Länder hingegen größtenteils unabhängig war. Die Subversion der *Guerrilla* polarisierte jedenfalls die politischen Systeme des Kontinents und beschleunigte ihren Verfall, und ihren endgültigen Kollaps; das kann nicht nur denen zugeschrieben werden, die gegen die Subversion ankämpften.

Unter den argentinischen Guerrillabewegungen gab es eine große Bandbreite verschiedener Organisationen: Angefangen bei den *Montoneros* und dem *Ejército Revolucionario del Pueblo* über die *Fuerzas Armadas Revolucionarias* (FAR), die *Fuerzas Armadas Peronistas* (*descamisados*) und die *Fuerzas Armadas del Pueblo* (FAP) bis hin zum *Comando Popular de Liberación* und anderen kleineren. 1970 wurde der *Ejército Revolucionario del Pueblo* gegründet. Auf der Versammlung, auf der seine Aktivitäten programmatisch festgelegt wurden, wurde erklärt, dass

> "el ejército (el ERP) es el brazo armado, la fuerza militar de la clase trabajadora y del pueblo, del cual se sirve (éste) en la lucha armada contra el ejército de la burguesía"[26].

Am Anfang der zweiten Regierung von Perón (1973-1976) integrierten sich viele amnestierte *Guerrilleros* in den ERP[27]. Die ländliche argentinische *Guerrilla* hingegen hatte ihre soziale Basis in der dicht bevölkerten Provinz von *Tucumán*. Bis Anfang 1975 hielten sie diese Gegend unter Kontrolle, als – noch unter der *peronistischen* Präsidentschaft – ihre Vernichtung durch die Streitkräfte in Gang gesetzt wurde. 1976 wurden sie vollständig aufgerieben. Ein Jahr

---

des Politbüros des argentinischen PRT (*Partido Revolucionario de los Trabajadores*) und des uruguayischen MLN (*Movimiento Nacionalista Tupamaros*) zu einer Versammlung in Santiago ein. Es sollte sich auch der bolivianische *Ejército de Liberación Nacional* dazugesellen. Nach dem Geschehnissen in September 1973 in *Chile*, wurden die Kontakte schwieriger, aber es konnte trotzdem eine Kader/Anführerschule, eine Zeitschrift und –Anfang 1974- die so genannte "*Junta de Coordinación de los Revolucionarios*" gegründet werden. (Weber, 1989:7).

26 "das Heer (der ERP) ist der bewaffnete Arm, die militärische Kraft der arbeitenden Klasse und des Volkes, dessen sich dieses im bewaffneten Kampf gegen die Streitkräfte des Bürgertums bedient". Weber (1989:40).

27 Diese besaß zur Zeit ihres Höhepunktes mehr als fünftausend Mitglieder und circa fünfzehntausend Anhänger. Sie begannen Politiker, Militärs und Geschäftsmänner zu entführen, Postfilialen, Banken und Nahrungstransporte zu überfallen und die Beute in Armenzentren zu verteilten; sie überfielen schließlich auch Kasernen. Einer der traurigsten Episoden war der Überfall auf einen Offizier der Streitkräfte, wobei sie den Tod seiner dreijährigen Tochter verursachten und eine zweite verletzten. Die *Montoneros* ihrerseits hatten in ihrer besten Zeit circa hunderttausend Anhänger mit mehr als sechstausend ständigen Mitgliedern. Heute sind die Mehrheit ihrer Mitglieder im Exil; Weber (1989:96).

später entschied der ERP, seine Mitglieder ins Ausland zu schicken. Dort wurde im Jahre 1979 ihr VI. Kongress organisiert, in dem die Auflösung der Organisation beschlossen wurde. In ihrem "*mea culpa*" finden sich nur Rechtfertigungen ideologischer Art über die benutzte Strategie und die "*Unterbewertung*" des "*Gegners*" (sprich Streitkräfte) aufgeführt, aber letztendlich nichts, was einer echten Absage an die Gewalt als Methode der politischen Aktion bedeutet hätte.

Der politische Extremismus in *Chile* tritt im Jahre 1967 deutlicher Erscheinung, als sich eine bedeutende linke Gruppe, die Sozialistische Partei, für den bewaffneten Kampf entschied, um die Macht zu erringen. Vorbild für diese Entscheidung war auch hier die kubanische Revolution. Zwei Jahre vorher schon war in der Stadt *Concepción* mit circa sechshundert Mitgliedern der *Movimiento de Izquierda Revolucionaria* (MIR) gegründet worden[28]. Auch sie waren von den Ergebnissen der Revolution in Kuba und den Erfolgen der uruguayischen *Guerrilla*, die durch den *Movimiento Tupamaros* vertreten war[29], beeindruckt. Sie stellten die parlamentarische Form der politischen Auseinandersetzung als reformistischen Irrweg in Frage, auf dem die anstehenden sozialen Probleme Chiles nicht zu lösen seien.

Bis dahin war die Linke von der Idee ausgegangen, dass die chilenische Gesellschaft noch halb feudal sei, so dass eine Änderung der sozialen Verhältnisse und letztendlich die Revolution nur durch eine gemeinsame Front mit dem nationalen Bürgertum zu erreichen sei. Nur eine demokratisch-bürgerliche Revolution könne die Bedingungen schaffen, die erforderlich seien, um den Sozialismus einzuführen. Diese Vorstellung, die im wesentlichen der politischen Diagnose der Kommunistischen Partei entsprang, wurde von der MIR und der sozialistischen Partei abgelehnt. Beide gingen vielmehr davon aus, dass in *Chile* ein abhängiger Kapitalismus herrsche, der einen unmittelbaren Übergang zum Sozialismus ermögliche. Für den MIR war die Revolution von antikapitalistischem und antiimperialistischem Charakter. Ihr erster ideologischer Kongress fand im Jahre 1967 statt; noch im selben Jahr ging sie in den Untergrund und im darauf folgenden Jahr setzten die direkten Aktionen ein. Sie gingen dabei auch auf das Land und organisierten "*corridas de cerco*"[30] und Grundstücksbesetzungen. Gleichzeitig bereiteten sie sich auf konspirative Aktionen vor. Sie aktivierten auch ihre Kontakte zu den Streitkräften und versuchten sie zu spalten, indem sie die Unteroffiziere und Soldaten gegen die Offiziere aufzuwiegeln versuchten. Nach der Wahl Salvador Allendes im Jahre 1970, den sie mit Einschränkungen

---

28 Andrés Pascal Allende, einer ihrer Gründer und Führer, hatte in seiner Jugend Erfahrungen in der sozialisierten kubanischen Landwirtschaft gemacht.

29 In Uruguay agierte die *Guerrilla* in den Städten.

30 Änderungen der Grundstücksgrenzen auf dem Land, wobei *de facto* das Recht der Eigentümer ignoriert wurde.

unterstützt hatten, waren sie dennoch nicht bereit, die Waffen niederzulegen, so dass sie zur Polarisierung beitrugen, die ihren Höhepunkt mit dem Sturz der Zivilregierung im September 1973 erreichte.

3.1. – Der argentinische "schmutzige Krieg"

Der "*schmutzige Krieg*" ist eine Bezeichnung für den Kampf gegen die Subversion, der ab 1976 von Seiten des Staates gegen die *Guerrilla* geführt wurde. Damit werden allerdings nicht nur die unmittelbar von Armee und Polizei durchgeführten Aktionen, sondern auch die verdeckten Operationen der mehr oder weniger unabhängigen, aber vom Staat gedeckten paramilitärischen Gruppen erfasst. Diese Gruppen traten seit der Mitte der sechziger Jahre in der argentinischen Szene auf; mehr als zwanzig derartige "*Todesschwadronen*" haben zwischen 1970 und 1975 in *Argentinien* operiert[31]. In einer ersten Etappe vor 1976 lagen die Aktionen gegen die *Guerrilla* in den Händen der sog. "*Triple A*"[32]; sie wurden schon damals mit Duldung des Staates durchgeführt. Damit hatte bereits die konstitutionelle Regierung einen Präzedenzfall für ein Bündnis zwischen Staatsmacht und kriminellen Untergrundorganisationen geschaffen. Später, nach 1976, waren es dann die Streitkräfte selbst, die die Operationen gegen die *Guerrilla* weiterführten[33]. Die Anzahl der Festgenommenen und Verschwundenen war dabei zwischen 1976-1977 wesentlich höher als in den nachfolgenden Jahren. Den Einsatzdirektiven für die argentinischen Streitkräfte im Kampf gegen die Subversion lassen sich zwar keine direkten Hinweise auf die Verwendung illegaler Methoden entnehmen. Aber die Repression war im Umkreis illegal angelegter Lager organisiert worden, auf die es in den offiziellen Dokumenten der Streitkräfte keinerlei Hinweise gab; einige dieser Lager existierten schon vor 1976[34].Die Streitkräfte handelten hier freilich in einem gewissen Legitimationskontext, da sie bei ihrer Einmischung in die Regierung die Unterstützung des Volkes bekommen hatten. Dies hat es dann auch sehr erschwert, den Exzessen, die damals passierten, ein zeitiges Ende zu bereiten.

---

31 Moyano (1991:47).

32 Die Beweise haben gezeigt, daß die Existenz, die Zusammensetzung und das Funktionieren der *Triple A* (*Alianza Anticomunista Argentina*) den Führungskadern der Streitkräften von Anfang an bekannt waren.

33 Die offizielle Zählung in *Argentinien* (Kommission "*Nunca Más*") geht von 8.961 Opfern aus. Zwischen 1970 und 1975 brachten die Todesschwadronen circa 841 Menschen um; die Guerrilla zwischen 1.500 und 2000.

34 Moyano (1991:58).

Es ist kaum möglich, die Anzahl der in die Repression involvierten Militärs zu schätzen. Denn die illegalen Folterzentren und Lager wurden wie eine geheime Untergrundstruktur von den offiziellen Organen der Armee strikt getrennt gehalten. Einige sprechen von tausend Personen, die an diesen Aktionen teilgenommen hätten[35]. Die einzige Schätzung, die darüber veröffentlicht worden ist, bezieht sich lediglich auf die Marine; die spricht von 314 beteiligten Marineangehörigen, was 1,05% der Gesamtstärke dieser Waffengattung entspräche. Nimmt man einen entsprechenden Prozentsatz für die anderen beiden Teilstreitkräfte an, so käme man zu dem Ergebnis, dass im Heer insgesamt etwa 840 Personen im Dienste der verdeckten Repression – in sog. "*Aufgabengruppen*" ("*Grupos de Tareas*") – tätig waren; hinzu kämen weitere 189 Personen bei der Luftwaffe und 367 Polizeiangehörige. Das entspräche einer Gesamtzahl von 1.710 Personen.

Gegen diese Zahlen ist freilich eingewendet worden, dass damit keineswegs alle Aspekte des schmutzigen Krieges erfasst würden. Aber auch wenn man – wie es einer Schätzung der Bundespolizei entspricht – eine Quote von 2% aller Armeeangehörigen annimmt, die an den teils kriminellen Untergrundaktionen beteiligt war, kommt man dazu, dass nicht mehr als 3.260 Angehörige der Streitkräfte involviert waren[36]. Fraglich bleibt dabei allerdings die Reichweite des Rotationssystems, das unter dem Namen des so genannten "*Blutpakts*" ("*pacto de sangre*") unter den Offizieren eingeführt worden war, um möglichst viele Armeeangehörige höherer Chargen in den blutigen Kampf gegen die Subversion hineinzuziehen – eine Strategie, um die Geschlossenheit des Militärs sicherzustellen. Es ist unklar und umstritten, wie viele Offiziere in dieses System einbezogen worden sind.

3.2. – Der chilenische "irreguläre Krieg"

Nach der militärischen Intervention von 1973 wurde der *Movimiento de Izquierda Revolucionaria* (MIR) von den Streitkräften weitgehend vernichtet; logistische Schwierigkeiten und der Mangel an militärischer Konsistenz machten eine effektive Gegenwehr weitgehend unmöglich. Am heftigsten noch war der Widerstand in den Jahren zwischen 1973 und 1977, in denen der antisubversive

35 Von achtzigtausend Angehörigen des Heeres, dreißigtausend der Marine, achtzehntausend der Luftwaffe und fünfunddreißigtausend der Polizei.

36 Moyano (1991:63)

Krieg nach nordamerikanischem Modell[37] in seine die härteste Phase fiel[38]. Auch die Führungskader der Sozialistischen und der Kommunistischen Partei wurden, wie der des MIR selbst, durch die Geheimdienste zersetzt[39]. Die Aktionen des reorganisierten MIR lebten zwar ab 1978 wieder auf, aber sie konnten die Regierung damit nicht in echte Schwierigkeiten bringen.

Im Gegensatz zu *Argentinien* gibt es in *Chile* noch keinen ausreichend kritischen Abstand, um die historische Rolle des Geheimdienstes in diesen Jahren realistisch festzustellen zu können. Es fehlt überdies immer noch an zugänglicher Information. Die genaueren Umstände seiner Tätigkeit sind erst in letzter Zeit an die Öffentlichkeit gelangt; anderes kann nur in Forschungsarbeiten nachgelesen werden, die sich im Ausland befinden[40]. Man sucht die geheimdienstliche Tätigkeit verschiedentlich damit zu rechtfertigen, dass sie nicht nur zur Konsolidierung der Macht, sondern auch zur Unterstützung der damals in Gang gesetzten wirtschaftlichen Reformen notwendig waren[41], denn diese Reformen wären die in einem Klima vollkommener öffentlicher Freiheiten unausführbar gewesen.

Die verschiedenen Geheimdienste der unterschiedlichen Teilstreitkräfte hatten sich zunächst sogar untereinander bekämpft, um ihre Macht zu konsolidieren; das hatte zu Exzessen und zu seiner weitgehend unkontrollierten Verselbständigung geführt. Schließlich wurden die Geheimdienste aber zu einer einzigen Organisation zusammengeführt, um die Ausschreitungen zu reduzieren, aber auch als Reaktion auf den Versuch der bewaffneten Gruppen der Linken, sich die organisatorische Aufspaltung des Geheimdienstes zu nutze zu machen.

---

37 Kletten (1991:42). Es war in den Vereinigten Staaten, wo die Mehrheit der Offiziere in Sachen Antiinsurrektion trainiert wurde. Wegen der Einzelheiten, vgl. Fernández Baeza (1981).

38 Der Begriff des "*irregulären Krieges*" (*guerra irregular*) stammt aus dem Algerienkrieg. Er wird in *Chile* in der Regel in militärischen Kreisen genutzt, um die Auseinandersetzungen zwischen Streitkräften und extremistischen Gruppen zu bezeichnen.

39 Nach den Zahlen, die die Führung des MIR veröffentlicht hat, starben ab 1973 zwischen 1.500 und 2.000 aktive Mitglieder des MIR, was zwar die von unabhängigen und internationalen Organisationen ermittelte Zahl übersteigt, aber die Behauptung des MIR zu unterstützen erlaubt, dass sie in dieser Zeit ein weitgehendes Vakuum an Kadern erdulden musste, das die Organisation vollkommen schwächte. Andere gehen von circa 800 Mitglieder des MIR aus, die zwischen 1974 und 1979 starben; vgl. Weber (1989:227). Über die Anzahl der Opfer, die ihrerseits vom MIR und ähnlichen Gruppen getötet wurden, existieren keine gesicherten Statistiken, aber es werden – für den gleichen Zeitraum – Zahlen zwischen 200 und 400 Toten, in ihrer Mehrheit Militärangehörige, genannt.

40 Eine beispielhafte Analyse in diesem Sinne ist die von Friedmann (1990).

41 Kletten (1991:39)

Die Informationskontrolle durch das Regime und die Medienzensur verhinderten damals, dass sich größere Teile der Bevölkerung auch nur ein ungefähres Bild von dem machen konnten, was wirklich geschah, obwohl das Klima der Einschüchterung und der Freiheitsbeschränkungen allgemein fühlbar war. Das Regime brachte es sogar fertig, über Jahre hinweg in weiten Kreisen das Gefühl einer falschen Sicherheit zu verbreiten[42]. Die Vielfalt und das nebeneinander unterschiedlicher politischer Ideen wurden mit dem damals alles überragenden Ziel, die institutionelle Normalität wiederherzustellen, als unvereinbar empfunden; das hat den Widerstand gegen die Repression geschwächt.

Eine Änderung in der politischen Strategie der Kommunistischen Partei[43] Anfang der achtziger Jahre versuchte dem Kampf des MIR neue Impulse zu geben, aber dies misslang. Der Zerfall der UdSSR bedeutete dann auch das Ende der Guerrillabewegungen in Südamerika, weil damit sowohl der ideologische Bezugspunkt als auch die wirtschaftliche Basis, die ihren Kampf erst ermöglichte, weggefallen sind.

4. – Die Menschenrechtspolitik Alfonsíns

Nach dem völligen Verlust des professionellen Prestiges und der sozialen Vormachtstellung infolge des verlorenen Falkland-Krieges konnten die Streitkräfte ihren Anspruch, die Garanten von Sicherheit und Stabilität zu sein, nicht mehr aufrechterhalten. Der Wegfall dieser entscheidenden Legitimitätsgrundlage hat die Bereitschaft der Militärs zur Machtaufgabe befördert. Sie versuchten aber nach ihrem Sturz zunächst, irgendwelche strafrechtliche Aufarbeitung der während des schmutzigen Krieges begangenen Menschenrechtsverletzungen zu verhindern, was sich als Belastung der neu eingeführten Demokratie erwies.

Trotzdem wurde das Amnestiegesetz, das die letzte Militärjunta unter der Präsidentschaft von General Reinaldo Bignone noch erlassen hatte, um die Streitkräfte vor strafrechtlicher Verfolgung zu schützen, nach dem Sieg Alfonsíns und den Parlamentswahlen von Präsident und Parlament übereinstim-

42 Über den Begriff "*falsche Sicherheit*" und die Bedienung der öffentliche Meinung unter den Diktaturen, siehe Noelle-Neumann (Frankfurter Allgemeine Zeitung 54, 05.03.98:12).

43 1980 verkündete der Generalsekretär der Kommunistischen Partei von *Chile* das Ende der Politik der "*einheitlichen, antifaschistischen Front*", um sie gegen die Politik "*aller Kampfarten*" zu ersetzen, was eine Legitimation und den Gebrauch der Gewalt bedeuten würde.

mend für "*unheilbar nichtig*" erklärt[44]. Denn es war das erklärte Anliegen des neuen Präsidenten Raúl Alfonsín, den Menschenrechten nicht nur größeren Respekt zu verschaffen, sondern auch die im "*schmutzigen Krieg*" begangenen Verstöße dagegen ohne Rücksicht auf den militärischen Rang der Täter zu verfolgen und zu ahnden. Gerade in diesem Punkt unterschied sich Alfonsín klar von seinem *peronistischen* Konkurrenten Italo Lúder. Wie die Militärs waren auch die Peronisten auf diesem Terrain verletzbar, was schon für sich die Dimension dieses Problem in *Argentinien* erkennen lässt. Die Haltung Alfonsíns beinhaltete bis zu einem gewissen Gerade einen Tabubruch, ebenso aber auch die Chance einer umfassenden Erneuerung der Gesellschaft und zwar gerade unter einem Aspekt, der in den Jahren des Bürgerkrieges in fundamentaler Weise vernachlässigt worden war. Der Zeitpunkt hierfür war nicht ungünstig, hatte der verlorene Krieg gegen Großbritannien doch zu einer extremen Schwächung der Streitkräfte geführt, so daß gerade jetzt von dieser Seite kein gefährlicher Widerstand zu erwarten war.

Nach der Außerkraftsetzung des Amnestiegesetzes, die die strafrechtliche Verantwortung der von der Amnestie Begünstigten wiederaufleben ließ, wurden dann in der Tat strafrechtliche Verfahren gegen die Offiziere höherer Ränge eingeleitet; bei der Vorbereitung der Klagen erwies sich die neue Regierung als treibende Kraft. Zunächst wurden die Verfahren bei der militärischen Gerichtsbarkeit anhängig gemacht. Als sich aber sehr schnell herausstellte, dass diese Instanzen die Sache nicht mit der wünschenswerten Neutralität behandelten, wurden die Verfahren auf den Obersten Gerichtshof der ordentlichen Gerichtsbarkeit übertragen. Dort wurden die Mitglieder der Militärjunta schließlich verurteilt – naheliegender Weise sehr zum Verdruss der Militärs. Während ein Teil der öffentlichen Meinung die Verurteilungen außerordentlich begrüßte, breitete sich unter den militärischen Kreisen Unruhe aus, die in eine Reihe regelrechter Meutereien mündete. Als diese eskalierten, sah sich die Regierung gezwungen, den Kreis der strafrechtlich verfolgbaren Militärs zu verkleinern.

Ende 1986 erließ die Regierung weitere Rechtsvorschriften, die die Eröffnung weiterer Verfahren innerhalb einer sehr kurz bemessenen Frist vorsahen, alle übrigen Fälle, die nicht innerhalb dieser Frist behandelt werden konnten, straffrei stellte[45]. Gleichzeitig wurden den Bundesstaatsanwälten ergänzende In-

---

44 Gesetz der Regierung Nr. 22.924 vom 22. August 1983, veröffentlicht am 27. September desselben Jahres. Es wurden die Verbrechen, die zwischen den 25. Mai 1973 bis dem 17. Juni 1982 begangen wurden als nicht verfolgbar erklärt. Aufgrund des Gesetzes 23.040 von 22. Dezember 1983 wurde es nur vier Monate später vom gerade neu gewählten Kongress als verfassungswidrig und nichtig erklärt.

45 Gesetz 23.492. Es schloss die strafrechtliche Verantwortung von solchen Personen aus, deren Erscheinen nicht innerhalb von sechzig Tagen nach Erlass dieses Gesetzes

struktionen gegeben, welche die folgenden Ermittlungen nach dem Vorbild der Verfahren gegen die ehemaligen Oberbefehlshaber strukturierten[46]. Wenig später, Mitte 1987, wurde dann das so genannte "*Gesetz betreffend die Gehorsamspflicht*" erlassen, das einen Täter bis zu einem bestimmten Dienstgrad von der strafrechtlichen Verantwortung freisprach, wenn er die Tat in Befolgung seiner militärischen Gehorsamspflicht begangen hat[47].

Mit dem Erlass des ersten Gesetzes verminderte sich die Anzahl der anhängigen Verfahren auf vierhundertfünfzig; nach dem zweiten auf nur fünfzig. Diese Zahlen zeigen, dass der Gesetzgeber – über die in den entsprechenden Vorschriften vorgebrachten rechtlichen Argumente hinaus – darum bemüht war, die Ermittlungen und die Verfahren nicht auf eine so hohe Zahl von Offizieren zu erweitern, dass es als ein Gesamtverfahren gegen die Verteidigungsinstitutionen als solche gedeutet werden könnte. Die ermittelnden Staatsanwälte wurden angewiesen, die Verfahren zu beschleunigen und nach Möglichkeit zu verbinden, um damit die Eröffnung neuer Verfahren zu vermeiden. Um der Unruhe der Mi-

---

durch das Gericht wegen des Verdachts der Beteiligung an Verbrechen gegen die Menschenrechte, die zwischen dem 25.05.1973 und dem 17.06.1982 begangen wurden, angeordnet wird. Gleiches gilt für solchen Personen, die bis zum 10. Dezember 1983 Verbrechen begangen haben, die im Zusammenhang mit gewalttätigen Formen politischer Aktion (Terrorismus) standen.

46 Dekret 92/87 vom 22.01.87 und der Erlass 2/87 vom 03.02.87. Die wesentlichen Inhalte: Beschränkung der Ermittlungen auf Taten, die im Verfahren gegen die Ex-Oberbefehlshaber bewiesen worden waren, also auf solche Taten, die als "*genügend glaubwürdig*" angesehen werden konnten; Ermittlungen nur gegen Personen, bei denen es "*sichere Beweise*" für eine Erhebung der Anklage gab (das Unterstrichene ist von mir); Beschränkung der Ermittlungen auf Personen, die aufgrund ihres hohen Ranges über einen effektiven Entscheidungsspielraum verfügten, oder aber besonders grausame Taten begangen haben; Verkürzung der Verjährung; vorrangige Verfolgung der Verbrechen gegen Minderjährige.

47 Dieses Gesetz stellte eine Rechtsfiktion auf, nach der die Mitglieder der Streitkräfte bis zum Grad eines Brigadegenerals keine strafbare Subjekte der im Gesetz Nr. 23.049, Artikel 10 typisierten Verbrechen waren, wenn sie sie in Ausübung ihrer Gehorsamspflicht begangen hatten. Voraussetzung war, dass sich die von dieser Vorschrift erfassten Personen in einer Subordinationsposition befanden und verpflichtet waren, die erhaltenen Befehle durchzuführen, ohne dass ihnen die Möglichkeit offen gestanden hätte, die Befehle zu verweigern. Das Gesetz differenziert nach dem Rang der Offiziere; ab einem Gewissen Dienstrang war die Rechtsfiktion des Fehlens strafrechtlicher Verantwortlichkeit sogar umgedreht, wenn das Gericht innerhalb einer kurzen Frist ab Erlass des Gesetzes festgestellt hatte, dass diese Personen über Entscheidungsmacht in Bezug auf die erhaltenen Befehle verfügten und sie außerdem in die Erteilung dieser Befehle involviert waren. Das Gesetz sollte durch den Richter auf alle laufenden Verfahren angewendet werden, wobei nur die Verbrechen über Identitätstäuschung, der Entführung und des Versteckens von Minderjährigen und der widerrechtlichen Aneignung ausgeschlossen wurden.

litärs entgegenzuwirken, sollten die laufenden Verfahren schleunigst abgeschlossen[48] und dabei der Strafausschließungsgrund der "*Gehorsamspflicht*" großzügig angewendet werden[49].

5. – Die Menschenrechtspolitik Menems

Nachdem Alfonsín mit seinem Versuch, die Verbrechen der Militärs juristisch zu bewältigen, wegen des Widerstandes der Streitkräfte auf halbem Wege stecken geblieben war, verblieb es seinem Nachfolger, Carlos Menem, die unvollendete Aufgabe in modifizierter Form zu Ende zu bringen. Im Oktober 1989 wurde eine Anzahl von Begnadigungen verkündet, die nicht nur die wegen Menschenrechtsverletzungen angeklagten Militärs sondern auch die Anführer der *Guerrilla* betrafen; auch diejenigen die Mitglieder der Streitkräfte, die zuvor gegen Alfonsín gemeutert hatten, sollten darin eingeschlossen. Die Begnadigungsaktion bedeutete seinerzeit einen Erfolg für die Regierung, nicht zuletzt deshalb, weil die *Montoneros* dabei ihre Niederlage eingestanden und außerdem die Freilassung der angeklagten Generäle forderten[50]. Mit den Begnadigungen betrachteten die Streitkräfte ihre Aktionen während des "*schmutzigen Krieges*" als bestätigt, ohne Reue für die dabei unterlaufenen Exzesse zu zeigen. Die Vertreter der Menschenrechtsorganisationen waren hingegen enttäuscht.

Auf Grund seiner Befugnisse, die in Artikel 86 Nr.6 der Verfassung niedergelegt sind, begnadigte der Präsident insgesamt 277 Personen, in ihrer Mehrheit Mitglieder der Streitkräfte, und außerdem 64 ehemalige *Guerrilleros*, unter anderem deren Chef. Daneben wurden einigen Offizieren Fälle die Verbüßung einer schon verhängten Haftstrafe erlassen; die Begnadigungen betrafen also bereits verurteilte Personen wie auch Angeklagte[51]. Menem begründete seine Ent-

---

48 Am 24. April 1986 erteilte der derzeitige Verteidigungsminister dem Generalstaatsanwalt des Oberrats der Streitkräfte ("*Consejo Superior de las Fuerzas Armadas*", CSFA) eine Richtliniensammlung gemäß der: a) er über die anhängigen Verfahren informieren und diese mit den anderen laufenden Verfahren verbinden sollte; b) die Verfahren nach dem entsprechenden Teil der Streitkräfte geordnet werden sollten.

49 Ambos (1996b: 92).

50 Huhle (1991:80-82).

51 Dekret 1002 für das Militärpersonal, Dekret 1003 für Zivilisten vom 6. Oktober 1989, am 10. desselben Monats veröffentlicht. Das Dekret 1004, am 10. Oktober 1989 veröffentlicht, begnadigte das Militär- und Sicherheitspersonal, das in die Militärputschversuche zwischen April 1987 und Dezember 1988 involviert gewesen war. Das Dekret 1005, unter dem gleichen Datum veröffentlicht, begnadigte das Personal, das am Falklandkrieg teilgenommen hatte. Die Dekrete 2741 bis 2746 von 1990, am 3. Januar 1991 veröffentlicht, begnadigten viele Militärs, unter anderen die Generäle Videla,

scheidung ausdrücklich damit, daß nur so die nationale Einheit, die Versöhnung und die soziale Befriedung unter den Argentiniern wiederhergestellt werden könnte. Die juristische Bewältigung der Menschenrechtsverletzungen wurde schließlich durch das "*Schlusspunktgesetz*" beendet.

Die argentinische Erfahrung zeigt, wie schwierig sich die rechtliche Beurteilung der Verantwortung in dieser Angelegenheit selbst dann darstellt, wenn es eine breite Stimmung zugunsten einer gerichtlichen Aufarbeitung der Menschenrechtsverletzungen gibt. Gerade in *Argentinien* hat sich gezeigt, wie solche Strafverfahren die Stabilität des Staates gefährden können.

6. – Die Menschenrechtspolitik Aylwins

Die erste Regierung der Koalition zwischen Christdemokraten und Sozialisten (1990-1994) in *Chile* betrieb eine ambivalente Politik in Menschenrechtsangelegenheiten: Einerseits suchte sie die Beziehungen zu den Streitkräften zu normalisieren, anderseits war sie auch darum bemüht, die politische wie strafrechtliche Verantwortung der Militärs für die Menschenrechtsverletzungen der Zeit 1973-1990 zu klären. "*Gerechtigkeit im Rahmen des Möglichen*" – so umschrieb der Präsident in seinen eigenen Worten das Ziel seiner Politik. Auch in *Chile* lässt sich dabei freilich beobachten, wie sich die Beziehungen der Regierung zu den Streitkräften im Zeichen dieser Strategie langsam verschlechterten.Dabei war der Regierung von Anfang an klar, dass es ihr bei dem bestehenden Kräfteverhältnis und mit der damals gültigen Gesetzgebung nicht möglich sein würde, eine "*Säuberung*" der Streitkräfte durchzuführen, wie es von Teilen der Koalition angestrebt wurde. Angesichts dessen schob die Regierung das Problem erst einmal an den Rand. Konkrete Schritte zur Einleitung von Ermittlungsverfahren gegen die Institutionen der Streitkräfte fanden nicht statt.

Die Regierung begann ihre Amtsperiode aber damit, vierzig politische Gefangene des Militärregimes zu begnadigen, die wegen Verstößen gegen das Waffengesetz, gegen das Gesetz der inneren Staatssicherheit und gegen das Antiterrorgesetz inhaftiert worden waren[52]. Um die vom Militärregime inhaftierten Gefangenen allmählich freizubekommen, wurde zwischen "*Gewissensgefangenen*" und "*Blutgefangenen*" unterschieden, wobei die Urteile nur bei letzteren beibehalten wurden, da diese Häftlinge unter anderen auch wegen einem oder mehre-

---

Massera, Agosti, Viola, Lambruschini, Camps, Richeri und Suárez Mason, sowie Zivilisten, die mit den Militärs kollaboriert hatte. Das Dekret 2742 begnadigte den Anführer der *Montoneros*, Mario Eduardo Firmenich.

52 Die Gesamtzahl der politischen Gefangenen zur Zeit der Machtübernahme durch die Zivilregierung wird auf 411 beziffert.

ren Totschlägen verurteilt worden waren. Später begann man dann mit der Vorbereitung von Gesetzen, die auf eine Änderung der Strafen und der gerichtlichen Zuständigkeit bezüglich der in den vorstehenden Vorschriften vorgesehenen Verbrechen abzielten[53]. Ihre Verabschiedung wurde erst nach intensiven Verhandlungen mit der Opposition erreicht, da die Regierung zwar über eine klare Mehrheit im Kongress verfügte, im Senat aber, wo diesen Gesetze gleichfalls zugestimmt werden musste, nur ein knappes Übergewicht besaß. Gleichzeitig wurde auch der Passus der Verfassung geändert, der es dem Präsidenten untersagte, im Fäll terroristischer Taten Begnadigungen auszusprechen.

Die neuen Gesetze verringerten die Zuständigkeit der militärischen Gerichtsbarkeit, die während des Militärregimes erweitert worden war, und sie verringerten vielfach auch die Strafen für politisch motivierte Taten. Außerdem gewährte es den Gefangenen die üblichen rechtsstaatlichen Haftgarantien, etwa die ungestörte Kommunikation mit dem Rechtsanwalt und das Besuchsrecht. Den Gefangenen wurde auch die Möglichkeit eröffnet, vor der ordentlichen Gerichtsbarkeit die Wiederaufnahme ihrer Fälle zu beantragen, um dadurch zu einer Strafmilderung zu kommen; dies blieb nun immerhin denjenigen als Ausweg, die von den Begnadigungsakten der Regierung nicht erfasst wurden[54].

Die Regierung hat es dabei aber nicht unterlassen, ihre Bemühungen fortzusetzen, die Menschenrechtsverletzungen der Vergangenheit aufzudecken, wobei sie gleichzeitig in recht geschickter Weise betonte, dass sie eine Normalisierung ihrer Beziehungen zu den Streitkräften anstrebe. Zur Aufklärung wurden zahlreiche Leichen exhumiert, bei denen der Verdacht bestand, dass es sich um Opfer der Repression aus den Jahren 1973 bis 1974 handeln könnte. Auch war die Regierung darum bemüht, das Ausmaß der Korruption in der Ära der Militärjunta zu ermitteln. Insgesamt war die Regierung bestrebt, die Autonomie der Streitkräfte im Staat und ihre Einbindung in den Zivilstaat zu beheben. Zu diesem Zwecke wurden nicht zuletzt auch Verfassungsänderungen vorgenommen, die den Status der Streitkräfte reduzierten, der ihnen etwa in Bezug auf die Ernennung, Beförderung und Pensionierung von Offizieren garantiert worden war.

Im April 1990 wurde die Kommission "*Wahrheit und Versöhnung*" ("*Verdad y Reconciliación*") gegründet; sie sollte lediglich der Aufklärung dienen und daher ohne richterliche Zuständigkeit bleiben. Die Kommission nahm neun Monate lang die Aussagen von Betroffenen oder deren Angehörigen auf, die Opfer von Menschenrechtsverletzungen geworden waren. Sie veröffentlichte auf dieser

53 Dies wurde von dem Justizminister Francisco Cumplido Cereceda durchgeführt, dem die verabschiedeten Gesetze ihren Namen ("*Cumplido*") verdanken.

54 Nach den neuen Vorschriften wurde für einen Gefängnistag, der unter dem Militärregime verhängt worden war, drei Tage angerechnet.

Grundlage einen Bericht[55] und machte Vorschlägen zur Zusammensetzung einer weiteren Kommission. Dabei diente die sog. "*Comisión Sábato*" (CONADEP) in *Argentinien* als Modell, wobei versucht wurde, sie mit Personen zu besetzen, die über ein gewisses moralische Ansehen verfügten und keine parteiischen Interessen verfolgten, was zum Teil auch erreicht wurde[56].

Als diese Kommission im März 1991 ihre Aufgabe beendet hatte, stellte Präsident Aylwin ihren Bericht der Öffentlichkeit vor und bat im Namen des Staates um Vergebung für die Verbrechen, die in den Jahren nach 1973 begangen worden waren. Diese symbolische Geste wurde allerdings von vielen nicht als eine Äußerung des Staates selbst verstanden, sondern nur als Willkürakt der jetzigen Regierung. Vor allem die Militärs stellten die Unparteilichkeit der Kommission in Frage und warfen ihr vor, sich die Kompetenzen eines Gerichts angemaßt zu haben. Die Streitkräfte arbeiteten einen eigenen Bericht aus, in dem sie den Putsch von 1973 zu rechtfertigen suchten.

Der Minimalkonsens, den Aylwin innerhalb der Koalition nach der Arbeit der Kommission erreichen konnte, erlaubte aber dennoch die Verabschiedung einer Reihe von Wiedergutmachungsgesetzen. Auf der Basis dieser Gesetze wurden staatliche Organisationen eingerichtet, um den Betroffenen und ihren Angehörigen wirtschaftliche Hilfe zu leisten, um soziale und gesundheitliche Assistenz zu geben und weiter wegen anderer Übergriffe zu ermitteln[57].

Die Bemühungen der Regierung um die strafrechtliche Aufarbeitung des Militärputsches von 1973 und der dabei begangenen Verbrechen brachte das Militär naheliegender Weise auf die Barrikaden; die Ermittlungen einer Sonderkommission des Kongresses wegen finanzieller Unregelmäßigkeiten, in die die Streitkräfte und die Familie des Oberbefehlshabers involviert gewesen sein sollten,

55 Dabei konnte das Verschwinden von circa 2.100 Personen während der Periode 1973-1990 bewiesen werden.

56 Ihr Ziel war es, die Fälle der Menschenrechtsverletzungen mit Todesfolge zu ermitteln, die zwischen dem 11. September 1973 und dem 11. März 1990 stattfanden. Aus Zeitgründen wurden aus der Zuständigkeit dieser Kommission die Übergriffe auf andere Menschenrechten ausgenommen. Diese beinhalteten sowohl die Verbrechen der Staatsorgane als auch die der privaten Gruppen. Hierunter fielen Verschwinden, Hinrichtungen, Folterungen mit Todesfolge durch die Staatsorgane sowie Attentate und Entführungen durch private Gruppen. Gegen letztere wurden aber keine Anzeigen erstattet.

57 Bis heute hat die Regierung an viertausend Opfer oder Angehörige, die im Bericht der Kommission identifiziert werden konnten, monatliche Entschädigungen gezahlt; hinzukommen 821 Studienstipendien und 63 Wohnhäuser für Opfer der Gewalt. Vgl. Ambos (1996a: 145-146). In Februar 1992 wurde die "*Corporación Nacional Reparación y Reconciliación*" gegründet, die die Aufgabe der Entschädigung weiterführte. Diese Kommission ermittelte in ca. 3.200 Fällen; die Tätigkeit der Kommission wurde bis Ende 1995 verlängert.

verursachte neuerliche Beunruhigung beim Militär. Entsprechende Drohgesten zwangen die Regierung schließlich dazu, ihre Bemühungen vorerst einzustellen. Das zeigt recht eindeutig, dass die Zivilregierung noch nicht stark genug war, die Militärs im Rahmen eines rechtsstaatlichen Verfahren vor Gericht zu stellen; noch war das Militär ein Staat im Staat, an den die Zivilregierung nicht herankam. Es bestand zwar keine reale Gefahr eines Militärputsches mehr, aber die politische Führung musste zu dem Ergebnis kommen, dass sie hier noch nicht offen gegen die Streitkräfte vorgehen konnte, wenn größere Probleme vermieden werden wollten. Zu allem Unheil geschah dies alles während einer Auslandsreise des Präsidenten, so dass die Zerbrechlichkeit der wieder eingesetzten konstitutionellen Institutionen vor aller Welt offenbar wurde[58].

Zu Beginn der Regierung Aylwins verschärfte sich die Diskussion über die Gültigkeit des Amnestiegesetzes von 1978. Die Mitglieder der regierenden Koalition wiesen darauf hin, dass dieses Gesetz zwar mit dem innerstaatlichen Recht übereinstimmen mochte, dass aber die dabei straffrei gestellten Verbrechen zumindest insoweit auch gegen das internationale Recht verstießen, als es sich dabei um Verbrechen gegen die Menschlichkeit oder um Kriegsverbrechen handelte; solche Verbrechen seien nicht amnestierbar. Der Präsident selbst versuchte mittels eines Schreibens an die Justizbehörden auf die Auslegung des Begriffs "*Amnestie*" Einfluss zu nehmen. Er machte dabei den in Hinblick auf das Gewaltenteilungsprinzip nicht unproblematischen "*Vorschlag*", in Fällen, die unter das Amnestiegesetz fielen, zumindest solange weiterzuermitteln, bis der Verbleib des Opfers und des Täters festgestellt worden sei, und die Akte erst dann unter Verweis auf das Amnestiegesetz zu schließen. Dies wurde von Seiten der Organisationen zum Schutz der Angehörigen der Opfer dadurch unterstützt, dass gegen die Rechtsprechung des Obersten Gerichtshofs zugunsten einer sofortigen Einstellung der vom Amnestiegesetz erfassten Fälle beim Interamerikanischen Gericht für Menschenrechte wegen Rechtsverweigerung Klage erhoben wurde.

Dennoch wurden bis Ende 1994 hundert Fälle endgültig und achthundert Fälle zumindest vorläufig auf Grund des Amnestiegesetzes eingestellt; nur dreihundert Verfahren wurden weiter betrieben. Die Menschenrechtsorganisationen konnten zwar immerhin erreichen, dass auch Mitte 1995 noch einhundertachtzig strafrechtliche Verfahren weiter betrieben wurden. Zu Verurteilungen und Strafaussprüchen ist es aber unter der Regierung Aylwins nicht mehr gekommen. Aber immerhin hat ihre Politik eine Welle von Verfahrenseinleitungen wegen Menschenrechtsverletzungen vor den Gerichten ausgelöst, die dann begannen, zahlreiche Militärs zu laden; das war ein erster Schritt. Die Justizpolitik der Re-

---

58 Becker (1996:176)

gierung Aylwin ist demzufolge im ganzen positiv aufgenommen worden, obwohl die Aufklärung der Menschenrechtsverletzungen und ihre Wiedergutmachung nur teilweise, deren Bestrafung aber überhaupt nicht erreicht worden sind.

7. – Die Menschenrechtspolitik Freis

Frei hatte schon als Präsidentschaftskandidat für die zweite Wahlperiode nach dem Militärregime in seiner Kampagne dafür plädierte, "*nach vorne zu schauen*" und diese Seite der chilenischen Geschichte endgültig umzuschlagen. Frei profitierte allerdings von den justizpolitischen Früchten der scheidenden Regierung. Im Übrigen schienen ihn deren Erfahrungen mit diversen militärischen Putschversuchen als Reaktion auf die juristische Vergangenheitsbewältigung zu bestätigen.

Ausgangspunkt und Kern der Politik Freis war ein Wirtschaftsprogramm, mit dessen *legitimitätsstiftendem* Effekt er zugleich auch das ungelöste justizpolitische Problem der Menschenrechte bewältigen wollte. Er versuchte, mit den Streitkräften wieder mehr ins Gespräch zu kommen und eine Atmosphäre des Vertrauens aufzubauen, indem er einen Verteidigungsminister ernannte[59], der in die Beziehungen zwischen Streitkräften und der Regierung Versöhnungsgeist bringen konnte und irgendwelchen Konflikten sowohl auf persönlicher wie auf institutioneller Ebene brav aus dem Weg ging.

Aber die politische Aufgabe der juristischen Vergangenheitsbewältigung ließ sich nicht so einfach unter den Teppich kehren. Schon an der Macht, konnte Frei nicht verhindern, dass sich das Ungelöste nochmals zu einem Dorn im Auge verwandelte; diesmal freilich nicht aufgrund irgendwelcher Initiativen der Regierung selbst, sondern aufgrund der Autonomie der Justiz, die sich jetzt nicht mehr ohne weiteres politisch instrumentalisieren ließ. Die Verurteilung in einem Fall, wo drei Kommunisten im Jahre 1985 durch eine aus Polizeimitgliedern gebildete paramilitärische Gruppe ermordet worden waren, verschärfte den Konflikt, denn diese Tat fiel nicht unter das Amnestiegesetz. Nach dem Urteil wurde der Direktor der Polizei angeklagt, damals Ermittlungen der Justiz verhindert zu haben. Dies wiederum führte dazu, dass die Regierung Frei seine Abdankung verlangte, doch der Beamte konnte sich zur damaligen Zeit auf das Privileg der *Unversetzbarkeit* im Amt berufen. Das Militär stützte diesen Amtsträger, was starke Spannungen mit der Zivilregierung hervorrief.

Auch das Verfahren gegen den ehemaligen Chef des Geheimdienstes während des Militärregimes hat das Klima zwischen Militärs und Zivilregierung

59 Edmundo Pérez Yoma.

weiter verschlechtert. Es war nach langjährigen zahlreichen Versuchen geglückt, diesen Mann zu verurteilen. Die Streitkräfte reagierten darauf mit mehr oder weniger verschleierten Ankündigungen, zu meutern oder gar zu putschen, so dass die Regierung gezwungen war, die gegenüber dem Militär gravierende psychologische Wirkung der Verurteilung dadurch zu mildern und zu dämpfen, dass sie für den Täter ein besonderes Gefängnis bauen lies, in dem er seine Haft verbüßen konnte. Dennoch weigerte sich dieser mit ausdrücklicher militärischer Hilfe monatelang, sich der Polizei zu stellen und die Strafe anzutreten.

Nach diesen Erfahrungen schlug Frei einen Gesetzesentwurf vor, der das Verhältnis zum Militär befriedenden sollte, und startete zudem einen spezifischen Plan, nach dem die anderen anhängigen Verfahren gegen Offiziere eingestellt werden sollten. Teil des Planes war es, die Justizverfahren gegen die Militärs im wesentlichen zu beenden, indem man den Opfern und deren Angehörigen als Gegenzug eine Reihe von Garantien und wiedergutmachende Vorteile gewährte und außerdem eine Reihe von Verfassungsänderungen durchführte, die zu einer Minderung des Gewichts der Streitkräfte und der mit ihnen verbundenen zivilen Kreise innerhalb des politischen Systems führen sollten[60].

Während der Regierung Frei wurde die Möglichkeit weitgehend ausgeschlossen, die in der Zeit von 1973 bis 1990 von den Streitkräften begangenen Verbrechen strafrechtlich zu verfolgen. Man hat dabei versucht, die Garantie zukünftiger Nichtverfolgung dieser Verbrechen mit einer Verfassungsänderung zu verbinden. Im August 1995 schlug Frei einen Gesetzesentwurf vor, der zumindest dafür sorgen sollte, dass die Schicksale der verschollenen Festgenommenen aufgeklärt werden. Er verband dies mit seiner Idee einer fortschreitenden Demokratisierung der Institutionen, auf der er wie auch sein Vorgänger bestanden hatte. Aber auch mit diesem Projekt geriet Präsident Frei mit den Streitkräften aneinander.

Im November 1995 traf die Regierung mit der Opposition eine letzte Vereinbarung, die die Verfahrensweise in den vom Amnestiegesetz erfassten Fällen näher regelte. Darin wurde nochmals die Geheimhaltung der Ermittlungen garantiert; unklar blieb aber die Behandlung des Beschuldigten während der Ermittlungen ebenso wie die Frage, wann und wie ein Verfahren beendet werden muss[61].

---

60 Die Regierung erreichte eine Einigung mit einem Teil der Opposition, und zwar mit dem Partido *Renovación Nacional*. Die Reformen betrafen unter anderem auch das in *Chile* gültige Wahlsystem.

61 Im einzelnen: a) Der Beschuldigte kann nur geladen aber nicht angeklagt oder in seinen Freiheiten eingeschränkt werden; b) seine Vernehmung muß geheim bleiben; c) die endgültige Einstellung mit der Archivierung der Akten muss garantiert und die "*absolute*" Aufklärung der Taten verhindert werden, womit eine Ausnahme zu den

Diese Vereinbarung, die durch die Gründungskommission des Senats genehmigt wurde, ist von der Opposition abgelehnt worden, ebenso aber von einer Gruppe, die der Regierungskoalition angehörte[62]. Unserer Meinung nach ist die Ablehnung der Vereinbarung sowohl durch die Linke als auch durch rechte Gruppen gerade ein Beweis dafür, dass es sich hier um eine Angelegenheit handelt, in der es keine ideale Lösung gibt.

8. – Konklusionen

Bei der Lösung dieses Problems spielen eine wichtige Rolle: das Verstreichen der Zeit seit der Durchführung der Demütigungen; die Lage, in der sich die Streitkräfte zu dem Zeitpunkt befinden, in dem die Abrechnung mit ihrer Vergangenheit durchgeführt werden soll[63]; und die Lage in der sich das nach der autoritären Periode wieder eingeführte Parteiensystem befindet.

Die Bewältigung der erfolgten Demütigungen und der Beginn einer Versöhnungsperiode zwischen den involvierten Parteien ist – neben ihren ethischen und historischen Dimensionen – eine Aufgabe, die hauptsächlich auf der politischen Ebene gelöst werden muss.

Obwohl es wünschenswert ist, darf die Zustimmung der unmittelbar Betroffenen nicht eine Bedingung *sine qua non* in dieser Aufgabe sein, gerade wegen ihrer Unfähigkeit sich "*politisch*" zu verhalten.

---

allgemeinen Vorschriften über den Strafprozess gemacht wird, die den Richter verpflichten, die Ermittlungen weiterzuführen, bis sie beendet sind (hier würde es die Feststellung des Opfers und des Täters bedeuten). Die vorläufig eingestellten Verfahren können wieder aufgenommen werden, wenn es einen fundierten Verdacht gibt; d) der Richter wird durch den Präsidenten des Obersten Gerichts ernannt und sein Amt dauert ein Jahr. Die Zuständigkeit der Militärgerichtsbarkeit wird für solche Ermittlungen beibehalten, die innerhalb der militärischen Einrichtungen oder in Bezug auf Militärpersonal durchgeführt werden müssen; e) alle Richter sind verpflichtet, Informationen über Verschollene in Empfang zu nehmen und diese an einen der für ihre Aufklärung bestimmten Richter weiterzuleiten.

62 Im ersten Fall durch die *Unión Demócrata Independiente* (UDI), eine der beiden Parteien die diesen Sektor bilden. Im zweiten durch die *Sozialistische Partei.*

63 Es ist viel darüber spekuliert worden, ob die Streitkräfte in diesem Kontext über eine *suprakonstitutionelle* Macht verfügen, die die Politik hindert, diesbezüglich zu handeln. Dies kann positiv oder negativ beantwortet werden. Es dürfte aber kaum zu bezweifeln sein, dass die Armee auch in Zukunft den Status eines Garanten der konstitutionellen Institutionen haben wird. Und es war gerade dieser Status, der es ihnen in der in der Vergangenheit immer wieder erlaubt hat, ihre Übergriffe in den politischen Bereich zu rechtfertigen.

Obwohl es stimmt, dass die Wahrheit nur in dem Maße eine solche sein wird, in dem die offizielle Wahrheit sich in eine durch die Betroffenen akzeptierte Wahrheit verwandelt, handelt es sich hier im Grunde darum, die Kette der Demütigungen zu durchbrechen, um die Beziehungen der verschiedenen Mitglieder der Gesellschaft auf eine andere Ebene zu stellen. Und dieses ist nicht nur eine politische Aufgabe, wie wir gesehen haben, sondern sie scheint an sich selber die einzige gültige moralische Lösung zu sein.

Es fehlt eine Konfrontierung mit der Vergangenheit aller involvierten Akteure, die fähig ist, die dunklen Etappen zu erkennen, die in Bezug auf die Achtung der Menschenrechte in diesem Länder erlebt worden sind. Was die Streitkräfte angeht, von denen eine entschlossene Handlung in dieser Richtung erwartet wird, kann lediglich eine Annäherung in dieser Richtung durch die argentinischen Streitkräfte erkannt werden; die Tatsache, dass diese sich nun von Einflüssen oder Bedingungen befreit, die dem durch diese Institutionen jetzt erlebten Prozess fremd sind, gibt es einen höheren Wert und erhält die politische Institutionalität des Landes innerhalb ihrer Bahn.

Für eine effektive Förderung der Rechte bedarf es eines Mindestrahmens an realer Gültigkeit bestimmter wesentlicher Institutionen sowie der Existenz einer Zivilgesellschaft, die fähig ist, ihre Rechte zu respektieren und diesen Respekt zu verschaffen und einem Mindestgrad an wirtschaftlichem Wohlstand. Letzteres ist besonders wichtig für Entwicklungsländer, wie es die iberoamerikanischen sind.

Andere Ebenen, in denen die Förderungsaufgabe im breiten Sinne durchgeführt werden muss, ist die Justiz, die Organisationen zum Schutz der individuellen Rechte und die Verteidigungsinstitutionen. All dies unter der –etwas willkürlichen- Voraussetzung, dass alle diese Ziele mittels einer Planung erreicht werden können, ohne zu warten, dass sie sich spontan innerhalb der Gesellschaft selber entwickeln.

Was die politischen Institutionen angeht, müssen die Änderungen so unterschiedliche Angelegenheiten betreffen, wie die Wahlen, die politischen Parteien, das Parlament, die staatlichen Einrichtungen zur Sozialkunde, die Kommunalverwaltung; sich auf eine angemessene Information für den Bürger konzentrieren in Bezug darauf, welches seine Rechte und Parteienoptionen sind; objektive und durchsichtige Finanzierung der politischen Parteien; Verbesserung der Bildung in Bezug auf wie soziale Konflikte gelöst werden können; den Kampf gegen die Korruption und für eine effiziente staatliche Leistung zugunsten aller.

Eine Erweiterung und Stärkung der Zivilgesellschaft verlangt eine neue Definition des Staates[64] und seiner Rolle auf der Ebene der Wirtschaft, der Sicher-

64 Heinz (1994:9).

heit und der Verteilung der Aufgaben zwischen dem Staat selbst und der Gesellschaft.

Eine Reform der Justiz bietet sich an als eine unentbehrliche Bedingung, um eine Änderung im Bewusstsein von dem, was Recht ist, zu erreichen. Die Vermeidung des Positivismus und der Defekte in der Rechtstechnik, die Gesetzeslücken verursachen, eine kohärente und bindende Rechtsprechung sind Faktoren, die das Niveau der Rechtsicherheit bessern können. Eine Professionalisierung der Justiz, indem sie von der politischen Macht abkoppelt wird ist eine andere Facette derselben Reform, sowie die Modernisierung des positiven Rechts, besonders der Verfahren[65].

Im allgemeinen geht einer Etappe der Menschenrechtsverletzungen eine Etappe des Verfalls und Bruchs des Rechtsstaates vor, mit Verbreiterung der paramilitärischen Organisationen, so dass –in Bezug auf die Bevölkerung- die durchzuführende Aufgabe darin besteht, in ihr die Lösung von Konflikten durch die hierfür vorgesehenen Gerichtsinstanzen zu fördern, und so zu verhindern, dass sie Beute extremistischer Programme wird.

Die Rolle der Menschenrechtsorganisationen ist wesentlich, da diese grundsätzlich einen positiven Einfluss auf die öffentliche Meinung haben, der in vielen Fällen zu einer Änderung der Haltung der Regierung führt. Gegenwärtig brauchen sie nicht nur einen freien Zugang zu den für ihre Arbeit nützlichen Informationsquellen und zu den Medien, um ihre Berichte zu veröffentlichen, sondern auch eine Säuberung von ideologischen Vorurteilen, damit sie der gesamten Gesellschaft dienen und nicht nur einem oder mehreren Teilen, die eher an der Machtergreifung interessiert sind, als in der Verteidigung der Schwächsten.

Was die Streitkräfte und die Polizei anbelangt, hat man ihre "*Demokratisierung*" bisher eher mit einer Beschneidung ihre Befugnisse und mit der Umleitung ihrer Ziele und Interessen zu Rollen, die ihnen fremd waren, wie z.B. der Drogenbekämpfung, identifiziert als mit einer Verbesserung ihrer Verteidigungsaufgaben, die es ermöglicht, in der Zukunft eine Wiederholung der Exzesse der Vergangenheit zu vermeiden. Es ist eine Form gewesen, sie *de facto* außer Kraft zu setzen, was andere negative Konsequenzen auf der politischen und sozialen Ebenen haben kann, und in jedem Fall verhindern wird, dass man in der Suche nach einer angemessenen Lösung weiterkommt.

65 Die politischen Eliten sind hieran oft nicht interessiert, da sie hiermit ihre Privilegien verlieren würden. Es ist behauptet worden, dass in vielen Ländern des Kontinents, die wirtschaftliche Ordnung z.B. so bestimmt ist, damit eine bestimmte Anzahl von Akteuren ihre Einnahmen durch die Privilegien und politischen Beziehungen vergrößert, die sie unter einer effektiven Rechtsordnung und mit einer gut funktionierenden Marktwirtschaft nicht erreichen könnten. Vgl. Schönbohm (1993:3ff.).

Auf dieser Ebene ist es dringend erforderlich die Beziehung – und das gegenseitige Verständnis – zwischen der zivilen und der militärischen Welt zu verbessern, damit beide bei einer angemessen Abwägung ihrer Charakteristiken fähig sind, harmonische Beziehungen zur Zusammenarbeit in ihren jeweiligen Aufgaben innerhalb des Staates aufzubauen.

Nachwort. Militärregime in Iberoamerika. Methodologische und inhaltliche Anmerkungen über ein nichtgelöstes historisches Problem

Das XX. Jahrhundert weist in den iberoamerikanischen Ländern widersprüchliche Phänomene auf. Diese Epoche wird als eine Übergangsepoche charakterisiert. Auf der einen Seite bildeten sich während ihres Verlaufs die ideellen und institutionellen Fundamente der sogenannten "*modernen Welt*": so z.B. die Verbesserung der existierenden Lebensbedingungen oder die Modernisierung der Staatsapparates. Außerdem ist in diesem Kontext die Konsolidierung eines konstitutionellen Modells von politischer Organisation erwähnenswert. Auf der anderen Seite aber, neben einer Orientierung an dem nordamerikanischen Modell und einiger Staatsauffassungen europäischen Ursprungs, blieben die kulturellen Strukturen, die sich im Laufe ihrer Vergangenheit entwickelt haben, in der Gesellschaft verankert. Diese übten weiter eine Wirkung auf das Leben des Staates, neben den Modernisierungstendenzen, aus. Es ist eine ambivalente Lage, die die spezifische Dynamik in diesem Jahrhundert in diesen Ländern kennzeichnet.

Gleichzeitig ist diese eine Ära des Wachstums der militärischen Macht, die als eines der wichtigsten Werkzeuge der verschiedenen Staaten erachtet worden ist. Den politischen Institutionen wurde hiermit ein überzeugendes Druckmittel gewährt, das in den Machtbeziehungen benutzt werden konnte und der die politischen Akteure in die Lage versetzt hat, zu verhandeln und prompt nachzugeben. Somit wurden die Streitkräfte das wichtigste Instrument der Machtpolitik im Staat, indem sie einem bestimmten Ziel dienten; aber ohne das sie selber das Ziel wären, was oft behauptet worden ist. Die Zivilregierung musste so den Weg für die militärische öffnen.

In dieser Ordnung der Ideen ist der Begriff "*Militarismus*" als eine Beherrschung durch die Streitkräfte verstanden worden, und nicht wie eine Militarisierung des sozialen Lebens durch die faktische Übertragung der militärischen Werte und Verhaltenweisen auf dieses Leben.

Wenn man das politische Leben auf dem lateinamerikanischen Kontinent betrachtet, findet man in diesem Moment unter den Ländern keines, daß nicht über eine geschriebene, sogar parlamentarisch genehmigte Verfassung verfügt. Aber oft ist diese Form der Staatsorganisierung, die als Rechtsstaat bekannt ist, in Krisensituationen der Regierungen außer Kraft gesetzt worden, wobei die Verfassung in Frage gestellt wurde. Es ist erwähnenswert, daß die Verfassungen der verschiedenen Staaten verblüffende Ähnlichkeiten aufweisen, obwohl in den Realitäten jedes Landes ganz unterschiedliche politische Konstellationen herrschen. Auf der anderen Seite sind die Staaten durch einen gemeinsamen Zug charakterisiert, aufgrund dessen die politischen Konflikte, die sie erleben, oft nur durch den Eingriff der militärischen Kräften gelöst werden können. Es ist deshalb schwer gewesen in Iberoamerika effiziente Regierungen zu bilden, die in der Lage gewesen sind, eine legitime Herrschaft und unter Einhaltung der Verfassung zu begründen.

Das analytische Interesse dieser Arbeit ist daher darauf gerichtet, einen Beitrag zur Debatte über die Wechsel zwischen zivilen und militärischen Regierungen im iberoamerikanischen Kontinent zu leisten. Als Ausgangspunkt wurde die Frage gestellt, wo diese Analyse methodologisch angewendet werden konnte. Die Überlegungen richteten sich in diesem Aspekt dahingehend zu versuchen, ein theoretisches Erklärungsmodell zu erstellen, das mit den empirischen Darstellungen der historischen Ereignisse angereichert wurde.

Es schien von besonderer Bedeutung, einen bestimmten Moment in den Wechselbeziehungen der politischen Akteure zu beobachten, besonders der konstitutionellen Institutionen: hierbei handelt es sich um die Periode unmittelbar vor der Eskalierung des Konfliktes, der zu dem politischen Eingriff der Streitkräfte führt. Gemäß der Erfahrung konzentrierte sich in diesen Krisensituationen die Beobachtung auf die politischen Verhandlungen. So konnten die Gründe besser gesehen werden, weshalb die Verständigung der politischen Institutionen scheiterte, was dazu führte, daß der konstitutionelle Rahmen nicht weiter respektiert wurde. Gleichzeitig wurde in diesem Punkt das Dilemma "*geschriebene Verfassung*" und "*reale Verfassung*" dargestellt.

Einige Autoren vertreten die Meinung, daß in dem Kontinent ein wesentlicher Faktor existiert, der es erlaubt zu bestimmen, ob eine konstitutionelle Regierung vorliegt: die Existenz eines Parlaments, durch dessen ordnungsgemäßes Funktionieren garantiert wird, daß die Handlungen der Regierung, sowie die Gesetzgebung, die die Exekutive und Legislative gemeinsam erarbeiten, mit der Verfassung übereinstimmen. Unsere Betrachtung musste sich daher auf das Funktionieren der Institutionen, die in diesem konstitutionelle Rahmen agieren, richten.

Als Ergänzung schienen trotz des Vorstehenden solche faktischen Aspekte von Interesse, die sich hinter den lediglich juristischen Aspekten befinden, aber die nicht deshalb weniger verantwortlich für die Koordinierung des Verhaltens der Verfassungsorgane sind. Dies führte uns zu der Perspektive der "*realen*" oder historischen Verfassung. Daher stellten wir uns die Frage, welche Kriterien das Verhalten der Regierungsinstitutionen, besonders des Präsidenten und des Parlaments, gegenüber den in ihr agierenden politischen Parteien in Krisenmomenten in zwei ausgewählten Ländern – *Argentinien* und *Chile* – bestimmen. Unter den außerkonstitutionellen Faktoren, die für eine bestimmte Epoche diese "*reale*" Konstitution definieren, mussten vor allem die ungeschriebenen Regeln des politischen Verhaltens beachtet werden. Diese Regeln erschienen seit Bestehen der Verfassungen und drückten sich bei der Verarbeitung der Regierungskrisen aus. Oft waren diese die – letztendlich – Verantwortlichen der Desintegration in der Wirklichkeit der wesentlichen konstitutionellen Prinzipien. In bezug auf diesen Punkt wurde die Operativität dieser Faktoren, der Moment ihrer Erscheinung, ihr effektives Funktionieren sowie das gegenseitige Spiel mit der Verfassung behandelt, um die Defizite zu ermitteln, die dem Militarismus den Weg geebnet haben.

Ob die konstitutionellen Kriterien in Krisensituationen noch akzeptiert wurden, hing im Wesentlichen von der Interrelation zwischen zwei Faktoren, die übereinstimmen mussten ab: die Harmonie zwischen den Regierungsinstitutionen und die Effizienz des Staates oder, mit anderen Worten, ihre funktionelle Gravitation in der Feststellung der Herrschaft.

Um diese Dynamik zu erklären wurden die Beziehungen zwischen den involvierten Institutionen behandelt: Präsident, Parlament, politische Parteien und Streitkräfte.

Seit ihrer Erscheinung Mitte des XIX. Jahrhunderts im größten Teil des Kontinents, waren die politischen Parteien die Institutionen, die vor allem zwei Aufgaben erfüllten: auf der einen Seite die Konkretisierung einer Form von Regierungsfähigkeit, die die Interrelation zwischen den wichtigsten Verfassungsorganen –Präsident und Parlament- harmonisch regelte. Auf der anderen Seite dienten sie während dieser Zeit der Entwicklung der "*realen*" Verfassung. Ihnen stand daher aus der Perspektive der Regierungsstabilität eine besondere Rolle zu: die Festsetzung der Prämissen für das Gleichgewicht des politischen Regimes; obwohl sie aber innerhalb des Verfassungsstaates Bedingungen, die Platz für Vereinbarungen und Konsense schaffen, hätten bilden müssen. Von ihrer Einsetzung bei dieser Aufgabe hing die Konsolidierung des politischen Regimes ab.

Gleichzeitig nahmen die politischen Parteien *de facto* eine Stellung ein, als es darum ging, ein operatives Regierungsregime zu vertreten. Besonders im Krisenmomenten waren sie dazu bestimmt, das politische Gleichgewicht und damit die Wege, um eine gemäßigte Regierungsführung wiedereinzuführen, wiederherzustellen. Solange es in der Geschichte noch Parteien gibt, sind es diese Parteien, die die genannten Bedingungen für die Regierungsfähigkeit festsetzen und verwalten müssen.

Die Gründe dafür, warum die parlamentarische Regierungsform in bestimmten Momenten scheitert, gibt es viele. In der konstitutionellen Wirklichkeit des XX. Jahrhunderts, d.h. in der Kommunikation zwischen den politischen Institutionen, hat es bestimmte strukturelle, wirtschaftliche und soziale Variabeln und ausländisches Interesse gegeben, die sich von privilegierten politischen Minderheiten nicht bestimmen –und manchmal nicht einmal verwalten- ließen, wenn sie mit einer wachsenden Emanzipierung der unteren Schichten der Gesellschaft koexistierten.

Die bestehenden sozialen und wirtschaftlichen Unterschiede und ein wachsendes Bewusstsein der Bürger von solchen Defiziten verwandelten sich im Laufe des XX. Jahrhunderts in Faktoren, die von der traditionellen politischen Aktivität ernsthaft berücksichtigt werden mussten. Diese Faktoren fanden in einer ersten Etappe ihren Ausdrucksweg durch die Erweiterung des Wahlrechtes. Während die traditionelle Politik an ihrem Beginn die Mehrheit der Bevölkerung von der Politik ausschloß, blieben die Regierungsstrukturen unversehrt, ohne daß die soziale Dysfunktion das sich im Gleichgewicht befindende politische Regime zur Instabilität zerrte.

Als in der Praxis das universelle Wahlrecht eingeführt worden war, sammelte sich die Mehrheit der Wählerschaft um die politischen Parteien die, obwohl sie erklärten, daß sie ihre Interessen vertreten würden, sich mit den traditionellen politischen Gruppen konfrontierten, die bisher die vorherrschenden waren.

Die wachsende Komplexität der Gesellschaft griff auf die politische Realität über. Die unterschiedlichen Interessen zwischen den alten und den neuen Parteien drückten sich mit besonderer Klarheit in Krisenmomenten des politischen Kampfes, in denen erstere sich gegen eine Verdrängung durch letztere wehrten. Es ist in diesem Sinne gesagt worden, daß das ewige Andauern dieser Situation von politischer Instabilität im Kontinent nichts anderes wäre als der Ausdruck des Ungleichgewichts bei den Machtbeziehungen zwischen Gruppen und Institutionen[1].

In Krisenfällen bedeutet dies, daß die Feststellung der Ursprungsziele der politischen Parteien nicht mehr mit dem Verfassungstext übereinstimmt, der die Stabilität der Regierung und der anderen höheren Institutionen garantieren soll; mit anderen Worten, geschriebene Verfassung und reale Verfassung trennen sich.

Die Unfähigkeit, den Konflikt auf gemeinsamen Kommunikationsgrundlagen zu lösen, ist nicht selten durch eine Mentalität verursacht, die an erster Stelle die Vorteile der privaten Interessen an der Macht vor denen des gemeinsamen Wohles des Staates sieht. Gleichzeitig verwandelt sich die Stabilität der Regierung in eine Frage der Legitimität. Die Konzentration der politischen und sozialen Komplexität führt zu einer Machtlücke, da sich keine effiziente Regierung mit Führungscharisma bilden kann.

Wenn anerkannt wird, daß eine Verbindung zwischen dem effizienten Funktionieren des politischen Regimes und den Handlungen der Regierung existiert,

---

1 Coppedge (1993:39-40)

dann besteht auch eine Kausalität zwischen solchen Krisenmomenten, in denen die Effizienz nicht mehr garantiert werden kann, und dem Einschreiten der Streitkräfte. Die Verfahren und die Praktiken der Regierung, zu denen mit Vorliebe zurückgegriffen worden ist, verursachen eine bestimmte Konstellation, die es möglich macht zu analysieren und darzustellen, warum gerade solche Verhaltensmuster des Umsturzes bevorzugt werden.

Die Krise in der Regierungsfähigkeit kann daher als ein Prozess verstanden werden, in dem die politischen Akteure ihr Vertrauen in die geltenden parlamentarischen Verhaltensregeln verlieren, was sich auch in der Unfähigkeit bei der Erreichung eines Konsensminimums widerspiegelt. Daher kreist und entscheidet sich das Überleben eines politischen Regimes oder die Möglichkeit einer Bewältigung des Konfliktes um und durch das Verhalten der Parteien[2]. Der Mangel an Effizienz oder Legitimität der Regierung wird in solchen Momenten als rechtfertigender Grund des militärischen Eingriffs benutzt; die Gültigkeit der Verfassung wird ausgesetzt; die Zivilregierung öffnet den Weg für die Diktatur.

Letztendlich wird die Frage über den Wert der Verfassung in der politischen Arena aufgeworfen.

Im Moment einer wachsenden sowohl politischen als auch sozialen Komplexität führen die Praktiken der höheren Institutionen dazu, daß sich ihre Funktion –die die Stabilität der Regierung garantieren soll, wie es in der Verfassung vorgesehen ist- in Wirklichkeit zu Diensten privater Machtinteressen stellt. Eine Lösung des politischen Konflikts wird außerhalb des in der Verfassung vorgesehen Rahmens gesucht, nicht innerhalb ihrer Grenzen. Die Verfassung gilt nicht mehr als oberstes Gesetz, dem alles untergeordnet ist, besonders das Verhalten der Regierung und der politischen Akteure; dadurch setzen sich eher Verhaltensregeln historischen Ursprungs durch, die letztendlich den politischen Konflikt und die hierdurch ausgelösten Spannungen mit einem Zugriff auf die Streitkräfte lösen. Daher wird teilweise akzeptiert, daß es bei den Verfassungstexten an einer anscheinend "*normativen Rechtsfunktion*" mangelt, und daß die Verfassungssprache auf der pragmatischen Ebene dazu dienen kann, dem politischen Regime eine legitimierende Dispensierung gegenüber der bestehenden Realität zu gewähren[3]. Der Verfassungstext kann als ein Symptom einer unerreichbaren Positivierung des Rechts verstanden werden in dem Sinne, daß der Konstitutionalismus keine rechtliche Legitimierung oder Konsakrierung der Politik hat erreichen können.

Auf der anderen Seite fehlt den Gruppen, die die politischen Institutionen verwalten und den anderen bei diesem Problem bedeutenden sozialen Akteuren

---

2 Linz (1987).
3 Vgl. Neves (1992:62ff.).

eine Mentalität, die dem konstitutionellen Prozess einen transzendentalen Sinn erteilt. Schon die Absonderung des Verfassungstextes von der Realität zeigt, daß keine angemessen Konzeptionen für eine Anwendung oder Durchsetzung des Staatsmodells der sogenannten "*okzidentalen Welt*" auf eine andere historische Realität existieren.

ABENDROTH, Wolfgang (et al.) (1973), Fascismus und Militarismus. Frankfurt am Main, Röderberg-Verlag.

ABERG COBO, Martín (1960), Cuatro revoluciones argentinas. Buenos Aires.

ABOS, A. (1989), El retorno del peronismo. In: El país, 22 de junio de 1989. Madrid.

ABRAHAMSON, Bengt (1972), Military Professionalization and Political Power. Beverly Hills, Sage Publications.

ABRAMS, Elliot (1982), Speech before the Council of Foreign Relations, 10.02.1982. New York City, Maschr.Ms.

ABÓS, Alvaro (1983), La columna vertebral. Sindicatos y peronismo. Buenos Aires, Legasa.

ACKLEY, Charles W. (1972), The modern military in American society. Philadelphia.

ACUÑA; Marcelo L. (1984), De Frondizi a Alfonsín:la tradición política del radicalismo. Buenos Aires.

AGÜERO, Felipe (?), The assertion of civilian supremacy in post-authoritarian contexts. Spain in Comparative Perspective.

AGÜERO, Felipe (1988), Autonomía de las fuerzas armadas en el autoritarismo y la democracia en Chile. In: VARAS, Augusto (coord.) (1988) La autonomía militar en América Latina. Caracas, Nueva Sociedad.

AGÜERO, Felipe (1995), Militares, civiles y democracia: la España postfranquista en perspectiva comparada. Madrid, Alianza Editorial.

AGULLA, Juan Carlos (1967), Soziale Strukturen und Soziale Wandlungen in Argentinien. Berlín, Colloquium Verlag.

AHUMADA, Arturo (1931), El Ejército y la revolución de 5 de septiembre, 1924. Santiago de Chile, Reminiscencias.

AJA ESPIL, Jorge (1962), Presidente *de iure* o presidente *de facto*. In: Jurisprudencia Argentina, 1962-IV-405.

ALAMINOS, Antonio (1991), Chile: transición política y sociedad. Madrid, Centro de Investigaciones Sociológicas.

ALBA, Víctor (1959), El militarismo. Ensayo sobre un fenómeno social iberoamericano. México, Biblioteca de Ensayos Sociológicos.

ALBA, Víctor (1963), El ascenso del militarismo tecnocrático. México City.

ALBA, Víctor (1973), Die Lateinamerikaner. Ein Kontinent zwischen Stillstand und Revolution. Zürich.

ALBORNOZ, Orlando (1972), Ideología y política en la universidad latinoamericana. Caracas.

ALBRECHT, Ulrich (1980), Militarism and Underdevelopment. In: EIDE; Asbjorn; THEE, Marek (1980) Problems of contemporary militarism. London, Croom Helm.

ALBRECHT, Ulrich (et al.) (1985), Militarismo y subdesarrollo. México, Editorial Imprenta Universitaria.

ALCANTARA SÁEZ, Manuel (1988), Elecciones y consolidación democrática en Argentina 1983-1988. San José de Costa Rica.

ALCANTARA SÁEZ, Manuel (1989), Sistemas políticos de América Latina. Madrid, Tecnos.

ALCANTARA SÁEZ, Manuel (1994), Gobernabilidad, crisis y cambio. Elementos para el estudio de la gobernabilidad de los sistemas políticos en épocas de crisis y cambio. Madrid, Centro de Estudios Constitucionales.

ALCANTARA SÁEZ, Manuel (1995), Crisis y política en América Latina. In: WICKHAM, Chris; KAMEN, Henry; HERNÁNDEZ, Elena (et al.) 189-200. Salamanca, Ediciones Universidad.

ALCANTARA SÁEZ, Manuel; CRESPO, Ismael (eds.)(19??), Los límites de la consolidación democrática en A. Latina. Salamanca, Ediciones Universidad de Salamanca.

ALCANTARA, Manuel; CRESPO, Ismael; MARTÍNEZ, Antonia (coord.) (?), Partidos y elecciones en América Latina: guía bibliográfica. Madrid, AIETI.

ALDUNATE HERMAN, Eduardo (1989), Las FF.AA. de Chile 1891-1973. En defensa del consenso nacional. Santiago de Chile, Academia de Guerra.

ALDUNATE HERMAN, Eduardo (1991), Chilean Armed Forces: actors and not spectators in National Policy. Kansas, Fort Leavenworth.

ALDUNATE HERMAN, Eduardo (1993), El Ejército de Chile 1603-1970. Actor y no expectador en la vida nacional. Santiago de Chile, Biblioteca Militar, Comandancia en Jefe del Ejército.

ALENDE, Oscar (1964), Entretelones de la trampa. Buenos Aires.

ALEXANDER, Robert J. (1965), The Perón Era. New York.

ALFONSÍN, Raúl (1984), La cuestión argentina. Buenos Aires, Torres Agüero.

ALFONSÍN, Raúl (1985), ¿Qué es el radicalismo? Buenos Aires.

ALLUB, Leopoldo (1977), Estado y sociedad civil: patrón de emergencia y desarrollo del Estado argentino (1810-1830). México.

ALLUB, Leopoldo (1983), Orígenes del autoritarismo en América Latina. México, Editorial Katún.

ALMOND, Gabriel A. (1960), Introduction: a functional approach to comparative politics. In: ALMOND, Gabriel A.; COLEMAN, James S. (Hg.) (1960) The politics of the developing areas. New Yersey, Princeton.

ALMOND, Gabriel A.; POWELL, Bingham (1966), Comparative politics. A development aproach. Boston.

ALONSO PIÑEIRO, Armando (1980), Crónica de la subversión en la Argentina. Buenos Aires, Depalma.

ALTAMIRANO, Carlos (1977), Dialéctica de una derrota. México, Siglo XXI.

ALVAREZ, Alberto; WALKER, Enrique W. (1972), Hace diez años: azules y colorados. In: Todo es Historia N°65.

ALVAREZ, C. (1988), Los desafíos del peronismo. In: Revista Unidos N°19, octubre 1988. Buenos Aires.

AMADEO, Mario (1956), La encrucijada argentina. Madrid.

AMARAL GURGEL, Alfredo (1975), Seguridad Nacional. Río de Janeiro, Securança e Democracia.

AMAYA, Adolfo (1960), La vacante de la vicepresidencia de la nación. In: Jurisprudencia Argentina, 1960-II-46, secc.doctrina.

AMBOS, Kai (1996), Straflosigkeit von Menschenrechtsverletzungen. Zur "*Impunidad*" in südamerikanischen Länder aus völkerstrafrechtlicher Sicht. In: ESER, Albin (Hg.) (1996) Beiträge und Materialien aus dem Max-Planck-Institut für ausländisches und internationales Strafrecht-Freiburg. Vol.S60. Freiburg, Edition Iuscrim.

AMBOS, Kai (1996a), Zur "Verrechtlichung der Repression und zur strafrechtlichen Vergangenheitsbewältigung in Chile. In: NOLTE, Detlef (Hg.) (1996) Vergangenheitsbewältigung in Lateinamerika. 139-151. Frankfurt am Main, Vervuert.

AMBOS, Kai (1996b), Zur "rechtlichen" Struktur der Repression und strafrechtlichen Vergangenheitsbewältigung in Argentinien. In: NOLTE, Detlef (Hg.) (1996) Vergangenheitsbewältigung in Lateinamerika. 86-95. Frankfurt am Main, Vervuert.

AMERICAS WATCH (1991), Human rights and the "politics of agreements". Chile during president Aylwin's first year. New York.

AMES, Barry (1987), Political survival. Politicians and public policy in L.A. Berkeley, University of California Press.

AMNESTY INTERNATIONAL (1981), Dissapearences. A workbook. New York.

AMNESTY INTERNATIONAL (1994), Jahresbericht 1994. Frankfurt am Main.

AMNESTY INTERNATIONAL (Hg.) (1977), Colonia Dignidad. Frankfurt am Main.

AMNESTY INTERNATIONAL (Hg.) (1983), Zehn Jahre Folter in Chile.

ANAYA, Laureano (1949), El Ejército: factor ponderable en el desenvolvimiento económico, social y político de la nación. In: Hechos e Ideas, Nº62-62 (mayo-junio 1949), vol.XVI, S.188-234.

ANDERSEN, Martin (1992), Secret Dossier: Argentina's desaparecidos and the myth of the "Dirty War". Boulder, Colorado, Westview Press.

ANDERSEN, Martin Edwin (1989), El rol de las Fuerzas Armadas en un gobierno democrático. In: Varios autores (1989) Hacia una nueva relación. El papel de las Fuerzas Armadas en un gobierno democrático.

ANDERSON, Charles W. (1967), Politics and economic change in Latin America. The governing of restless nations. Princeton-New Yersey-Toronto-London.

ANGELL, Alan; THORP, Rosemary (1986), El efecto de la depresión en 1929 sobre América Latina. In: Opciones Nº8, enero-abril 1986. Santiago de Chile.

ANNINO, Antonio (1991), Der zweite Disput. Vom Naturrecht zu einer Verfassungsgeschichte Hispano-Amerikas. In: THOMAS, Hans (Hg.) (1991) Amerika: eine Hoffnung, zwei Visionen. Köln, Lindenthal-Institut.

ANTONIO, Jorge (1973), No hay independencia política sin alianza cívico-militar. Buenos Aires.

APTER, David E. (1968), System, process and the politics of economic development. In: MOORE, Wilbert; HOSELITZ, Bert (Hg.) (1968) Industrialization and society. S.135 ss.Mouton.

ARBOS, Xavier; GINER, Salvador (1994), La gobernabilidad: ciudadanía y democracia en la encrucijada mundial. Barcelona, Círculo de Lectores.

ARCE, Luz (1994), Die Hölle. Hamburg.

ARDITI, León (1962), Frondizi y los militares. In: El Príncipe, Nº9 (marzo 1962). Vol. 3, S.8-10.

ARGENTINIEN GRUPPE (Hg.) (1986), Argentinien -endlich Demokratie. Das Land nach den Militärs. Stuttgart.

ARNELLO ROMO, Mario (1966?), Proceso a una democracia. El pensamiento político de Jorge Prat.

ARON, Raymond (1965), Democratie et totalitarisme. Paris, Gallimard.

ARRIAGADA, Genaro (1981), El pensamiento político de los militares. Estudios sobre Chile, Argentina, Brasil y Uruguay. Santiago de Chile, Editorial Aconcagua.

ARRIAGADA, Genaro (1988), Pinochet. The politics of power. Boston.

ARRIAGADA, Genaro; GARRETON, Manuel A. (1978), América Latina a la hora de las doctrinas de la Seguridad Nacional. Santiago de Chile, Centro de Investigaciones Socioeconómicas.

ASPIAZU, Daniel; COSSE, Gustavo (1987), Democracia, fuerzas armadas e industria militar en América Latina. In: VARAS, Augusto (comp.) (1987) Paz, desarme y desarrollo en América Latina. S.236-247.Grupo Editor Latinoamericano.

ASTESANO, Carlos (1953), Justicialismo y materialismo histórico. Buenos Aires.

ASTIZ, Carlos Alberto (1969), Argentine Armed Forces: Their role and political involvement. In: Western Political Quarterly. Vol.22, Dezember 1969, S.862-878.

ASTIZ, Carlos Alberto (Hg.) (1969b), Latin American politics, ambitions, capabilities, and the national interest of Mexico, Brazil and Argentina. Notre Dame.

AVELLANEDA, Andrés Oscar (1994), El tema del peronismo en la narrativa argentina. Ann Arbor Michigan, UMI.

AZARETTO, Roberto (1983), Historia de las fuerzas conservadoras. Buenos Aires, Centro Editor.

AZNAR, L. (et al.) (1986), Alfonsín: discursos sobre el discurso. Buenos Aires, Eudeba.

BACH CANO, Ricardo (1982), El proceso que no fue. Buenos Aires.

BAILY, Samuel L. (1967), Nationalism and politics in Argentina. New Brunswick, New Jersey.

BALLB,, Manuel (1983), Orden público y militarismo en la España constitucional (1812-1983). Madrid, Alianza Universidad.

BALLETBÒ, Anna (Hg.) (1994), La consolidación democrática en América Latina. Barcelona, Editorial Hacer.

BALOYRA, Enrique (1982), La transición del autoritarismo y la democracia en el sur de Europa y en América Latina: problemas teóricos y bases de comparación. In: SANTAMARÍA, Julián (comp.) (1982); La transición a la democracia en el sur de Europa y América Latina. Madrid.

BALOYRA, Enrique (1987), Argentina: Transición o disolución. In: El mismo (et al.) (1987) Lecciones para demócratas en transición. Buenos Aires, Ed.Belgrano.

BALOYRA, Enrique (et al.) (1987), Lecciones para demócratas en transición. Buenos Aires, Ed.Belgrano.

BALOYRA, Enrique; LÓPEZ PINTOR, Rafael (comps.) (1982), Iberoamérica en los años 80. Perspectivas de cambio social y político. Madrid, CIS.

BAÑADOS ESPINOSA, Julio (1894), Balmaceda, su Gobierno y la Revolución de 1891. Paris, 2 vols.

BAÑADOS ESPINOSA, Julio (1921), Balmaceda y el conflicto entre el Congreso y el Ejecutivo. Santiago de Chile, 2 vols.

BAQUER, Miguel Alonso (1983), El modelo español de pronunciamiento.Rialp.
BAQUER, Miguel Alonso (1989), El militar en la sociedad democrática. Madrid, Eudema. Actualidad.
BARAGER, Joseph R. (Hg.) (1968), Why Perón came to power. The background of peronism in Argentina. New York.
BARBER, Willard; RONNING, Neale (1966), Internal Security and Military Power. Ohio, Ohio University Press.
BARKER, Rodney (1990), Political legitimacy and the state. New York, Claredon Press, Oxford University Press.
BARNET, Richard J. (1976), La economía de la muerte.
BARRAQUERO, Julián (1989), Espíritu y práctica de la constitución argentina. Buenos Aires.
BARRERA, Mario (1973), Information and ideology: a case study of Arturo Frondizi. In: Sage Professional Papers in Comparative Politics N°01-044. IV. Beverly Hills-London.
BARROS, Carlos; AGUIRRE ROJAS, Carlos (eds.) (1996), Historia a debate: América Latina. Santiago de Compostela.
BARROS, Robert (1986), The left and the democracy: recent debates in Latin America. In: Telos N°68. 49-70.
BARTOLINI, Stefano (et al.) (1988), Manual de Ciencia Política. Madrid, Alianza Editorial.
BAY, Christian (1984), La libertad como una calamidad: el caso del individualismo liberal en el mundo occidental. In: Opciones N°8, enero-abril 1986. Santiago de Chile.
BAÑON, Rafael; OLMEDA, José Antonio (eds.) (1985), La institución militar en el Estado contemporáneo. Madrid, Alianza Editorial.
BAÑO, Rodrigo (1990), Elecciones en Chile: ¿otra vez lo mismo o al revés? In: Revista Española de Investigaciones Sociológicas (REIS) Madrid.
BEARN, Georges (1975), La décade péroniste. Paris.
BECKER, David (1996), Soziale und psychische Probleme der (Nicht-)Aufarbeitung der Vergangenheit in Chile. In: NOLTE, Detlef (Hg.) (1996) Vergangenheitsbewältigung in Lateinamerika. 167-181. Frankfurt am Main, Vervuert.
BEETHAM, David (1991), The legitimation of power. Houndmills-London, Humanities Press International. Atlantic Highlands.
BEHREND, Richard F. (1965), Soziale Strategie für Entwicklungsländer. Entwurf einer Entwicklungssoziologie. Frankfurt.
BELL, Daniel (1976), The cultural contradictions of capitalism. New York, Basic Books.

BELLONI, Alberto (1960), De anarquismo al peronismo. Historia del movimiento obrero argentino. Buenos Aires.

BELTRÁN, Virgilio Rafael (1970), El papel político y social de las fuerzas armadas en América Latina. Caracas, MonteAvila.

BELTRÁN, Virgilio Rafael (1970a), El Ejército y los cambios estructurales en la Argentina en el siglo XX: primera aproximación. In: Revista de Estudios Políticos Nº171-172, mayo-agosto 1970. S.173-199. Madrid.

BENAVENTE URBINA, Andrés (1990), La Unidad Popular: violencia política y ruptura institucional.

BENAVENTE, Andrés; JARAQUEMADA, Jorge (1990), El socialismo cristiano durante la Unidad Popular. Un estudio del MAPU y de la Izquierda Cristiana. Inédito.

BERGHAHN, Volker R. (1984), Militarism: the history of an international debate,1861-1979. Cambridge-London-New York-New Rochelle-Melbourne-Sidney, Cambridge University Press.

BERGSTRAESSER, Arnold (1963), Zum Begriff des politischen Stils. In: Faktoren der politischen Entscheidung. S.39 ss. Berlin, Fraenkel-Festschrift.

BERNECKER, Walther L. (1982), Gewerkschaften zwischen Verfolgung und Machtbeteiligung. Bedingungen, Formen und Erfolge gewerkschaftlichen Organisation in Lateinamerika. In: Lateinamerika. (Kohlhammer Taschenbücher "Bürgen im Staat"). S.153-166. Stuttgart.

BERNECKER, Walther L. (1996), ¿Punto de partida hacia la modernidad? América Latina a finales de la Segunda Guerra Mundial. In: Studia Historica, 1995-1996, Salamanca. vol.13-14. Salamanca.

BETHELL, Leslie (Hg.) (1991), The Cambridge History of Latin America. Vol.VIII Cambridge-NewYork-Port Chester-Melbourne-Sydney, Cambridge University Press.

BETTELHEIM, Bruno (1979), Sobrevivir el holocausto una generación después. Barcelona.

BEYHAUT, Gustavo (et al.) (1965), Los inmigrantes en el sistema ocupacional argentino. In: Di TELLA, Torcuato (et al.) (1965) Argentina, sociedad de masas. Buenos Aires.

BEYME, Klaus von (1971), Vom Faschismus zur Entwicklungsdiktatur. Machtelite und Opposition in Spanien. München.

BEYME, Klaus von (1984), Die politischen Theorien der Gegenwart. München, Piper.

BEYME, Klaus von (1995), La clase política en el Estado de partidos. Madrid, Alianza Editorial.

BIDART CAMPOS, Germán (1961), Grupos de presión y factores de poder. Buenos Aires, Peña y Lillo.

BIELSA, Rafael (1963), Régimen *de facto* y ley de acefalía. Buenos Aires, Depalma.
BIENEN, Henry (Hg.) (1968), The military intervenes: case studies in political development. New York, Russell Saga Foundation.
BIGGINS, Alan (1991), Argentina. Oxford, Clio.
BINDER, Leonhard (1966), Ideology and political development. In: WEINER, Myron (Hg.) (1965) Modernization. The dynamics of growth. New York.
BINDER, Leonhard (et al.) (1971), Crisis and sequences of political development. Princeton.
BIRLE, Peter (1991), Vom "Plan Bunge & Born" zum "Plan Cavallo". Argentiniens wirtschaftliche und politische Situation nach zwei Jahren peronistischer Regierung. Hamburg, Institut für Iberoamerika-Kunde.
BIRLE, Peter (1993), Parteien, Parteiensysteme und Demokratie in Argentinien: die neuere Entwicklung der Unión Cívica Radical und ihre Stellung innerhalb des argentinischen Parteisystems. Mainz, Institut für Politikwissenschaft.
BIRLE, Peter; WERZ, Nikolaus (Hg.) (1995), Argentinien nach den Wahlen vom Mai 1995. Rostock, Univ. Presse -und Informationstelle.
BITAR, Sergio (1979), La junta militar chilena, 1973-1978. Libertad económica y dictadura política. In: Comercio Exterior Nº10, octubre 1979. Vol.29. México.
BLAIR TRUJILLO, Elsa (1993), Las fuerzas armadas: una mirada civil. Santafé de Bogotá, CINES.
BLAIS, Andr, (1988), The classification of electoral systems. In: European Journal of Political Research Nº16. S.99-110.
BLAKSTEN, George J. (1967), Perón's Argentina. New York.
BLANKSTEIN, George (1951), Ecuador: constitution and caudillos. In: Revista de Estudios Políticos Nº62 (1951). S.185-186. Madrid.
BLAUFARB, Douglas (1977), The contrainsurgency Era: US Doctrin Performance. New York-London.
BLUMENWITZ, Dieter (1981), Die neue Verfassung der Republik Chile. In: Jahrbuch des öffentlichen Rechts, N.F. 1981. Vol.30.
BOLÓN VARELA, Emilio (1980), Fundamentos de ética militar. Apuntes sobre el espíritu militar argentino. Buenos Aires.
BONASSO, Miguel (1984), Recuerdo de la muerte. Buenos Aires.
BOORSTEIN, Edward (1982), Allende's Chile: an inside view. New York, International Publishers.
BORTNIK, Rubén (1967), El ejército argentino y el arte de lo posible. Buenos Aires.

BORTNIK, Rubén (1973), Peronismo, gobierno y poder (de la crisis del sistema al socialismo nacional). Buenos Aires.
BORÓN, Atilio (1977), El fascismo como categoría histórica: en torno al problema de las dictaduras en América Latina. In: Revista Mexicana de Sociología, XXXIV, abril-junio 1977. México.
BORÓN, Atilio (1986), Democracia y reforma social en América Latina: reflexiones a propósito de la experiencia europea. In: Opciones N°8, enero-abril 1986. Santiago de Chile.
BORÓN, Atilio (1994), Die mühsame Geburt einer demokratischen politischen Kultur. In: Argentinien Gruppe, Stuttgart (Hg.) (1994) Argentinien: zehn Jahre Demokratie. S.25-37. Stuttgart, Schmetterling Verlag.
BOSSLE, Lothar (Hrsg.) (1987), Chile: Rückfahrt zur Demokratie. In: "Demokratie-Report", Band I, Institut für Demokratieforschung, Würzburg. Creator-Verlag.
BOTANA, Natalio (1968?), El poder político en la Argentina moderna.
BOTANA, Natalio (1977), El orden conservador. La política argentina entre 1880-1916. Buenos Aires, Sudamericana.
BOTANA, Natalio R. (1968), La legitimité, problème politique. Buenos Aires.
BOTANA, Natalio; BRAUN, Rafael; FLORIA, Carlos A. (1973), El régimen militar, 1966-1973. Buenos Aires, La Bastilla.
BOURRICAUD, Francois (1969), Esquisse d'une theorie de autorité. Paris.
BOWEN, Nicholas (1975), The end of british economic hegemony in Argentina: Messersmith and the Eady-Miranda Agreement. In: Inter American Economics Affairs N°4 (primavera 1975). vol.28, S.3-18.
BOYE, Otto; NOHLEN, Dieter (1974), War die Konterrevolution unvermeidlich? Mittelschichten und Militär in Chile. In: Verfassung und Recht in Übersee, N°4 (1974). S.369-384.
BRACHER, Karl D. (1954?), Auflösung einer Demokratie.
BRACHER, Karl D. (1964), Die Auflösung der Weimarer Republik. Eine Studie zum Problem des Machtverfalls in der Demokratie. Villingen.
BRACHER, Karl D. (1973), La dictadura alemana. Madrid, Alianza Editorial.
BRACHER, Karl D. (1983), Controversias de historia contemporánea sobre fascismo, totalitaritarismo y democracia. Barcelona, Laia.
BRACHER, Karl D. (1985), The age of ideologies: a story of polical thought in the twentieth century. London, Methwen.
BRACHER, Karl D.;FUNCKE, Manfred;JAKOBSEN,Hans-Adolf (Hg.)(1987), Die Weimarer Republik. Düsseldorf, Droste Verlag.
BRADEN, Spruille (1971), Diplomats and Demagoges: the memoirs of Spruille Braden. New Rochelle.

BRAUNEDER, Wilhelm (1984), Politische Staaten und Verfassungsgeschichte der Neuzeit. Viena.
BRAVO LIRA, Bernardino (1978), Régimen de gobierno y partidos políticos (1933-1973). Santiago, Editorial Jurídica.
BRAVO LIRA, Bernardino (1986), El centenario de la constitución colombiana de 1886. Estudio institucional. In: Revista de Estudios Histórico-Jurídicos XI, 1986. Valparaíso, Ediciones Universitarias de Valparaíso.
BRAVO LIRA, Bernardino (1988), La ley parlamentaria en Argentina (1930-1983). Leyes y decretos leyes. In: Estudios jurídicos en homenaje al maestro Guillermo Floris Margadant. México, Universidad Autónoma de México.
BRAVO LIRA, Bernardino (1990), Gobiernos civiles y castrenses en Argentina (1930-1990). Perspectiva histórica e institucional. In: Revista de Estudios Histórico-Jurídicos XIII, 1989-1990. Valparaíso, Ediciones Universitarias de Valparaiso.
BRAVO LIRA, Bernardino (1991), El Estado constitucional en España, Portugal e Hispanoamérica 1811-1991. Inicios, fase liberal parlamentaria y crisis actual. In: Fides Direito e Humanidades. Vol. II.
BRAVO LIRA, Bernardino (1992), Gobiernos civiles y castrenses en Iberoamérica (1810-1992) In: Sociedad y Fuerzas Armadas Nº5-6, diciembre 1992. Santiago de Chile.
BRAVO LIRA, Bernardino (1993), Burgerrechte und politische Rechte in der iberischen und iberoamerikanischen juristischen Tradition. In: Rechtstheorie 24. Berlín, Duncker & Humboldt.
BRAVO LIRA, Bernardino (1993a), Democracia: ¿antídoto frente a la corrupción? In: Estudios Públicos Nº52, primavera 1993. Santiago de Chile.
BRAVO LIRA, Bernardino (1994), El absolutismo ilustrado en Hispanoamérica, Chile (1760-1860). Santiago de Chile, Editorial Universitaria.
BRIE, Roberto (S.J.) (1963), Die politische Rolle des Militärs in Lateinamerika. In: Offene Welt Nº80. Köln, Opladen.
BRINKMANN, Beatriz (1995), Die Regierung Frei und die Problematik der Aufarbeitung der Menschenrechtsverletzungen. Santiago de Chile, CINTRAS-Dokument.
BRONKHORST, Dean (1995), Truth and reconciliation. Obstacles and opportunities for human rights. Amsterdam.
BRUCE, James (1953), Those perplexing Argentines. New York-London.
BUCHRUCKER, Cristián (1987), Nacionalismo y peronismo. La Argentina en la crisis ideológica mundial (1927-1955) Buenos Aires, Sudamericana.
BUDGE, Ian (?), La estabilidad de la democracia.

BÜTTNER, F.; LINDENBERG, K.; REUKE, L.; SIELAFF, R. (1976), Reform in Uniform? Militärherrschaft und Entwicklung in der Dritten Welt. Bonn-Bad Godesberg, Verlag Neue Gesellschaft GmbH.
BUGATTI, Enrique (1974), Breve historia del parlamento argentino. Buenos Aires, Alzamor Editores.
BUISSON, Inge (Hg.) (1984), Problemas de la formación del Estado y de la nación en Hispanoamérica. Köln-Wien, Böhlan.
BUISSON, Inge; MOLS, Manfred (Hg.) (1983), Entwicklungsstrategien in Lateinamerika in Vergangenheit und Gegenwart. In: Internationale Gegenwart. Vol.5.
BUNDY, William (1998), A tangled Web. Hill and Wang. New York.
BUNGER, Hans Ulrich (1971), Zur politischen Rolle der lateinamerikanischen Gewerkschaften. In: LINDENBERG, Klaus (Hg.) (1971) Politik in Lateinamerika. S.126 ss. Hannover.
BURNS, E.Bradford; SKIDMORE, Thomas E. (1979), Elites, masses and modernization in Latin America,1850-1930. Austin, University of Texas Press.
BURNS, Jimmy (1987), The land that lost its heores: the Falklands, the post-war and Alfonsín. London, Bloomsbury.
BURR, Robert (1973), United States Latin American Policy. In: SCHLESINGER, Arthur (Hg.) (1973) The dynamics of world power. A documentary history of the United States Foreign Policy. New York.
BUSQUETS, Julio (1989), Las leyes militares de la transición. In: Varios autores (1989) Hacia una nueva relación. El papel de las Fuerzas Armadas en un gobierno democrático.
BUSTAMANTE, Fernando (et al.) (1988), Democracia y fuerzas armadas en Sudamérica. Quito, Cordes.
BUSTOS FIERRO, Raúl (1969), Desde Perón hasta Onganía. Buenos Aires.
BUSTOS, Isidoro (1987), Die Verfassung der Diktatur. Berlin.
BUTLER, David J. (1969), Charisma, migration and elite coalescense. In: Comparative Politics N°3. vol.I, S.423 ss.
CABEZA CALAHORRA, Manuel (1972), La ideología militar hoy. Madrid, Editora Nacional.
CADWALLADER, Mervyn L. (1969), Die kybernetische Analyse des Wandels. In: ZAPF; Wolfgang (Hg.) (1969) Theorien des sozialen Wandels. S.141 ss. Köln-Berlin.
CAETANO, Gerardo; RILLA, José (1987), Breve historia de la dictadura. Montevideo.
CAFIERO, Antonio (1961), Cinco años después. Buenos Aires.
CAFIERO, Antonio (1981), El programa económico 1976-1980. In: Juicio de residencia a Martínez de Hoz. Buenos Aires, El Cid.

CAIMARI, Lila M. (1995), Perón y la Iglesia Católica: religión, Estado y sociedad en la Argentina (1943-1955). Buenos Aires, Ariel Historia.

CAIRO, Angel (1973), El peronismo: sus luchas y sus crisis (1955-1968). Buenos Aires, CEPE.

CALCAGNO, Alfredo Eric (1967), Un modèle pour ètudier l'action reciproque entre les forces politiques et les actes et projets du Gouvernement. Paris.

CALVERT, Peter; CALVERT, Susan (1990), Latin America in the twentieth century. Hampshire, Basingstoke.

CALVERT, Peters; FINER, S.E. y otros (1989 ó 1985), Los militares; ¿el retorno a los cuarteles? Buenos Aires, Grupo Editorial Latinoamericano (GEL).

CALVERT, Susan (1989), Argentina: political culture and instability. Houndmills.

CANITROT, Adolfo (1978), La viabilidad económica de la democracia. Un análisis de la experiencia peronista 1973-1976. Buenos Aires.

CANTON, Darío (1964), La saga de peronismo. Buenos Aires, Ancora.

CANTON, Darío (1966), El parlamento argentino en épocas de cambio: 1890, 1916 y 1946. Buenos Aires.

CANTON, Darío (1967), Military interventions in Argentina: 1900-1966. Buenos Aires.

CANTON, Darío (1968), Materiales para el estudio de la sociología política en la Argentina. Buenos Aires, Instituto Di Tella.

CANTON, Darío (1969), Notas sobre las fuerzas armadas argentinas. In: Los argentinos fragmentos del poder, de la oligarquía a la poliarquía argentina. 9 de: Los argentinos. Buenos Aires.

CANTON, Darío (1971), La política de los militares argentinos 1900-1971. Buenos Aires, Siglo XXI Argentina Editores.

CANTON, Darío (1980), Argentina: la democracia constitucional y su crisis. Buenos Aires.

CANTON, Darío; MORENO, José L.; CIRIA, Alberto (1972), Argentina, la democracia constitucional y su crisis. Buenos Aires.

CAPUTO, Dante (1982), El poder militar en la Argentina (1976-1981). Balance provisorio. In: WALDMANN, Peter; GARZóN VALDÉS, Ernesto (comps.) (1982) El poder militar en la Argentina (1976-1981). S.123-136. Frankfurt am Main, Vervuert.

CARDONA, Gabriel (1993), Los militares y la política. Madrid, Cuadernos del Mundo Actual 27.

CARDOSO CÚNEO, Raúl E. (1959), El concepto marxista ante las Fuerzas Armadas. In: Revista Militar Nº651 (enero-marzo 1959). S.58-65.

CARDOSO, Fernando Henrique (1973), Associated Dependent Development. Theoretical Implications. In: STEPAN, Alfred (Hg.) (1973) Authotitarian Brazil. Origins, policies and future. New Haven, Yale University Press.
CARDOSO, Fernando Henrique (1979), On the characterization of authoritarian regimes in Latin America. In: COLLIER, David (Hg.) (1979) The new authoritarianism in Latin America. New Jersey, Princeton University Press.
CARDOSO, Fernando Henrique (1985), Estado y sociedad en América Latina. Buenos Aires.
CARDOSO, Fernando Henrique (1994), Los empresarios y el proceso de transición: el caso brasileño. In: O'DONNELL (et al.) (1994) Transiciones desde un gobierno autoritario. Perspectivas comparadas. vol.3 S.213-236. Barcelona-Buenos Aires-México, Ediciones Paidós.
CARDOSO, Fernando Henrique; FALETTO, Enzo (1969), Dependencia y desarrollo en América Latina. México.
CARDOSO, Oscar Raúl; KIRSCHBAUM, Ricardo;Van Der KOOY, Eduardo (1985), Malvinas, la trama secreta. Barcelona, Planeta.
CARMAGNANI, Marcello (1984), Estado y sociedad en América Latina, 1850-1930. Barcelona, Ed.Crítica.
CARRI, Roberto (1967), Sindicatos y poder en la Argentina. Buenos Aires.
CASANUEVA VALENZUELA, Fernando; FERNÁNDEZ C. Manuel (1973), El Partido Socialista y la lucha de clases en Chile. Santiago de Chile.
CASAS, Nelly (1973), Frondizi: una historia de política y soledad. Buenos Aires.
CASIELLO, Juan (1951), Principios doctrinales que inspiran la nueva constitución argentina. In: Revista de Estudios Políticos Nº56 (1951). S.539-576. Madrid.
CASTAGNO, Antonio (1959), Los partidos políticos argentinos. Análisis de los antecedentes del régimen legal. Buenos Aires, Depalma.
CASTAGNO, Antonio (1971), Tendencias y grupos políticos en la realidad argentina. Buenos Aires.
CASTELLO BRANCO, Humberto de A. (1967), Segurança e Desenvolvimiento: Conceito de Segurança Nacional. In: Conferencia de la Escuela Superior de Guerra. 13.03.67. Río de Janeiro.
CASTIGLIONI, Julio C.; LUCENA, Luis A. (1962), El fracaso de la ley Sáenz Peña como intento de instaurar el bipartidismo en la República Argentina. In: J(urisprudencia) A(rgentina),1962-III-75, secc.doctrina.
CASTILLO VELASCO, Jaime (1973), Esencia y misión del Partido Demócrata Cristiano. In: Teoría y práctica de la Democracia Cristiana chilena. Santiago de Chile.

CASTILLO, Fernando (et al.) (1972), Liberalismo y socialismo: problemas de la transición. El caso chileno. Madrid, Tucar Ediciones.

CASTIÑERAS, Pedro F. (1972), Esto lo hicieron los argentinos. Buenos Aires.

CASTRO CAMARGO, José de (1977), Estudo de Problemas Brasileiros. Sao Paulo, Atlas.

CATTERBERG, Edgardo Raúl (?), El sistema político de los partidos y la transición hacia la democracia en Argentina.

CAUCOTO PEREIRA, Nelson; SALAZAR ARDILES, Héctor (1994), Un verde manto de impunidad. Santiago de Chile.

CAVALLA ROJAS, Antonio (1978), Organización y estructura de las fuerzas armadas chilenas. México, mimeo.

CAVAROZZI, Marcelo (1987), Autoritarismo y democracia (1955-1983). Buenos Aires.

CAVAROZZI, Marcelo (1988), De la inflación como política a la constitución de un sistema de partidos. In: Revista Plural 10/11 Buenos Aires.

CAVAROZZI, Marcelo (1991) , Militares y políticos en una transición atípica. Buenos Aires.

CAVAROZZI, Marcelo (1991a), Más allá de las transiciones a la democracia en América Latina. In: Revista de Estudios Políticos 74. S.85-112. Madrid.

CAVAROZZI, Marcelo; GARRETON, Manuel A. (1989), Muerte y resurrección. Los partidos políticos en las transiciones del Cono Sur. Santiago de Chile.

CAZES CAMARERO, Pedro (Hg.) (1986), ¿Hubo dos terrorismos? Buenos Aires.

CEBALLOS, Ernesto (1985), Historia política del movimiento obrero argentino (1944-1985). Buenos Aires, Ed. del Mar Dulce.

CEBALLOS, Miguel (1960), Derecho de la revolución y deberes del golpe de Estado. Buenos Aires.

Centro de Documentación Justicialista (1973), Diálogo entre Perón y las Fuerzas Armadas. Buenos Aires.

CENTRO DE ESTUDIOS LEGALES Y SOCIALES (1982), Los niños desaparecidos. Buenos Aires.

CENTRO DE ESTUDIOS LEGALES Y SOCIALES (1984), Testimonio sobre el centro clandestino de detención de la Escuela de Mecánica de la Armada (ESMA). Buenos Aires.

CEPEDA CALZADA, Pablo (1969), Reflexiones sobre la estabilidad política ante la compleja alma hispana.

CEPEDA GÓMEZ, José, (1990), El ejército español en la política española (1787-1843) Madrid, Fundación Universitaria Española.

CEPEDA, Carlos (1972), Crisis de una burguesía dependiente, balance económico de la Revolución Argentina 1966-1971. Buenos Aires.

CERESOLE, Norberto (1968), Ejército y política nacionalista. Buenos Aires.

CERESOLE, Norberto (1983), La viabilidad argentina, una alternativa de supervivencia: lineamientos básicos para un proyecto nacional alternativo. Buenos Aires, Altalena.

CERESOLE, Norberto (1988), 1988 Crisis militar argentina. Buenos Aires, ILCTRI.

CERESOLE, Norberto (Hg.) (1970), El ejército y la crisis política argentina. Buenos Aires.

CERESOLE, Norberto (et al.) (1972), Peronismo: de la reforma a la revolución. Buenos Aires.

CERRO, Francisco (1983), Qué es el Partido Demócratacristiano. Buenos Aires, Sudamericana.

CERRUTTI COSTA, Luis B. (1957), El sindicalismo. Las masas y el poder. Buenos Aires.

CHASTEEN, John Charles (1995), Heroes on Horseback: a life and times of the last gaucho caudillos. Albuquerque, University of New Mexico Press.

CHERESKY, Isidoro; CHONCHOL, Jacques (comps.) (1985), Crisis y transformación de los regímenes autoritarios. Buenos Aires, Eudeba.

CHILCOTE, Ronald H. (1966), Military intervention and developmental tendencies: preliminary analysis for study and research for the Argentine experience. Riverside, California.

CHINETTI, Jorge A. (1965), Historia política del Ejército argentino. In: LEOPL N, Nºs 740,741,742 (1965). S.42-50; 54-60; 60-64.

CHONCHOL, Jacques; SILVA SOLAR, Julio (1951), Hacia un mundo comunitario. Santiago de Chile.

CHOSSUDOVSKY, Michel (1979), The political economy of Human Rights. In: Bulletin of Peace Proposals Nº2 (1979). S.172-178.

CHUECA RODRÍGUEZ, Ricardo L. (1993), La regla y el principio de la mayoría. Madrid, Centro de Estudios Constitucionales.

CIDIE (1971), La economía argentina. Treinta años en cifras. Cuaderno Nº2 Buenos Aires.

CIRIA, Alberto (1964), Partidos y poder en la Argentina moderna. Buenos Aires.

CIRIA, Alberto (1968), Partidos y poder en la Argentina moderna (1930-1946). Buenos Aires.

CIRIA, Alberto (1969), Los partidos políticos durante la restauración conservadora (1930-1943). In: SARLO SABAJANES, Beatriz (Hg.) (1969) La década infame. Buenos Aires.

CIRIA, Alberto (1971), Perón y el justicialismo. México.
CIRIA, Alberto (1975), Partidos y poder en la Argentina moderna (1930-1946). Buenos Aires, Ediciones de La Flor.
CIRIA, Alberto (1986), La democracia constitucional y su crisis. Buenos Aires.
CIRIA, Alberto (1988), El partido justicialista, historia y coyuntura. In: Revista Plural 10/11. Buenos Aires.
CIRIA, Alberto (et al.) (1972), New perspectives on modern Argentina. Bloomington, Latin American Studies Program, Indiana University.
CIRIA, Alberto; SANGUINETTI, Horacio (1968), Los reformistas. In: Los Argentinos. Tomo 6. Buenos Aires.
CLEMENTI, Hebe (1981), El radicalismo como doctrina. In: YRIGOYEN, Hipólito, Mi vida y mi doctrina. Buenos Aires, Leviatán.
CLEMENZ, Manfred (1972), Gesellschaftliche Ursprünge des Fascismus. Frankfurt.
COBO MARTÍN, Carlos (1978), Sobre la función histórica del constitucionalismo y sus posibles transformaciones.
COHEN SALAMA, Mauricio (1992), Tumbas anónimas. Informe sobre la identidad de restos de víctimas de la represión ilegal. Buenos Aires.
COLLIER, David (1979), The bureacratic-authoritarian model: synthesis and Priorities for future research. In: El mismo (Hg.) (1979) The new authoritarianism in Latin America. Princeton, New Jersey, Princeton University Press.
COLLIER, David (Hg.) (1979), The new authoritarianism in Latin America. Princeton, New Jersey, Princeton University Press.
COLLIER, David; COLLIER, Ruth (1991), Shaping the political Arena: critical juntures, the labor movement and regime dynamics in Latin America. Princeton, Princeton University Press.
COLOMER, Antonio (1990), Introducción al constitucionalismo iberoamericano. Madrid, Ediciones de Cultura Hispánica.
COMBLIN, Joseph (1978), El poder militar en América Latina. Salamanca, Ediciones Sígueme.
COMISION ARGENTINA POR LOS DERECHOS HUMANOS (1977), Argentina: proceso al genocidio. Madrid, Elías Quejereta.
COMISIÓN ANDINA DE JURISTAS (1994), Democracia, derechos humanos y administración de justicia en la región andina. Lima.
COMISIÓN NACIONAL SOBRE LA DESAPARCIÓN DE PERSONAS (1985b), Anexos al Informe de la Conades. Buenos Aires.
COMISIÓN NACIONAL SOBRE LA DESAPARICIÓN DE PERSONAS (1985a), Nunca más. Buenos Aires.

CONELL-SMITH, Gordon (1966), The United States and Latin America: an historical analysis of interamerican relations. London.
CONIL PAZ, Alberto; FERRARI, Gustavo (1966), Argentina's foreign policy, 1930-1962. Notre Dame.
CONSTABLE, Pamela; VALENZUELA, Arturo (1991), A nation of enemies: Chile under Pinochet. New York, W.W.Norton.
CONSTANTINEU, Albert (1945), Tratado de la doctrina *de facto*. Buenos Aires, Depalma.
COPPEDGE, Michael (1993), Institutions and Democratic Governance in Latin America.
CORBIÈRE, Emilio J. (1978), Conversaciones con Oscar Alende. Buenos Aires.
CORNBLIT, Oscar; GALLO, Ezequiel; O'Connell, Alfredo (1965), La generación del 80 y su proyecto: antecedentes y consecuencias. In: Di TELLA, Torcuato (et al.) (1965) Argentina, sociedad de masas, S.18 ss. Buenos Aires.
CORRADI, Juan E. (1983), The mode of destruction: terror in Argentina. In: Telos 54, Winter 1982-83. S.71-76.
CORRADI, Juan; KENWORTHY, Eldon; WIPFLER, William (1976), Argentina 1973-1976: the background to violence. In: CASA Newsletter, 8:3, september 1976. S.3-28.
CORRADI, Juan; WEISS, Patricia; GARRETÓN, Manuel (Hg.)(1992), Fear at the edge. State terror and resistance in Latin America. Berkeley.
CORREDOR, Rubén (1963), Las fuerzas armadas insurgen, deliberan y sirven en Iberoamérica. Madrid, Talleres Gráficos Cies.
CORTES CONDE, Roberto (1979), El progreso argentino 1890-1914. Buenos Aires, Sudamericana.
CORTES CONDE, Roberto; FLORIA, Carlos (comps.) (1981), Reflexiones sobre la Argentina política. Buenos Aires, Belgrano.
CORTES CONDE, Roberto; GALLO, Ezequiel (1984), Argentina: la república conservadora. Buenos Aires, Paidós.
COSTA PINTO, L.A. (1982), Transición de regímenes autoritarios a regímenes democráticos y viceversa. In: SANTAMARÍA, Julián (comp.) (1982) Transición a la democracia en el sur de Europa y América Latina. Madrid.
COSTANTINI, Humberto (1973), Libro de Trelew. Buenos Aires.
COUTO SILVA, Golbery (1983), Geopolitica do Brasil. Buenos Aires.
CREUZET, Michel (1964), Intervenciones legítimas e ilegítimas del Estado. Madrid, Speiros.
CRUCES, Néstor Juan Julio (1988), Hacia otro ejército posible: invitación al debate sobre aspectos íntimos de la profesión militar. Buenos Aires, Planeta.
CRUZ, Andrés de la (1984), Cuando la magia tomó el poder. Buenos Aires, El Cid.

CUEVA, Agustín (1989), Teoría social y procesos políticos en América Latina. Guayaquil, Universidad de Guayaquil.
CUSACK, David F. (1977), Revolution and reaction: the internal dynamics of conflict and confrontation in Chile. Denver, Colorado, University of Denver.
CUYA, Esteban (1995), Las comisiones de la verdad en América Latina. Parte I. Los procesos en Argentina, Chile y El Salvador. In: Memoria (revista del DIML), Nürnberg N°7. S.5-19. Nürnberg.
CÁMPORA, Héctor (1973), La revolución peronista. Buenos Aires.
CÁRDENAS, Gonzalo (et al.) (1969), El peronismo. Buenos Aires.
CÚNEO, Dardo (1965), El desencuentro argentino, 1930-1955. Buenos Aires, Pleamar.
CÚNEO, Dardo (1967), Comportamiento y crisis de la clase empresaria. Buenos Aires.
DAHL, Robert A. (1967), Ideology, conflict and consensus: voter for a theory. Brussels, IPSA Seventh World Congress.
DAHL, Robert A. (1968), Análisis sociológico de la política. Barcelona, Fontanella.
DAHL, Robert A. (1971), Poliarchy. Participation and Oposition. New Haven, Yale University Press.
DAHL, Robert A. (1984), Modern political analysis. Englewood Cliffs, N.Y. Prentice Hall.
DAHL, Robert A. (1986), Democracy, liberty and equality. Oslo, Norwegian University Press.
DAHL, Robert A. (1986a), Capitalismo, socialismo y democracia In: Opciones enero-abril 1986,Santiago de Chile. Santiago de Chile.
DAHL, Robert A. (1989), La poliarquía. Participación y oposición. Madrid, Tecnos.
DAHL, Robert A. (1992), La democracia y sus críticos. Barcelona-Buenos Aires-México, Ediciones Paidós.
DAHRENDORF, Ralf (1979), Society and democracy in Germany. Westport, Connecticut, Greenwood Press.
DAHRENDORF, Ralf (1979a), Las clases sociales y su conflicto en la sociedad industrial. Madrid, Rialp.
DAHRENDORF, Ralf (1993), La democracia en Europa. Madrid, Alianza Editorial.
DANA MONTAÑO, Salvador M. (1953), La constitución nacional argentina de 1853. In: Revista de Estudios Políticos N°71 (1953). S.153-172. Madrid.
DANA MONTAÑO, Salvador M. (1957), El problema constitucional de la República Argentina. In: J(urisprudencia) A(rgentina),1957-II-36 secc.doctrina.

DANA MONTAÑO, Salvador M. (1959), Los gobiernos "*de facto*" y la legitimación de sus actos legislativos: los decretos leyes. La Habana, Academia Interamericana de Derecho Comparado e Internacional.

DE IMAZ, José Luis (1964), Los que mandan. Buenos Aires, Eudeba.

DE IMAZ, José Luis (1971), Machtgruppen in Argentinien. Argentinische Machtshabers zwischen 1936-1961. Dortmund.

DE IMAZ, José Luis (1977), Los que mandan. Buenos Aires, El Coloquio.

De IMAZ, José Luis (et al.) (1976), La Argentina posible. Buenos Aires, Edit. Belgrano para la Educación, la Ciencia y la Tecnología.

DE PABLO, Juan Carlos (1976), Un esquema de la política económica para la Argentina. Buenos Aires, Macchi.

DE RIZ, Liliana (1979), Sociedad y política en Chile: de Portales a Pinochet. México, Universidad Autónoma de México.

DE RIZ, Liliana (1990), Argentina: el comportamiento electoral durante la transición democrática (1983-1989). In: Revista Española de Investigaciones Sociológicas N°50. Madrid, Instituto de Investigaciones Sociológicas.

De WYLDER, Stefan (1976), Allende's Chile. The political economy of the rise and fall of the Unidad Popular. Cambridge, Cambridge University Press.

DEAN, W. (1970), Latin American *golpes* and economics Fluctuations,1823-1966. In: Social Science Quarterly, junio 1970.

DEBRAY, Règis (1974), Conversación con Allende. México, Siglo XXI.

DEHEZA, José A. (1983), Isabel Perón: ¿inocente o culpable? Buenos Aires, Cuenca del Plata.

Del CAMPO GARCÍA, M.Esther (1993), Estrategias de desarrollo y crisis políticas en Argentina y Chile. Madrid.

DEL CARRIL, Bonifacio (1959), Crónica interna de la revolución libertadora. Buenos Aires.

DEL MAZO, Gabriel (1955), El radicalismo. Nota sobre su historia y su doctrina. Buenos Aires.

DEL MAZO, Gabriel (1957), El radicalismo: El Movimiento de Intransigencia y Renovación (1945-1957). Buenos Aires.

DEL MAZO, Gabriel (1959), El radicalismo: Ensayo sobre su historia y doctrina. Tomo II. Buenos Aires.

Descartes (seud.PERON, Juan Domingo) (1953), Política y estrategia (no ataco, critico). Buenos Aires.

DETZNER, John A. (1988), Tribunales chilenos y derecho internacional de derechos humanos. Santiago de Chile.

DEUTSCH, Karl Wolfgang (1961), Social Mobilization and political development. In: The American Political Science Review. vol.LV, S.493 ss.

DEUTSCH, Karl Wolfgang (1966), Nationalism and social communication. An inquiry into the foundations of nationality. Cambridge-London.

DEUTSCH, Karl Wolfgang (1976), Política y gobierno: cómo el pueblo decide su destino. Madrid, Fondo de Cultura Económica.

Di TELLA, Guido (1982), Argentina económica 1943-1982. In: Criterio N° 1984-1985. Buenos Aires.

Di TELLA, Guido (1983), Argentina under Perón, 1973-76. London, The Macmillan Press.

Di TELLA, Guido; DORNBUSCH, Rudiger (1989), The political economy of Argentina, 1946-83. Basingstoke, Hampshire.

Di TELLA, Guido; ZYMELMAN, Manuel (1967), Las etapas del desarrollo económico argentino. Buenos Aires.

Di TELLA, Torcuato (1964), El sistema político argentino y la clase obrera. Buenos Aires.

Di TELLA, Torcuato (1968), Populism and Reform in Latin America. In: VÉLIZ, Claudio (Hg.) (1968) Obstacles to change in Latin America. S.47ss. London-New York-Toronto.

Di TELLA, Torcuato (1987), Evolución del sistema de partidos políticos en Argentina, Brasil y Perú (1960-1985). Buenos Aires.

Di TELLA, Torcuato Salvador (1986), Sociología de los procesos políticos. Buenos Aires, Eudeba.

DIAMOND, Larry (1992), Economic development and democracy reconsidered. In: MARKS, Gary; DIAMOND, Larry (eds.) (1992), S.93-139.

DIAMOND; Larry; LINZ, Juan (1989), Introduction: Politics, Society and Democracy in Latin America. In: DIAMOND, Larry; LINZ, Juan; LIPSET, Seymour M. (eds.) (1989) Democracy in developing countries. Latin America. S.1-58. Boulder, Lyme Rienner Publishers.

DIETRICH, Wolfgang (1988), Dignidad -Menschenrechte und Menschenrechtsschutz in Zentralamerika. Saarbrücken-Fort Lauderdale, Breitenbach.

DIETZE, Gottfried (1995), Problematik der Menschenrechte. Berlin, Duncker und Humblot.

DINGES, John; LANDAU, Saul (1980), Assassination on Embassy Row. New York.

DIX, Robert H. (1994), Military coups and military rule in Latin America. In: Armed Forces & Society, 20/3. S.439-456.

DLUGOSCH, Michaela (1998), Geordnetes Wirtschaften. Zur sozialen Ökonomie im Franquismus (1939-1959). Inédito.

DOMÍNGUEZ, Jorge (1974), Por qué fracasó el socialismo en Chile. Bilbao, Zero.

DOMÍNGUEZ, Nelson (1977), Conversaciones con Juan José Taccone sobre sindicalismo y política. Buenos Aires.
DONOSO LOERO, Teresa (1974), Los cristianos por el socialismo en Chile. Santiago de Chile, Edit.Gabriela Mistral.
DORREGO, Alejandro; AZURDUY, Victoria (1977), El caso argentino. Hablan sus protagonistas. México, Prisma.
DOS SANTOS, Theotonio (1969), La crise de la théorie du developpment et les rélations de dépendance en Amérique Latine. In: L'homme et la societ, Nº12. S.43ss.
DOS SANTOS, Theotonio (1972), Socialismo o fascismo: el nuevo carácter de la dependencia y el dilema latinoamericano. Santiago de Chile, Prensa Latinoamericana.
DOYON, Louise M. (1977), Conflictos obreros durante el régimen peronista (1946-1955). In: Desarrollo Económico Nº67 (octubre-diciembre 1977). vol.17, S.437-473.
DRAKE, Paul W. (1978), Socialism and populism in Chile, 1932-1952. Urbana, University of Illinois Press.
DRAKE, Paul W. (1996), Labor movements and dictatorship: the southern cone in comparative perspective. Baltimore, Johns Hopkins University Press.
DREITZEL, Hans-Peter (Hg.) (1967), Sozialer Wandel, Zivilisation und Fortschritt als Kategorien der soziologischen Theorie. Neuwied-Berlin.
DROSDOFF, Daniel (1972), El gobierno de las vacas (1933-1956). Tratado Roca-Runciman. Buenos Aires.
DRUETTA, G.; ESTÉVEZ, E.; LOPEZ, E.; MIGUENS, J.(cd.)(1988), Defensa y democracia. Un debate entre civiles y militares. Buenos Aires, Puntosur.
DUBOIS, Alfonso (1990), Latinoamérica: narcotráfico e intervencionismo. In: Anuario Centro de Investigaciones para la paz.
DUHALDE, Eduardo L. (1983), El Estado terrorista argentino. Barcelona, Argos Vergara.
DURRUTY, Celia (1969), Clase obrera y peronismo. Córdoba, Buenos Aires.
DÍAZ ALEJANDRO, Carlos F. (1970), Essays on the economic history of the Argentine Republic. New Haven.
DÍAZ ARAUJO, Enrique (1967), Las relaciones de la Argentina con Estados Unidos de Norteamérica. In: Boletín de Estudios Políticos y Sociales Nº16, Universidad Nacional de Cuyo. Mendoza, Universidad Nacional de Cuyo.
DÍAZ ARAUJO, Enrique (1970), El G.O.U. en la revolución de 1943. Mendoza, Facultad de Ciencias Políticas Universidad de Cuyo.
DÍAZ B. Ramón (1985), Guerra revolucionaria en la Argentina. Buenos Aires, Círculo Militar.

DÍAZ CARDONA, Francia Elena (1988), Fuerzas Armadas, militarismo y constitución nacional en América Latina. México, Universidad Autónoma de México.

DÍAZ, Alejandro C. (1983), Ensayos sobre la historia económica argentina. Buenos Aires, Amorrortú.

DÍAZ, Alejandro; CARLOS, Federico (?), Ensayos sobre la historia económica argentina.

DÍAZ, Fanor (1977), Conversaciones con Rogelio Frigerio. Sobre la crisis política argentina. Buenos Aires.

EBENSTEIN, William (1968), Analyse des Totalitarismus. In: SEIDEL, Bruno; JENKNER, Siegfried (Hg.) (1968) Wege der Totalitarismus-Forschung. Darmstadt.

EGUIZÁBAL, Cristina (1994), La dimensión internacional de la democratización en Centroamérica. In: BALLETBÒ, Anna (Hg.) (1994) La consolidación democrática en América Latina. S.125-146. Barcelona, Editorial Hacer.

EINAUDI, Luigi; STEPAN, Alfred (1971), Latin American Institutional Development: Changing Military Perspectives in Peru and Brazil. Washington.

Ejército argentino (1980), El derecho a la libertad. Buenos Aires, El Ejército.

EKIRCH, Arthur A.Jr. (1956), The civilian and the military. New York.

ESCOBAR, Justo; VELÁSQUEZ, Sebastián (1975), Examen de la violencia argentina. México D.F.

ESCUDÉ, Eduardo A. (1968), Por Dios y por la Patria. Buenos Aires.

ESHAG, Eprime; THORP, Rosemary (1965), Las consecuencias económicas y sociales de las políticas económicas ortodoxas aplicadas en la República Argentina durante los años de postguerra. In: Desarrollo Económico N°16 (enero-marzo 1965). vol.4, S.287-343.

ESTEBAN, Juan Carlos (1961), Imperialismo y desarrollo económico. La Argentina frente a nuevas relaciones de dependencia. Buenos Aires.

ESTÉVEZ, Eduardo (1988), Aspectos y perspectivas sobre doctrinas de defensa y educación militar. In: Varios Autores (1988) Defensa y democracia. Un debate entre civiles y militares.Puntosur.

EVANS, Enrique (1970?), La delegación de facultades legislativas. In: FREI, Eduardo (et al.) (1970), La reforma constitucional. Santiago de Chile.

EVERS, Tilman Tönnies (1972), Militärregierung in Argentinien. Das politische System der "Argentinischen Revolution". Hamburg, Institut für Iberoamerika-Kunde.

EVERS, Tilman Tönnies; WOGAN, Peter von (1973), Dependencia. Lateinamerikanische Beiträge zur Theorie der Unterentwicklung. In: Das Argument N°79, Juli 1973. S.404 ss.

FAILLANT DE VILLEMAREST, Pierre (1980), Los estrategas del miedo: 20 años de guerra revolucionaria en Argentina. Ginebra, Voxmundi.
FALLA, Ricardo (1992), Masacres de la selva. Ixcán, Guatemala (1975-1982). Guatemala, Editorial Universitaria.
FAYT, Carlos S. (1967), La naturaleza del peronismo. Buenos Aires.
FAYT, Carlos S. (1971), El político armado. Dinámica del proceso político argentino (1960-1971). Buenos Aires, Pannedille.
FAZIO, Carlos (et al.) (1980), El militarismo en América Latina. México, Proceso.
FEINMANN, José Pablo (1987), López Rega, la cara oculta de Perón. Buenos Aires.
FEINMANN, José Pablo (1988), Peronismo, desafío del presente. In: Revista Plural Nº10-11. Buenos Aires.
FERLA, Salvador (1972), Mártires y verdugos. Buenos Aires.
FERNÁNDEZ ALVARIÑO, Próspero (1973), Argentina, el crimen del siglo: Teniente general Pedro Eugenio Aramburu. Buenos Aires.
FERNÁNDEZ BAEZA, Mario (1977), Das militärische Machtsystem Lateinamerikas. Heidelberg.
FERNÁNDEZ BAEZA, Mario (1981), Nationale Sicherheit in Lateinamerika. Heidelberg, Heidelberger Dritte Welt Studien.
FERNÁNDEZ BAEZA, Mario (1989), Las políticas sociales en el Cono Sur, 1975-1985: análisis de sus determinantes políticas y socioeconómicas. Santiago de Chile, Instituto Latinoamericano y del Caribe de Planificación Económica y Social.
FERNÁNDEZ DE LA MORA, Gonzalo (1976), La partidocracia. Santiago de Chile, Ed.Nac.Gabriela Mistral.
FERNÁNDEZ FRANCO, Lorenzo (1990), La doctrina de la seguridad nacional en América Latina: el caso brasileño. Madrid, Editorial Universidad Complutense.
FERNÁNDEZ GIL, Antonio (1983), La caída de Allende y la prensa. Almería, La Crónica.
FERNÁNDEZ JILBERTO, A.E. (1985), Dictadura militar y oposición política en Chile,1973-1981. Amsterdam, CEDLA.
FERNÁNDEZ SANTANDER, Carlos (?), Los militares en la transición política. Madrid, Argos Vergara.
FERNÁNDEZ, Ana María (1993), La mujer de la ilusión. Pactos y contratos entre hombres y mujeres. Buenos Aires.
FERNÁNDEZ, Rodolfo Peregrino (1983), Autocrítica policial. Buenos Aires.
FERRER, Aldo (1977), Crisis y alternativas de la política económica argentina. Buenos Aires, Fondo de Cultura Económica.

FERRER; Aldo (?), La economía argentina. Fondo de Cultura Económica.
FILGUEIRA, Carlos H.; NOHLEN, Dieter (comps.) (1994), Prensa y transición democrática: experiencias recientes en Europa y América Latina.
FILLOL, Tomás Roberto (1961), Social factors in economic development. The argentine case. Cambridge, Mass.
FINER, Samuel E. (1969), Los militares en la política mundial. Buenos Aires, Editorial Sudamericana.
FINER, Samuel E. (1981), The man on the Horseback. The role of the military in politics. Boulder, Colorado, Westview Press.
FINER, Samuel E. (1982), The morphology of military regimes. In: Kolkowitz; Horbonshi (Hg.) (1982). Londres, Allen and Unwin.
FINK, Andrés (1984), Los gobiernos *de facto* ante el derecho y la circunstancia política. Buenos Aires, Ediciones Depalma.
FIRPO, M.Eduardo (1965), Perón y los peronistas. Buenos Aires.
FISAS ARMENGOL, Vicenç (1982), Crisis del militarismo y militarización de la crisis. Barcelona, Fontamara.
FISCHER, Peter William (1970), Der Einfluss des Auslandskapital auf die wirtschaftliche Entwicklung Argentiniens, 1880-1964. In: Arbeitsberichte des Ibero-Amerika Instituts für Wirtschaftsforchung an der Universität Göttingen. Heft 12. Göttingen.
FITCH, John Samuel (1977), The military coup d'etat as a political process. Ecuador 1948-1966.
FITCH, Samuel (1986), Armies and politics in Latin America. New York.
FITCH, Samuel (1988), Democracia y Fuerzas Armadas en Sudamérica. Quito, Cordes.
FIX ZAMUDIO, H. (1976), Verfassungskontrolle in Lateinamerika. In: Jahrbuch des öffentlichen Rechts, N.F.25. s.649 ff.
FLORIA, Carlos A.; GARCÍA B. César A. (1985), Historia de los argentinos. Barcelona, Círculo de Lectores.
FLORIA; Carlos A.; GARCIA BELSUNCE, César A. (1988), Historia política de la Argentina contemporánea, 1880-1983. Madrid, Alianza Editorial.
FLORIT, Carlos A. (1963), Las fuerzas armadas y la guerra psicológica. Buenos Aires, Arayú.
FONTAINE T. Arturo (1982), Economía libre y seguridad nacional en Chile: una visión histórica. Santiago de Chile.
FONTAINE, Arturo; ZEGERS, Cristián (1974), Cómo llegaron las Fuerzas Armadas a la acción del 11 de septiembre de 1973. Santiago de Chile, Ed.El Mercurio.
FONTANA, Andrés (1984), Fuerzas Armadas, partidos políticos y transición a la democracia en la Argentina 1981-1982. Buenos Aires, Estudios CEDES.

FONTANA, Andrés (1987), La política militar del gobierno constitucional argentino In: NUN, José; PORTANTIERO, Juan C. (comps.) (1987) Ensayos sobre la transición democrática en la Argentina. S.375 ss. Buenos Aires, Puntosur.
FONTANA, Andrés (1988), De la crisis de las Malvinas a la subordinación condicionada: conflictos intramilitares y transición política en Argentina. In: VARAS, Augusto (coord.) (1988) La autonomía militar en América Latina. Caracas, Nueva Sociedad.
FONTANA, Andrés (1990), La formación del Estado argentino. Buenos Aires.
FOSSUM, Emil (1967), Factor influencing the ocurrence of military coups d'Etat in Latin America. In: Journal of Peace Research N°3, 1967. S.228-251.
FOSTER, David William (1995), Violence in Argentine Literature: cultural responses of tyranny.
FRAENKEL, Ernst (1969), The dual state. A contribution to the theory of Dictatorships. New York.
FRAENKEL, Ernst (1974), Der Doppelstaat. Frankfurt-Köln.
FRAGA IRIBARNE, Manuel (1961), Tendencias políticas de hispanoamérica después de la segunda guerra mundial. In: Revista de Estudios Políticos N°120. Madrid.
FRANCIS, Michael J. (1977), The limits of hegemony: United States relations with Argentina and Chile during World War II. Notre Dame.
FRANCO, Rolando (1982), Estados burocrático-autoritarios y democracia. In: Pensamiento Iberoamericano 1. Madrid.
FREI MONTALVA, Eduardo (1970), La reforma constitucional. Santiago de Chile.
FREIJO, Adrián E. (1977), Lecciones de nuestra historia reciente. Treinta años de vida argentina (1945-1975). Buenos Aires, Sudamericana.
FRIEDMANN, Reinhard (1990), Chile unter Pinochet: das autoritäre Experiment (1973-1990). Freiburg i.Br. Arnold-Bergstraesser-Institut.
FRIEDRICH, Carl Joachim (1963), Man and his Government. New York.
FRIEDRICH, Carl Joachim (1975), Gobierno constitucional y democracia. Teoría y práctica en Europa y América. Madrid, Instituto de Estudios Políticos.
FRIGERIO, Rogelio (1962), Los cuatro años (1958-1962). Política económica para argentinos. Buenos Aires.
FRONDIZI, Arturo (1954), Petróleo y política. Buenos Aires.
FRONDIZI, Arturo (et al.) (1983), Presidentes ante el Congreso. Recopilaciones del Diario de sesiones de la Cámara Legislativa del Congreso Nacional. Período 1958-1976. Buenos Aires, Editorial Foro Sur.
FRONDIZI, Silvio (1957), La realidad argentina. Ensayo de interpretación sociológica. Buenos Aires.

FRÜHLING, Hugo (Hg.) (1986), Represión política y defensa de los derechos humanos.
FRÜHLING, Hugo; ALBERTI, Gloria; PORTALES, Felipe (1989), Organizaciones de Derechos Humanos de América del Sur. Santiago de Chile.
FUNCKE, Manfred (1987), Republik im Untergang. Die Zerstörung des Parlamentarismus als Vorbereitung der Diktatur. In: BRACHER; Karl D.; FUNCKE, Manfred; JACOBSEN, Hans-Adolf (Hg.) (1987) Die Weimarer Republik (1918-1933). Dusseldorf, Droste.
FUNES, Rafael (1963), Reflexiones políticas para militares. Buenos Aires.
FURTADO, Celso (1968), Brasil: de la república oligárquica al Estado militar. In: Varios autores (1968) Brasil, hoy. México.
GABETTA, Carlos (1984), Todos somos subversivos. Buenos Aires.
GALLETI, Alfredo (1961), La realidad argentina en el siglo XX. la política y los partidos. Tomo I. Buenos Aires, Fondo de Cultura Económica.
GALLETTI, Alfredo (1961), La política y los partidos. Buenos Aires.
GALLETTI, Alfredo (1967), El sistema de valores de la sociedad argentina en 1943. In: FAYT, Carlos S. (1967), La naturaleza del peronismo. S.286ss. Buenos Aires.
GALLI, G. (1966), Bipartidismo imperfecto: comunisti e democristiani. Bolonia, Il Mulino.
GALLI, G. (1975), Del bipartidismo imperfecto alla posibile alternative. Bolonia.
GALLO, Ezequiel (et al.) (1963), La generación del 80 y su proyecto. In: Argentina sociedad de masas.Eudeba.
GALÍNDEZ, Bartolomé (1956), Apuntes de tres revoluciones (1930-1943-1955). Buenos Aires.
GARCÉS, Joan E. (1974), El estado y los problemas tácticos en el gobierno de Allende. México, Siglo XXI editores.
GARCÉS, Joan (1976), Allende y la experiencia chilena. Barcelona-Caracas-México, Ariel.
GARCÍA COTARELO, Ramón (1985), Los partidos políticos. Madrid, Sistema.
GARCÍA COTARELO, Ramón (1990), En torno a la teoría de la democracia. Madrid, Centro de Estudios Constitucionales.
GARCÍA DE LOYDI, Ludovico (1956), La Iglesia frente al peronismo. Bosquejo histórico. Buenos Aires.
GARCÍA FLORES, José S. (1967), Frondizi: estrategia del desarrollo argentino. Rosario.
GARCÍA JIMÉNEZ, María Encarnación (1991), Supuestos políticos, económicos y sociales del triunfo y posterior fracaso de la "Vía Chilena" al socialismo. UAM, inédita.

GARCÍA LUPO, Rogelio (1962), La rebelión de los generales. Buenos Aires.
GARCÍA, Eduardo A. (1971), Yo fui testigo. Antes, durante y después de la segunda tiranía (memorias). Buenos Aires.
GARCÍA, J.; BALLESTER, H.; GAZCON, C.; RATEMBACH, A. (1987) , Fuerzas Armadas Argentinas. El cambio necesario. Buenos Aires, GALERNA.
GARCÍA, Prudencio (1989), Mando y control de las Fuerzas Armadas en una sociedad democrática. In: Varios autores (1989) Hacia una nueva relación. El papel de las Fuerzas Armadas en una sociedad democrática. S.37-50. Madrid.
GARCÍA, Prudencio (1995), El drama de la autonomía militar: Argentina bajo las juntas militares. Madrid, Alianza.
GARRETON, Manuel A. (1980), Procesos políticos en un régimen autoritario. Dinámicas de institucionalización y oposición en Chile (1973-1980). Santiago de Chile, mimeógrafo.
GARRETON, Manuel A. (1984), Dictaduras y democratización. Santiago de Chile, FLACSO/Ediciones Minga.
GARRETON, Manuel A. (1984a), Proyecto, trayectoria y fracaso de los regímenes militares del Cono Sur: un balance. In: Alternativas Nº2, enero-abril 1984. Santiago de Chile.
GARRETON, Manuel A. (1991), Democratización política en América Latina. In: Leviatán Nº43/44, Madrid primavera/verano 1991. Madrid.
GARRETON, Manuel A. (1994), La evolución política del régimen militar chileno y los problemas en la transición a la democracia. In: O'DONNELL (et al.) (1994) Transiciones desde un gobierno autoritario. América Latina. vol.2 S.147-186. Barcelona-Buenos Aires-México, Ediciones Paidós.
GARZÓN VALDÉS, Ernesto (1977), Die Stabilität politischer Systeme: Analyse des Begriffs mit Fallbeispielen aus Lateinamerika.
GARZÓN VALDÉS, Ernesto (1987), El concepto de estabilidad de los sistemas políticos. Madrid, Centro de Estudios Constitucionales.
GARZÓN VALDÉS, Ernesto (1988), Die Stabilität politischer Systeme. Analyse des Begriffs mit Fallbeispielen aus Lateinamerika. München.
GASPARINI, Juan (1988), Montoneros: final de cuentas. Buenos Aires.
GAYANGO, Ignacio (1974), Chile: el largo camino al golpe. Barcelona, Dirosa.
GAZOLLI, Luis (1973), ¿Cuándo los militares tenemos razón? Buenos Aires.
GAZZERA, Miguel; CERESOLE, Norberto (1970), Peronismo: autocrítica y perspectiva. Buenos Aires.
GERMANI, Gino (1955), Estructura social de la Argentina. Buenos Aires.
GERMANI, Gino (1963), Estructura social e intervención militar en América Latina. In: Argentina sociedad de masas. Eudeba.
GERMANI, Gino (1963a), Hacia una democracia de masas. In: Argentina sociedad de masas.Eudeba.

GERMANI, Gino (1963b), Análisis de la crisis institucional argentina. In: Argentina sociedad de masas.Eudeba.
GERMANI, Gino (1965), Política y sociedad en una época de transición. De la sociedad tradicional a la sociedad de masas. Buenos Aires, Paidós.
GERMANI, Gino (1965b), La movilidad social en la Argentina. In: LIPSET, Seymour M.; BENDIX, Reinhard (Hg.) (1965) Movilidad social en la sociedad industrial, apéndice II, S.317 ss. Buenos Aires.
GERMANI, Gino (1981), The sociology of modernization: studies of its historical and theoretical aspects with a special regard to the Latin American case. New Brunswick.
GERMANI, Gino; SILVERT, Kalman (1961), Politics, social structure and military intervention in Latin America. In: Archives Européenes de Sociologie. tome II, Nº1 S.62ss.
GHIOLDI, Américo (1953), Perón debe irse. Buenos Aires.
GHIOLDI, Américo (1967), Ejército y política. El golpe del 28 de junio de 1966. Buenos Aires.
GIACOBONE, Carlos A. (comp.) (1987), Ricardo Balbín, discursos políticos parlamentarios. Buenos Aires, Imprenta del Congreso.
GIANCAGLINI, Sergio; GRANOVSKY, Martín (1986), Crónicas del Apocalipsis. Buenos Aires, Contrapunto.
GIGER, Theodor (1976), Kritische Bemerkungen zum Begriff der Ideologie. In: LIEBER, Hans-Joaquim (Hg.) (1976) Ideologie-Wissenschaft-Gesellschaft. Darmstadt.
GIL, Federico (1966), The political system of Chile. Boston, Houghton Mifflin.
GILLESPIE, Richard (1987), Soldados de Perón: los montoneros. Buenos Aires.
GIORDANO, Christian (1992), Die Betrogenen der Geschichte. Überlagerungsmentalität und Überlagerungsrationalität in mediterranen Gesellschaften. Frankfurt am Main.
GIUSSANI, Pablo (1986), Los días de Alfonsín. Buenos Aires, Legasa.
GIUSSANI, Pablo (1987), ¿Por qué Dr. Alfonsín? Buenos Aires.
GLANERT, Earl; LANGLEY, Lester (1971), The United States and Latin America.Reading Mass.
GLEICH, Michael (1991), Chile: Spielräume der demokratischen Opposition Zwischen Diktatur und Demokratie. Saarbrücken-Fort Lauderdale, Breitenbach.
GLEICH, A.von; KRUMWIEDE, H.; NOLTE, D.; SANGMEISTER, H.(Hg.) (1992), Lateinamerika Jahrbuch. Hamburg.
GNECCO, Jorge (1970), Partidos políticos. Su ordenamiento. La Plata, Librería Jurídica.

GODIO, Julio (1973), La caída de Perón. De junio a septiembre de 1955. Buenos Aires.
GODIO, Julio (1986), Perón: regreso, soledad y muerte: (1973-1974) Buenos Aires, Hyspamérica.
GODIO, Julio (1988), El movimiento obrero argentino (1910-1930): socialismo, sindicalismo y comunismo. Buenos Aires, Legasa.
GODIO, Julio (1990), El movimiento obrero argentino (1943-1955): nacimiento y consolidación de una hegemonía nacionalista-laborista. Buenos Aires, Legasa.
GOERGEN, Christian; NORPOTH, Helmut (?), Government Turnover and economic accountability. In: Electoral Studies 10:3. S.191-207.
GOLDBERG, Gerhard Wolfgang (1977?), Militärdiktatur und Caudillismus in Lateinamerika.Verlag Johann Wilhelm Naumann.
GOLDBERG, Gerhard Wolfgang (1978), Militärdiktatur und Caudillismus in Lateinamerika. In: Politische Studien. Sonderheft 1/1978.
GOLDBERG, Gerhard Wolfgang (1980), Autoritäre Demokratie und Parteiendemokratie in Lateinamerika. In: Würzburger Studien zur Soziologie. Vol.5 S.25ss. Würzburg.
GOLDSCHMIDT, Werner (1952), Vida jurídica en la Argentina contemporánea. In: Revista de Estudios Políticos Nº66 (1952). S.170-173. Madrid.
GOLDWERT, Marvin (1968), The rise of modern militarism in Argentina. In: Hispanic American Historical Review 48, Nº2, mayo 1968. S.189-205. Durham, North Carolina, Duke University Press.
GOLDWERT, Marvin (1972), Democracy, militarism and nationalism in Argentina,1930-1966. An Interpretation. Austin, University of Texas Press.
GONTRÁN DE GÜEMES (1956), Así se gestó la dictadura: el G.O.U. Buenos Aires.
GONZÁLEZ CASANOVA, Pablo; ROITMAN ROSENMANN, MARCOS (coord.) (1992), La democracia en América Latina: actualidad y perspectivas. Madrid, Editorial de la Universidad Complutense.
GONZÁLEZ JANSEN, Ignacio (1986), La triple A. Buenos Aires, Colección Memoria y Presente.
GONZÁLEZ RODRÍGUEZ, Adolfo Luis (1992), Juan Domingo Perón. Sevilla, Servicio de Publicaciones de la Universidad.
GONÇALVEZ DE MOTTA, Omar (?), Introducao o estudo da Segurança Nacional. In: Revista de Estudos Políticos.
GOTT, Richard (1971), Las guerrillas en América Latina. Santiago de Chile.
GRACIARENA, Jorge (1967), Poder y clases sociales en el desarrollo de América Latina. Buenos Aires.

GRAND d'ESONIN, Henri (1960), Guerra subversiva. In: Revista de la Escuela Superior de Guerra N°338. julio-septiembre 1960, vol.XXXVIII, S.339-363.
GRANDE, Félix (Hg.) (1993), Cuadernos Hispanoamericanos. La cultura argentina. De la dictadura a la democracia. N°517-519 Madrid, Instituto de Cooperación Iberoamericana.
GRECCO, Jorge; GONZÁLEZ, Gustavo (1990), Argentina: el Ejército que tenemos. Buenos Aires, Sudamericana.
GREEN, David (1971), The containment of Latin America. A history of the myths and realities of the good neighbor policy. Chicago.
GROENEWOLD, Sabine (Hg.) (1995), Simón Bolívar. Rede von Angostura am 15.Februar 1819. Mit einem Essay von Ullrich K. Preuss In: Eva Reden, Band 15. Hamburg, Europäische Verlaganstalt.
GRONDONA, Mariano (1967), La Argentina en el tiempo y en el mundo. Buenos Aires.
GUARDO, Ricardo C. (1963), Horas difíciles. Buenos Aires.
GÜIRALDES, Juan José (1966), Fuerzas Armadas y desarrollo. In: Temas Militares N°1, septiembre-octubre 1966. vol.I, S.51-57.
GUESSOUS, Mohammed (1967), A general critique of equilibrium theory. In: MOORE, Wilbert; COOK, Robert (Hg.) (1967) Readings in social change.Prentice-Hall.
GUEST, Ian (1992), Behind the disappearances. Argentina's Dirty War against human rights and the United Nations. Philadelphia.
GUEVARA, Juan F. (1970), Argentina y su sombra. Buenos Aires.
GUEZ, Nicole (1978), Examen critique des principales theories explicatives d l'intervention de l'scene politique. In: Annuaire du Tiers Monde IV, 1977-1978. S.36-45.
GUGLIALMELLI, Juan Enrique (1971), 120 días en el gobierno. Buenos Aires.
GUILHON ALBUQUERQUE, J. A. (1994), La inestable democracia brasileña: un caso de presidencialismo plebiscitario. In: BALLETBÒ, Anna (Hg.) (1994) La consolidación democrática en América Latina. S.262-278. Barcelona, Editorial Hacer.
GURR, Robert Ted (1986), The political origins of the state violence and terror: a theoretical analysis. In: STOHL, Michael; LÓPEZ, Georg (Hg.) (1986) Government violence and represion. S.165-187. New York-Westport-London.
GURR, Robert Ted (1988), War, revolution, and the growth of the coercive State. In: Comparative Political Studies 21 (1988). S.45-65.
GUTIÉRREZ, Roger (1985), Gorriarán. Democracia y liberación. Buenos Aires.
GÓMEZ, Alejandro (1963), Política de entrega. Buenos Aires.

GÓNGORA, Mario (1981), Ensayo histórico sobre la noción de Estado en Chile durante los siglos XIX-XX. Santiago de Chile, La Ciudad.
HAFFA, Annegret; BERGSTRAESSER, Arnold (1984), Wahlen und Redemokratisierungsprozess in Argentinien. In: Bericht zu den Wahlen am 30.10.1983. Freiburg, Institut Freiburg.
HAGEN, Everett E. (1962), On the theory of social change.Homewood.
HALPER, Stefan A.; STERLING, John R. (eds.) (1972), Latin America: the dynamics of social change. London, Allison & Busby.
HALPERIN DONGHI, Tulio (1964), Argentina en el callejón. Montevideo.
HALPERIN DONGHI, Tulio (1987), El espejo de la historia: problemas argentinos y perspectivas hispanoamericanas. Buenos Aires, Editorial Sudamericana.
HALPERIN DONGHI, Tulio (1993), Historia contemporánea de América Latina. Madrid, Alianza Editorial.
Hamburger Institut für Sozialforschung (1987), NIE WIEDER. Ein Bericht über Entführung, Folter und Mord durch die Militärdiktatur in Argentinien. Weinheim, Basel, Beltz Verlag.
HAMILL, Hugh M. (1965?), Dictatorship in Spanish America. New York ?.
HANDLEMAN, Howard; SANDER, Thomas (Hg.) (1981), Military Government and the movements toward democracy in South America. Bloomington, Indiana University Press.
HANSON, Roy Allen (1967), Military Culture and Organizational Decline: A study of the chilean army. Berkeley.
HARDY, Marcos Armando (1957), Esquema del Estado justicialista. Su doctrina e instituciones político-jurídicas. Buenos Aires.
HARFF, Barbara; GURR, Robert Ted (1988), Toward empirical theory of genocides and politicides: identification and measurement of cases since 1945. In: International Studies Quarterly 32 (1988). S.359-371.
HARRIES-JENKINS, Gwyn; DOORN, Jacques van (Hg.) (s/f), The military and the problem of legitimacy. Beverly Hills, California, Sage Publications.
HARRIES-JENKINS, Gwyn; MOSKOS, Charles Jr. (1984), Las fuerzas armadas y la sociedad. Madrid, Alianza Editorial.
HARTLYN, Jonathan; MORLEY, Samuel A. (1986), Bureaucratic-Authoritarian Regimes in Comparative Perspective. In: HARTLYN, Jonathan; MORLEY, Samuel A.(eds.) (1986) Latin American political economy. Financial crisis and political change. S.38-53. Boulder, Westview Press.
HAYES, Carlton J.H. (1968), Der Totalitarismus als etwas neues in der Geschichte der westlichen Kultur. In: SEIDEL, Bruno; JENKNER, Siegfried (Hg.) (1968) Wege der Totalitarismus-Forschung. Darmstadt.

HEARE, Gertrude (1971), Trends in Latin American Military Expenditures, 1940-1970. Washington D.C. Departament of State Publication 8618.

HEFFTER, Heinrich (1966), Der nachmärzliche Liberalismus: die Reaktion der fünfziger Jahre In: WEHLER, Hans-Ulrich (Hg.) (1966), Moderne deutsche Sozialgeschichte. S.177 ss. Köln-Berlin.

HEINZ, Wolfgang (?), Determinants of Gross Human Rights Violations by State -and State-sponsored Actors in Argentina (1960-1990). Leiden i.E.

HEINZ, Wolfgang (1986), Ursachen und Folgen von Menschenrechtsverletzungen in der Dritten Welt: mit Fallstudien zu Afghanistan, Äquatorialguinea; Äthiopien, Chile, Guatemala, d.Philippinen, Uganda u.Uruguay. Saarbrükken-Fort Lauderdale, Breitenbach.

HEINZ, Wolfgang (1991), Konsequenzen der Demokratisierung für die Streitkräfte in Argentinien, Brasilien und Uruguay. In: TOBLER, Hans Werner; WALDMANN, Peter (Hg.) (1991), Staatliche und Parastaatliche Gewalt in Lateinamerika. Frankfurt am Main.

HEINZ, Wolfgang (1994), Positive Massnahmen zur Förderung von Demokratie und Menschenrechte als Aufgabe der Entwicklungszusammenarbeit. Berlin, Deutsches Institut für Entwicklungspolitik.

HEINZ, Wolfgang (1995), The military, torture and human rights. Experiences from Argentina, Brazil, Chile and Uruguay. In: CRELINSTEN, Ronald D.; SCHMID, Alex S. (Hg.) (1995), The politics of pain. Tortures and their masters. S.65-98. Boulder, Colorado.

HEISE, GONZÁLEZ, Julio (1978?), La reforma constitucional.

HELLER, Claude (1979), El Ejército como agente de cambio social. México, Fondo de Cultura Económica.

HELLER, Hermann (1971), Gesammelte Schriften. 3 Bde. Leiden-Tübingen.

HENNIS, Wilhelm (1977), Parteienstruktur und Regierbarkeit. In: HENNIS, Wilhelm (et al.) (Hg.) (1977) Regierbarkeit. 2 Vols. Stuttgart, Klett-Cotta.

HENNIS, Wilhelm; GRAF KIELMANSEGG, Peter; MATZ, Ulrich (Hg.)(1977), Regierbarkeit. 2 Vols. Stuttgart, Klett-Cota.

HENTSCHKE, Jens R. (1996), Estado Novo: Genesis und Konsolidierung der brasilianischen Diktatur von 1937. Saarbrücken.

HERNÁNDEZ ARREGUI, Juan J. (1973), La formación de la conciencia nacional (1930-1960). Buenos Aires, Plus Ultra.

HERRERA, F. (1985), ¿Qué es la Coordinadora? In: Revista Somos, Buenos Aires 1985. Buenos Aires.

HILB, C.; LUTZKY, D. (1984), La nueva izquierda argentina 1960-1980. Buenos Aires.

HILLEKAMPS, Carl H. (1963), Lateinamerika -Staaten suchen ihre Nation. Stuttgart.

HIRSCH-WEBER, Wolfgang (1972), Lateinamerika: Abhängigkeit und Selbstbestimmung. Opladen.
HODGES, Donald (1987), Argentina 1943-1987: the national revolution and resistance. Alburquerque, University of Mexico Press.
HODGES, Donald (1991), Argentina's "Dirty War". An intellectual biography. Austin, University of Texas Press.
HODGES, Donald Clark (1976), Argentina 1943-1976. The national revolution and resistance. Albuquerque, University of New Mexico Press.
HOFFMANN, Karl-Dieter (1985), Militärherrschaft und Entwicklung in der Dritten Welt: der Fall Ecuador unter bes.Berücks.d.Militärregimes 1972-1979. Saarbrücken-Fort Lauderdale, Breitenbach.
HORVATH, Laszlo (1993), A half century of peronism, 1943-1993.
HUHLE, Rainer (1991), Demokratisierung mit Menschenrechtsverbrechern? Die Debatte um die Sanktion von Menschenrechtsverletzungen in den lateinamerikanischen Demokratien. In: NOLTE, Detlef (Hg.) (1991) Latenamerika im Umbruch? S.75-108. Hamburg, Institut für Iberoamerika-Kunde.
HUMAN RIGHTS WATCH (1995), Human rights watch world report 1995. Events of 1994. New York.
HUMAN RIGHTS WATCH/AMERICAS (1994), Chile, Unsettled business: human rights in Chile at the start of the Frei presidency. New York.
HUME, David (1956), A treatise of Human Nature. 2 Bde. London.
HUNEEUS, Carlos (1981), Der Zusammenbruch der Demokratie in Chile. Heidelberg, Heidelberger Dritte Welt Studien.
HUNEEUS, Carlos (1984), la democracia en Argentina: comentarios desde el otro lado de los Andes. In: Alternativas Nº2, enero-abril 1984. Santiago de Chile.
HUNEEUS, Carlos (1986), Taller de cientistas sociales con Robert Dahl sobre la transición y consolidación de la democracia en América Latina y Chile. In: Opciones Nº8, enero-abril 1986. Santiago de Chile.
HUNEEUS, Carlos (1986a), Autoritarismo, cuestión sucesoria y transición a la democracia. In: Opciones Nº8, enero-abril 1986. Santiago de Chile.
HUNTINGTON, Samuel (1965), Political development. In: World Politics 17, April 1965.
HUNTINGTON, Samuel (1968), Political order in changing societies. New Haven and London, Yale University Press.
HUNTINGTON, Samuel (1984), Will more countries become democratic? In: Political Science Quarterly X LIX (1984).
HUNTINGTON, Samuel (1990), El orden político en las sociedades en cambio. Buenos Aires.

HUNTINGTON, Samuel (1994), La tercera ola: la democratización a finales del siglo XX. Barcelona, Paidós Ibérica.

HUNTINGTON, Samuel; MOORE, Clement H. (1970), Conclusion: authoritarianism, democracy and one-party politics. In: HUNTINGTON, Samuel; MOORE, Clement H. (Hg.) (1970) Authoritarian politics in modern society. S.509ss. New York-London.

HYMAN, Elizabeth (1972), Soldiers in Politics: new insight on Latin American Armed Forces. In: Political Science Quarterly, 1972. Vol.LCCCVII. S.401-418.

IBARGUREN (h), Carlos (1971), Respuestas a un cuestionario acerca del nacionalismo, 1930-1945. Buenos Aires.

IRAZUSTA, Julio (1956), Perón y la crisis argentina. Buenos Aires.

IRAZUSTA, Julio (1972), Balance de siglo y medio. Buenos Aires.

ITZCOVITZ, Victoria (1985), Estilo de gobierno y crisis política, 1973-1976. Buenos Aires, Centro Editor.

IVEREIGH, Austen (1995), Catholicism and Politics in Argentina (1810-1960). New York, St.Martin's Press.

IÑIGO CARRERA, Héctor (1971), Los años 20. Buenos Aires, CEAL.

JAMES, Daniel (1976), The peronist left, 1955-1975. In: Journal of Latin American Studies, parte 2 (noviembre 1976). vol.8, S.273-296.

JANE, Cecil (?), Libertad y despotismo en América Hispana.Ediciones Imán.

JANOWITZ, Morris (1972), Military professionalization and political power. Beverly Hills.

JANOWITZ, Morris (1977), Military institutions and coercion in the developing nation. Chicago, University of Chicago Press.

JANOWITZ, Morris (1990), El soldado profesional. Madrid, Ediciones Ministerio de Defensa.

JARAQUEMADA, Jorge (1990), Sindicalismo, movimientos sociales y poder gremial: 1970-1973.

JAURETCHE, Arturo (1969), F.O.R.J.A. y la década infame. In: SARLO SABAJANES, Beatriz (Hg.) (1969) La década infame. Buenos Aires.

JELIN, Elisabeth (1994), La construcción de la ciudadanía: entre la solidaridad y la responsabilidad. In: BALLETBÒ, Anna (Hg.) (1994) La consolidación democrática en América Latina. S.209-227. Barcelona, Editorial Hacer.

JESSE, Eckard; LÖW, Konrad (Hg.) (1997), Vergangenheitsbewältigung. Berlin, Duncker und Humblot.

JITRIK, Noé (1968), El 80 y su mundo. Presentación de una época. Buenos Aires.

JOHNSON, John (Hg.) (1962), The role of the military in underdeveloped countries. Princeton, Princeton University.

JOHNSON, John J. (1964), The military and society in Latin America. Stanford, Stanford University Press.
JOHNSON, John J. (1966), Militares y sociedad en América Latina. Buenos Aires, Editorial Solar-Hachette.
JOHNSON, Nevil (1977), Zur Bewertung von Herrschaft. In: HENNIS, Wilhelm (et al.) (Hg.) (1977) Regierbarkeit. 43-81. Stuttgart, Klett-Cotta.
JOHNSON, Paul (1992), Tiempos modernos. Santiago de Chile, Planeta.
JOXÉ, Alain (1970), Las fuerzas armadas en el sistema político chileno. Santiago de Chile, Editorial Universitaria.
Juan Pablo II (1991), Centessimus Annus. Santiago de Chile, Ediciones Paulinas.
JUVENAL, Carlos Alfredo (1987), El caso Sivak. Buenos Aires.
KAHLE, Günther (1981), Diktatur und Militärherrschaft in Lateinamerika. In: Zeitschrift für Lateinamerika. Wien.
KAHN, Heriberto (1979), Doy fe. Buenos Aires.
KAPLAN, Marcos (1967), Desarrollo socioeconómico y estructuras estatales en América Latina. In: Aportes N°4. S.25ss.
KARPEN, Ulrich (1985), Die chilenische Verfassung vom 11.09.1980 aus der Sicht der demokratischen Opposition. In: Jahrbuch des öffentlichen Rechts, N.F. Band 34.
KAUFMAN, Robert R. (1994), Liberalización y democratización en América del Sur: perspectivas a partir de la década de 1970. In: O'DONNELL (et al.) (1994) Transiciones desde un gobierno autoritario. Perspectivas comparadas. vol.3 S.137-170. Barcelona-Buenos Aires-México, Ediciones Paidós.
KELLY, David Sir (1962), El poder detrás del trono. Buenos Aires.
KENNEDY, John F. (1958), Catholicism, nationalism and democracy in Argentina. Notre Dame.
KENWORTHY, Eldon (1973), The function of the little-know case in theory formation or what Peronism wasn't. In: Comparative Politics N°1 (octubre 1973). vol.6, S.17-45.
KIELMANSEGG, Peter Graf (1977), Demokratieprinzip und Regierbarkeit. 118-133. Stuttgart, Klett-Cotta.
KIRSCH, Henry (1977), Industrial development in a traditional society. The conflict of Entrepeneurship and Modernization in Chile. Gainsville, The University Press of Florida.
KLARE, Michael T.; KORNBLUH, Peter (Hg.) (1988), Low intensity warfare. New York.
KLARE, Michael; STEIN, Nacy (1978), Armas y poder en América Latina. México, Editorial ERA.

KLEMPT-KOZINOWSKI, Gisela (et al.) (1984), Die Frauen von der Plaza de Mayo. Baden-Baden.

KLETTEN, Ingo (1991), Durch Terror zum modernen Staat. Der chilenische Geheimdienst DINA. In: REEMTSMA, Jan Philipp (Hg.) (1991) Folter. S.37-72. Hamburg.

KLIMMECK, Barbara (1991), Argentinien 1976-1983: Militärherrschaft, Medienzensur, Menschenrechtsverletzungen. Saarbrücken-Fort Lauderdale, Breitenbach.

KLING, Merle (1970), Contribuçao para una teoria da instabilidade do poder e da política na América Latina. In: Revista Brasileira de Estudos Políticos.

KOKOTT; Juliane (1987), Völkerrechtliche Beurteilung des argentinischen Gesetzes N°23.521 über die Gehorsampflcht. In: Zeitschrift für ausländisches öffentliches Rechts und Völkerrecht 47. S.506-533.

KOLB, Eberhard; Mühlhausen, Walter (Hg.) (1997), Parteien im Verfassungssystem der Weimarer Republik. Fünf Beiträge. München-Wien-Oldenbourg, Schriftenreihe der Stf.Reichspr.Friedrich-Ebert-Gedenkstätte.

KOLKOWITZ, R.; HORBONSHI, A. (Hg.) (1982), Soldies, Peasants and Bureacrats. Londres, Allen and Unwin.

KOSSOCK, Manfred (et al.) (1983), Las revoluciones burguesas. Barcelona, Ed.Crítica.

KOSSOCK, Manfred; KÜBLER, Jürgen; ZEUSKE, Max (1983), Ensayo acerca de la dialéctica de revolución y reforma en el desarrollo histórico de América Latina. In: KOSSOCK, Manfred (et al.) (1983) Las revoluciones burguesas. S.190-219. Barcelona, Ed.Crítica.

KRAMER, Andrés M. (1973), Chile. Historia de una experiencia socialista. Barcelona, Península.

KRAUSS, Günther (1952?), Transformaciones de la democracia. In: Revista de Estudios Políticos N°63 (1952?). S.15-35. Madrid,

KRAVIETZ, Dieter; GARZÓN VALDÉS, Ernesto (1995), Lateinamerika und Europa im Dialog: Politische Herrschaftstruktur in Verfassung in vergleichender Perspektive. Beitrage zur Rechtstheorie. Berlin.

KRUMWIEDE, Heinrich-W.; NOLTE, Detlef (1988), Chile: auf dem Rückweg zur Demokratie? Baden-Baden, Nomos-Verlag.

KRUMWIEDE, Heinrich-W.; NOLTE, Detlef (1989), Probleme und Aussichten der Demokratisierung: Chile und Nicaragua in vergleichender Perspektive. In: Aus Politik und Zeitgeschichte. B 4/89.

KURTH, James (1973), United States Foreign Policy and Latin American Military Rule. In: SCHMITTER, Philippe C. (et al.) (1973) Military Rule in Latin America. Function, Consequences and Perspectives. Beverly Hills.

KURZ, Achim (1992), Demokratische Diktatur?: Auslegung und Handhabung des Artikels 48 der Weimarer Verfassung 1919-25. Berlin, Duncker und Humblot.
KVATERNIK, Eugenio (1987), Crisis sin salvataje: la crisis político-militar de 1962-63. Buenos Aires, Ediciones del Ides.
KVATERNIK, Eugenio (1990), El péndulo cívico-militar: la caída de Illia. Buenos Aires, Editorial Tesis.
LABROUSSE, Alain (1973), El experimento chileno, ¿reformismo o revolución? Barcelona, Grijalbo.
LAGO CARBALLO, Antonio (1995), Los derechos humanos en las constituciones iberoamericanas, 1978-1984. In: MAYOR, Federico (1995) "Amicorum liber". Bruselas.
LAMBERT, Jacques (1967), Latin America. Social structure and political institutions. Berkeley-Los Angeles.
LAMBERT, Robert (1971), Die kastristische Guerrilla in Lateinamerika. Hannover.
LAMURA, Enzo (1976), Militär und Politik in Lateinamerika. Hamburg, Institut für Iberoamerika-Kunde.
LANDABURU, Carlos (1988), La guerra de las Malvinas. Buenos Aires, Círculo Militar. Biblioteca del Oficial.
LANDSBERGER, Henry A. (1967), La élite obrera de América Latina y la revolución. In: LIPSET, Seymour M; SOLARI, Aldo E. (Hg.) (1967) Elites y desarrollo en América Latina. Buenos Aires.
LANE O. Arturo (1979?), Lucha ideológica en torno a la Seguridad Nacional. Santiago de Chile, Centro de Estudios de la Nacionalidad.
LANGE, Peter; MEADWELL, Hudson (1985), Typologies of democratic systems: from political imputs to political economy. In: WIARDA, Howard (Hg.) (1985) New directions in comparative politics. S.80-113. Boulder, Westview Press.
LANUSSE, Alejandro A. (1977), Mi testimonio. Buenos Aires.
LANÚS, Roque (1949), Las Fuerzas Armadas en los regímenes democráticos.
LARSEN, Neil (et al.) (1983), The discurse of power: culture, hegemony and the authoritarian state. Mineapolis, Institute for study of ideologies and literature.
LARSON, Oscar (1967), La ANEC y la Democracia Cristiana. Santiago de Chile, Ediciones Ráfaga.
LASSWELL, H. (1965), Das Qualitative und das Quantitative in Politik -und rechtswissenschaftlichen Untersuchungen. In: TOPITSCH, E. (Hg.) (1965) Logik der Sozialwissenschaften. Köln-Berlin.

LASSWELL, Harold D.; LERNER, Daniel (eds.) (1965), World revolutionary elites. Studies in coercive ideological movements. Wetsport, Connecticut, Greenwood Press, Publishers.

LAUTH, Hans-Joachim (1985), Der Staat in Lateinamerika: d.Staatskonzeption von Guillermo O'Donnell. Saarbrücken-Fort Lauderdale, Breitenbach.

LAZARA, Simón (1988), Poder militar: origen, apogeo, transición. Buenos Aires, Legasa.

Le ROY, Etienne (1994), Problème de légitimité dans les théories contemporaines de l`Etat de Droit en France et en Afrique. In: MÖHLIG, Wilhelm J.G. (Hg.) (1994) Legitimation von Herrschaft und Recht. La légitimation du pouvoir et du droit. 3. Kolloquium deutsch-französischer Rechtsanthropologen, Sankt Augustin, 20.-25. November 1992, Köln. 43-54. Köln.

LECHNER, Norbert (1969), Der Demokratisierungsprozess in Chile. Versuch einer Interpretation der politischen Entwicklung. Karlsruhe.

LECHNER, Norbert (1970), La democracia en Chile. Buenos Aires, Signos.

LECHNER, Norbert (Hg.) (1981), Estado y política en América Latina. Siglo XIX. México.

LECHNER, Norbert (et al.) (Hg.) (1985), Partidos y democracia. Santiago de Chile, Ainavillo.

LECHNER, Norbert; BRUNNER, José J.; FLISFISCH, Angel (1985), Partidos y democracia. Santiago de Chile, FLACSO.

LEGON, Faustino J.; MEDRANO, Samuel W. (?), Las constituciones de la República Argentina. In: Revista de Estudios Políticos Nº3. S.195-196. Madrid.

LEIUWEN, Edwin (1960), Armas y política en América Latina. Buenos Aires, Editorial Sur.

LEIUWEN, Edwin (1964), Generals versus Presidents: neomilitarism in Latin America. New York, Pragger.

LEIUWEN, Edwin (1965), Arms and Politics in Latin America. New York.

LEMBERG, Eugen (1964), Nationalismus. 2 Bde. Hamburg.

LEON, Samuel (comp.) (1976), La prensa internacional y el golpe de estado chileno. México, Facultad de Ciencias Políticas y Sociales.

LEONI, Luis A. (1960), Encuadre de la institución Ejército en el Estado moderno. In: Revista Militar Nº657, julio-septiembre 1960. S.29-43.

LERNER, D. (1958), The passing of Traditional Society: Modernizing the Middle East. Glencoe, The Free Press.

LESSEPS, Mariano; TRAVELLER, Lucía (1978), Argentina: un país entregado. Madrid.

LEUCO, A.; DÍAZ, J. (1987), Los herederos de Alfonsín. Buenos Aires.

LEWIS, Paul (1990), The crisis of Argentine capitalism. Chape Hill, University of North Caroina Press.
LIJPHART, Arend (1980), Democracy in Plural Societies. A comparative exploration. New Haven, Yale University Press.
LIJPHART, Arend (1988), Democratización y modelos democráticos alternativos. In: Varios Autores (1988) Presidencialismo vs. Parlamentarismo. Buenos Aires.
LIJPHART, Arend (1994), Electoral systems and party systems: a study of twenty-seven democracies, 1945-1990. Oxford, Oxford University Press.
LIJPHART, Arend (Hg.) (1992), Parliamentary versus Presidential Government. Oxford, Oxford University Press.
LIMONGI, Fernando; PRZEWORSKI, Adam (1994), Democracy and development in South America, 1945-1988. Madrid, Centro de Estudios Avanzados en Ciencias Sociales.
LINDENBERG, Klaus (Hg.) (1971), Politik in Lateinamerika. Hannover, Verlag für Literatur und Zeitgeschehen.
LINDENBERG, Klaus (Hg.) (1982), Lateinamerika. Herrschaft, Gewalt und internationale Abhängigkeit. Bonn, Verlag Neue Gesellschaft.
LINZ, Juan J. (1964), An authoritarian regime: Spain. In: ALLARDT, Erik; LITTUNEN, Yrjö (Hg.) (1964) Cleavages, ideologies and party systems. Helsinki.
LINZ, Juan J. (1970), From Falange to Movimiento Organización: the spanish single party and the Franco regime, 1936-1968. In: HUNTINGTON, Samuel S.; MOORE, Clement H. (Hg.) (1970) Authoritarian politics in modern society. New York-London.
LINZ, Juan J. (1975), Totalitarian and Authoritarian Regimes. In: GREENSTEIN, Fred I.; POLSBY, Nelson W. (eds.) (1975) Handbook of Political Science. Vol.3. S.175-411.Addison-Wesley Pub.Reading.
LINZ, Juan J. (1978), Crisis, breakdown & reequilibration. Baltimore-London, John Hopkins University Press.
LINZ, Juan J. (1988), Democracia presidencial o parlamentaria.¿Hay alguna diferencia? In: Varios Autores (1988) Presidencialismo vs. Parlamentarismo. Buenos Aires.
LINZ, Juan J. (1990), Transiciones a la democracia. In: Revista Española de Investigaciones Sociológicas Nº51. Madrid.
LIPSET, Seymour M. (1960), Political man. The social bases of politics. New York, Doubleday & Co.
LIPSET, Seymour M. (1963), The first new nation. New York, Basic Books.
LIPSET, Seymour M. (1964), El hombre político. Buenos Aires.

LIPSET, Seymour M. (1987), El hombre político: las bases sociales de la política. Madrid.
LIPSET, Seymour M. (1990), Politics in developing countries: comparing experiences with democracy. Boulder and London.
LIPSET, Seymour M.; ROKKAN, Stein (1967), Cleavages, structures, party system and voter alignments: an introduction. In: LIPSET, Seymour M. ROKKAN, Stein (eds.) (1967) Party system and voter alignment: cross-national perspectives. S.1-64. New York, Free Press.
LIPSET, Seymour M.; SOLARI, Aldo (1967), Elites in Latin America. New York, Oxford University Press.
LITTLE, Walter (1973), Electoral aspects of Peronism, 1946-1954. In: Journal of Inter-American Studies, N°3 (agosto 1973). vol.15, S.267-284.
LLORENTE, Ignacio (1977), Alianzas políticas en el surgimiento del peronismo: el caso de la provincia de Buenos Aires. In: Desarrollo Económico N°65 (abril-junio 1977). vol.17, S.61-88.
LÖWENTHAL, Richard (1963), Staatsfunktionen und Staatsform in der Entwicklungsländer. In: LÖWENTHAL, Richard (Hg.) (1963) Die Demokratie im Wandel der Gesellschaft. S.164-192. Berlin.
LOMBARD, Jacques (1994), Les fondements anthropologiques de la légitimation du pouvoir. In: MÖHLIG, Wilhelm J.G. (Hg.) (1994) Legitimation von Herrschaft und Recht. La légitimation du pouvoir et du droit. 3. Kolloquium deutsch-französischer Rechtsanthropologen, Sankt Augustin, 20.-25. November 1992, Köln. 33-42. Köln.
LONARDI, Luis Ernesto (1958), Dios es justo. Lonardi y la revolución. Buenos Aires.
LOURAU, René (1975), El análisis institucional. Buenos Aires.
LOUSTEAU HEGUY, Guillermo A. (1960), El sistema institucional argentino. In: La Revolución Argentina, análisis y perspectiva. Buenos Aires, Depalma.
LOVEMAN, Brian (1993), The constitution of tiranny: regimes of exception in Spanish America. Pittsburgh, University of Pittsburg.
LOVEMAN, Brian; THOMAS, Davies (eds.) (1978), The politics of antipolitics: the military in Latin America. Lincoln, University of Nebraska Press.
LOWDEN, Pamela (1996), Moral Opposition to Authoritarian Rule in Chile, 1973-1990. New York, St.Martin's Press.
LOWENTHAL, Abraham (1974), Armies and Politics in Latin America. In: World Politics vol.XXVII, N°1 Oktober 1974. S.107-130.
LOWENTHAL, Abraham F. (Hg.) (1976), Armies and politics in Latin America. New York-London, Holmes and Meier Publishers Inc.
LOWENTHAL, Abraham F. (Hg.) (1991), Exporting democracy. The United States and Latin America. Baltimore.

LOWENTHAL, Abraham; FITCH, Samuel (eds.) (1986), Armies and politics in Latin America. New York, Holmes and Meir Publishers Inc.
LOZADA, Salvador María (1967), Las fuerzas armadas en la política hispanoamericana. Buenos Aires.
LUCA DE TENA, Torcuato (et al.) (1976), Yo Juan Domingo Perón. Relato autobiográfico. Barcelona.
LUCERO, Franklin (1959), El precio de la lealtad. Buenos Aires.
LUCKE, Doris (1995), Legitimität in der "Abstimmungsgesellschaft". Opladen.
LUCKE, Doris (1996), Legitimation durch Akzeptanz. Zur Subjektorientierung einer "systemischen" Debatte. In: Zeitschrift für Rechtssoziologie 17 (1996). S.221-248.
LUGONES, Leopoldo (hijo) (1962), Los argentinos y su historia interna. Buenos Aires, Centurión.
LUNA, Félix (1963), Diálogos con Frondizi. Buenos Aires.
LUNA, Félix (1966), Los caudillos. Buenos Aires, Jorge Alvarez S.A.
LUNA, Félix (1970?), El 45: crónica de un año decisivo. In: Los argentinos, 8.
LUNA, Félix (1972), Argentina de Perón a Lanusse (1943-1973). Barcelona, Planeta.
LUNA, Félix (1983), Golpes militares y salidas electorales. Buenos Aires.
LUNA, Félix (1989), Fuerzas hegemónicas y partidos políticos. Buenos Aires.
LUX-WURM, Pierre (1965), Le péronisme. Paris.
LÓPEZ ALONSO, Gerardo (1982), 1930-1980 Cincuenta años de historia argentina: una cronología básica. Buenos Aires, Belgrano.
LÓPEZ PÉREZ, Ricardo (1979), Tradicionalismo y violencia. Juan Donoso Cortés: su teoría de la dictadura. In: Estudios Sociales N°20 (marzo 1979). S.143-162. Santiago de Chile.
LÓPEZ ROSAS, José Rafael (1977), Historia constitucional argentina. Buenos Aires.
LÓPEZ, Adolfo Cándido (1969), Ideas Políticas. Buenos Aires.
LÓPEZ, Ernesto (1987), Entre Rico y Caridi. Buenos Aires.
LÓPEZ, Ernesto (1988), El último levantamiento. Buenos Aires.
LÓPEZ, George A.; STOHL, Michael (1987), Liberalization and redemocratization in Latin America. New York, Greenwood Press.
MACEYRA, Héctor (1983), Cámpora-Perón-Isabel. Buenos Aires.
MAIER, Julio B. (1995), Die strafrechtliche Aufarbeitung von staatlich gesteuerten Unrecht in Argentinien. In: Zeitschrift für die gesamte Strafrechtswissenschaft 107. S.143-156.
MAINWARING, Scott (1993), Presidentialism, multipartidism, and democracy: the difficult combination. In: Comparative Politics N°26. S.198-228.

MALAMUD, Carlos (1992), América Latina, siglo XX: la búsqueda de la democracia. Madrid, Síntesis.
MALDONADO PRIETO, Carlos (1988), La Milicia Republicana. Historia de un ejército civil en Chile, 1932-1936. Santiago de Chile, Servicio Universitario Mundial.
MALLON, Richard D.; SOURROILLE, Juan V. (1975), Economic Policymaking in a conflict society: the Argentine case. Cambridge, Mass.
MALLOY, James M. (1988), The politics of transition in Latin America. In: MALLOY, James; SELIGSON, Mitchell A. (Hg.) (1988) Authoritarians and Democrats. Regime transition in Latin America. S.235-257. Pittsburgh, University of Pittsburgh Press.
MALLOY, James M.; SELIGSON, Mitchell A. (eds.) (1988), Authoritarians and democrats: regime transition in Latin America. Pittsburgh, University of Pittsburgh Press.
MANSILLA, H.C.F. (1989), La herencia ibero-católica y la persistencia del autoritarismo en América Latina. In: Sistema 89 (marzo 1989). S.65-78. Madrid.
MARCHENA FERNÁNDEZ, Juan (1995), Militarismo y constitucionalismo en el ocaso del orden colonial en la Sierra Andina. In: WICKHAM, Chris; KAMEN, Henry; HERNÁNDEZ, Elena (et al.) S.101-118. Salamanca, Ediciones Universidad.
MARCHENSKY, Marcos (1961), Las corrientes ideológicas en la historia argentina. Buenos Aires.
MARINI, Alberto (1960), El Ejército en los últimos cincuenta años. In: Revista Militar Nº656 (1960). S.357-362.
MARINI, Ruy Mauro (1976), El reformismo y la contrarrevolución (estudios sobre Chile). México, Nueva Era.
MARINOVIC PINO, Milan (1990), Fuerzas Armadas y sociedad: marco teórico para un debate político. In: Sociedad y Fuerzas Armadas Nº1, marzo 1990. Santiago de Chile.
MARIONI, Oscar (1989), El Atlántico Sur y la crisis militar de Videla y Galtieri a Seineldín y Rico. Buenos Aires, Agora.
MARTÍNEZ QUINTEIRO, María Esther (1995), Crisis de la modernidad y derechos humanos. In: WICKHAM, Chris; KAMEN, Henry; HERNÁNDEZ, Elena (et al.) S.161-188. Salamanca, Ediciones Universidad.
MARTÍNEZ RIZO, Alfonso (1933?), Militarismo: anacronismos que deben desaparecer. Tendencias de los gobiernos burgueses que hacen del militarismo un esquirolaje organizado. Barcelona, Mar.
MARTÍNEZ, Rodolfo (1957), Grandezas y miserias de Perón. México.
MARTÍNEZ, Tomás Eloy (1973), La pasión según Trelew. Buenos Aires.

MARTÍNEZ, Tomás Eloy (1993), La novela de Perón. Barcelona, RBA.
MARTÍNEZ-SICLUNA Y SEPÚLVEDA, Consuelo (1991), Legalidad y legitimidad: la teoría del poder. Madrid, Actas.
MARÍN, Germán (1976), Una historia fantástica y calculada: La CIA en el país de los chilenos. México, Siglo XXI editores.
MARÍN, Juan Carlos (1984), Los hechos armados : un ejercicio posible. Buenos Aires.
MASSINI CORREAS, Carlos (1989), Los derechos humanos, paradoja de nuestro tiempo. Santiago de Chile, Alfabeta.
MATZ, Ulrich (1987), Zur Dialektik von totalitärer Ideologie und pluralistischer Gesellschaft. In: FUNKE, Manfred; JACOBSEN, Hans-Adolf (et al.) (Hg.) (1987) Demokratie und Diktatur. S.554-566. Düsseldorf, Droste.
MAY, John D. (1973), Of the conditions and Measures of Democracy. Morristown, New Jersey, General Learning Press.
MAYORGA, René Antonio (coord.) (1992), Democracia y gobernabilidad en América Latina. Caracas, Nueva Sociedad.
Mc DONALD, Ronald; RUHL J.Mark (1989), Party politics and elections in Latin America. Boulder (Colorado), Westview Press.
Mc GEE DEUTSCH, Sandra; DOLKART, Ronald H. (1993), The Argentine Right. Its History and intellectual origins from 1910 to the present. Wilmington.
Mc KINLAY, R.D. (1971), Profesionalism, politization and Civil-Military Relations. In: GILS, M.R. van (Hg.) (1971) The perceived role of the military. S.243-265. Rotterdam.
Mc KINLAY, R.D.; COHAN, A.S. (?), The economic performance of military regimes. In: British Journal of Political Science 6. S.291-310.
McALISTER, Lyle N.; MAINGOT, Anthony; POTASH, Robert (1970), The military in Latin American sociopolitical evolution: four case studies. Washington D.C.
McCLELLAND, David (1961), The achieving society. Princeton; New York, Van Nostrand; Irvington.
MEDINA, Manuel (1994), La democracia latinoamericana ante la crisis económica mundial. In: BALLETBÒ, Anna (Hg.) (1994) La consolidación democrática en América Latina. S.147-158. Barcelona, Editorial Hacer.
MENDE, Raúl A. (1950), El justicialismo, doctrina y realidad peronista. Buenos Aires.
MENZEL, U. (1992), Das Ende der Dritten Welt und das Scheitern der großen Theorie. Frankfurt am Main.
MENÉNDEZ CARRIÓN, Amparo (1991), Democracias pendientes y representación política en América Latina: algunas ideas en voz alta. In: LÓPEZ

MAYA, Margarita (Hg.) (1991) Desarrollo y democracia. Caracas, Nueva Sociedad.
MENÉNDEZ, Rómulo (1961), Las fuerzas armadas y la defensa nacional. In: Revista Militar Nº660, abril-junio 1960. S.13-17.
MENÉNDEZ, Rómulo (1961a), Papel político del Ejército en la historia nacional, 1806-1820. In: Revista Militar Nº 659 (enero-marzo 1961). S.76-81.
MERCIER VEGA, Luis (1968), Mecanismos del poder en América Latina. Buenos Aires, Editorial Sur.
MERCIER VEGA, Luis (1975), Autopsia de Perón: balance del peronismo. Barcelona, Tusquets.
MERINO VEGA, Marcia Alejandra (1993), Mi verdad. Más allá del horror, yo acuso. Santiago de Chile.
MERKX, Gilbert W. (1969), Sectoral clashes and political change: the Argentine experience. In: Latin American Research Review Nº3, Fall 1969. vol.IV, S.89ss.
MESSERSCHMIDT, Manfred (1970), Die Armee in Staat und Gesellschaft. In: STÜRMER, M. (Hg.) (1970) Das kaiserliche Deutschland, S.89 ss. Düsseldorf.
MESSERSCHMIDT, Manfred (1993), Polierte Geschichstsbilder. Militärische Tradition als Vergangenheitsglättung. In: HAASE, Norbert; OLESCHINSKI, Brigitte (Hg.) (1993) Das Torgau-Tabu. Wehrmachtstrafsystem NKWD-Speziallager DDR-Strafvollzug. S.94-105. Leipzig, Forum Verlag.
MEYER, Lorenzo; REYNA, Jos, Luis (1989), Los sistemas políticos en América Latina. México, Siglo XXI.
MIGNONE, Emilio F. (1986), Iglesia y dictadura. El papel de la Iglesia a la luz de sus relaciones con el régimen militar. Buenos Aires.
MIGUENS, José Enrique (1975), The new Latin American Military Coups. In: FIDEL, Kenneth (Hg.) (1975) Militarism in developing countries. S.123-599. New Brunswick, New Jersey.
MIGUENS, José Enrique; TURNER, Frederick C. (eds.) (1983), Juan Perón and the reshaping of Argentina. Pittsburgh, University of Pittsburgh Press.
MILLAS, Hernán; FILIPPI, Emilio (1974), Chile 1970-1973. Crónica de una experiencia. Santiago de Chile, Empresa editora Zig-Zag.
MILLINGTON, Thomas M. (1964), President Arturo Illia and the Argentine Military. In: Journal of Inter American Studies Nº3 (julio 1964). vol.VI, S.405-424.
MIRANDA, Sergio (1973), Las fuerzas armadas en el ordenamiento jurídico chileno. In: Fuerzas armadas y seguridad nacional. Santiago de Chile, Ediciones Portada.

MIRES, Fernando (1988), La rebelión permanente: las revoluciones sociales en América Latina. México, Siglo XXI.
MITCHELL, Christopher (et al.) (1986), State terrorism: issues of concept and measurement. In: STOHL, Michael; LÓPEZ, Georg (Hg.) (1986) Government violence and represion. S.1-25. Westport, Conn.
MOISES, José Alvaro (1990), Elecciones, participación y cultura política: cambios y continuidades. In: Revista Española de Investigaciones Sociológicas N°50. Madrid.
MOLINA JOHNSON, Carlos (1989), Chile: los militares y la política. Santiago de Chile, Estado Mayor General del Ejército.
MOLINAS, Ricardo F.; BARBERIS, Santiago F. (1983), El partido demócrata progresista. Buenos Aires, Centro Editor Argentino.
MOLS, Manfred (1985), La democracia en América Latina. Barcelona, Alfa.
MOM, Enrique M. (1959), Guerra Revolucionaria. In: Revista de la Escuela Superior de Guerra N°334. (julio-septiembre 1959), vol.XXXVII, S.489-515.
MONTEMAYOR, Mariano (1958), Presencia política de las fuerzas armadas. Buenos Aires.
MOORE, Barrington (1969), Soziale Ursprünge von Diktatur und Demokratie. Frankfurt.
MOORE, Barrington Jr. (1973), Social origins of dictatorship and democracy: lord and peasant in the making of the modern world. Harmondsworth, Penguin.
MOORE, Wilbert E. (1967), Order and Change. New York-London-Sydney.
MOORE, Wilbert E. (1977), Modernization and Rationalization: processes and restraints. In: Economic Development and Cultural Change, N° 25.
MORLINO, Leonardo (1981), Dalla democrazia all' autoritarismo: il caso spagnolo in prospettiva comparata. Bologna, Il Mulino.
MORLINO, Leonardo (1985), Cómo cambian los regímenes políticos. Madrid, Centro de Estudios Constitucionales.
Morlino, Leonardo (1986), Consolidación democrática. Definición, modelos, hipótesis. In: Revista de Investigaciones Sociológicas (REIS) N°35-36, S.7-61. Madrid, Centro de Investigaciones Sociológicas.
MORLINO, Leonardo (1987), Las instauraciones democráticas en Europa Mediterránea. Algunas hipótesis comparativas. In: BALOYRA, Enrique (et al.) (1987) Lecciones para demócratas en transición. Buenos Aires, Ed. Belgrano.
MORSE, Richard (1965?), Toward a theory of Spanish American Government. New York.
MOSKOS, Charles C.; WOOD, Frank R. (1991), Lo militar: ¿más que una profesión? Madrid, Ministerio de Defensa.

MOSS, Robert (1974), El experimento marxista chileno. Santiago de Chile, Editorial Gabriela Mistral.
MOULIÁN, Tomás (1993), La forja de ilusiones: el sistema de partidos 1932-1973. Santiago de Chile, ARCIS/FLACSO.
MOYANO, María José (1991), The "Dirty War" in Argentina: was it a war and how dirty was it? In: TOBLER, Hans Werner; WALDMANN, Peter (Hg.) (1991) Staatliche und Parastaatliche Gewalt in Lateinamerika. 45-74. Frankfurt am Main, Vervuert.
MÜLLER, Johann Baptist (1985), Determinanten politischer Entscheidung. Berlin, Duncker und Humblot.
MÜNCH, Richard (1976), Legitimität und politische Macht. Opladen, Westdeutscher.
MÜNKLER, H. (1991), Wieviel Tugend braucht die Demokratie? Voraussetzung der Zivilgesellschaft. In: Neue Gesellschaft/Frankfurter Hefte. Vol.38 S.612-616.
MUNCK, Ronaldo; FALCON, Ricardo; GALITELLI, Bernardo (1987), Argentina: from anarchism to peronism. Workers, Unions and Politics, 1955-1985. London, Zed Books.
MURMIS, Miguel; PORTANTIERO, Juan C.; PANAIA, Marta (1973), Estudios sobre los orígenes del peronismo. 2 vols. Buenos Aires.
MURMIS, Miguel; PORTANTIERO, Juan Carlos (1968), Crecimiento industrial y alianza de clases en la Argentina (1930-1940). Buenos Aires, Instituto T. di Tella. Centro de Investigaciones Sociales.
MURMIS, Miguel; PORTANTIERO, Juan Carlos (1969), El movimiento obrero en los orígenes del peronismo. In: Documento de Trabajo N°57. Buenos Aires, Instituto T. di Tella. Centro de Investigaciones Sociales.
MUÑOZ, Heraldo (1986), Las relaciones exteriores del gobierno militar chileno. Santiago de Chile, Ediciones del Ornitorrinco.
MUÑOZ, Heraldo (comp.) (1986), Las políticas exteriores latinoamericanas frente a la crisis. Buenos Aires, Grupo Editor Latinoamericano.
MÉNDEZ, Eugenio (1985), Confesiones de un montonero. Buenos Aires.
MÉNDEZ, Eugenio (1987), Aramburu: el crimen imperfecto. Buenos Aires.
NAIM, Moisés (1994), América Latina: nuevos tigres competitivos o viejos nacionalismos populistas. In: BALLETBÒ, Anna (Hg.) (1994) La consolidación democrática en América Latina. 159-171. Barcelona, Editorial Hacer.
NARION GIBSON, William (1948), The constitutions of Colombia. In: Revista de Estudios Políticos N°56 (1951). S.196-202. Madrid.
NATO DEFENSE COLLEGE (1997), Military assistance to the civil authorities in democracies: case studies and perspectives. Frankfurt am Main-Berlin-Bern-New York-Paris-Wien, Lang.

NAVARRO GERASSI, Marisa (1969), Los nacionalistas. Buenos Aires.
NEEDLER, M.C. (1987), The problem of democracy in Latin America. Lexington/Mass. Toronto.
NETTL, John Peter (1967), Political mobilization. A sociological analysis of methods and concepts. London.
NEVES, Marcelo (1992), Verfassung und Positivität des Rechts in der peripheren Moderne. Eine theoretische Betrachtung und eine Interpretation des Falls Brasilien. In: Schriften zur Rechtstheorie. Heft 150. Berlin, Duncker-Humblot.
NEWTON, Jorge (1955), Perón el visionario. Buenos Aires.
NICHOLSON, Michael (1986), Conceptual problems of studying state terrorism. In: STOHL, Michael; LÓPEZ, Georg (Hg.) (1986) Government violence and repression. S.27-44. Westport, Conn.
NOHLEN, Dieter (1981), Sistemas electorales en el mundo. Madrid, Centro de Estudios Constitucionales.
NOHLEN, Dieter (1986), Militärregime und Redemokratisierung in Lateinamerika. In: Aus Politik und Geschichte. Beilage zur Wochenzeitung Das Parlament. B9/86, 1 marzo 1986.
NOHLEN, Dieter (1988), Mehr Demokratie in der Dritten Welt? Über Demokratisierung und Konsolidierung der Demokratie in vergleichender Perspektive. In: Aus Politik und Zeitgeschichte. Vol.25-26 S.3-18.
NOHLEN, Dieter (1992), Sistemas electorales y gobernabilidad. In: Working Paper 63. Barcelona, Institut de Ciéncies Polítiques i Socials.
NOHLEN, Dieter; BARRIOS, Harald (1989), Redemokratisierung in Südamerika. In: Aus Politik und Zeitgeschichte. B 4/89.
NOHLEN, Dieter; NUSCHELER, F. (1982), Was heißt Entwicklung? In: NOHLEN, Dieter; NUSCHELER, F. (Hg.) (1982) Handbuch der Dritten Welt. Vol.1 S.48-72. Bonn.
NOHLEN, Dieter; WACHENDORFER, Achim (1976), Was wird aus Chile? Die wirtschaftliche, soziale und politische Situation unter der Militärdiktatur. In: Aus Politik und Zeitgeschichte, B18 (1976). S.3-29.
NOHLEN; Dieter (1973), Chile. Das sozialistische Experiment. Hamburg, Hoffmann und Campe.
NOLTE, Detlef (1986), Zwischen Rebellion und Integration -Gewerkschaften in der chilenischen Politik. Saarbrücken-Fort Lauderdale, Breitenbach.
NOLTE, Detlef (1991), Staatsterrorismus in Chile. In: TOBLER, Hans Werner; WALDMANN, Peter (Hg.) (1991) Staatliche und Parastaatliche Gewalt in Lateinamerika. S.75-104. Frankfurt am Main.

NOLTE, Detlef (1991a), Menschenrechte in Chile: ist die Politik der Aussohnung gescheitert? In: Lateinamerika. Analysen-Daten-Dokumentation. Beiheft 10. Hamburg.

NOLTE, Detlef (Hg.) (1996), Vergangenheitsbewältigung in Lateinamerika. Frankfurt am Main, Vervuert.

NOLTE, Detlef; WERZ, Nikolaus (Hg.) (1996), Argentinien: Politik, Wirtschaft, Kultur und Aussenbeziehungen. Frankfurt am Main, Vervuert.

NOLTE, Ernst (1968), Die Krise des liberalen Systems und die faschistischen Bewegungen. München.

NOLTE, Ernst (1969), Die faschistischen Bewegungen. München.

NORDEN, Deborah L. (1996), Military rebellion in Argentina: Between coups and consolidation. Lincoln, University of Nebraska Press.

NORDLINGER, Eric A. (1977), Soldiers in politics: Military coups government. Englewood, New Yersey, Prentice Hall.

NORDLINGER, Eric A. (1977a), Conflict regulation in divided societies. Cambridge, Mass. Center for International Affairs. Harvard University.

NORTH, Liisa (1966), Civil-military relations in Argentina, Chile and Perú. California, University of California.

NUN, José (1967), The middle-class military coups. In: VÉLIZ, Claudio (Hg.) (1967) The politics of conformity Latin America. S.66-118. London-Oxford-New York.

NUN, José (1969), Latin America: the hegemonic crisis and military coups. Berkeley, Institut of International Studies. University of California.

NUN, José; PORTANTIERO, Juan Carlos (comps.) (1987), Ensayos sobre la transición democrática en la Argentina. Buenos Aires, Puntosur.

NUNN, Frederick M. (1970), Chilean politics 1920-1931. The honorable mission of the Armed Forces. Albuquerque, University of New Mexico Press.

NUNN, Frederick M. (1971), The Latin American Military establishment: some thoughts on the origins of its socio-political role and an illustrative bibliographical essay. In: The Americas (1971) XXVII, S.135-151.

NUNN, Frederick M. (1976), The military in chilean history. Essays on civil-militar relations, 1810-1973. Albuquerque, University of New Mexico Press.

O'BRIEN, Donald Cruise (1972), Modernization, Order, and the Erosion of a Democratic Ideal: American Political Science (1960-1970). In: The Journal of Development Studies N°4 (1972). 351-378.

O'DONNELL, Guillermo (1970), Un juego imposible: competición y coalición entre partidos políticos en Argentina, 1955-1966. In: Revista Latinoamericana de Sociología VII, 1970. S.103-131.

O'DONNELL, Guillermo (1972), Modernización y golpes militares. Teoría, comparaciones y el caso argentino.

O'DONNELL, Guillermo (1973), El Estado burocrático autoritario 1966-1973. Buenos Aires.
O'DONNELL, Guillermo (1976), Estado y alianzas en la Argentina, 1956-1976. Buenos Aires. Centro de Estudios de Estado y Sociedad.
O'DONNELL, Guillermo (1978), Tensiones en el estado burocrático-autoritario y la cuestión de la democracia. Buenos Aires, Centro de Estudios de Estado y Sociedad.
O'DONNELL, Guillermo (1979), Tensions in the bureaucratic-authoritarian state and the question of democracy. In: COLLIER, David (Hg.) (1979) The new authoritarianism in Latin America. Princeton, New Jersey, Princeton University Press.
O'DONNELL, Guillermo (1982), El Estado burocrático autoritario. Triunfos, derrotas y crisis. (Argentina 1966-1973). Buenos Aires, Editorial Belgrano.
O'DONNELL, Guillermo (1984), ¿Y a mí qué me importa? notas sobre sociabilidad y política en Argentina y Brasil. Buenos Aires.
O'DONNELL, Guillermo (1994), Delegative democracy. In: Journal of Democracy Nº5.1. S.55-69.
O'DONNELL, Guillermo (1994a), Introducción a los casos latinoamericanos. In: O'DONNELL (et al.) (1994) Transiciones desde un gobierno autoritario. América Latina. Vol.2 S.15-36. Barcelona-Buenos Aires-México, Ediciones Paidós.
O'DONNELL, Guillermo (et al.) (comps.) (1994), Transiciones desde un gobierno autoritario. 4 vol. Barcelona-Buenos Aires-México, Ediciones Paidós.
O'DONNELL, Guillermo; SCHIMITTER, Philippe C. (1994), Transiciones desde un gobierno autoritario. Conclusiones tentativas sobre democracias inciertas. vol.4 Barcelona-Buenos Aires-México, Ediciones Paidós.
OCHOA DE AGUILAR (EQUILEOR), ?; BELTRÁN, Virgilio R. (1968), Las fuerzas armadas hablan. Buenos Aires, Editorial Paidós.
ODENA, Isidro (1977), Libertadores y desarrollistas (1955-1962) Buenos Aires, La Bastilla.
OGBURN, William F. (1967), Die Theorie des "*Cultural Lag*". In: DREITZEL, Hans-Peter (Hg.) (1967) Sozialer Wandel, Zivilization und Fortschritt als Kategorien der soziologischen Theorie. S.328 ss. Neuwied und Berlin.
OLIET PALÁ, Alberto (1994), Liberalismo y democracia en crisis. Madrid, Centro de Estudios Constitucionales.
OLIVERI, M. (1985), Orígenes y evolución de la presencia militar en América Latina. In: Revista de Estudios Políticos Nº 42, Madrid, nov.-dic.1985. Madrid.
OLMEDA GÓMEZ, José Antonio (1988), Las fuerzas armadas en el Estado franquista. Madrid, Ediciones El Arquero.

OLSON Jr.; Manur (1963), Rapid economic growth as a destabilizing force. In: The Journal of Economic History Nº4 (1963). S.529-552.
ORLANDI, Héctor (1982), Derecho político de los partidos y justicia electoral del Poder Judicial. In: Los partidos políticos. Buenos Aires, El Cid.
ORONA, Juan V. (1965), La logia militar que enfrentó a Hipólito Yrigoyen. Buenos Aires.
ORONA, Juan V. (1970), La dictadura de Perón. Buenos Aires.
ORONA, Juan V. (1971), La revolución del 16 de septiembre. Buenos Aires.
ORSOLINI, Mario (1964), La crisis del Ejército. Buenos Aires.
ORSOLINI, Mario (1965), Ejército argentino y crecimiento nacional. Buenos Aires.
ORTIZ, Tulio Eduardo (1977), Los ciclos históricos argentinos. Buenos Aires, Ed.Plus Ultra.
OSORIO, Víctor; CABEZAS, Iván (1995), Los hijos de Pinochet. Santiago de Chile.
OTANO, Rafael (1995), Crónica de la transición. Santiago de Chile, Planeta.
OTELO BORRONI, Roberto V. (1970), La vida de Eva Perón. Testimonios para su historia. Buenos Aires.
OTTONE FERNÁNDEZ, Ernesto (1984), Hegemonía y crisis de hegemonía en el Chile contemporáneo. Madrid, LAR.
OVALLE MENDOZA, Pedro (1975), Libro negro del atentado marxista leninista en Chile. Los orígenes y las últimas consecuencias del Plaz "Z". Madrid, Speiro.
OYHANARTE, Julio (1969), Poder político y cambio estructural en la Argentina. Buenos Aires, Paidós.
PAGE, Joseph A. (1983), Perón: a biography. New York, Random House.
PAGE, Joseph A. (1984), Perón. 2ª parte, 1952-1974. Buenos Aires, Vergara.
PALACIO DEHEZA, Carlos (1981), El plan Martínez de Hoz y la economía argentina. Buenos Aires, Corregidor.
PALAZZO, Eugenio; SCHINELLI, Guillermo (1976), Las normas constitucionales del Proceso de Reorganización Nacional. Buenos Aires, Zavalía.
PALENQUE CARRERA, Arturo (1967), La revolución que nos aguarda. Buenos Aires.
PALERMO, Vicente (1986), Democracia interna en los partidos: las elecciones partidarias de 1983 en el radicalismo y el justicialismo porteños. Buenos Aires.
PALERMO, Vicente (1991), Argentina, democracia y populismo en tiempos difíciles: algunas notas sobre la gestión menenista desde 1989. Madrid.
PALERMO, Vicente (1995), -Síganme! la política de las reformas estructurales: el caso argentino, 1989-1993. Madrid.

PANAIA, Marta; LESSER, Ricardo (1973), Las estrategias militares frente al proceso de industrialización (1943-1947). In: MURMIS, Miguel (et al.) (1973) Estudios sobre los orígenes del peronismo II, S.81-164. Buenos Aires.
PANDOLFI, Rodolfo (1968), Frondizi por él mismo. Buenos Aires.
PANDOLFI, Rodolfo; MITTELBACH, Federico (1976), Los golpes en la Argentina (1930-1976). In: Carta Política N°38 (diciembre 1976). S.30-36.
PANNEBIANCO, Angelo (1990), Modelo de partido: organización y poder en los partidos políticos. Madrid.
PAOLETTI, Alipio E. (1987), Como los nazis, como en Vietnam. Buenos Aires.
PARAMIO, Ludolfo (1982), El final del desencanto. In: Leviatán N°9, 1982 S.17-32. Madrid.
PARAMIO, Ludolfo (1992), Problemas de la consolidación democrática en América Latina en la década de los 90. Madrid, Instituto de Estudios Sociales Avanzados.
PARERA DENNIS, Alfredo (1965), Apuntes para una historia del peronismo 3. El gobierno del "como si": 1946-1955. In: Fichas de investigación económica y social, año 2, octubre 1965, S.3ss.
PARERA DENNIS, Alfredo (1967), Democracia Cristiana en la Argentina. Los hechos y las ideas. Buenos Aires.
PARSONS, Talcott (1961), Some considerations on the theory of social change. In: Rural sociology. S.219ss.
PARSONS, Talcott (1966), Societies: evolutionary and comparative perspectives. Englewood Cliffs, New York, Prentice Hall.
PARSONS, Talcott (1967), Sociological theory and modern society. New York, Free Press.
PARSONS, Talcott (1971), System of modern societies. Englewood Cliffs, New York, Prentice Hall.
PARSONS, Talcott (1982), El sistema social. Madrid, Alianza Editorial.
PARTIDO PERONISTA. Consejo Superior (1954), Perón habla a las Fuerzas Armadas. Buenos Aires.
PASQUINO, Gianfranco (1979), Populismo. In: CARMAGNANI, Marcelo (comps.) (1979) Storia dell' America Latina. VI Florencia, La nuova Italia.
PASTOR, Reynaldo (1959), Frente al totalitarismo peronista. Buenos Aires.
PASTOR, Robert A. (Hg.) (1989), Democracy in the Americas. Stopping the Pendulum. New York, Holmes & Meier.
PAVÓN PEREYRA, Enrique (1953), Perón. 1895-1942. Buenos Aires.
PAVÓN PEREYRA, Enrique (1965), Coloquios con Perón. Buenos Aires.
PAYNE, Stanley G. (1967), Politics and the military in modern Spain. London.

PAZ, Hipólito (1969), la política argentino-chilena durante la presidencia de Perón. In: Estrategia Nº1, septiembre-octubre 1969. S.103ss.
PAZ, Ricardo (1980), El conflicto pendiente. Buenos Aires, Eudeba.
PELLET LASTRA, Arturo (1979), El Estado y la realidad histórica. Buenos Aires, Ediciones Universidad del Salvador.
PENDLE, George (1968), Argentina. Oxford.
PERALTA RAMOS, Mónica (1972), Etapas de acumulación y alianzas de clases en la Argentina (1930-1970). Buenos Aires, Siglo XXI.
PERALTA RAMOS, Mónica (1978), Acumulación del capital y crisis política en Argentina (1930-1974). Buenos Aires, Siglo XXI.
PERALTA RAMOS, Mónica (1987), Toward an analysis of the structural basis of coercion in Argentina: the behavior of the major fractions of the bourgeoisie, 1976-1983. In: PERALTA RAMOS, Mónica; WAISMAN, Carlos H. (eds.) (1987) From military rule to liberal democracy in Argentina, S.39-67. Boulder and London, Westview Press.
PERALTA RAMOS, Mónica; WAISMAN, Carlos (1987), From military rule to liberal democracy in Argentina. Boulder-London, Westview Press.
PERELMAN, Angel (1961), Cómo hicimos el 17 de octubre. Buenos Aires.
PEREZ GHILHOU, Dardo (1976), El nuevo orden jurídico político instaurado el 24 de marzo de 1976. In: Revista "IDEARIUM" Nº2, 1976. Mendoza, Facultad de Ciencias Jurídicas y Sociales.
PÉREZ GUILHOU, Dardo (1975), La Corte Suprema de Justicia y los gobiernos *de facto* (1861-1971). In: Revista "IDEARIUM" Nº1 año I, octubre 1975. Mendoza, Facultad de Ciencias Jurídicas y Sociales.
PEREZ GUILHOU, Dardo (1982), El estatuto de los partidos políticos. Estudio sobre la nueva ley 22.267. Mendoza, Jurídicas Cuyo 1982.
PERINA, Emilio (1960), Detrás de la crisis. Buenos Aires.
PERLMUTTER, Amos (1969), The pretorian state and the pretorial army. Toward a taxonomy of civil-military relations. In: Comparative Politics Nº3, vol I S.382-404. New York, The City University of New York.
PERLMUTTER, Amos (1982), Lo militar y lo político en los tiempos modernos. Madrid, Servicio de publicaciones del Estado Mayor del Ejército.
PERÓN, Eva (?), La razón de mi vida. Buenos Aires.
PERÓN, Eva (1949), Mi obra de ayuda social. Buenos Aires.
PERÓN, Eva (1952), Historia del peronismo. Buenos Aires.
PERÓN, Juan Domingo (1949), Perón habla. Buenos Aires.
PERÓN, Juan Domingo (1949a), Doctrina peronista. Buenos Aires.
PERÓN, Juan Domingo (1952), Conducción política. Buenos Aires.
PERÓN, Juan Domingo (1963), Tres revoluciones militares. Buenos Aires.

PERÓN, Juan Domingo (1971), La fuerza es el derecho de las bestias. Buenos Aires, Síntesis.
PERÓN, Juan Domingo (1973), Del poder al exilio. Cómo y quiénes me derrocaron. Buenos Aires.
PERÓN, Juan Domingo (1981), Yo, Juan Domingo Perón: relato autobiográfico. Barcelona, Planeta.
PERÓN, Juan Domingo; COOKE, John (1973), Perón-Cooke. Correspondencia. 2 vols. Buenos Aires.
PETERSON, Harold F. (1964), Argentina and the United States (1810-1960). New York.
PETRAS, James (1977?), Política y fuerzas sociales en el desarrollo chileno. Buenos Aires, Amorrortú editores.
PETRAS, James F.; VIEUX, Steve (1994), la historia terminable: sobre democracia, mercado y revolución. Tafalla, Txalaparta.
PETRAS, James; CAVAROZZI, Marcelo (1972), Conflicto político y dependencia económica en Chile. In: América Latina: economía y política.Edic.Periferia.
PETRAS; James F. (1987), Estado y régimen en Latinoamérica. Madrid, Revolución.
PETROCELLI, Héctor (1981), ¿Pueblo para una constitución o constitución para un pueblo? Rosario, Imp.Kerygma.
PHILIP, George D.E. (1978), The rise and fall of the peruvian military radicals, 1968-1976. London, University of London.
PHILIP, George D.E. (1985), The military in South American Politics. Londres, Croom Helm.
PICO de COAÑA, Yago (1994), La compleja construcción de la democracia en América Latina a la luz de los nuevos cambios. In: BALLETBÒ, Anna (Hg.) (1994) La consolidación democrática en América Latina. S.53-66. Barcelona, Editorial Hacer.
PINTO, Aníbal (1965), Concentración del progreso técnico y de sus frutos en el desarrollo latinoamericano. In: El Trimestre Econónico, vol.35 Nº137. México.
PINTO, Aníbal (1973), Heterogeneidad estructural y modelo de desarrollo reciente de la América Latina. In: Inflación: raíces estructurales. México, Fondo de Cultura Económica.
PIRIS, Alberto (1991), Aportaciones para un nuevo modelo de Fuerzas Armadas. In: Anuario Centro de Investigaciones para la Paz. S.167-1179.
PIZZORNO, Alessandro; KAPLÁN, Marcos; CASTELLS, Manuel(1975), Participación y cambio social en la problemática contemporánea. Buenos Aires, SIAS.

PIÓN-BERLIN, David (1983), Political repression and economic doctrines. In: Comparative Political Studies 16. S.37-66.
PIÓN-BERLIN, David (1986), Theories on political represion in Latin America: conventional wisdom and an alternative. In: PS (Political Studies) Vol.19 (1986) S.49ss.
PIÓN-BERLIN, David (1988), The national security doctrine, military threat perception, and the "dirty war" in Argentina. In: Comparative Political Studies 21. S.382-407.
PIÑEIRO, Armando Alonso (1955), La dictadura peronista. Buenos Aires.
PLA, Alberto J.(et al.) (1984), La década trágica. Ocho ensayos sobre la crisis argentina, 1973-1983. México, Tierra del Fuego.
PLATER, Guillermo D. (1956), Una gran lección. La Plata.
PLOTKIN, Mariano Ben (1994), Mañana es San Perón: propaganda, rituales políticos y educación en el régimen peronista, 1946-1955. Buenos Aires, Editorial Espasa-Calpe.
PODER EJECUTIVO NACIONAL (1980), El terrorismo en la Argentina. N.S.
POLIT, Gustavo (1969), El legado del bonapartismo: conservadurismo y quietismo en la clase obrera argentina. In: Fichas, año I, Nº3. S.70ss.
POLITI, Pascualis (1961), El problema marxista y su incidencia en nuestra resolución de estrategia general. In: Revista Militar Nº661 (julio-septiembre 1961). S.45-79.
POPITZ, Heinrich (1992), Phänomene der Macht. Tübingen.
PORTALES, Carlos (1986), Las relaciones internacionales de las fuerzas armadas chilenas: de la guerra fría a los años ochenta. In: Opciones Nº8, enero-abril 1986. Santiago de Chile.
PORTALES, Carlos (1987), Seguridad regional en Sudamérica. Escenarios prospectivos. In: VARAS, Augusto (Hg.) (1987) Paz, desarme y desarrollo en América Latina, S.333-382.
PORTANTIERO, Juan Carlos (1987), Los sindicatos bajo el gobierno constitucional: de la confrontación a la alianza. In: NUN, José; PORTANTIERO, Juan C. (comps.) (1987) Ensayos sobre la transición democrática en Argentina. Buenos Aires.
PORTANTIERO, Juan Carlos (1987a), Ensayo sobre los orígenes del peronismo. Buenos Aires.
PORTANTIERO, Juan Carlos (1987b), La concertación que no fue: de la ley Mucci al Plan Austral. In: NUN, José; PORTANTIERO, Juan Carlos (comps.) (1987) Ensayos sobre la transición democrática en la Argentina. Buenos Aires, Punto Sur.
PORTANTIERO, Juan Carlos (1987c), La transición entre la confrontación y el acuerdo. In: NUN, José; PORTANTIERO, Juan Carlos (comps.) (1987) En-

sayos sobre la transición democrática en Argentina. S.257-293. Buenos Aires, Puntosur.
PORTES, A. (1976), On the sociology of national development: theories and issues. In: American Journal of Sociology N°82, july 1976.
POTASH, Robert A. (1962), Argentina's quest for stability. In: Current History N°246 (febrero 1962). S.71-76.
POTASH, Robert A. (1977), The impact of profesionalism on the twentieth century Argentine Military. In: Program in Latin American Studies. Occasional Papers N°3. Boston, University of Massachusetts at Amherst.
POTASH, Robert A. (1982), El ejército y la política en la Argentina 1928-1945. Tomo I. Buenos Aires, Sudamericana.
POTASH, Robert A. (1982), El Ejército y la política en la Argentina.1945-1962. Tomo II. Buenos Aires, Editorial Sudamericana.
POTASH, Robert A. (1984), Perón y el G.O.U.: los documentos de una logia secreta. Buenos Aires.
POTTER, Anne L. (1981), The failure of Democracy in Argentina 1916-1930: an institutional perspective. In: Journal of Latin American Studies (1981). 100.
POULANTZAS, Nicos (1971), Pouvoir politique et clases sociales. Paris.
PRATS, Carlos (1976), Una vida por la legalidad. México, Fondo de Cultura Económica.
PRIETO, Helios (1973), Chile: los gorilas estaban entre nosotros. Buenos Aires, Ed.Tiempo Contemporáneo.
PRIETO, Ramón (1963), El pacto. Ocho años de política argentina.
PRIETO, Ramón (1975), Correspondencia Perón-Frigerio 1958-1973. Análisis crítico de Ramón Prieto. Buenos Aires.
PRIETO, Ramón (1977), Treinta años de vida argentina 1945-1975. Buenos Aires, Sudamericana.
PRIEUR KOELLING, Wolfgang (1971), Die Entwicklung des Verfassungsrechts in Chile bis 1971. In: Jahrbuch des öffentlichen Rechts, N.F. Vol. 20.
PRITCHETT, Hermann (1965), La constitución americana. Buenos Aires.
PRZEWORSKI, Adam (1991), Democracy and the Market. Cambridge.
PUHLE, Hans-Jürgen (1970), Politischer Stil. In: SONTHEIMER-RÖHRING (1970) Handbuch des Parlamentarismus. München.
PUHLE, Hans-Jürgen (1995), Autoritäre Regime in Spanien und Portugal. Zum Legitimationsbedarf der Herrschaft Francos und Salazars. In: SAAGE, Richard (Hg.) (1995) Das Scheitern diktatorischer Legitimationsmuster und die Zukunftsfähigkeit der Demokratie. S.191-206. Berlin, Duncker & Humblot.
PUHLE, Hans-Jürgen (Hg.) (1976), Revolution und Reformen in Lateinamerika. Göttingen, Vandenhoeck und Ruprecht.

PUHLE, Hans-Jürgen (Hg.) (1977), Lateinamerika, historische Realität und Dependencia-Theorien. Hamburg, Hoffmann und Campe.
PUIGGRÓS, Rodolfo (1969), El peronismo. Sus causas. Buenos Aires.
PURYEAR, Jeffrey (1994), Thinking politics: intelectuals and democracy in Chile 1973-1988.
PUTMAN, Robert (1968), Toward Explaining Military Intervention in Latin America. In: World Politics, vol.XX Oktober 1968. XX.
PUTMAN, Robert (1971), Studying Elite Political Culture: the case of ideology. In: American Political Science Review. Vol. LXV, N°3. S.651-681.
PYE, Lucian (1966), Aspects of political development. An analitic study. Boston-Toronto.
PYE, Lucian (1972), Die Rolle der Armeen im Prozess politischer Modernisierung. In: BERG-SCHLOSSER, Dirk (Hg.) (1972) Die politischen Problemen der Dritten Welt. Hamburg.
PÉREZ AMUCHÁSTEGUI, J.S. (1965), Mentalidades argentinas. Eudeba.
PÉREZ GHILHOU, Dardo (1989), La Corte Suprema de Justicia y los gobiernos *de facto* (1861-1983). In: PÉREZ, Dardo (et al.) (1989) El Poder Judicial. S.251-280. Buenos Aires, Depalma.
PÉREZ TORT, Miguel A. (1948), El potencial económico-industrial argentino y la defensa nacional. In: Revista de Informaciones N°279 (septiembre-octubre 1948). S.610-636.
PÁEZ, Juan L. (1954), Idea general de la doctrina nacional. In: Revista de la Escuela Superior de Guerra N°313. (mayo-junio 1954), vol.XXXII, S.63-82.
QUINTERO, Carlos A. (1970), Historia reciente. La crisis política argentina entre 1955 y 1960. Buenos Aires.
QUIROGA, Hugo (?), Estado, crisis económica y poder militar.
QUIROGA, Hugo (1993), Los derechos humanos en la Argentina. In: GRANDE, Félix (Hg.) (1993) Cuadernos Hispanoamericanos. S.77-92. Madrid, Instituto de Cooperación Iberoamericana.
QUIROGA, Patricio; MALDONADO, Carlos (1988), El prusianismo en las fuerzas armadas chilenas. Santiago de Chile, Documentas.
RAAP, Marta (1992), Die "*Transición*" von einer militärischen zu einer zivilen Regierungsform, dargestellt an Hand der chilenischen Verfassung von 1980. Würzburg, Univ.Diss.
RABINOVITZ, Bernardo (1956), Sucedió en la Argentina (1943-1956). Lo que no se dijo. Buenos Aires.
RAIMONDI, Carlos H. (1989), Dirección y control de las Fuerzas Armadas en una democracia. In: Varios autores (1989) Hacia una nueva relación. El papel de las Fuerzas Armadas en un gobierno democrático.

RAMELLA, Pablo (1969), Die Entwicklung des Verfassungsrechts in Argentinien. In: Jahrbuch des öffentlichen Rechts, N.F. Band 18.
RAMELLA, Pablo (1980), Die Entwicklung des Verfassungsrechts in Argentinien von 1968-1979. In: Jahrbuch des öffentlichen Rechts, N.F. Vol. 29.
RAMELLA, Pablo (1987), Le Dévelopment du Droit Constitutionel en Argentine de 1980 à 1986. In: Jahrbuch des öffentlichen Rechts, N.F. Band 36.
RAMOS, Jorge Abelardo (1965), Revolución y contrarrevolución en la historia argentina. In: Historia de la Argentina en el siglo XX. Tomo II. Buenos Aires, Plus Ultra.
RAMOS, Jorge Abelardo (1968), Ejército y semi-colonia. Buenos Aires.
RAMOS, José (1959), Historia política del ejército argentino. Buenos Aires.
RANDALL, Laura (1978), Historia económica de la Argentina en el siglo XX. Buenos Aires, Amorrortú.
RANIS, Peter (1995), Class, Democracy and Labor in Contemporary Argentina. Revised Edition. New Brunswick, Transaction Publishers.
RATTENBACH, Benjamín (1955), Estudios y reflexiones. Buenos Aires.
RATTENBACH, Benjamín (1955a), El telón. In: Revista Militar N°633 (septiembre-octubre 1955). S.6-11.
RATTENBACH, Benjamín (1956), Fenómenos post-revolucionarios. In: Revista Militar N°636 (marzo-abril 1956). S.6-8.
RATTENBACH, Benjamín (1965), El sector militar de la sociedad. Principios de Sociología Militar. Buenos Aires.
RATTENBACH, Benjamín (1967), El profesionalismo militar en el Ejército argentino. In: Temas Militares N°3, (marzo-abril 1967). vol.I, S.9-16.
RATTENBACH, Benjamín (1973), El sistema social-militar en la sociedad moderna. Buenos Aires, Editorial Pleamar.
RATTENBACH, Benjamín (1975), Sobre el país y las fuerzas armadas. Buenos Aires.
RAUCH, Enrique (1971), Un juicio al proceso político. Buenos Aires.
RAVIGNANI; José E. (1960), La representación proporcional en la actualidad y su adopción en la República Argentina. Buenos Aires, Abeledo-Perrot.
REICHE, Ekkehart (1953), Außenhandelsverflechtung und Industrialisierung Argentiniens. Eine raumwirtschaftliche Analyse. Kiel, Kieler Studien 25.
REID ANDREWS, George; CHAPMAN, Henrich (eds.) (1995), The social construction of democracy, 1870-1990. New York, New York University Press.
REMMER, Karen L. (1977), The timming, pace and sequence of political change in Chile 1891-1925. In: Hispanic American Historical Review 57, N°2, mayo 1977. S.205-230. Durham, North Carolina, Duke University Press.

REMMER, Karen L. (1978), Evaluating the policy impact of military regimes in Latin America. In: Latin American Research Review N°2 (1978). 39-54.
REMMER, Karen L. (1986), The politics of economic stabilization. IMF Stand-by Programs in Latin America, 1954-1984. In: Comparativ Politics, october 1986. S.1-23.
REMMER, Karen L. (1989), Military rule in Latin America. Boston, Unwin Hyman Inc.
REYES ALVAREZ, Jaime (1989), Los presidentes radicales y su partido. Chile 1938-1952. Santiago de Chile, Centro de Estudios Públicos.
REYES ALVAREZ, Jaime (1990), Crónica de un asedio. Inédito.
REYES ALVAREZ, Jaime (1990a), El factor gremial. Inédito.
REYES ALVAREZ, Jaime (1991), De la democracia liberal a la democracia consociativa (1924-1973). In: Revista Chilena de Historia del Derecho N°16, Santiago 1991.
REYES ALVAREZ, Jaime (1998), Manejo de la economía en el Estado franquista: Derecho, Economía y "Poliburocracia". Inédito.
REYNA, José Luis (Hg.) (1995), América Latina a fines de siglo. México City and San Diego, Fondo de Cultura Económica.
RIAL, Juan (1986), Las fuerzas armadas: soldados-políticos ¿garantes de la democracia? Montevideo.
RIAL, Juan (1988), Fuerzas Armadas y democracia. Los intereses de las corporaciones militares de América Latina en sostener regímenes democráticos. Montevideo, Peitho Papers.
RIAL, Juan (1990), Los militares y la democracia: el futuro de las relaciones cívico-militares en América Latina. Montevideo.
RIBEIRO, Darcy (1973), El dilema de América Latina: estructura del poder y fuerzas insurgentes. México, Siglo XXI Editores.
RIVAS SÁNCHEZ, Fernando; REIMANN WEIGERT, Elisabeth (1976), Las fuerzas armadas de Chile: un caso de penetración imperialista. México, Edic.75.
RIVERA ECHENIQUE, Silvia (1976), Militarismo en la Argentina. Golpe de Estado de junio de 1966. México, Universidad Autónoma.
ROCHA, Alberto (1988), La militarización del Estado. América Latina 1960-1980. Lima.
ROCK, David (1975), Politics in Argentina (1890-1930). The rise and fall of radicalism. London, Cambridge University Press.
ROCK, David (1977), El radicalismo argentino 1890-1930. Buenos Aires, Amorrortú Editores.

ROCK, David (1982), Las dos primeras décadas del siglo XX: la influencia de la inmigración. In: Varios autores (1982) El poder militar en la Argentina (1976-1981). S.19-31.
ROCK, David (1988), Argentina. Desde la colonización española hasta R.Alfonsín. Madrid.
ROCK, David (Hg.) (1975), Argentina in the twentieth century. Pittsburgh.
ROCK, David (Hg.) (1994), Latin America in the 1940s. War and postwar transition. Berkeley.
RODRÍGUEZ MOLAS, Ricardo (1985), Historia de la tortura y el orden represivo en Argentina. Buenos Aires, Eudeba.
RODRÍGUEZ SÁNCHEZ, Margarita (1979), Gravitación política de Perón (1955-1973). México, Extemporáneos.
RODRÍGUEZ VARELA, Alberto (1970), Historia política de la Argentina. Buenos Aires, Panedille.
RODRÍGUEZ, Celso (1978), Después de Braden. In: Todo es historia Nº127 (enero 1978). S.28-45.
ROJAS, Rosario (et al.) (1987), Memorias contra el olvido. Santiago de Chile.
ROKKAN, Stein (1969), Die vergleichende analyse der Staaten -und Nationenbildung: modell und methoden. In: ZAPF; Wolfgang (Hg.) (1969) Theorien des sozialen Wandels. Köln-Berlin.
ROMERO, Ambrosio; RODRÍGUEZ, Alberto; VENTURA,Eduardo (1977), Manual de Historia política y constitucional argentina 1776-1976. Buenos Aires, AZ Editora S.A.
ROMERO, César E. (1945), Poderes militares en la Constitución argentina. Córdoba.
ROMERO, César E. (1976), Estructuras reales del poder en la República Argentina. Ficción y realidad institucional. Buenos Aires, Depalma.
ROMERO, César E. (1976), El actual "status" constitucional argentino. Pronunciamiento Militar del 24 de marzo de 1976. In: LL, 1976-C-642.
ROMERO, José Luis (1980), El caso argentino. Buenos Aires, Belgrano.
ROMERO, Luis A. (1969), Los golpes militares, 1812-1955. Buenos Aires.
ROMERO, Luis A. (et al.) (1969), El radicalismo. Buenos Aires, Carlos Pérez ed.
ROSTOW, Walt Whitman (1961), The stages of economic growth: a non communist view. Cambridge.
ROSTOW, Walt Whitman (1973), Las etapas del crecimiento económico. Un manifiesto no comunista. México, Fondo de Cultura Económica.
ROTH-ARRIAZA, Naomi (Hg.) (1995), Impunity and human rights in international law and practice. New York, Oxford.

ROUQUIÉ, Alain (1967), Le mouvement Frondizi et le radicalisme argentin. In: Serie C Recherches N°11. Paris.
ROUQUIÉ, Alain (1969), Le rôle politique des forces armées en Amérique Latine. Etat des travaux. In: Revue francaise de science politique N°1, 1969. vol.XIX, S.862-885.
ROUQUIÉ, Alain (1971), Adhesión militar y control político del ejército en el régimen peronista. In: Aportes N°19 (enero 1971). S.74-93.
ROUQUIÉ, Alain (1979?), Pouvoir militaire et societ, politique. Centre Nacional de la Recherche Scientifique.
ROUQUIÉ, Alain (1982), El Estado militar en América Latina. Buenos Aires, Emecé.
ROUQUIÉ, Alain (1994), La desmilitarización y la institucionalización de los sistemas políticos dominados por los militares en América Latina. In: O'DONNELL (et al.) (1994) Transiciones desde un gobierno autoritario. Perspectivas comparadas. vol.3 S.171-212. Barcelona-Buenos Aires-México, Ediciones Paidós.
RÜLAND, J.; WERZ, Nikolas (1985), Von der "*Entwicklungsdiktatur*" zu den Diktaturen ohne Entwicklung -Staat und Herrschaft in der politikwissenschaften Dritte-Welt-Forschung. In: NUSCHELER, (Hg.) (1985) Dritte-Welt-Forschung, S.211-232. Opladen.
RUESCHEMEYER, Dietrich; HUBER, Evelyne; STEPHENS, John D.(1992), Capitalist development and democracy. Chicago, The University of Chicago Press.
RUIZ GUIÑAZU, Enrique (?), La política argentina y el futuro de América. In: Revista de Estudios Políticos N°21. S.284-295. Madrid.
RUIZ NÚÑEZ, Héctor; SEOANE, María (1989), Die Nacht der Bleistifte. Stuttgart, Schmetterling Verlag.
RUSTOW, Dankwart A. (1970), Transitions to democracy: toward a dynamic model. In: Comparative Politics 2-3, 1970. S.337-364.
S/A (?), América, la crisis del caudillismo. In: Cuadernos del Mundo Actual N°76. Madrid, Universidad Complutense UNED.
S/A (?), El Chile de Allende. In: Cuadernos del mundo actual N°63. Universidad Complutense UNED.
S/A (?), El peronismo. In: Cuadernos del mundo actual N°28. Madrid, Universidad Complutense UNED.
S/A (?), Tribuna iberoamericana: democracia, estabilidad, desarrollo.
S/A (1960?), La Revolución Argentina. Análisis y perspectiva. Buenos Aires, Depalma.
S/A (1965), Las logias militares: otra vez la fantasía. In: Confirmado N°8, 25 de junio de 1965. vol.I, S.12-13.

S/A (1965), Las proclamas militares. In: Confirmado Nº12 (23 de julio de 1965). vol.I, S.12-13.
S/A (1972), "Pau de Arara". La violencia militar en el Brasil. México D.F.
S/A (1972), La masacre de Trelew. Caracas.
S/A (1972), Tiempo de tragedia. Cronología de la "Revolución Argentina". Buenos Aires, Ediciones de la Flor.
S/A (1973), Máxima peligrosidad. Buenos Aires.
S/A (1974), Juan Perón en la Argentina 1973. Sus discursos, sus diálogos, sus conferencias. Plan Trienal 1974-1977. Buenos Aires, Síntesis.
S/A (1974?), Algunos fundamentos de la intervención militar en Chile. Santiago de Chile, Editorial Nacional Gabriela Mistral.
S/A (1974a), Krisen des Kapitalismus und militärische Intervention in Chile. In: Chile-Nachrichten Nº13 (febrero 1974). West-Berlin.
S/A (1977), Mensajes presidenciales. Proceso de Reorganización Nacional, 24 de marzo de 1976. Buenos Aires, Presidencia de la Nación. Secretaría de Información Pública.
S/A (1980), Junta Militar. Bases políticas. Buenos Aires.
S/A (1981), Informe sobre el Proceso para la Reorganización Nacional. Buenos Aires.
S/A (1985), El libro del juicio. Buenos Aires.
S/A (1986-1990), 365 días en La Nación. 1/2/3/4/5/6 Santiago de Chile, La Nación.
S/A (1990), 75 años de legislación represora de las actividades subversivas.Inédito.
S/A (1990), Atropellos al Congreso Nacional. Inédito.
S/A (1990), El intento por colocar a la universidad al servicio de la revolución. Inédito.
S/A (1990), El gobierno de la Unidad Popular y la contraloría general de la república. Inédito.
S/A (1990), La captura de la enseñanza. Inédito.
S/A (1990), La política cultural de la Unidad Popular: una vía hacia la dictadura comunista. Inédito.
S/A (1990), La patria: su destrucción y su defensa. Inédito.
S/A (1990), La izquierda marxista y el proceso de destrucción de la democracia en Chile. Inédito.
S/A (1990), La Iglesia Católica y el marxismo en Chile hasta 1973. Inédito.
S/A (1990), La observancia de los derechos humanos y garantías fundamentales durante el gobierno de la Unidad Popular. Inédito.
S/A (1990), La destrucción del Estado de Derecho. Atropellos al poder judicial. Inédito.

S/A (1990), Listado de hechos de violencia acaecidos durante el período de la Unidad Popular. Inédito.
(1990), Movimientos insurreccionales y comunismo en América Latina. (La guerrilla y la radicalización de los partidos comunistas). Inédito.
S/A (1990), Reflexiones psicosociológicas del Chile de los siglos XIX y XX. Inédito.
S/A (1991), Mil días, mil por ciento. La economía chilena durante el gobierno de Allende. Inédito.
S/A (1992), Las fuerzas armadas en los procesos iberoamericanos de cambio democrático (1980-1990). Madrid, Ministerio de Defensa, Secretaría General Técnica.
S/A (1995), Informe de ONGs argentinas al Comité de Derechos Humanos de las Naciones Unidas, 1995. Buenos Aires.
SAAVEDRA LÓPEZ, E. (1984), Testigos del proceso militar. Buenos Aires.
SALVADORES, Julio C. (1953), Defensa nacional. Algunos conceptos sobre política general vinculados con la defensa nacional. In: Revista de Informaciones N°310 (noviembre-diciembre 1953). vol.XXXI, S.643-655.
SAMHABER, Ernst (1963), Revolutionäres Südamerika. In: Offene Welt N°80. Köln, Opladen.
SAMPAY, Arturo Enrique (1975), Las constituciones de la Argentina (1810-1972). Buenos Aires, Eudeba.
SAN MARTINO DE DROMI, María Laura (1986), Historia sindical argentina. Ediciones Ciudad Argentina.
SAN MARTINO DE DROMI, María Laura (1989), Historia política argentina (1955-1988). Tomo II. Buenos Aires, ASTREA.
SAN MARTINO DE DROMI, María Laura (1989), Historia política argentina (1955-1988). Tomo I. Buenos Aires, ASTREA.
SANCINETTI, Marcelo A. (1989), Entwicklung der Menschenrechte in Argentinien nach der Diktatur. In: Lateinamerika. Analysen-Daten-Dokumentation, 6 11/12. S.47-57.
SANDOVAL, Isaac (1976), Las crisis políticas latinoamericanas y el militarismo. México, Siglo XXI editores S.A.
SANGUINETTI, Horacio (1977), La democracia ficta. Buenos Aires, La Bastilla.
SANGUINETTI, Horacio (1977a), Historia de las ideas políticas, universales y argentinas. Buenos Aires, Cooperadora de Derecho y Ciencias Sociales.
SANGUINETTI, Miguel E. (1980), Partidos políticos argentinos. Historia de su régimen legal. In: LL, 1980-B-1141.

SANTA MARIA RODRIGUEZ, Carlos (1985), Educación y poder en Chile: períodos Frei, Allende, Pinochet (1964-1985). Barcelona, Edicions Universitat de Barcelona.

SANTAMARÍA, Julián (comp.) (1982), Transición a la democracia en el sur de Europa y América Latina. Madrid.

SANTANDER, Silvano (1955), Técnica de una traición. Juan D. Perón y Eva Duarte, agentes del nazismo en la Argentina. Buenos Aires.

SANTOS MARTÍNEZ, Pedro (1976), La nueva Argentina (1946-1955). Vols.I-II. Buenos Aires, Ediciones La Bastilla.

SARAVIA, José Manuel (1959), Argentina 1959. Un estudio sociológico. Buenos Aires.

SARAVIA, José Manuel (h) (1965), La nueva naturaleza de la guerra. In: Revista de la Escuela Superior de Guerra N°361. (septiembre-octubre 1965), vol.XLIII, S.63-73.

SARMIENTO, Domingo Faustino (1996), Facundo. Barcelona, Altaya.

SARTORI, Giovanni (1969), Politics, ideologie and belief system. In: American Political Science Review. Vol. LXIII, N°2. S.398-411.

SARTORI, Giovanni (1979), La política: logica e metodo in scienze sociali. Milano, Sugarco.

SARTORI, Giovanni (1980), Partidos y sistemas de partidos. Madrid, Alianza Editorial.

SARTORI, Giovanni (1993), La democracia después del comunismo. Madrid, Alianza Editorial.

SARTORI, Giovanni; MORLINO, Leonardo (comps.) (1994), La comparación en las ciencias sociales. Madrid, Alianza Editorial.

SATER, William F. (1980), The abortive Kronstadt: the chilean naval mutiny of 1931. In: Hispanic American Historical Review 60, N°2, mayo 1980. S.239-268. Durham, North Carolina, Duke University Press.

SAUVY, Alfred (1956), "*Lobbys*" y grupos de presión. In: Revista de Estudios Políticos N°89 (septiembre-octubre 1956). vol. LVII, S.19-40. Madrid, Instituto de Estudios Políticos.

SCENNA, Miguel Angel (1969), Braden y Perón. In: Todo es historia N°30 (octubre 1969). S.8-30.

SCENNA, Miguel Angel (1970), Cómo fueron las relaciones argentino-norteamericanas. Buenos Aires.

SCENNA, Miguel Angel (1971), Frondizi y las cartas cubanas. In: Todo es historia N°48 (mayo 1971). S.8-31.

SCENNA, Miguel Angel (1980), Los militares. Buenos Aires, Ed.Belgrano.

SCHEERER, Thomas M. (1991), Nacht un Nebel in Argentinien. Represionsverbrechen der Diktatur 1976-1983 und ihre Bewältigung. In: REEMTSMA,

Jan Philipp (Hg.) (1991) Folter, zur Analyse eines Herrschaftsmittels. 91-154. Hamburg, Junius Verlag.
SCHIFF, Warren (1972), The influence of the german armed forces and war industry on Argentina 1880-1914. In: Hispanic American Historical Review 52, N°3, agosto 1972. S.436-455. Durham, North Carolina, Duke University Press.
SCHILLIZZI MORENO, Horacio A. (1973), Argentina contemporánea. Fraude y entrega. Buenos Aires, Plus Ultra.
SCHINELLI, Guillermo C. (1972), Vigencia y olvido del Estatuto Constitucional del 24 de agosto de 1972. In: ED, 56-853.
SCHLESINGER, Arthur (1965), A thousand days. Boston.
SCHMID, Alex S. (1989), Research on gross human rights violations. Leiden.
SCHMITT, Carl (1973), Das Reichsgericht als Hüter der Verfassung. In: Verfassungsrechtliche Aufsätze.
SCHMITT, Carl (1979), Politische Theologie.
SCHMITTER, Philippe C. (1973), Foreign Military Assistance, National Military Spending and Military Rule in Latin América. In: SCHMITTER, Philippe C. (et al.) (1973) Military Rule in Latin America. Function, Consequences and Perspectives. Beverly Hills.
SCHMITTER, Philippe C. (1991) , Comparative politics at the crossroads. Madrid, Instituto Juan March de Estudios e Investigaciones.
SCHMITTER, Philippe C. (1994), La transitología: ¿ciencia o arte de la democratización? In: BALLETBÒ, Anna (Hg.) (1994) La consolidación democrática en América Latina. S.31-52. Barcelona, Editorial Hacer.
SCHÖNBOHM, H. (1993), Thesenpapier: Kerndefizite des Rechts und Justizwesens in Lateinamerika. In: Vortrag auf dem BMZ-Fachkolloquium Menschenrechte, Demokratie und Rechtsstaatlichkeit in Lateinamerika. Was kann die deutsche Entwicklungshilfe tun? Bad Honnef, 27.09.1993.
SCHOULTZ, Lars (1981), Human rights and United States policy toward Latin America. Princeton.
SCHOULTZ, Lars; SMITH,William C.; VARAS,Augusto (eds.) (1994), Security, Democracy, and Development in U.S.-Latin American Relations. Coral Gables, North-South Center, University of Miami/Transaction.
SCHUBERT, Alexander (1981), Die Diktatur in Chile. Frankfurt am Main, Campus Verlag.
SCULLY, Timothy (1992), Los partidos de centro y la evolución de la política chilena. Notre Dame, Cieplán.
SEBRELI, Juan José (1966), Eva Perón ¿aventurera o militante? Buenos Aires.

SECO SERRANO, Carlos (1984), Militarismo y civilismo en la España contemporánea. Madrid.
SENÉN GONZÁLEZ, Santiago (1971), El sindicalismo después de Perón. Buenos Aires.
SENÉN GONZÁLEZ, Santiago; TORRE, Juan C. (1969), Ejército y sindicatos. Los 60 días de Lonardi. Buenos Aires.
SERRAFERO, Mario (1991), Presidencialismo y reforma política en América Latina. In: Revista del Centro de Estudios Constitucionales N°8. S.195-235. Madrid, Centro de Estudios Constitucionales.
SERRANO, Luz A. (1980), Uso y abuso del estado de sitio. Bogotá, Temis.
SEVILLA ANDRÉS, Diego (1974), Sociología del pronunciamiento. In: Estudios jurídicos en homenaje al profesor Santa Cruz Tejarico. Valencia, Universidad de Valencia. Facultad de Derecho.
SHEAHAN, John (1980), Market-oriented policies and political repression in 1980 Latin America. In: Economic Development and Cultural Change N°28. S.267-291.
SHEAHAN, John (1994), Las políticas económicas y las perspectivas de un proceso exitoso de transición desde la dominación autoritaria en América Latina. In: O'DONNELL (et al.) (1994) Transiciones desde un gobierno autoritario. Perspectivas comparadas. vol.3 S.237-252. Barcelona-Buenos Aires-México, Ediciones Paidós.
SHLOMO, Avinem (1997), LINZ, Juan; STEPAN, Alfred (1996), Problems of democratic transformation and consoldation-Southern Europe, South America, Post-Communist Europe. The Johns Hopkins Press. In: East European Constitucional Review N°1, invierno 1997. vol.6, S.94-99. Chicago, University of Chicago Law School.
SIGAL, Silvia; SANTI, Isabel (1985), Del discurso en el régimen autoritario. Un estudio comparativo. In: CHERESKY, Isidoro; CHONCHOL, Jacques (comps.) (1985) Crisis y transformación de los regímenes autoritarios. 145-170. Buenos Aires, Eudeba.
SIGMUND, Paul (1990), Liberation Theology at the crossroad, democracy or revolution?. New York, Oxford University Press.
SILBERSTEIN, Enrique (1972), ¿Por qué Perón sigue siendo Perón? La economía peronista. Buenos Aires.
SILONE, Ignazio (1982), L'escola dels dictadors. Barcelona, Edic.62.
SILVA CÁCERES, Raúl H. (1986), Mentalités, idéologie et comportement politique dans le Chile de Salvador Allende. Upsala, Stockolm.
SILVERMAN, Bertram (1969), Labor ideology and economic development in the peronist epoch. In: Studies in Comparative International Development N°11, (1968-1969). Vol.IV, S.243-58.

SILVERT, Kalman H. (1960), Economics, Democracy and Honesty: An assesment of the Frondizi Regime. In: American Universities Field Staff Report. East Coast Series VII Nº1.

SILVERT, Kalman H. (1966), The conflict society, reaction and revolution in Latin America. New York, American University Field Staff Inc.

SILVERT, Kalman H. (et al.) (1963), Estructura social e intervención militar en América Latina. In: Argentina sociedad de masas.Eudeba.

SIMPSON, John; BENNET, Jana (1985), The disappeared. Voices from a secret war. London.

SKIDMORE, Thomas (1969), Von Getulio zu Castello (1930-1964). Río de Janeiro.

SKIDMORE, Thomas E.; SMITH, Peter H. (1997), Modern Latin America. New York, Oxford University Press.

SLOAN, John W. (1984), State represion and enforcement terrorism in Latin America. In: STOHL, Michael; LÓPEZ, Georg (Hg.) (1984) The State as terrorist. The dynamics of governmental violence and represion. S.83ss. Wetsport, Conn.

SMIRNOW, Gabriel (1977), La revolución desarmada. Chile 1970-1973. México, Nueva Era.

SMITH, Brian H. (1982), The Church and politics in Chile: challenges to modern catholicism. Princeton, New Yersey, Princeton University Press.

SMITH, Louis (1954), Militär -und Zivilgewalt in Amerika. Köln.

SMITH, Peter H. (1969), Social mobilization, political participation and the rise of Juan Perón. In: Political Science Quarterly Nº1 (marzo 1969). vol.84, S.30-49.

SMITH, Peter H. (1972), The social base of Peronism. In: Hipanic American Historical Review Nº1 (febrero 1972). vol.52, S.55-73.

SMITH, Peter H. (1974), Argentina and the failure of democracy. Conflict among political elites. Madison, The University of Wisconsin Press.

SMITH, Peter H. (1974a), Las elecciones argentinas de 1946 y las inferencias ecológicas. In: Desarrollo Económico Nº54 (julio-septiembre 1974). vol.14, S.385-398.

SMITH, Peter H. (1995), Latin America in comparative perspective: new aproaches to methods and analysis. Boulder, Westview Press.

SMITH, William C. (1991), Authoritarianism and the crisis of the Argentine Political Economy. California, Stanford University Press.

SNOW, Peter (1963), Argentine radicalism, 1957-1963. In: Journal of Interamerican Studies Nº4 (octubre 1963). vol.V, S.507-531.

SNOW, Peter (1968), Argentine political parties and the 1966 revolution. In: Report from the Laboratory for Political Research N°15. Iowa City, University of Iowa.

SNOW, Peter (1979), Political forces in Argentina. New York, Praeger.

SOBEL, Lester A. (1975), Argentina & Perón, 1970-1975. New York, Facts on File, Inc.

SOLBERG, Carl (1979), Oil and Nationalism in Argentina. Stanford.

SONEIRA, Abelardo Jorge (1981), La inmigración y el proyecto liberal. Buenos Aires, Centro Editor Argentino.

SORENSEN GOODRICH, Diana (1996), Facundo and the construction of Argentine Culture. Austin, University of Texas Press.

SOSA, Ignacio (1981), Conciencia y Proyecto Nacional en Chile, 1891-1973. México, Universidad Autónoma de México.

SOTELO, Ignacio (et al.) (1975), Die bewaffneten Teknokraten. Militär und Politik in Lateinamerika. Hannover, Fackel Träger.

SOTO, Francisco (1976), Fascismo y Opus Dei en Chile. Barcelona, Avance.

SPANNER, Hans (1955), Die Rolle der Verfassungen in gegenwärtigen politischen und sozialen Leben. In: Jahrbuch des öffentlichen Rechts VII (1955). s.9 ff.

SPITTA, Arnold (1991), "Partisanen kann man nur auf Partisanenart bekämpfen". Über die ideologischen Wurzeln und Rechtfertigungen der "*Guerra sucia*" in Lateinamerika (insbesondere in Argentinien). In: TOBLER, Hans Werner; WALDMANN, Peter (Hg.) (1991) Staatliche und Parastaatliche Gewalt in Lateinamerika. S.133-162. Frankfurt am Main, Vervuert.

SPRINGER, Philip B. (1968), Disunity and disorder: factional politics in the Argentine Military. In: BIENEN, Henry (Hg.) (1968) The military intervenes. Case studies in political development. New York.

SQUELLA, Agustín (1991), Legal positivismus and democracy in the twentieth century. In: Varios autores (1991) Konstitutionalismus versus legalismus? Geltungsgrundlagen des Rechts im demokratischen Verfassungsstaat. S.141-149. Stuttgart, Steiner.

STAUSBERG, Hildegard (1972?), Argentinien und die Revolución Libertadora von 1955-1958.

STEINBACH, Peter (Hg.) (1982), Probleme politischer Partizipation im Modernisierungsprozess. Stuttgart.

STEMPLOWSKI, Ryszard (1982), Las concepciones nacionalistas y sus contextos políticos en la Argentina. De Lugones a Perón. In: Varios autores (1982) El poder militar en la Argentina (1976-1981). 33-41.

STEPAN, Alfred (1973), The new professionalism of internal warfare and military role expansion. In: STEPAN, Alfred (Hg.) (1973) Authoritarian Brazil. Origins, policies and future. New Haven-London.

STEPAN, Alfred (1988), Repensando en los militares en la política: cono sur, un análisis comparado. Buenos Aires, Planeta.

STEPAN, Alfred (1994), Caminos hacia la redemocratización: consideraciones teóricas y análisis comparativos. In: O'DONNELL (et al.) (1994) Transiciones desde un gobierno autoritario. Perspectivas comparadas. vol.3 S.105-136. Barcelona-Buenos Aires-México, Ediciones Paidós.

STEPAN, Alfred; FITZPATRICK, M. (1985), Civil-Military relations and democracy: the role of the military in the politics. In: The role of political parties in the return to democracy in the Southern Cone.Woodrow Wilson Center and World Peace Foundation.

STICKELL, A. Laurence (1972), Peronist politics in Labor. In: CIRIA, Alberto (et al.) (1972) New perspectives on Modern Argentina. Bloomington, Indiana.

STOHL, Michael (Hg.) (1988), The politics of terrorism. New York-Basel.

STOHL, Michael; LÓPEZ, Georg A. (Hg.) (1984), The State as terrorist. The dynamics of governmental violence and represion. Westport, Connecticut.

STOHL, Michael; LÓPEZ, Georg A. (Hg.) (1986), Government violence and represion. New York-Westport-London.

STOKES, Susan Carol (1994), Re-democratización y representación en América del Sur: un balance crítico. In: BALLETBÒ, Anna (Hg.) (1994) La consolidación democrática en América Latina. S.246-261. Barcelona, Editorial Hacer.

STOKES, William S. (1952), Violence as a Power Factor in Latin-American Politics. In: Western Political Quarterly, V.

STOLLEIS, Michael; SCHÄFFER, Heinz; RHINOW, Ren, A. (1986), Parteienstaatlichkeit -Krisensyntome der demokratischen Verfassungstaat? In: Veröffentlichungen der Vereinigung der deutschen Staatsrechtslehrer 44. Berlin-New York, De Gruyter.

STROUSE, James C.; CLAUDE, Richard S. (1976), Empirical comparative rights research: some preliminary tests of development hypotheses. In: CLAUDE, Richard S. (Hg.) (1976) Comparative Human Rights. S.54ss. Baltimore-London, The John Hopkins University Press.

SUNKEL, Osvaldo (1994), Reforma económica y viabilidad democrática en América Latina. In: BALLETBÒ, Anna (Hg.) (1994) La consolidación democrática en América Latina. S.172-189. Barcelona, Editorial Hacer.

SUNKEL, Osvaldo; PAZ, E. (1981), El subdesarrollo latinoamericano y la teoría del desarrollo. México, Siglo XXI.

SUNKEL, Osvaldo; SENGHAAS, D. (Hg.) (1972), Imperialismus und strukturelle Gewalt. Frankfurt am Main.

SÁNCHEZ AGESTA, Luis (1987), La democracia en Hispanoamérica: un balance histórico. Madrid, Rialp.

SÁNCHEZ DE BUSTAMANTE, Tomás A. (1960), La guerra revolucionaria. In: Revista de la Escuela Superior de Guerra N°339. (octubre-diciembre 1960), vol.XXXVIII, S.602-614.

SÁNCHEZ SORONDO, Marcelo (1987), La Argentina por dentro. Buenos Aires, Sudamericana.

SÁNCHEZ VIAMONTE, Carlos (1968), Caesarism in constitutional and in practice. In: BARAGER, Joseph (Hg.) (1968) Why Perón came to power. New York.

SÁNCHEZ, Pedro (1983), La presidencia de Illia. Las presidencias radicales. Buenos Aires, Centro Editor.

TANGERMANN, Klaus-Dieter (Hg.) (1998), Demokratisierung in Mittelamerika: demokratische Konsolidierung unter Auschluss der Bevölkerung. Münster, Westfälisches Dampfboot.

TAVORA, Juárez (1953), A Securança Nacional, a Politica e a Estrategia: Conceituaçao e Inter-Relacoes. In: Conferencia en la Escuela Superior de Guerra, 23-03-1953. Rio de Janeiro.

TERRAGNO, Rodolfo (1981), De Cámpora a Videla. Buenos Aires, Peña Lillo.

THUN, Tino (1985), Menschenrechte und Außenpolitik. Bundesrepublik Deutschland-Argentinien, 1976-1983. Bremen.

TIMERMAN, Jacobo (1982), Prisones without a name, cell without a number. New York.

TOBLER, Hans Werner; WALDMANN, Peter (Hg.) (1991), Staatliche und parastaatliche Gewalt in Lateinamerika. Frankfurt am Main.

TOMASSINI, Luciano (1993), Estado, gobernabilidad y desarrollo. Washington, Banco Interamericano de Desarrollo. Serie Monografías 9.

TORRES, José Luis (1973), La década infame. Buenos Aires, Freeland.

TORRES-RIVAS, Edelberto (1994), La democracia y la metáfora del buen gobierno. In: BALLETBÒ, Anna (Hg.) (1994) La consolidación democrática en América Latina. S.228-245. Barcelona, Editorial Hacer.

TORYO, Jacinto (1973), Aramburu, confidencias, actitudes, propósitos. Buenos Aires.

TOURAINE, Alain (1974), Vida y muerte de Chile popular. México, Siglo Veintiuno Editores.

TOVAR, Antonio (1952), Un enigma en la historia argentina. In: Revista de Estudios Políticos N°64 (1952). S.153-156. Madrid.

TREBER, Salvador (1987), La economía argentina actual 1970-1987.

TRONCOSO, Oscar (1984), El Proceso de Reorganización Nacional. 3 tomos. Buenos Aires, Centro Editor.
TRUSSO, Francisco E. (1968), De la legitimidad revolucionaria a la legitimidad constitucional. Buenos Aires, Eudeba.
TSCHIRKIN, W.Je. (1988), Die politische Macht in den Entwicklungsländern: die hauptsächlichen Spielarten und Staatsformen. In: Varios autores (1988) Politische Macht und Verfassung in Entwicklungsländer. Postdam, Akademie für Staats-und Rechtswissenschaft der DDR.
TULCHIN, Joseph S. (1990), Argentina and the United States. A conflicted relationship. Boston.
URIBURU, Eduardo J. (1970), El plan Europa. Un intento de liberación nacional. Buenos Aires.
URONDO, Francisco (1976), Trelew. La Habana.
URZÚA VALENZUELA, Germán (1986), Historia política electoral de Chile (1931-1973). Santiago de Chile.
UZAL, Francisco H. (1963), Frondizi y la oligarquía. Buenos Aires.
VALADÉS, Diego (1974), La dictadura constitucional en América Latina. México, UNAM.
VALDÉS, Juan Gabriel (1994), El contexto internacional y los cambios en América Latina. In: BALLETBÒ, Anna (Hg.) (1994) La consolidación democrática en América Latina. 67-107. Barcelona, Editorial Hacer.
VALDÉS, Juan Gabriel (1995), Pinochet's economists: the Chicago School in Chile. Cambridge, Cambridge University.
VALENZUELA, Arturo (1978), The Breakdown of Democratic Regimes. Chile. Baltimore and London, The John Hopkins University Press.
VALENZUELA, Arturo; VALENZUELA; Samuel (eds.) (1982), Military Rule in Chile. Dictatorship and oppositions. Baltimore and London, The John Hopkins University Press.
VALENZUELA, J.Samuel; VALENZUELA, Arturo (1978), Modernization and dependency: alternative perspectives in the study of Latin American Underdevelopment. In: Comparative Politics N°4. Vol.10. S.537-538. The City, University of New York.
Van DOORN, Jacques (1967), Armed forces and society: sociological essays. The Hague-Paris, Mouton.
Van KLAVEREN, Alberto (1984), Instituciones consociativas: ¿alternativas para la estabilidad democrática en Chile? In: Alternativas N°2, enero-abril 1984. Santiago de Chile.
Van KLAVEREN, Alberto (1986), Enfoques alternativos para el estudio del autoritarismo en América Latina. In: Revista de Estudios Políticos N°51, Madrid, abril-mayo 1986. Madrid.

VANOSSI, Jorge Reinaldo (1975), ¿Cuál es el actual status constitucional de la República Argentina? In: LL, 1975-B-1158.
VANOSSI, Jorge Reinaldo (1979), Evolución de la organización político constitucional en América Latina (1950-1975). México, UNAM Sudamericana y España.
VANOSSI, Jorge Reinaldo (1987), El Estado de derecho en el constitucionalismo social. Buenos Aires, Eudeba.
VARAS, Augusto (1977), La dinámica política de la oposición durante el gobierno de la Unidad Popular. In: Working Document. FLACSO. Santiago de Chile, Flacso.
VARAS, Augusto (1982), Estado y fuerzas armadas en el proceso político chileno. Santiago de Chile, Flacso.
VARAS, Augusto (1984), Razón y fuerza en la transición del autoritarismo a la democracia. In: VARAS, Augusto (Hg.) 1984) Transición a la democracia. América Latina y Chile. 19-50. Ainavillo (Chile), ACHIS.
VARAS, Augusto (1991), From dictatorship to democracy: rebuilding political consensus in Chile. Boulder-London.
VARAS, Augusto (coord.) (1988), La autonomía militar en América Latina. Caracas, Nueva Sociedad.
VARAS, Augusto (Hg.) (1984), Transición a la democracia, América Latina y Chile.
VARAS, Augusto (Hg.)(1984a), Transición a la democracia: América Latina y Chile. Ainavillo (Chile).
VARAS, Augusto; AGÜERO, Felipe (1984), El proyecto político militar.
VARGAS QUIROZ, Carlos (1991), Transición política y consolidación democrática en el cono sur latinoamericano. Madrid.
Varios autores (1978), Militär und Militarismus in der Weimarer Republik: Beitr.e.internat.Symposiums an d.Hochsch. d.Bundeswehr Hamburg am 5 u.6 Mai 1977. Düsseldorf, Droste.
Varios autores (1988), Politische Macht und Verfassung in Entwicklungsländer. Aktuelle Beiträge der Staats- und Rechtswissenschaft.
Varios autores (1989), Informe NDI: Algunas consideraciones sobre una mejor relación civil-militar. In: Varios autores (1989) Hacia una nueva relación. El papel de las Fuerzas Armadas en una sociedad democrática. S.181-191. Madrid.
VEGA, Luis (1983), La caída de Allende: anatomía de un golpe de Estado. Jerusalem, La Semana.
VEGA, Luis (1991), Estado militar y transición democrática. Madrid.
VENTURA, Eduardo (et al.) (1970), Historia política de la Argentina. Buenos Aires, Panedille.

VERBITSKY, Horacio (1985), La postguerra sucia. Un análisis de la transición. Buenos Aires.

VERBITSKY, Horacio (1986), Ezeiza. Buenos Aires.

VERBITSKY, Horacio (1987), Civiles y militares. Memoria secreta de la transición. Buenos Aires, Contrapunto.

VERBITSKY, Horacio (1987a), Medio siglo de proclamas militares. Buenos Aires, Editora 12.

VERBITSKY, Horacio (1995), El vuelo. Buenos Aires.

VERBITSKY, Horacio (Hg.) (1985), Rodolfo Walsh y la prensa clandestina 1976-1978. Buenos Aires.

VERDUGO, Patricia; HERTZ, Carmen (1991), Operación Siglo XX. Santiago de Chile, Ediciones del Ornitorrinco.

VIAL, Gonzalo (1981), Historia de Chile (1891-1973). Santiago de Chile, Santillana.

VICENS, Luis (?), Loperreguismo y justicialismo. Buenos Aires, El Cid.

VIGÓN, Jorge (1947), Milicia y política. Madrid, Instituto de Estudios Políticos.

VIGÓN, Jorge (1955), Teoría del militarismo. Madrid, Rialp.

VILLANUEVA, Víctor (1972), El CAEM y la revolución de la Fuerza Armada. Lima.

VILLAR ARAUJO, Carlos (1976), Argentina: de Perón al golpe militar. Madrid, Felmar.

VILLAR, Daniel (1971), El Cordobazo. Buenos Aires, Centro Editor.

VILLEGAS, Osiris (1962), Guerra revolucionaria comunista. Buenos Aires.

VILLEGAS, Osiris (1969), Políticas y Estrategias para el desarrollo y la Seguridad Nacional. Buenos Aires, Editorial Pleamar.

VILLEGAS, Osiris (1975), Tiempo geopolítico argentino. Buenos Aires, Pleamar.

VILLEGAS, Osiris (1990), Testimonio de un alegato. Buenos Aires.

VITALE, Luis (1980), Historia de la deuda externa latinoamericana y entretelones del endeudamiento argentino.

VITO, Francesco (1958), Las fluctuaciones cíclicas. Buenos Aires.

VIÑAS, Ismael (1960), Análisis del frondizismo. Buenos Aires.

VÉLIZ, Claudio (1967), The politics of conformity in Latin America. London, Oxford University Press.

VÉLIZ, Claudio (1983), Continuidades y rupturas en la historia chilena: otra hipótesis sobre la crisis chilena de 1973. In: Estudios Públicos Nº12, primavera 1983. Santiago de Chile.

VÉLIZ, Claudio (1984), La tradición centrista de América Latina. Barcelona, Ariel.

VÁZQUEZ MONTALBÁN, Manuel (1973), La vía chilena al golpe de Estado. Barcelona, Saturno.

WAIS, Oscar (?), Latinoamérica: pretorianos e imperialismo U.S.A. In: Historia N°16 S.23 ss.

WAIS, Oscar (1984), El cambio en España y en América Latina. Madrid, Cultura Hispánica.

WAIS, Oscar (1986), Chile vivo: memorias de un socialista 1928-1970. Madrid, Centro de Estudios Salvador Allende.

WAISMAN; Carlos (1987), Reversal of development in Argentina: postwar counterrevolutionary policies and their structural consequences. Princeton, Princeton University Press.

WALDMANN, Peter (1971), Las cuatro fases del gobierno peronista. In: Aportes N°19 (enero 1971). S.94-106.

WALDMANN, Peter (1974), Der Peronismus. Hamburg, Hoffmann und Campe Verlag.

WALDMANN, Peter (1978), Ursachen der Guerrilla in Argentinien. In: Jahrbuch für Geschichte von Staat, Wirtschaft und Gesellschaft Lateinamerikas 15/1978. Köln-Wien.

WALDMANN, Peter (1982), Anomia social y violencia. In: ROUQUIÉ, Alain (Hg.) (1982) Argentina, hoy. Buenos Aires.

WALDMANN, Peter (1983), Gewerkschaften in Lateinamerika. In: MIELKE, Siegfried (Hg.) (1983) Internationales Gewerkschaftshandbuch. S.119-147. Opladen.

WALDMANN, Peter (1986), El peronismo 1943-1945. Buenos Aires.

WALDMANN, Peter (1991), Staatliche und parastaatliche Gewalt: Ein vernachlässigtes Forschungsthema. In: TOBLER, Hans Werner; WALDMANN, Peter (Hg.) (1991) Staatliche und Parastaatliche Gewalt in Lateinamerika, S.21-44. Frankfurt am Main, Vervuert.

WALDMANN, Peter (1992), Staatliche und parastaatliche Represion in Lateinamerika. Ebenhausen.

WALDMANN, Peter (1995), "Was ich mache ist Justicialismus, nicht Liberalismus". Menems Peronismus und Peróns Peronismus: ein vorläufiger Vergleich. In: SAAGE, Richard (Hg.) (1995) Das Scheitern diktatorischer Legitimationsmuster und die Zukunftsfähigkeit der Demokratie. S.207-242. Berlin, Duncker & Humblot.

WALDMANN, Peter; GARZON VALDÉS, Ernesto (comps.) (1982), El poder militar en la Argentina 1976-1981. Frankfurt am Main, Klaus Dieter Vervuert Verlag.

WALSH, Rodolfo J. (1972), Operación masacre. Buenos Aires.

WALSH, Rodolfo J. (1986), Operación masacre. Buenos Aires, De la Flor.

WALTER, Eugene V. (1969), Terror and resistance. New York.
WAYMAN, F. (1975), Military involvement in Politics: a causal model. Beverly Hills, Sage Professional Papers in International Studies.
WEBER, Gaby (1989), Die Guerrilla zieht Bilanz. Focus Verlag.
WEHNER, Friedrich (Hg.) (1969), Idee und Wirklichkeit in Iberoamerika. Beiträge zur Politik und Geistesgeschichte. S.55-63. Hamburg.
WEINSTEIN, Elizabeth (et al.) (1987), Trauma, duelo y reparación. Santiago de Chile.
WEIS, Michael (1993), Cold warriors and coup d'Etat: Brazilian-American Relations, 1945-1964. Albuquerque, University of New Mexico Press.
WELCH, Claude (Hg.) (1976), Civilian Control of the Military State. Albany, University of New York Press.
WENSON, Roberts (Hg.) (1982), New Military Politics in Latin America. Nueva York, Editorial Praeger.
WERZ, Nikolaus (1991), Das neuere politische und sozialwissenschaftliche Denken in Lateinamerika. Freiburg.
WERZ, Nikolaus (1991a), Die ideologischen Wurzeln der "Doktrin der nationalen Sicherheit" in Larteinamerika. In: TOBLER, Hans Werner; WALDMANN, Peter (Hg.) (1991) Staatliche und Parastaatliche Gewalt in Lateinamerika. 163-191. Frankfurt am Main, Vervuert.
WERZ, Nikolaus; BERGSTRAESSER, Arnold (1987), Argentinien: die Meuterei der Offiziere in der Osterwoche 1987 und ihre Folgen. Freiburg, Institut Freiburg i.Brsg.
WESTLE, Bettina (1990), Legitimität der Parteien und Parteiensystems in der Bundesrepublik Deutschland. In: Kölner Zeitschrift für Soziologie und Sozialpsichologie. Köln, Westdeutsche Verlag.
WHITAKER, Arthur (1954), The United States and Argentina. Boston, Cambridge, Mass.
WHITAKER, Arthur (1964), Argentina. New York, Englewood Cliffs.
WHITAKER, Arthur (1976), The United States and the Southern Cone. Boston, Cambridge, Mass.
WHITEHEAD, Laurence (1994), Aspectos internacionales de la democratización. In: O'DONNELL (et al.) (1994) Transiciones desde un gobierno autoritario. Perspectivas comparadas. vol.3 S.15-78. Barcelona-Buenos Aires-México, Ediciones Paidós.
WIARDA, Howard (1973), Toward a framework for the study of political change in the iberic-latin tradition. The corporative model. In: World Politics 1973. 205-236.
WIARDA, Howard (Hg.) (1985), New directions in comparative politics. Boulder and London, Westview Press.

WIARDA; Howard J. (1989), The transition to democracy in Spain and Portugal. Washington, American Enterprise Institute for Public Policy Research.
WILLIAMS ALZAGA, Enrique (1972), Dos revoluciones.
WITKER, Alejandro (?), El caso chileno.
WOLFE, Alan (1977), Los límites de la legitimidad: las contradicciones del capitalismo contemporáneo. México, Siglo XXI.
WÜHLER, N.; MAYORGA LORCA, R. (1981), Die neue chilenische Verfassung von 1981. In: Zeitschrift für ausländisches öffentliches Rechts und Verfassungsrecht, N°4 (1981). S.825-858.
WÜRTENBERGER, Thomas (1988), An der Schwelle zum Verfassungstaat. In: KRAUSE, Peter (Hg.) (1988) Aufklärung 3, Heft 2.
WYNIA, Gary W. (1988), Argentina: Illusions and realities. New York, Holmes & Meier.
YCAZA TIGERINO, Julio (1952), Originalidad de Hispanoamérica. In: Revista de Estudios Políticos N°67 (1953). S.162-163. Madrid.
YCAZA TIGERINO, Julio (1954), Notas para un estudio sobre sistemas políticos. In: Revista de Estudios Políticos N°73 (1954). S.175-185. Madrid.
YCAZA TIGERINO, Julio (1956), El nacionalismo hispanoamericano y sus problemas. In: Revista de Estudios Políticos N°88 (julio-agosto 1956). vol. LVII, S.157-173. Madrid, Instituto de Estudios Políticos.
YCAZA TIGERINO, Julio (1971), Perfil político y cultural de Hispanoamérica. Madrid, Ediciones Cultura Hispánica.
YÁÑEZ ROJAS, Eugenio (1988), La Iglesia y el Gobierno militar. Santiago de Chile, ILADES.
ZALDUENDO, Eduardo (1958), Geografía electoral de la Argentina. Buenos Aires.
ZAMORANO, Carlos (1989), Indulto. La perversa impunidad. Buenos Aires.
ZANATTA, Loris (1996), Dallo stato liberale alla nazione cattolica: Chiesa ed esercito nelle origini del peronismo, 1930-1943. Milan, Francoangeli.
ZANOTTI, Livio (1974), El golpe al poder. El neomilitarismo sudamericano. Tres crónicas y un ensayo. Madrid, Editorial Gráfica Espejo.
ZAPATA, Francisco (comp.) (1986), Clases sociales y acción obrera en Chile. México, El Colegio de México.
ZARINI, Helio J. (1981), Historia e Instituciones en la Argentina. Buenos Aires, Astrea.
ZAVALA, Arturo J. (1955), La revolución del 16 de septiembre. Buenos Aires.
ZELISNKY, Ulrich (1978), Chronologie zur Geschichte und Politik Chiles. In: Politische Studien. Sonderheft 1/1978.
ZULETA ALVAREZ, Enrique (1975), El nacionalismo argentino. Buenos Aires, La Bastilla.

ZUM FELDE, Alberto (1939), El ocaso de la democracia. Zig-Zag.
ZUVEKIS, Clarence (1966), Economics growth and income distribution in post-war Argentina. In: Inter-American Economics Affairs N°3, (Winter 1966). vol.XX, S.19-38.
ZWINGEL, Susanne (1997), Demokratie im Land und im Haus: die Rolle von Frauenorganisationen im Demokratisierungsprozess Chiles. Hamburg.